Martin Haidinger / Günther Steinbach

UNSER HITLER.
DIE ÖSTERREICHER UND IHR LANDSMANN

Martin Haidinger / Günther Steinbach

UNSER HITLER.

Die Österreicher und ihr Landsmann

ecowin

Martin Haidinger / Günther Steinbach
Unser Hitler. Die Österreicher und ihr Landsmann
Salzburg: Ecowin Verlag GmbH, 2009
ISBN: 978-3-902404-71-8

Unsere Web-Adresse:
www.ecowin.at

1 2 3 4 5 6 7 8 / 11 10 09

Lektorat: Arnold Klaffenböck
Cover: www.kratkys.net

Gesamtherstellung: Druckerei Theiss GmbH, A-9431 St. Stefan, www.theiss.at
Gesetzt in der Schrift „Sabon“
In Österreich gedruckt

Inhaltsverzeichnis

Hinweis für den Leser:

Aus Gründen der besseren Lesbarkeit lassen die Autoren bei häufig im Text vorkommenden Worten wie „Führer", „Anschluss" oder „Ostmark" die Anführungszeichen weg. Sie sind sich bewusst, dass es sich um Ausdrücke der NS-Terminologie handelt und distanzieren sich ausdrücklich von NS-apologetischen Auslegungen.

Ebenso verzichten sie auf die Verwendung des Binnen-I. Das generische Maskulin schließt beide Geschlechter mit ein.

Hitler ohne Ende?

Schon wieder ein neues Hitler-Buch? Darauf ist nur eine Antwort möglich: Es kann gar nicht genug Hitler-Bücher geben. Denn einerseits braucht jede Zeit und jede Generation ihren eigenen, neuen Zugang, andererseits haben berufene und noch mehr unberufene Schreiber durch unterschiedliche Konstruktionen oft ein virtuelles Hitler-Bild geschaffen, das mit der historischen Realität kaum mehr etwas zu tun hat und das ständig zurechtgerückt und entmythisiert werden muss.

Hitler ist nicht allein eine Person, er ist ein Synonym für ein ganzheitliches Phänomen der Wechselwirkung von Personen, Strukturen und historischen Prozessen. In diesem Sinne ist er kein deutsches, sondern ein europäisches Problem. Er beinhaltet aber auch die ständig wiederkehrende Spannung zwischen unbeantworteten Fragen und morbider Faszination. Und er ist schließlich auch These und gleichzeitig Antithese zu Österreich und den differierenden Lebensentwürfen der Bewohner des Landes, in dem er seine Wurzeln hatte.

Die Literatur geht meist von anscheinend feststehenden Begriffen aus: Hitler als unumschränkter Herrscher, willfährige Satrapen, irregeleitete Massen oder fanatische Nationalsozialisten. Doch alle diese Bilder greifen zu kurz, verhindern tiefgehende Erklärungen und verfestigen Klischees. Es bedarf einer Differenzierung, denn Hitler ist ein äußerst vielschichtiges Phänomen, gleichermaßen wichtig als Handelnder wie als Auslöser, die Satrapen sind Kriecher, Intriganten und Tyrannen in einem, die Massen sind nicht allein aufgepeitscht, sondern Träger von Sehnsüchten, Vorurteilen und Egoismen, und was sind schon Nationalsozialisten? Ein buntes Gewühl höchst unterschiedlicher Interessen und Motive. Jeder entnahm dem Angebot passende Teile und bastelte sich seinen eigenen Nationalsozialismus zusammen, es entstanden Idealisten neben Opportunisten, Deklassierte mit Aufsteigerperspektiven neben Antisemiten, Sozialutopisten neben Romantikern einer Volksgemeinschaft oder Schmalspurdespoten neben der Banalität des Bösen. Und über allem die Diskrepanz zwischen äußerer Zustimmung und tatsächlicher Überzeugung. Man wird also beständig neue Fragen stellen müssen, um in die Tiefe zu kommen.

Im vorliegenden Buch finden sich mehr als journalistische Reflexionen über Hitler und den Nationalsozialismus. Es mag eine Skizze sein, doch geht es von einem ganzheitlichen Ansatz aus, stellt viele berechtigte Fragen, ruft auf, sich nicht mit vordergründigen Erklärungen zufriedenzugeben, widmet sich oft verschleierten Wurzeln von Ideologie und politischem Handeln und will neben der Aufdeckung einer Fragwürdigkeit von Mythen soziale und politische Zusammenhänge aufzeigen. Die vielfältigen Verflechtungen zwischen einer politischen Botschaft mit ihren unterschiedlichen und widersprüchlichen Interessen und Voraussetzungen werden auf ihre Mentalitätslagen untersucht. Dabei wird der Dualismus zwischen der „großen" Politik und den „kleinen" Betroffenen gleichsam durch Streiflichter aufgezeigt, in der die individuelle Perspektive – durch ausgewählte Zeitzeugen – dem großen historischen Fluss gegenübergestellt wird.

Schließlich wird aber auch die unbequeme Frage nach der Wirksamkeit von Verführung gestellt, eine Frage, die nie aufhört und in immer neuem Gewand mitten in einer scheinbar aufgeklärten Moderne wiederkehrt.

Univ.-Prof. Dr. Gerhard Jagschitz

Hitlers Österreich-Komplex

Martin Haidinger

„Unfassbar!!"

Erschrocken zuckt der Redner zusammen. Seine und 44 weitere Augenpaare richten sich auf den Zwischenrufer. Ein Mann von etwa 30 Jahren hat Professor Baumann unterbrochen. Heute, am 12. September 1919, sei es an der Zeit, die Neuordnung Europas zu fordern, hat Baumann gemeint. Zwei Tage nachdem Deutschösterreich in Saint-Germain-en-Laye einen Friedensvertrag aufgezwungen bekommen hat, der Österreich-Ungarn in viele kleine Einzelteile zerschlägt, sei es nur logisch, die Trennung Bayerns vom Deutschen Reich und den Zusammenschluss mit dem kleinen Restösterreich vorzunehmen. Diese beiden hätten doch entschieden mehr miteinander gemeinsam als mit Nord- und Westdeutschland ... Da ist dem bis dahin still im „Leiberzimmer" des Sterneckerbräus in München dasitzenden jungen Mann im Publikum der Kragen geplatzt.

„Unfassbar!!", ruft er. Und dann legt er los, zerzaust den Professor mit leidenschaftlichen Worten, verteidigt die Zusammenführung aller Deutschen in einem großen Staat. Der verdutzte Baumann räumt vor so viel geballter argumentativer Wucht das Feld und ergreift die Flucht. Die anwesenden Veranstalter sind begeistert von dem Redetalent, das da plötzlich das Wort an sich gerissen hat. Sie werden es bald zu einem der ihren machen. Es ist der erste Auftritt Adolf Hitlers bei jener Partei, der er wenig später angehören wird, der „Deutschen Arbeiterpartei" (DAP). Und sein allererstes Thema ist, noch ehe hier irgendjemand seinen Namen kennt, Österreich, seine Heimat, der Rest des österreichisch-ungarischen „Staatskadavers". Offensichtlich ist ihm das ein besonderes Anliegen, das er mit Nachdruck vertritt. Und mit Hass. Einem Hass, der sich seit Langem angestaut hat ...

Der Name der Neurose

Juni 1908. Tumult in der Wiener Hofoper!

Gegeben wird eine Neuinszenierung von Richard Wagners „Walküre“. Der neue Operndirektor Felix Weingartner hat das Musikdrama des von den Alldeutschen mindestens so weltanschaulich wie künstlerisch verehrten Meisters Wagner gekürzt.

Weingartner, der in Bayreuth noch unter dem Komponisten als Assistent gedient hat, zieht sich damit den Hass von vielen im Publikum zu, die Fans des letzten Direktors, Gustav Mahler sind. Mahler, selbst Kompositionsgenie und sicher kein leichter Charakter, hat gemeinsam mit dem Bühnenbildner Alfred Roller nicht weniger als 21 Wagner-Musikdramen inszeniert und dabei immer besonderen Wert auf Vollständigkeit gelegt. In der Theatersprache nennt man es Werktreue. Da Mahler jüdischer Herkunft ist, wollen ihn die Antisemiten seiner Zeit von der Spitze des Kulturbetriebs entfernen. 1908 trennen sich Mahler und die Hofoper einvernehmlich. Antisemitismus spielt dabei allerdings eine Nebenrolle, ausschlaggebend sind Mahlers häufige Abwesenheit sowie seine Eigenwilligkeit und Ungeduld im Umgang mit den Künstlern des Hauses. Er geht an die Metropolitan Opera in New York. Die Wiener Antisemiten triumphieren. Der neue Direktor Weingartner gewinnt ihre Sympathien, da er keine jüdischen Künstler mehr verpflichtet und neue, gekürzte Bearbeitungen von Wagners Musikdramen herausbringt, unter anderem eben die „Walküre“.

Die Antisemiten im Publikum und auch andere Mahler-Feinde sind entzückt, doch die Mahler-Anhänger und Freunde Wagner'scher Werktreue protestieren lauthals. Auf der Galerie der Hofoper entsteht gar eine Schlägerei. An die Seite der Antisemiten gesellt sich jene gerne so genannte gute Gesellschaft, die die Oper eher als eitlen Tummelplatz denn als Musentempel sieht und der Gustav Mahler immer zu streng gewesen ist.

Strikt gegen den neuen Weingartner-Kurs sind zwei junge Stammgäste im Haus an der Ringstraße, große Verehrer Gustav Mahlers und Alfred Rollers, und damit also auf der Seite derer, die die antisemitische Presse „krummnasige Mahlerianer“ und „Hebräer“ nennt.

Die beiden 19-jährigen Oberösterreicher heißen August Kubizek und Adolf Hitler, sie sind nacheinander aus Linz in die Reichshaupt- und

Residenzstadt Wien übersiedelt. Nicht zuletzt ihre geradezu fanatische Liebe zu den Werken Richard Wagners und zur Kunst im Allgemeinen hat sie in die Kulturmetropole geführt.

Dass Gustav Mahler Jude ist, stört Hitler nicht. Er achtet ihn, weil er „sich der Musikdramen Richard Wagners annahm und dieselben in einer für die damalige Zeit geradezu blendenden Vollendung herausbrachte“, schreibt Kubizek später. Von striktem Antisemitismus ist beim jungen Hitler noch nichts zu bemerken.

Adolf Hitler will Kunstmaler werden, ist schon 1907 in die Stadt gekommen und hat den ersten Durchgang an der allgemeinen Malerschule der Wiener Kunstakademie absolviert. Er hat eine Werkmappe eingereicht und es damit in die zweite Bewerbungsrunde geschafft. Die Hoffnung, aufgenommen zu werden, steigt und er tritt erwartungsvoll an ...

Wenig später kommt aus Linz eine furchtbare Nachricht: Seine Mutter liegt im Sterben, sie ist an Brustkrebs erkrankt! Der Sohn fährt zurück nach Linz, wo die von ihm abgöttisch geliebte Mutter am 21. Dezember 1907 stirbt. Nur 47 Jahre alt ist sie geworden. Adolf Hitler ist nun Vollwaise, denn der Vater ist schon 1903 gestorben. Seiner Mutter hat Adolf nicht erzählt, was ihm kurz zuvor in Wien widerfahren ist, und auch August Kubizek, sein Freund aus gemeinsamen Linzer Tagen, der ihm wenig später nach Wien folgt, weiß noch nicht alles über Hitlers tatsächliche Lebensumstände, den Karriereknick, den er hat hinnehmen müssen, ehe er aus Wien ans Krankenlager der Mutter nach Linz gereist ist.

In Wien wohnen die beiden jungen Männer 1908 in Untermiete, der ehemalige Tapeziererlehrling Kubizek nimmt ein Musikstudium am Konservatorium auf. Dazu gehört natürlich auch tägliches Klavierüben. Das stört mit der Zeit den Mitbewohner Hitler.

„Seine Arbeit war ja alles weniger als geordnet und systematisch. Er arbeitete ja fast nur in der Nacht, am Morgen schlief er“, erinnert sich Kubizek später. Der Klavierstudent heftet nun seinen Stundenplan samt Übungsstunden an die Wand des Schrankes. „‚Und nun häng deinen Stundenplan darunter‘, fügte ich bei. Stundenplan? So etwas brauche er sich nicht aufzuschreiben. Seinen Stundenplan habe er im Kopfe. Das genüge ihm, und das müsste auch mir genügen. Schluss.

So kam es nun angesichts des an die Kastenwand gehefteten Stundenplanes, der auf ihn wie ein amtlich beglaubigter Garantieschein für meine Zukunft wirken musste, zur Explosion.

‚Diese Akademie!‘, schrie er, ‚lauter alte, verkrampfte, verzogene Staatsdiener, verständnislose Bürokraten, stupide Beamtenkreaturen! Die ganze Akademie gehört in die Luft gesprengt!‘ Leichenblass war sein Antlitz, der Mund ganz schmal, die Lippen fast weiß. Aber die Augen glühten. Unheimlich, diese Augen! Als läge aller Hass, dessen er fähig war, nur in diesen lodernden Augen.

Ich wollte einwerfen, dass jene Männer an der Akademie, über die er in seinem maßlosen Hasse kurzerhand den Stab brach, doch schließlich seine Lehrer und Professoren wären, von denen er doch sicherlich vieles gewinnen könne. Aber er kam meinen Worten zuvor:

‚Abgelehnt haben sie mich, hinausgeworfen, ausgeschlossen bin ich ...‘.

Ich erschrak. So also war es. Adolf besuchte gar nicht die Akademie. Jetzt konnte ich mir vieles, was mich an ihm befremdet hatte, erklären.

In meiner innigen Anteilnahme an seinem Schicksale fragte ich ihn, ob er seiner Mutter gesagt habe, dass er an der Akademie nicht aufgenommen worden sei.

‚Was fällt dir ein?‘, erwiderte er, ‚ich konnte doch der sterbenden Mutter nicht diesen Kummer bereiten.‘“

Was sich an diesem Tag des Jahres 1908 in dem Wiener Untermietzimmer abspielt, ist bezeichnender für Adolf Hitlers Charakterentwicklung als jede Wagnerschwärmerei, jedes vermeintliche frühe antisemitische Gefühl oder jede andere politische Äußerung des jungen Hitler.

Es ist der erkennbare Keim dessen, was die Medizin „Frustrations-Intoleranz“ nennt: die Unfähigkeit, Niederlagen seelisch zu verarbeiten. Das ist der Name der Neurose.

Die Wahrheit über den Mann aus Braunau

Zunächst einmal ist zu bemerken, dass es wirklich keine Schande war, an der traditionsreichen Akademie nicht aufgenommen zu werden. Gemeinsam mit 112 anderen Kandidaten war Hitler zur Prüfung angetreten, in die nächste Runde gekommen und versagte dann mit 51 anderen im zweiten Teil. Nur 28 Studienbewerber wurden in die Malerschule aufgenommen. Es war also eine harte Auslese. Er war nicht gut genug, aber er war auch nicht schlecht – er war mittelmäßig.

Hitler war Durchschnitt. Aufgenommen aber wurden nur die Spitzenleute.

Nicht wenige, die mit ihm durch die Prüfung gefallen waren, wurden später anerkannte Künstler, wie zum Beispiel Robin Christian Andersen, der bis 1965 eine Meisterschule für Malerei an der Wiener Akademie der Bildenden Künste leiten sollte. Die anderen probierten es eben immer wieder oder anderswo, so lange, bis es klappte.

Hitler aber zögerte. Ein Verhalten, das er zeit seines Lebens beibehalten würde. Er ließ die Dinge laufen und wartete die Entwicklungen ab.

Dabei bekam er eine zweite Chance. Eine Bekannte aus Linz verfasste ein Empfehlungsschreiben an den von ihm so verehrten Bühnenbildner Alfred Roller. Hitler stellte sich in der Hofoper vor, aber dann verließ ihn der Mut und er ging davon, ohne mit Roller gesprochen zu haben. Als er sich 1909 noch einmal aufraffte und an der Akademie bewarb, wurde er nicht einmal mehr zum Probezeichnen zugelassen.

Das ist die Wahrheit über den jungen Mann aus Braunau.

Und sie ist banal. Möglicherweise zu banal für eine Nachwelt, die eher an blühenden Geschichten denn an einem Allerweltsschicksal interessiert ist.

Ein zorniger junger Mensch voller romantischer Ideen, der in einer Traumwelt lebt und an den Prüfungen der Realität scheitert, weil er zaudert und keine Entscheidungen treffen will.

Freilich war ihm vieles auch aus formalen Gründen verwehrt.

Er hatte die Realschule ohne Abschluss verlassen und konnte daher auch nicht an der Architekturschule der Akademie studieren – das wäre seine zweite Wahl gewesen. Doch die Matura, das österreichische Abitur, wollte er auch in Wien nicht nachholen, obwohl ihm das durchaus möglich gewesen wäre, denn er war keineswegs als armer Junge in die Hauptstadt gekommen.

„Es darf nicht das ganze spätere Leben von einem Zeugnis abhängen“, wird er später bei einem seiner Tischmonologe im Führerhauptquartier seine Ablehnung durch die Akademie beklagen. „Im Reich wäre es mir möglich gewesen, an die Bauakademie, zum Baufach überzugehen. In Österreich brauchte ich dazu aber die Bauschule der Technischen Hochschule, und Voraussetzung dafür war das Abitur. So stand bei mir der Entschluss fest, als Autodidakt weiterzuarbeiten (...)“.

Der Verdacht liegt nahe, dass Adolf Hitler, der in der Volksschule gute Noten hatte, obwohl er als undiszipliniert und wenig strebsam galt, dann an den Realschulen in Linz und Steyr eine Lernschwäche entwickelte, die bei Pubertären auch heute vielfach auftritt. Sein realer Wille war schon damals unterentwickelt. Er selbst bekannte: „Was mich freute, lernte ich, vor allem auch alles, was ich meiner Meinung nach später als Maler brauchen würde. Was mir in dieser Hinsicht bedeutungslos erschien oder mich auch sonst nicht so anzog, sabotierte ich vollkommen." Bereits die erste Klasse in Linz musste er wiederholen und wurde später nach Steyr umgeschult, da die Realschule dort als einfacher galt.

Dazu kam noch die wenig erbauliche familiäre Situation: der autoritäre Vater, ein zeittypischer Familientyrann; die zarte, stille Mutter, die ihrem um 23 Jahre älteren Mann, der zugleich ihr Onkel war, sechs Kinder geboren hatte, von denen nur Adolf und seine 1896 auf die Welt gekommene Schwester Paula das Kleinkindalter überlebt hatten.

Heutzutage wäre der Schüler Adolf für einen Schulpädagogen wahrscheinlich ein großes Aufgabengebiet, aber ein Routinefall – selbst darin mittelmäßig.

*

Adolf Hitler ist indes jene historische Figur des 20. Jahrhunderts, deren Leben am üppigsten von Legenden überwuchert ist. Die Geschichte der Gerüchte über ihn füllt weit mehr Bände, als es die tatsächliche frühe Biografie vermöchte, denn die verläuft bis zu seinem 30. Lebensjahr zwar trist, aber eigentlich unspektakulärer, als es den Drehbuchautoren lieb ist.

Zeit, eine Hitliste der am weitesten verbreiteten Gerüchte, Halbwahrheiten und Irrtümer über Hitlers Entwicklung, Herkunft und Familie aufzustellen:

„Adolf Hitler hieß eigentlich Schicklgruber."

Unsinn.

Der Vater Hitlers wurde 1837 geboren und hieß in der Tat Schicklgruber. Alois Schicklgruber stammte aus Strones in der Gemeinde Döllersheim im Waldviertel, einer armen bäuerlichen Region im Norden

Niederösterreichs an der Grenze zu Böhmen. Er war der uneheliche Sohn von Anna Maria Schicklgruber, die sich als Dienstmagd an verschiedenen kleinen Höfen verdingte. Ihre letzten Jahre verbrachte sie bei ihrer Schwester, deren Nachfahren noch heute im Waldviertel von der Landwirtschaft leben.

Die Mutter Alois Schicklgrubers war arm und konnte ihn nicht allein durchfüttern. Sie gab ihn zu einem wohlhabenden Bauern namens Johann Nepomuk Hiedler in Pflege, wo er wie ein Sohn der Familie behandelt wurde. Alois absolvierte eine Schusterlehre und bekam dann eine Stelle im Zolldienst, der k. k. Finanzwache. 1876 ließ er seinen Namen in „Hitler" und das Attribut „unehelich" in „ehelich" ändern. Bis heute ist nicht ganz klar, ob es Johann Nepomuk Hiedler, bei dem er aufwuchs, oder dessen weit ärmerer Bruder Johann Georg Hiedler war, der die Vaterschaft anerkannte, und den die Anna Maria Schicklgruber 1842 geheiratet hatte. Die Schreibweise „Hitler" ist wahrscheinlich ein Hör- oder Übertragungsfehler in den Personaldokumenten. Damit nahm man es damals nicht so genau. Andere Zweige der Familie schrieben sich zum Beispiel „Hüttler".

Im Lauf der Jahre brachte es Alois Hitler bis zum Zolloberoffizial. Das war eine geachtete Stelle, und auch das Gehalt konnte sich sehen lassen. Alois Hitler verdiente jedenfalls mehr als ein Schuldirektor. Nach außen hin war er ein unauffälliger Beamter. Josef Mayrhofer, ein Bekannter Alois Hitlers, erinnerte sich an die alles andere als spektakuläre Gewohnheit des Herrn Zollbeamten, täglich nach Feierabend im Wirtshaus ein paar Viertel Wein zu trinken und Würstel im Saft zu verzehren. Alois Hitler hatte eine Schwäche für junge Frauen, seine beiden ersten Ehefrauen starben früh. Als dritte Ehefrau nahm er seine Nichte Klara Pölzl, ebenfalls eine gebürtige Waldviertlerin, die sich bei ihm zunächst als Dienstmagd verdingt hatte. Zeitgenossen beschreiben die kleine zierliche Frau als außerordentlich freundlich.

1889 lebt die Familie gerade in Braunau am Inn, der Vater ist dort Kontrolleur. Und hier wird am Frühabend des 20. April Adolf Hitler geboren. Als Adolf Hitler, und nicht als Adolf Schicklgruber. Mit im Haushalt leben auch Alois junior und Angela, Sohn und Tochter aus der zweiten Ehe. Später kommt noch eine jüngere Schwester, Paula, dazu. Der Nürnberger Historiker Egon Fein will wissen, dass Adolf nicht in Braunau, sondern in einem Zollhaus in Simbach, also auf deutschem

Staatsgebiet, geboren worden sein soll. Dieses Gerücht aus dritter Hand gründet sich auf die Aussage eines Kapuzinerpaters, der es wiederum von einem angeblichen Zeitzeugen gehört haben will. Zu viele Konjunktive, um aus Hitler einen gebürtigen Deutschen zu machen …

Lieblingsonkel Adolf Hitlers im Waldviertel ist der Onkel Anton, was wir hier erwähnen wollen, da uns das Schicksal der Familie Hitlers noch zu interessieren haben wird.

*

„Hitler wollte seine jüdische Herkunft verschleiern.“

Falsch.

Die Quelle dieses Gerüchts ist Hans Frank, ehemaliger Anwalt Hitlers und 1939–1945 Generalgouverneur des besetzten Polen.

Er behauptete, Hitlers Vater Alois sei das uneheliche Kind der Anna Maria Schicklgruber und eines Grazer jüdischen Kaufmanns namens Frankenberger, bei dem Anna Maria als Magd in Diensten gewesen sei. Nun gab es zu dem fraglichen Zeitpunkt in der ersten Hälfte des 19. Jahrhunderts überhaupt keine niedergelassenen Juden in Graz und Anna Maria ist auch nie in Graz gewesen. Warum hätte ein Waldviertler Mädchen dieser Zeit in die entfernte Steiermark in Dienste gehen sollen? Der Name Frankenberger ist schlicht eine Erfindung. Oder sollte der aus Karlsruhe stammende Hans Frank Graz mit dem unweit von Anna Maria Schicklgrubers Heimat liegenden Ort Gratzen im Bezirk Budweis, heute Nové Hrady in Tschechien, verwechselt haben? Frankenbergers gab es dort zuhauf, Juden waren sie allerdings nicht.

Hitlers Nervosität in Bezug auf seine Herkunft war lediglich darauf zurückzuführen, dass er nicht wusste, welcher der beiden Hiedlers sein Großvater war, was sich im Ahnenpass des Führers nicht gerade gut machte. Außerdem waren seine Eltern eng blutsverwandt. Inzucht war zwar damals in manchen ländlichen Gebieten verbreitet, aber auch kein edler Zweig im Stammbaum.

Hans Frank wurde 1946 als einer der Hauptkriegsverbrecher hingerichtet, doch das von ihm in die Welt gesetzte Gerücht blieb am Leben. Selbst an Hitler sollten die Juden noch schuld sein.

*

„Hitler wurde von seinem Vater zum Faschisten herangeprügelt."

Das darf zumindest angezweifelt werden, denn nicht jeder Faschist wurde in der Kindheit geprügelt und nicht jeder Geprügelte wird ein Faschist.

Die Entwicklung einer mörderischen Ideologie ist damit nicht ursächlich zu erklären. Der Wiener Mediziner Anton Neumayr kommt in den 1990er Jahren in seinem historischen Krankheitsbild Hitlers zu dem Ergebnis, dass Adolf Hitler gemäß einer „moral insanity"-Theorie möglicherweise einen ethisch minderwertigen Grundcharakter genetisch mitbekommen haben könnte.

Wenn das auch nicht mehr nachzuweisen sein wird, ist jedenfalls sicher, dass seine Umwelt kräftig dabei mithalf, diesen Grundcharakter weiter auszubilden! Adolf Hitler hätte kaum eine Chance gehabt, die erste Phase seiner Identitätsfindung in der Familie zu erreichen, sagt Neumayr. Der Vater vertrat nach außen hin den bürgerlichen Wertekatalog und wirkte nach innen als Despot, der seine Machtgier in der Familie austobte und die beiden Jungen, vor allem den Halbbruder Adolfs, mit einer Nilpferdpeitsche auch ohne Grund fast täglich schlug – Alois junior einmal sogar bis zur Bewusstlosigkeit. Eine Parallele zum jungen Stalin übrigens, der ebenfalls von seinem Vater täglich misshandelt wurde.

Alois junior hatte bald genug von den Prügeln seines Vaters. Er brach seine Ausbildung ab, verließ mit 14 Jahren die Familie und schlug sich mit Gelegenheitsjobs und kleinen Diebstählen durch. Er flüchtete aus Österreich vor der Polizei, wurde Portier und Kellner in Paris, London und Dublin – ein Vagabund auf höherem Niveau.

Adolf hingegen konnte seinen aufgestauten Hass nirgendwo ausleben, sich niemandem anvertrauen. Seine Mutter litt selbst unter der Brutalität, und außerhalb der Familie hätte niemand dem Kleinen geglaubt, dass er täglich gequält und dazu noch seelisch gedemütigt, mit Pfiffen wie ein Hund durch die Gegend gescheucht wurde. Denn der Zollbeamte Alois Hitler war wie gesagt ein geachteter Mann, verfügte nach dem Ende seiner Aktivzeit über eine gute Rente und verbrachte nach wie vor seine Tage im Wirtshaus, wo er dann 1903 auch tot zusammenbrach.

Adolfs Mutter versuchte die Situation zu retten und verwöhnte ihren Sohn, an dem sie abgöttisch hing. „Sie erfüllte ihm alle Wünsche sozusagen im Voraus", bemerkt Neumayr, „sodass er sich die Sicht angewöhnte, er müsse sich für nichts mehr anstrengen, da ohnehin die anderen alles für ihn erledigen." Hitler liebte seine Mutter, aber er war abgrundtief von der Unterwürfigkeit enttäuscht, die sie ihrem Mann, dem Tyrannen, entgegenbrachte. Für Neumayr ist klar: „Er hat daraus offenbar gelernt, dass man mit Brutalität alles erreicht. Die Masse, die er später gerne mit der Mutter verglichen hat, sucht den, der sie beherrscht, und nicht den, der sie besonders umsorgt. Mit Umsorgen bringt man es zu nichts."

*

„In Wien lebte der junge Hitler in bitterer Armut."

Da gab es ärmere!

Hitler stellte sich wie auch seine Familie in seiner Programmschrift „Mein Kampf" als arme Schlucker dar, wohl um Sympathien zu bekommen. Wahr ist, dass er seit 1903 eine Halbwaisenrente bezog und ihm die zusätzliche Unterstützung durch seine Mutter ein bohemienhaftes Leben ohne geregelte Arbeit ermöglichte. Das Männerwohnheim in der Meldemannstraße 27 im 20. Wiener Bezirk war gewiss keine Luxusabsteige im heutigen Sinn, aber ebenso wenig ein Elendsquartier. Zwar lebte Hitler 1909 zunächst im Meidlinger Obdachlosenasyl, zählte aber dann doch längere Zeit zu den Dauermietern im Männerheim – mit einem wöchentlichen Mietpreis von 2,50 Kronen für eine der 544 Einzelkabinen. Eher aus Scham vor dem Freund Kubizek denn aus Geldmangel war Hitler aus der gemeinsamen Wohnung ausgezogen. Denn Kubizek wusste ja um sein Versagen an der Akademie, wusste um die große Kränkung. Ein Zimmer in der Meldemannstraße galt für alleinstehende junge Männer mit einem Jahreseinkommen unter der Einkommensteuergrenze von 1200 Kronen als wahrer Glücksfall. Es war eines der modernsten Heime dieser Art. Substandardwohnungen für wenig betuchte Singles gab es damals, da sich schon so viele arme Familien auf engstem Wohnraum drängten, so gut wie nicht.

Hitler verdiente sich sein Geld als Maler und Zeichner von Postkarten, er lebte zunächst gar nicht schlecht davon. Er fabrizierte Stadt- und Landschaftsmotive – meistens für Touristen. Später, als Führer, war ihm die mangelhafte Qualität seiner Bilder schmerzlich bewusst, wie Brigitte Hamann schreibt, und er untersagte 1938 jede Veröffentlichung seiner Werke. Ein Mitbewohner im Männerheim, Reinhold Hanisch, half ihm beim Verkauf seiner Bilder. Nach außen hin wandelte Hitler in der ersten

Zeit noch als Dandy, mit einem Spazierstock aus Ebenholz mit Silberknauf, herum und versuchte, seiner Umwelt den Hochschulstudenten vorzuspielen – eine typische Überkompensation. Als er dabei ertappt wurde, dass er widerrechtlich da und dort den Titel „Akademischer Maler" führte, minderte eine schamvolle Zurechtweisung seine Schaffenskraft. Der Lebensstandard sank drastisch. Um für sich und Hanisch über das Männerheim hinaus sorgen zu können, hätte Hitler täglich mindestens ein Bild malen müssen, was er nicht schaffte. Die Interessengemeinschaft mit Hanisch zerbrach. Später, nach dem Anschluss, wird Hitler, erfüllt mit Rache, nach Hanisch suchen lassen, da ihn dieser übervorteilt habe, allein vergeblich …

1910 übernahm ein anderer Kollege im Männerheim den Verkauf von Hitlers Bildern, der niederösterreichische Jude Josef Neumann. 1913 wurde Hitler das Erbe seines Vaters ausgezahlt, wovon er den Umzug nach München finanzieren konnte. Einmal noch musste er nach Österreich zurückkehren. Da er sich dem Wehrdienst entzogen hatte, wurde er nach Salzburg bestellt, wo man jedoch seine Wehruntauglichkeit feststellte. Seine militärische „Laufbahn" begann dann erst im bayerischen Heer.

Die neuere Forschung, vor allem Brigitte Hamann, verweist die Version des belesenen Bau-Hilfsarbeiters, der als Gast im geflickten Anzug die Werke Friedrich Nietzsches bei gebildeten Damen borgt und im Theater an der Wien ein erfolgloses Probesingen absolviert, in das Reich der Legenden. Ebenso krasse Erfindung ist ein angeblicher Aufenthalt Hitlers in Liverpool in den Jahren 1912/13 bei Halbbruder Alois. Dessen Ehefrau Bridget erfand nachträglich den Besuch Adolfs, wohl um sich wichtig zu machen. In ihrer Geschichte wäre Adolf ihr und ihrem Mann auf der Tasche gelegen. Eine Version, die sich durch die Wiener Meldezettel jener Jahre, die von der städtischen Bürokratie penibel geführt wurden, widerlegen lässt.

Viel wichtiger als der finanzielle Aspekt ist seine psychische und geistige Entwicklung in jenen Jahren als Twen, wie Anton Neumayr diagnostiziert: „Hitlers psychosoziales Moratorium, in dem Menschen normalerweise zu sich selbst finden, waren just jene Jahre als Herumtreiber, fast zehn Jahre, deren erste er noch in Wien verbrachte."

*

„Hitler hielt schon in der Wiener Frühzeit wütende antisemitische Hetzreden."

Es existiert keine glaubwürdige Quelle, die das bestätigen würde.

Zwar stellt sich Hitler in „Mein Kampf" bereits in seiner Wiener Zeit als jungen Antisemiten dar. Tatsächlich war der 21-Jährige jedoch mit jüdischen Mitbewohnern befreundet, nahm bei den Diskussionen im Männerheim bei politischen Debatten die Juden vor den grassierenden Ritualmordlegenden in Schutz („vollkommener Unsinn, eine unbegründete Verleumdung") und pries den jüdischstämmigen Dichter Heinrich Heine. Mag Hitler den Antisemitismus in Wien kennengelernt und inhaliert haben – praktizierender Antisemit war er noch nicht.

Er wird auch später noch einen jüdischen Bekannten und dessen Frau schützen: Dr. Eduard Bloch, der Hitlers Mutter bis zu ihrem Tod behandelt und gepflegt hat. Ihn bewahrt er nicht nur vor dem Zugriff der Behörden, sondern er ermöglicht ihm auch die geregelte Ausreise in die USA.

Das erste verbriefte Dokument von Hitlers antisemitischer Einstellung ist ein Gutachten, das er als Mitarbeiter des bayerischen Militärs am 16. September 1919 in München verfasst hat und in dem er die Haltung der SPD gegenüber dem Judentum skizziert. Darin heißt es: „Sein (= des Antisemitismus) letztes Ziel aber muss unverrückbar die Entfernung der Juden überhaupt sein."

So führte Hitlers Weg zum rabiaten Antisemiten also mitten durch die Jahre 1913 bis 1919, im Wesentlichen die Zeit des Ersten Weltkriegs. Und die verbrachte er nicht mehr in Österreich, obwohl er bei der bayerischen Armee das Waldviertel als Heimatadresse angab.

*

„Hitler ließ aus den Heimatdörfern seiner Familie einen Truppenübungsplatz machen, um seine familiäre Herkunft zu verschleiern."

Unwahrscheinlich.

Der Gedanke ist freilich reizvoll, denn es scheint sehr auffällig, dass Hitler ausgerechnet die Dörfer, in denen seine Verwandten lebten, schleifen und in einen Truppenübungsplatz umwandeln ließ, der vom österreichischen Bundesheer als Truppenübungsplatz Allentsteig noch heute genützt wird. Wollte Hitler auf diesem Weg etwas verschleiern, das doch noch unangenehme Geheimnisse seiner Herkunft hätte zutage fördern können? Oder waren ihm die bäuerlichen Verwandten schlicht peinlich? Der Historiker Werner Maser ist allen Hinweisen akribisch nachgegangen und ist zu dem Schluss gekommen, dass das so nicht stimmen kann.

Gleich nach dem Anschluss wurde in Döllersheim eine „Hitler-Eiche“ mit den Namen von Hitlers Vorfahren aufgestellt. Hitler selbst war das letzte Mal 1906 im Waldviertel gewesen, er kannte die nun dort lebenden Verwandten nicht mehr persönlich.

1941 wurde der Truppenübungsplatz Döllersheim geschaffen, die hier ansässigen Menschen waren ab Juni 1938 in mehreren Etappen in andere Ortschaften Nieder- und Oberösterreichs umgesiedelt worden. Bis 1945 standen gerade in Döllersheim selbst noch viele der Gebäude. Kurz nach dem Anschluss hatte Anna Maria Schicklgruber ein Ehrengrab erhalten, auf dem zu lesen stand: „Hier ruht die Großmutter des Führers – Maria A. Hitler, geborene Schicklgruber.“ Und am Döllersheimer Schulgebäude wurde eine Tafel mit der unzutreffenden Behauptung angebracht, dass Alois Hitler, „der Vater des Führers“, dort zur Schule gegangen sei.

Sämtliche Akten und Matrikeln aus Döllersheim, Strones und den anderen betroffenen Orten wurden ordnungsgemäß in Archive verlagert. Um hier etwas verschwinden zu lassen, hätte es weitaus weniger aufwendige Methoden gebraucht, als ganze Dörfer plattzuwalzen.

1942 erschien mit Billigung Hitlers eine große Text-Bild-Dokumentation über die Gegend um Döllersheim mit der Geschichte der Schicklgrubers und Hiedlers im Mittelpunkt.

Keine Verschleierung also, sondern dosierte Informationspolitik.

Die einzige nachträgliche Änderung an der Taufmatrikel Adolf Hitlers, die sich ständig in Braunau befunden hatte, wurde am 11. Jänner 1957 vorgenommen, und zwar vom dortigen Stadtpfarrer Johann Ludwig. Sie lautete: „Durch Beschluss des Amtsgerichts Berchtesgaden vom 25. Oktober 1956, II 48/52 für tot erklärt (…)“.

*

„Hitler wollte von seinen Verwandten nichts wissen und kümmerte sich nicht um sie.“

Nur teilweise richtig.

Eines der vielen Missverständnisse, die aus der perfekten Geheimhaltung des Privatlebens Hitlers der Außenwelt gegenüber resultieren, die er aber selbst auch in seinem Umfeld kräftig nährte.

„Von Familiengeschichte habe ich gar keine Ahnung", sagte er 1942 zu einem Gast. „Auf dem Gebiet bin ich der Allerbeschränkteste. Ich habe auch früher nicht gewusst, dass ich Verwandte habe. Erst seit ich Reichskanzler bin, habe ich das erfahren. Ich bin ein vollkommen unfamiliäres Wesen, ein unsippisch veranlagtes Wesen."

Eine Bemerkung, die in die Irre führt und wohl auch führen sollte.

Die beiden Journalisten Kai Christiansen und Wolfgang Zdral haben sich für eine Dokumentation über „Hitlers Familie" auf die Spuren der Hitlers bis in die Gegenwart begeben. Diese und andere Quellen geben ein beredtes Zeugnis darüber, wie es sich mit dieser merkwürdigen Familiensaga tatsächlich verhält.

Wahr ist, dass die Verwandtschaft, zu der Adolf über Jahre hinweg wenig bis keinen Kontakt gehalten hat, erst zu Beginn der 1920er Jahre staunend die Zeitungsberichte über ihr plötzlich berühmt gewordenes Familienmitglied liest. Dass dann, nachdem er Reichskanzler geworden ist, gewisse Begehrlichkeiten entstanden sind, kann man als gegeben voraussetzen.

Am Rande eines Parteitags in München vor 1923 gibt es ein Familientreffen, aber Adolf Hitler bleibt distanziert.

Doch alles schön der Reihe nach.

Adolfs Halbbruder Alois Hitler hat in Dublin, dann in England Fuß gefasst und die 19-jährige Bridget Dowling geheiratet. 1911 wird der gemeinsame Sohn William Patrick Hitler geboren. Alois bleibt seiner Natur als zwielichtiger Vagabund treu, verlässt 1915 ohne Scheidung Frau und Kind, heiratet in Österreich ein zweites Mal, begeht also Bigamie, und bekommt 1920 mit seiner Zweitfrau einen Sohn namens Heinrich Hitler. Als Heinz Hitler nimmt er am Russlandfeldzug teil, gerät 1942 in sowjetische Kriegsgefangenschaft, wo er nach wenigen Monaten unter ungeklärten Umständen stirbt. Unter den Wissenden hat er als ein Lieblingsneffe Adolfs gegolten.

Zurück zu Alois Hitler.

Nur kurz ist er NSDAP-Mitglied, dann tritt er auf Wunsch Adolfs wieder aus – der Name soll ihm keine Vorteile bringen. Alois arbeitet in Berlin im Weinhaus Huth als Kellner. Doch sein Name macht ihn so bekannt, dass er mithilfe von Financiers ein eigenes Restaurant mit Konditorei aufmacht, das „Alois" am Wittenbergplatz 3. Adolf sieht man dort nicht, aber SA und SS frequentieren es fleißig, in der Annahme, dass Alois enge Verbindung zu seinem Bruder hält. Sie glauben, er habe den Draht nach „ganz oben". Tatsächlich gibt es aber keinerlei Kontakt zwischen den Halbbrüdern. Nach dem Krieg ändert Alois Hitler seinen Nachnamen in Hiller, übersiedelt nach Hamburg und eröffnet dort eine Kneipe. Von den West-Alliierten wird er als unbelastet eingestuft. 1956 stirbt er.

Weit explosiver ist das Verhältnis seines ersten Sohnes zu Onkel Adolf.

William Patrick Hitler wittert seine Chance, als der Halbonkel Reichskanzler wird, und übersiedelt 1933 von England nach Deutschland. Bald wird beiden Seiten etwas klar: dem Reichskanzler, dass der junge Dandy im nationalsozialistischen Deutschland zu nichts zu gebrauchen ist, und William, dass er von Adolf Hitler nichts zu erwarten hat. William Patrick wird ungemütlich. Erpressungsgerüchte mit Familienstorys machen die Runde. Enttäuscht zieht der ungeliebte Neffe ab und fährt heim nach England. Doch er wird seine Show noch bekommen. Nach Kriegsbeginn übersiedelt er in die USA, versucht aus seiner Verwandtschaft mit dem Diktator Kapital zu schlagen und tritt 1944 unter starker medialer Präsenz in die US-Navy ein, um gegen den Onkel ganz formell ins Feld zu ziehen – eine persönliche Kriegserklärung. Nach dem Krieg verschwindet er von der Bildfläche, behält aber seinen Familiennamen bei. Im Stillen zeugt er mit seiner Frau vier Söhne, deren ältesten er Alexander Adolf nennt (so viel zur Glaubwürdigkeit seiner angeblichen inhaltlichen Distanz zum Onkel) und deren jüngster, Brian Hitler, erst 1965 zur Welt kommt. Nach dem Tod William Patricks 1987 legen alle vier Söhne den Namen Hitler ab. Keiner von ihnen will etwas mit dem unseligen Andenken von Adolf H. zu tun haben.

Eine sehr enge Beziehung entwickelt sich hingegen zur Halbschwester.

Als Hitler 1923 nach seinem ersten Versuch, mit seinen Getreuen die Macht zu ergreifen, dem missglückten Putsch in München, in Festungshaft in Landsberg am Lech sitzt, besuchen ihn Angela und ihre Kinder. Sie hat den Finanzbeamten Leo Raubal geheiratet, der schon 1910 gestorben ist. Ihr zweiter Mann, der Architekt Martin Hammitzsch, ist überzeugter Nationalsozialist. Nach dem Untergang des Dritten Reiches wird er Selbstmord begehen.

Angela wird schließlich Adolfs Haushälterin im Berghof am Obersalzberg, das ihm die Partei gekauft hat. Sie wird als resolut, ja geradezu herrisch beschrieben. Zu herrisch wohl, denn 1936 wird sie von Hitler entlassen. Sie überlebt den Krieg und ihren Bruder um vier Jahre.

Ihre Tochter Angela, genannt Geli, ist Adolfs Lieblingsnichte. 1923, als sie 15 Jahre alt ist, wird er zu ihrem Vormund bestellt. Er verliebt sich in das lebenslustige Mädchen, tut es seinem Vater gleich und holt die Nichte zu sich ins Haus. Drei Jahre lang lebt er neben und mit ihr in München. Er engt ihr Leben immer mehr ein, bis sie es nicht mehr aushält. Geli Raubal erschießt sich 1931 in Hitlers Münchner Wohnung mit einer Waffe, die ihm gehört. Ein mehrfaches Trauma für den ohnehin schon notorisch nervolabilen Hitler: junge Frau, eigene Nichte, unerwiderte Liebe, Selbstmord, seine Wohnung, seine Waffe ... Und er darf nicht einmal zu ihrem Begräbnis, denn er hat dort Einreiseverbot, wo man sie bestattet: in Wien, in Österreich ...

1934, als er schon Reichskanzler ist, kommt es zu einem Zwischenfall mit einem seiner Verwandten im Waldviertel: Ein Cousin Adolf Hitlers hat ein kleines Waffenlager angelegt. Er wird beim Tragen einer SA-Uniform ertappt und verhaftet. Es ist ein Sohn des Lieblingsonkels Anton.

Vorerst am wenigsten Sorgen bereitet Hitler das ruhigste Familienmitglied, die jüngere Schwester Paula.

Nach dem Tod der Mutter kommt die kleine Paula, die einzige „Vollschwester“ Adolfs, zu ihrer Halbschwester Angela. Der Kontakt zu Adolf reißt ab.

Nach einer Ausbildung in Leonding bei Linz lebt sie in Wien und arbeitet als Stenotypistin bei der Bundesländer-Versicherung, die sie 1930 entlässt, als ruchbar wird, wer ihr Bruder ist.

Paula lebt ohne Anstellung in einer bescheidenen Zwei-Zimmer-Wohnung in Wien und wird von ihrem Bruder monatlich finanziell unterstützt. Er hat ihr nahegelegt, nicht mehr zu arbeiten. Hitler lässt kaum Kontakt zu den Verwandten zu, hin und wieder kommt Paula auf den Obersalzberg auf Besuch. 1936 drängt er sie, ihren Namen zu ändern. Sie heißt nun mit Nachnamen Wolf – Hitlers Deckname aus dem Ersten Weltkrieg und zeitweiliger Spitzname in der Familie! Nach dem Anschluss wird ihr ein Haus in Niederösterreich zugewiesen, wo sie in aller Stille zu leben hat. Ihren älteren Bruder Adolf verehrt sie, aber sie sieht ihn nur sehr selten. Eine zur Einsamkeit verdammte Frau.

Mit dem nahenden Ende von Krieg und Reich ahnen die Hitlers, dass ihnen, die nur wenig Vorteil aus ihrer Verwandtschaft zum Führer ziehen konnten, nun überproportional schwere Zeiten bevorstehen.

1945 taucht Alois in Hamburg unter, Angela Raubal setzt sich nach Süddeutschland ab, Paula Wolf wird von den Alliierten gesucht und hält sich versteckt.

An sie hat Adolf kurz vor seinem Tod noch Geld geschickt und ihr telegrafiert, sie solle schleunigst nach Berchtesgaden kommen. Der für den Umzug vorgesehene Speditionswagen ist nie angekommen. Paula flüchtet auf eine Almhütte bei Berchtesgaden. US-amerikanische Soldaten spüren sie auf und verhaften sie. Für den Rest ihres Lebens blieb Adolf für sie zuallererst der große Bruder, vertraut sie sich Jahre nach Kriegsende ihrem Hausarzt Gert Bratke an.

Im Waldviertel suchen die Sowjets nach Hitlers Verwandtschaft. Sie wollen Familienmitglieder des Diktators, der ja seine Leiche ihrem Zugriff hat entziehen lassen, vorführen und herzeigen. Im Altreich werden sie nicht fündig, dafür stoßen sie auf Cousins und Cousinen im Waldviertel, auf die Kinder von Lieblingsonkel Anton. Fünf werden in ein sowjetisches Lager verschleppt. Nur einer von ihnen kehrt nach zehn Jahren zurück.

Paula Wolf lässt sich in einer kleinen Wohnung in der Nähe des Obersalzbergs nieder – von ihrer Umwelt gemieden und von der Fürsorge lebend. 15 Jahre später wird ihr das Erbe Adolf Hitlers zuerkannt: zehn Millionen Euro Tantiemen aus dem Verkaufserlös von „Mein Kampf"! Sie kann es nicht mehr antreten, da sie 1960 an Herz-Kreislauf-Versagen stirbt. Den Namen Wolf hat sie wieder abgelegt. So ist sie nun jene Frau Hitler, die eines natürlichen Todes stirbt ...

Hitlers Verwandte erfuhren Schicksale wie Millionen andere, sie sind eingerückt, gefallen oder in Gefangenschaft geraten. Eine entfernte Verwandte war als geisteskrank eingestuft worden und Opfer der Euthanasie geworden.

Geliebt hat er seine Familie nicht gerade, dafür eine andere regelrecht gehasst, und die ist eine der ältesten europäischen Dynastien.

Hass auf Habsburg

„Wissen Sie, Majestät, hier in Berlin hat überhaupt nur ein Mensch habsburgfeindliche Gefühle, aber der ist Österreicher. Nun, eben dieser böhmische Gefreite (...)".

Mochte man dem greisen deutschen Reichspräsidenten Paul von Hindenburg im Januar 1933 auch bereits nachsagen, an leichter Senilität zu leiden, muss man ihm zubilligen, dass diese Bemerkung dem jungen Otto von Habsburg gegenüber sehr treffend ausfiel. Außer, dass er wie üblich Hitlers Geburtsstadt Braunau am Inn mit dem Braunau im nordöstlichen Böhmen (heute Broumov) verwechselte, das dem alten preußischen General wohl noch aus dem Kartenstudium im Ersten Weltkrieg in Erinnerung geblieben war. Als monarchistisch-dynastisch denkender und fühlender Mann war für Hindenburg der im Jahr 1933 21 Jahre alte Otto von Habsburg, Sohn des davongejagten und dann bald verstorbenen letzten österreichischen Kaisers Karl I., der legitime Kaiser von Österreich, des engsten Bundesgenossen im Weltkrieg. Die politischen Verhältnisse mochten sich seit 1918 grundlegend geändert haben, die gegenseitige Wertschätzung, die Selbstverständlichkeit aristokratischer Grundhaltung war aufrecht geblieben. Die Verbundenheit der Dynastien, ob regierend oder nicht, und die übernationalen Netze der Aristokratie waren festgesponnen. Ein gewählter Reichspräsident Von Hindenburg verbeugte sich lieber vor dem verhinderten Kaiser Otto, als er es vor einem ebenso wie er gewählten österreichischen Bundespräsidenten Miklas getan hätte.

Tatsächlich irrten die Habsburger quer durch Europa. Man hatte Otto, seine Mutter Kaiserin Zita und andere Familienmitglieder weitgehend enteignet und dauerhaft aus der Republik Österreich und den anderen Nachfolgeländern Österreich-Ungarns verbannt. Noch war für die jungen Staaten die Gefahr nicht gebannt, dass die Dynastie wieder nach der Macht greifen könnte, da Kaiser Karl 1918 nicht wirklich abgedankt, sondern nur auf jeden Anteil an den Staatsgeschäften verzichtet hatte. Immerhin hatte Karl danach noch zweimal versucht, mit Getreuen nach Ungarn einzureisen und wenigstens dort wieder ans Ruder zu kommen – allein vergeblich. Man schob ihn ab, doch blieb er formell König von Ungarn, bekam aber Einreiseverbot! Um die Paradoxie noch weiter zu treiben, stand fortan an der Spitze des Staates Admiral Miklós Horthy, der letzte Oberbefehlshaber der k. u. k. Kriegsmarine. Ein Admiral ohne Meer, denn das zusammengeschrumpfte Ungarn hatte keinen Zugang mehr zur See.

Die Republik Österreich hingegen zog per Verfassungsgesetz formal einen scharfen Trennungsstrich. Wer nicht auf die Zugehörigkeit zum Haus Habsburg verzichtete, musste gehen, der Großteil des Eigentums wechselte nach einem bestimmten Schlüssel in Staatsbesitz über. Darüber hinaus wurde der Adel abgeschafft. Hier ging es viel radikaler republikanisch zur Sache als in Ungarn oder auch in Deutschland, wo wenigstens trotz Republik der Adel bestehen blieb. Erst im österreichischen Ständestaat sollten für wenige Jahre die sogenannten „Habsburger-Gesetze" gelockert und zum Entsetzen mancher Nachbarstaaten ein etwas veränderter Doppeladler als Staatswappen eingeführt werden.

Wie ernst die Habsburgerfrage genommen wurde, zeigt die Tatsache, dass auf der Agenda der Ministerkonferenzen der Tschechoslowakei noch 1938 nicht etwa die von allen Seiten zu witternde Gefahr einer deutschen Invasion ganz oben stand, sondern die angeblich drohende Möglichkeit einer Restauration der Habsburger in Wien und ein Übergreifen auf die Tschechoslowakei! „Lieber Hitler als Habsburg!", hieß die Devise.

Sie alle fürchteten die Macht der enterbten Dynastie, und tatsächlich würde der junge Chef des Hauses, der tatkräftige Otto, kurz vor dem Anschluss den österreichischen Bundeskanzler Schuschnigg auffordern, ihm die Kanzlerschaft zu übergeben – er wolle das Land in den Kampf gegen Hitler und die deutsche Invasion führen.

Die Abneigung beruhte auf Gegenseitigkeit.

Tatsächlich standen die Habsburger schon rein prinzipiell für praktisch alles, wogegen Hitler ankämpfte, was er selbst nicht erreichen wollte oder konnte oder was ihm zutiefst zuwider war; eine lange Liste von Eigenschaften, die hier auf die Kernpunkte beschränkt bleiben soll:

Eine fromm-katholische alte Dynastie mit übernationalem Anspruch, die ihr Vielvölkerreich mit beamtischer Akribie und bürokratischer Konsequenz regiert hatte, aus deren Effizienz, aber auch Monotonie kein Entrinnen gewesen war und deren letzter Kaiser im Weltkrieg gar im Rahmen der sogenannten „Sixtus-Affäre" an

Deutschland vorbei einen Separatfrieden mit den Westmächten hatte schließen wollen.

An all dem war für Hitler nur die funktionierende Verwaltung bewundernswert, aber auch sie weckte in ihm ungute Kindheitserinnerungen, hätte er doch nach dem Willen des Vaters Beamter werden sollen. Dazu kam noch das ausgeprägte Unsicherheitsgefühl, das den kleinbürgerlichen Hitler in Gegenwart von Aristokraten befiel.

Einer der Autoren dieses Buches bekam 1985 vom damaligen Fürsten von Liechtenstein Franz Josef II. eine Schilderung von dessen Antrittsbesuch bei Hitler in Berlin. Der 22-jährige Franz Josef hatte am 25. Juli 1938, also bereits nach dem Anschluss Österreichs, die Thronfolge in seinem kleinen Fürstentum, eingebettet zwischen Vorarlberg und der Schweiz, angetreten. Der erste Staatsbesuch führte ihn nach Deutschland. Überflüssig zu betonen, dass dem jungen Herrscher eines 160 Quadratkilometer kleinen Zwergstaates etwas mulmig dabei zumute war, zu dem mächtigen deutschen Diktator zu reisen, dessen antimonarchistische Haltung kein Geheimnis und länderraubende Tendenz offensichtlich war. Der Fürst war katholisch-konservativ bis in die Knochen und mit all jenen Aristokraten befreundet oder bekannt gewesen, die Hitler wenige Monate zuvor nach Dachau hatte transportieren lassen. Noch dazu war der Taufpate des Fürsten Kaiser Franz Joseph I. gewesen – bei Hitler nicht gerade ein Sympathieträger ...

Wie staunte da der Fürst, als er in Berlin mit größtem Pomp empfangen wurde, und zwar von einem Hitler, der noch viel nervöser war als er selbst! Unsicher in seinen Bewegungen, vor Nervosität schwitzend, kleine Verbeugungen andeutend, dabei freundlich im Übermaß, aber weitgehend sprachlos – Hitler konnte mit Würde ganz einfach nicht umgehen, so sie nicht von ihm selbst verliehen war. Hier stand in all seiner bücklingshaften Unterwürfigkeit der Kleinbürger vor dem perplexen jungen Fürsten. Beide Nervösen waren merkbar erleichtert, den protokollarischen Besuch bald beenden zu können.

Viel prekärer war natürlich die Sache mit Habsburg.

Es wäre zwar „ein Himmelfahrtskommando“ gewesen, „das Bundesheer gegen Hitler mobil zu machen“, sagt Otto von Habsburg später, „aber es musste riskiert werden. Österreich hätte dann ganz klar aufgezeigt, wo es steht“. Schuschnigg lehnte Habsburgs Appell vom 17. Februar 1938, ihm die Regierung zu übergeben, ab. Er wollte kein Blutvergießen.

Wenn er tatsächlich zur Regierung gekommen wäre, hätte er das mit seinem Leben bezahlt, „noch im selben Jahr“, ist Habsburg überzeugt. „Ich hätte den Tod in Kauf genommen.“

Und wirklich wurden er, seine Geschwister und seine Mutter nach dem Anschluss nicht nur ausgebürgert und sämtliches persönliches und Familienvermögen auf Führerbefehl enteignet, sondern er wurde auch noch wegen Hochverrats gesucht. Über Belgien und Frankreich flüchtete er nach Spanien und half dort Tausenden von Flüchtlingen bei der Weiterreise nach Übersee. Vollends in das Hitler'sche Feindschema fiel Otto noch zusätzlich, als er mit den Spitzen der Alliierten, Roosevelt und Churchill, persönlich Pläne für ein Nachkriegsösterreich, eine Donau-Föderation und andere Varianten zu wälzen versuchte. Wie ernst er in den Staatskanzleien der kriegführenden Mächte genommen wurde, ist allerdings fraglich. Habsburg will es gewesen sein, der in Großbritannien und den USA erfolgreich Österreichs Rolle als überfallenes und besetztes Land in die Hirne der Staatsmänner pflanzte. Ihm sei es unter anderem zu verdanken, dass Wien nach dem Krieg nicht der alleinigen Besetzung durch die Sowjetunion anheimfiel, sondern Vier-Mächte-Stadt wurde und damit die westliche Präsenz garantiert war.

Hitlers Hass auf Habsburg war also nicht nur einseitig – er fand seinen lauten Widerhall in der Haltung des jungen Familienoberhauptes und seiner legitimistischen Anhänger, die der Führer blutig verfolgte.

Dass der Deckname der deutschen Führung für die Besetzung Österreichs, den Anschluss, ausgerechnet „Unternehmen Otto“ war, ist ein pikantes Detail. Doch ist nicht erwiesen, ob Hitlers Habsburg-Manie so weit ging, diese für ihn so wichtige Aktion in bitterer Ironie gerade mit dem Namen des aktuellen Habsburgers zu versehen. Näher liegt die Assoziation mit dem mittelalterlichen Kaiser Otto dem Großen, der die Grenzmarken des Reiches weit in den Südostraum vorangetrieben hatte.

Durch die bajuwarische Ostbewegung aufgewertet wurde im Mittelalter auch eine Stadt, an der Hitler sein Leben lang besonders hing und für die er große Pläne hatte – der einzige Aspekt seines Österreich-Komplexes, bei dem Liebe den Hass überwog: Linz an der Donau.

Traum Linz – Trauma Wien

Adolfs heimlicher Schwarm aus Jungentagen in Linz, Stefanie Rabatsch, wird sich in den 1970er Jahren an einen Brief erinnern, in dem ihr der junge Hitler ankündigte, er werde, wenn er die Akademie in Wien beendet hätte, als Kunstmaler nach Linz zurückkehren und sie heiraten. „Der Brief hat gar keinen Eindruck auf mich gemacht", sagt sie. Wahrscheinlich, weil ihr der Schreiber unbekannt war. Hitler hatte nie gewagt, sich dem jungen Mädchen zu nähern oder gar sie anzusprechen, er hatte sie nur aus der Ferne angeschmachtet ...

„Ich sehe den Bau vor mir, klassisch, so schön wie nur etwas: die Sternwarte auf dem Pöstling-Berg in Linz. Den Götzen-Tempel dort beseitige ich und setze das dafür hinauf. In der Zukunft werden jeden Sonntag Zehntausende von Menschen durchgehen, und alle werden erfüllt sein von der Größe dieses Universums. Als Überschrift kann ich mir nur das denken: Die Himmel rühmen, des Ewigen Ehre!"

Linz an der Donau, Oberösterreichs Landeshauptstadt und Schauplatz seiner Realschulzeit, ist eines der wenigen Themen, die Hitler auch noch in den 1940er Jahren ins Schwärmen bringen werden.

Nach der steirischen Landeshauptstadt Graz, die Hitler am 25. Juli 1938 mit dem Titel „Stadt der Volkserhebung" ehrt, da dort tausende Nazis trotz Verbots schon am 24. Februar 1938 Demonstrationszüge veranstaltet und während des Anschlusses noch vor dem Eintreffen der deutschen Truppen die Macht übernommen haben, wird Linz 1939 gar eine von fünf „Führerstädten" und rückt damit im Rang an München, Nürnberg, Berlin und Hamburg heran. Ein „deutsches Budapest" will er aus Linz machen, will es mit Kunstschätzen vollpacken. Nicht zuletzt deshalb, weil er sich an seinem Lebensabend in dieses künftige Kulturmekka zurückziehen will.

Bereits in seinen Jugendjahren verbrachte er unzählige Nächte damit, der Stadt seiner Begierde ein komplett neues, würdiges Antlitz zu verleihen. Er empfand es als historische Ungerechtigkeit, dass Wien in der Vergangenheit architektonisch und kulturpolitisch „egoistisch überfüttert" worden sei, während Linz als staubiges Provinznest vor sich hin dümpelte.

Eine große Achse von der Donau bis zum Bahnhof sollte entstehen und repräsentative Bauten, dazu eine neue Brücke – das einzige Projekt, das dann auch tatsächlich realisiert wurde.

„Sonderauftrag Linz“ hieß Hitlers Plan, der ein gewaltiges Führermuseum mit Werken deutscher, niederländischer, französischer und italienischer Künstler vorsah. Seine Wünsche hielt Hans Posse, seit Juni 1939 „Sonderbeauftragter für Linz“, in bis heute erhaltenen 32 Fotoalben fest. Geld war dabei Nebensache, wobei in ganz Europa mehr zusammengestohlen als gekauft wurde. Kurz nach dem Anschluss Österreichs trat ein „Führervorbehalt“ auf Kunstwerke jüdischer, enteigneter Familien in Kraft. Das Führermuseum sollte die größte Galerie der Welt werden, doch das Projekt endete buchstäblich unter der Erde. Gemeinsam mit Wiener Museumsbeständen sind die für Linz vorgesehenen Kunstgegenstände zu Kriegsende im obersteirischen Salzkammergut, im Salzbergwerk Altaussee gelagert.

Der Leiter des Wiener Instituts für Denkmalpflege, Herbert Seiberl, hat diesen sicheren Ort gewählt. Denn im Altausseer Stollen, der eine Lagerkapazität von 40.000 Quadratmetern besitzt, herrschen heute wie damals ausgeglichene klimatische Verhältnisse, ideal für Kunstwerke.

Dabei war die zentrale Lagerstätte für das geplante Linzer Führermuseum zunächst das von den Nazis aufgelassene Stift Kremsmünster in Oberösterreich. Als es in die Reichweite der alliierten Bomber geriet, schlug das Institut für Denkmalpflege das Altausseer Salzbergwerk als neues Versteck vor.

Als es auch dort brenzlig wird, ordnet Hitler an, die Eingänge zum Bergwerk zu sprengen. Diesen Befehl lässt der Gauleiter von Oberdonau, der besonders fanatische Nationalsozialist August Eigruber, nicht ausführen. Er setzt noch eins drauf und ordnet an, acht Fliegerbomben in das Bergwerk zu transportieren und dort zur Explosion zu bringen. Der Plan wird verhindert, gleich mehrere Einzelpersonen und Gruppen wollen das nachträglich zuwege gebracht haben.

Wenn Linz die angeschmachtete scheu-schöne Geliebte Hitlers sein sollte, dann war Wien die verdorbene, die lasterhafte Kurtisane, die ihm mehrfach ins Gesicht gelacht und ihn dann links liegen gelassen hatte. Jahre später kehrte er zurück und nahm sie an die Kandare.

„Im alten Österreich besaß Wien eine so unerhört kulturell dominierende Stellung, dass man den Hass versteht, der in der Provinz gegen Wien bestand, einen Hass, den es gegen Berlin in dieser Art nicht gegeben hat. Schätze wurden immer nach Wien gebracht“, monologisiert Hitler 1941, um gleich darauf offenzulegen, was er von der Stadt in

Wirklichkeit hält. „Wien wird den Krieg anfangen gegen die Wanzen und gegen den Dreck. Die Stadt muss gesäubert werden. Das ist die Kulturaufgabe, die das Wien des 20. Jahrhunderts zu lösen hat; weiter braucht es nichts zu tun. Wenn es das macht, gehört es zu den schönsten Städten der Welt."

Er kommt nicht los von Wien, will es zwar zurechtstutzen, in seine Schranken weisen, lässt die Insignien der Habsburger und die Kronjuwelen der Schatzkammer nach Nürnberg schaffen, um es zu demütigen und Nürnberg die Reichskrone wiederzugeben, die sich dort bereits seit 1424 befunden hatte, ehe sie 1800 zum Schutz vor den napoleonischen Truppen nach Wien „evakuiert" worden war; andererseits behält er sich das Recht vor, persönlich die höheren Positionen und Direktorenposten von Kultureinrichtungen wie der Staatsoper zu besetzen und wälzt Pläne, Wien zu einem großen Handelsumschlagplatz zu machen, zu einem Hamburg an der Donau mit neuen Kanalsystemen und Hafenanlagen, als Tor zum Balkan. Dass es dazu nicht kommt, dafür sorgt der Kriegsausbruch.

Ein vollkommen anders gelagertes „kulturelles" Erbe hat er erwiesenermaßen aus der Wiener Zeit in seine Karriere als Politiker mitgenommen.

Untergründige Ideengeber

Die Historikerin Brigitte Hamann hat in ihrem Werk „Hitlers Wien" eindrucksvoll die vielen Ideengeber des jungen Hitler in der Donaumetropole und die feinen Fäden zwischen ihnen dargestellt. Von der dominierenden Figur des christlichsozialen Bürgermeisters Karl Lueger, den Hitler bewunderte und dem die Nazis trotzdem später vorwarfen, lediglich ein „Schein-Antisemit" gewesen zu sein, über den großen Führer der Alldeutschen Georg von Schönerer bis zu Karl Hermann Wolf und seiner Deutschradikalen Partei. Sie alle waren weithin berühmte Figuren.

Am hellsten strahlte die Aura Karl Luegers. „Lueger hatte sich seine Volkstümlichkeit durch unbestreitbar große Leistungen erarbeitet", merkt Brigitte Hamann an. „Seine Amtsperiode von 1897 bis 1910 bildete in der Verworrenheit der k. u. k. Politik ein einzigartig klar konturiertes Bild."

Dies und eine pompöse Selbstinszenierung bildeten das Fundament des lebenden Denkmals Lueger – verbunden mit den populistischen Einstellungen seiner Zeit, darunter dem Antisemitismus.

Hitler drückt durchaus die Mehrheitsmeinung der Wiener aus, wenn er später meint: „Unter der Herrschaft eines wahrhaft genialen Bürgermeisters erwachte die ehrwürdige Residenz der Kaiser des alten Reiches noch einmal zu einem wundersamen jungen Leben."

Für die von Lueger so umfassend beherrschte Christlichsoziale Partei wird sich der Tod des Volkslieblings 1910 dementsprechend ungünstig auswirken „Der Lueger-Kult hat die Partei stets in die Defensive gedrängt", wird der christlichsoziale Reformer Otto Günther 1932 notieren, einem Jahr, da der Konkurrenzdruck durch die Nazis in Wien bereits sehr stark ist. „Wir Christlichsozialen können mit unserem christlichen Antisemitismus nicht mehr mit den Nationalsozialisten konkurrieren. Dem wirklich überzeugten Antisemiten waren wir zu lau, er ging hinüber zum Hakenkreuz: zum Schmied, nicht zum Schmiedl! Wir aber haben uns den Weg zu den staatserhaltend gesinnten Juden ohne Not verrammelt."

Hitler hatte mit der NS-Bewegung den Antisemitismus Lueger'scher Prägung längst überflügelt.

Wenn der Soziologe und katholische Sozialreformer August Maria Knoll damals bemerkt: „Der Nationalsozialismus ist jene Bewegung, die das preußische Schwert der österreichischen Narretei zur Verfügung gestellt hat", dann meinte er mit der Narretei wohl nicht Lueger, sondern eine ganz andere, weit über den gängigen Mainstream-Antisemitismus hinausgehende Denkweise, jene der verschrobenen Welterklärer, der in ihren Kreisen hochverehrten Heroen des „Europäischen Untergrunds", wie der Historiker Friedrich Heer sie nannte.

Lanz von Liebenfels und der „Orden des Neuen Tempels"

„Sind Sie blond? Sind Sie ein Mann? Dann lesen Sie die ‚Ostara'-Bücherei der Blonden und Mannesrechtler!"

Seit 1905 gab ein gewisser Jörg Lanz-Liebenfels in Wien jene nach der heidnischen Frühlingsgöttin „Ostara" benannte Heftchenreihe heraus, in der er seine „Ariosophie“ niederlegte, eine Lehre, die den Kampf der arischen Herrenrasse gegen die „Äfflinge“ beschreibt, die in mystischer Vorzeit durch Sodomie aus der schändlichen Verbindung von höherrassigen Frauen mit pygmäenähnlichen Tieren hervorgegangen seien und in Form von Juden, Negern, deren Mischlingen und anderen Untermenschen bis in die Gegenwart fortlebten.

Überhaupt, so bemerkte Lanz immer wieder, tendiere das Weib an sich, auch das arische, bedauerlicherweise zu Äfflingsmännern. Ganze Nummern seiner Heftreihe widmete der „Ostara“-Herausgeber den Strategien, wie der blonde, arioheroische Ehemann seine Frau davon abhalten könne, vom Juden, vom Tschandalen, vom Affen verführt zu werden. Da sind betont praktische Tipps dabei: Der arische Mann solle seiner nach dem Äffling („Deren wohlklingenden, tiefen und einschmeichelnden Stimmen verfehlen selten ihre Wirkung auf die Weiber, und zwar gerade auf die blonden Weiber ...“) schmachtenden Frau eben beiläufig von dessen Schweißfüßen (die nach Lanz pfiffigerweise gar nicht der Wahrheit entsprechen müssen) erzählen – und schon wird sie ekelerfüllt von dem Äffling ablassen! Was Wunder, dass sich einsame arische Leser der „Ostara“ entschlossen, in ihrem Leib- und Magenblatt Heiratsannoncen aufzugeben?

„Ich suche ein arisches Mädchen zur Frau,
Mit Haaren wie Gold und Augen rein blau,
Von hoher Gestalt und kernigem Leib –
Ein echtes, ein rechtes germanisches Weib.“

Doch es bleibt nicht nur beim vergleichsweise harmlosen Schwachsinn, denn Lanz von Liebenfels mischt aus Elementen eines schlicht erfundenen Vorzeitrassenkampfes, verzerrten Versatzstücken christlicher Überlieferungen (für Jesus verwendet er stets den an sich korrekten Namen „Frauja“ aus der gotischen Bibelübersetzung des Wulfila, tut das aber aus Gründen der „Gotisierung“ des Christentums) und ganz hanebüchenem Antisemitismus eine ganz spezielle Ideologie.

Schon bei Lanz werden Schädel aus rassenhygienischen Gründen vermessen, tauchen erstmals die höher- und minderrassigen Gesäß- und Fußformen auf, werden Pläne zur Versklavung, Deportation und Ausmerzung der „Tschandalen“, der Minderrassigen, gewälzt.

Das alles konnte man von 1905 bis 1931 mit Unterbrechungen an Wiener Zeitungskiosken und in Trafiken kaufen. Einer, der das nachgewiesenermaßen tat, war der junge Adolf Hitler, der so an seine „ersten antisemitischen Broschüren“ kam und Lanz 1909 sogar einmal persönlich aufsuchte, um fehlende „Ostara“-Nummern von ihm zu erbitten. Der mittlerweile mittellose und abgemagerte Hitler erregte Lanzens Mitleid und bekam die Hefte samt Rückfahrgeld für die Straßenbahn geschenkt. Man muss also nicht die Wurzeln Hitler'scher Geisteshaltung nur bei Nietzsche oder Wagner suchen, wo es doch die Heftchenreihe des Lanz gab, in der alles schon billiger zu lesen stand – und auch noch als Wissenschaft ausgegeben wurde. Selbst der jüdische Literat Karl Kraus oder Schriftsteller wie Fritz von Herzmanovsky-Orlando und August Strindberg maßen Lanz zu, mehr oder weniger wissenschaftlicher „Fachmann“ für das „Rassenproblem“ zu sein. Und Lenin, den Lanz vor dem Ersten Weltkrieg in der Schweiz traf, wollte den erfolgreichen „Ostara“-Herausgeber gar auf seine Seite ziehen! Die obskuren Vertreter des „Europäischen Untergrunds“ fanden offenbar sogar dann irgendwie zueinander, wenn ihre Ideen diametral entgegengesetzt schienen und nur die Komponente des geplanten Massenmordes gemeinsam hatten.

Weniger gut kam Lanz mit seinen Ideen hingegen bei der von ihm angehimmelten Aristokratie an, was ihn doch ein bisschen irritierte und nach 1917 zu der Bemerkung veranlasste, dass jene von seinem Bekannten Lenin niedergemetzelten russischen Aristokraten es eben nicht besser verdient hätten. Lanzens Schriften waren im zaristischen Russland verboten gewesen. Ansonsten gewann er dem Bolschewismus wie übrigens auch der parlamentarischen Demokratie als Äfflingsideologien natürlich nichts Positives ab, zumal sein Weltbild keinerlei „soziale Gerechtigkeit“ beinhaltete, sondern nur dienende Tschandalen und herrschende Arier kannte.

Bei seinen Anhängern genoss Lanz Kultstatus.

„Was ich Lanz von Liebenfels verdanke“, schrieb ein dankbarer Jünger in einer Denkschrift: „Ein vollkommen neues Leben!

Bevor ich die ‚Ostara‘ und damit die Geistes- und Ideenwelt Meisters Lanzs kennenlernte, lag ich festgefroren in den Banden der materialistischen Weltauffassung, wie Millionen von Artgenossen heute noch darinnen schmachten. Der fromme Glaube meiner Kindheit war verweht und abgetan wie ein Spielzeug – für nichts erachtet. Ziellos und haltlos schwankte ich umher und nichts blieb mir fremd, womit der Materialismus dem Menschenleben einigen Reiz verleihen zu können glaubt, auch nicht Ausschweifungen sogar niederer Art.

Da begann meinem besseren Ich zu ekeln vor der Hohlheit und Verlogenheit einer Lebensführung, die auf breitem und wohlasphaltiertem Wege geradewegs dem Abgrund der Hölle, dem geistigen Tode in der Entartung zuführen musste. Meinem innersten Sehnen entquoll die Sucht nach Wahrheit, nach Licht und nach Liebe. Ich ergriff den Stab der Wahrheit, der mich durch die verschiedenen Lebensreformbestrebungen stufenweise höher brachte. Ich blieb ein Suchender, denn ich fand, dass alle diese Bestrebungen nur Teilgebiete der Wahrheit vertreten. Mein Sehnen jedoch ging auf's Ganze, alle diese Teilgebiete Umfassende.

Zu dieser Zeit – es sind dies gerade 18 Jahre her – kamen mir die ersten Ostarahefte in die Hand. Und diese schlichten Hefte haben mich in einen neuen Menschen umgewandelt. Mit Staunen und stets steigender Bewunderung wurde ich mit einer Gedanken- und Ideenwelt vertraut, in der ich zu meiner größten Freude meinen Kinderglauben, den Glauben meiner Väter und Vorväter, auf einwandfreier wissenschaftlicher Grundlage voll bestätigt fand. Nun hat mein Leben wieder Zweck und Inhalt. Meine geistigen Augen wurden aufgetan und ich erwachte aus dem dumpfen Schlafe der Tierheit, ‚Materialismus' genannt. Über Zeit und Raum hinweg schaue ich nun in Vergangenheiten und Gegenwart, um freudig zu erahnen den Anbruch einer gänzlich neuen Zeit, deren Vorboten und Verkünder wir als dankbare Schüler des Meisters sein dürfen.

Durch Meister Lanz fand ich zu Gott dem Vater, zum Herrn und Heiland zurück, der wesenseins ist mit dem Vater. Was unwürdige, staatlich besoldete Religionsbürokraten, die mir den Glauben der Väter verekelt haben, verschuldeten, er machte alles wieder gut und öffnete mit milden, echt väterlichen Worten mein Herz, daraus nun eine Quelle fließt, ein heiliger Ostaraquell, der, sich mit vielen anderen gleichen Quellen vereinigend, zu einem Strome werden soll, um einstens allen Schmutz und allen Unrat des Tiermenschentums von diesem Planeten wegzuspülen.

Ich bekenne es hiermit öffentlich: Einem geistigen Führer und Vater wie Meister Lanz von Liebenfels kann nicht mit hohlen Phrasen gedankt werden, wie man sie gemeinhin bei solchen Anlässen zusammendrechselt, sondern nur mit unwandelbarer Treue, mit jener Treue, der kein Opfer zu groß ist, um die durch den Meister verkündete Lehre weiter zu verbreiten und sie den Besten und Edelsten aller arischen Völker zugänglich zu machen!"

Ob auch der junge Hitler derart hymnisch auf Lanzens Welterklärung reagiert hat, ist fraglich. Angesprochen hat sie ihn nachweislich schon.

Mit seinen irrationalen, pathologischen Ideen durchstieß Lanz den Plafond des üblichen Nationalismus seiner Zeit und bot seinen Anhängern Halt und Trost in einer Scheinwelt, die sich durch ihr primitives Schema von der komplizierten, konfliktgeladenen Realität unterschied. Dass viele der in seinen „teutschen Psalmen" geforderten apokalyptischen Grausamkeiten an den „Tschandalen" so bald schon Wirklichkeit werden würden, hätte sich Lanz – das muss man ihm immerhin zugestehen – wahrscheinlich selbst nicht gedacht. Der Tiefenpsychologe Wilfried Daim, der Lanz im Jahr 1951 noch persönlich kennenlernte, beurteilte ihn so:

„Für seine Ideen war er sicherlich nicht verantwortlich – dessen bin ich als Psychologe zutiefst überzeugt –, sie waren zu abwegig und realitätsfremd und daher eindeutig pathologisch."

Dieser kranke Mann, der sich selbst den Beinamen „von Liebenfels" zulegte, war ursprünglich Zisterziensermönch in Heiligenkreuz gewesen, hatte das Kloster 1899 verlassen und gründete 1900 den „Orden des Neuen Tempels" („Ordo Novi Templi", ONT), eine Mischung aus Geheimbund und veritabler Sekte, die mit ihren blonden Rittern, die sich verpflichten mussten, nur blonde, blauäugige „Zuchtmütter" zu heiraten, wohl mittlerweile längst der Vergessenheit anheimgefallen wäre, wenn nicht zweierlei geschehen wäre; nämlich zum einen Adolf Hitler den Lanz in Worten und Taten vollendet und kopiert hätte, und zum anderen ebendieser Hitler das Runen-Emblem des ONT zu dem seinen gemacht hätte: das Hakenkreuz! Lanz hisste eine Fahne mit der „Swastika" auf seiner Ordensburg Werfenstein bei Grein in Oberösterreich bereits 1907. Von Hitler, der dem alten „Ostara"-Herausgeber dann im Dritten Reich Schreibverbot auferlegte, soll Lanz später nicht mehr ganz so begeistert gewesen sein.

Guido von List und der „Starke von Oben“

Nimmt man es ganz genau, dann war der Begründer der Ariosophie eigentlich der kauzige Wiener Schriftsteller Guido von List (1848–1919), der nicht nur das angeblich altgermanische „Armanentum“ (ein von List erfundener Begriff für „Priestertum“) mit allerlei Rückblenden in sagenhaft brodelnde Urzeiten entdeckt zu haben glaubte, sondern auch eine einschlägige „List-Gesellschaft“ ins Leben rief. Auf den Ideen Gobineaus, der Theosophie Helena Blavatskys und den zeitgenössischen Arbeiten Houston Stewart Chamberlains fußend, beeindruckte er neben Lanz von Liebenfels, der den erheblich älteren List freundschaftlich förderte, auch einflussreiche Persönlichkeiten in Österreich und Deutschland, die noch vor dem Ersten Weltkrieg der „List-Gesellschaft“ beitraten. List verabscheute neben dem Judentum besonders die katholische Kirche und begann von ihm selbst „erschaute“ okkulte ersatzreligiöse Praktiken zu entwickeln, die er 1911 im inneren Kreis der „List-Gesellschaft“ einführte, dem „Hohen Armanen-Orden“ (HAO). Die „List-Gesellschaft“ war von seinen Jüngern gegründet worden, nachdem 1903 eine seiner Schriften von der kaiserlichen Akademie der Wissenschaften kommentarlos zurückgeschickt worden war. Eine wohl deutliche Abfuhr für diese Art von „Wissenschaft“. Die Gesellschaft traf sich zunächst alle paar Wochen in einem Wiener Wirtshaus.

In Lists Schriften finden sich neben dem als Symbol neu entdeckten Hakenkreuz praktisch alle wesentlichen Elemente Hitler'scher Weltanschauung, die über den konventionellen Nationalismus und Antisemitismus der Zeit hinausgingen:

- der Mythos von der Reinerhaltung des Blutes
- die Feinde der arischen Herrenrasse, die „Internationalen“, also die katholische Kirche, Juden und Freimaurer
- der kommende ario-germanische Weltkrieg, der geführt werden müsse, „um die Tschandalenbrut wieder in ihre Fesseln der Kultur zu schlagen, die sie freventlich zerbrochen haben, damit Ordnung geschaffen werde und der Herrenmensch wieder zu seinem ihm abgelisteten und abgegaunerten Herrenrecht gelange (...)“

- ein pangermanisches Deutschland, das aus Deutschen, Engländern, Holländern und Skandinaviern bestehen solle (was die Grundlage von Hitlers Vorliebe für England erklären könnte)
- und schließlich, der Mythos des „Starken von Oben“: Der ersehnte germanische Volksführer würde als Gottmensch regieren und keinem Gesetz unterliegen. Erkennbar sei er daran, dass er aus jedem Kampf als Sieger hervorgeht. Der „Starke von Oben“ hatte immer recht. Denn er ist im Einklang mit den Naturgewalten und in alten Sagen schon als Retter der Germanen prophezeit. Er konnte nicht irren. Der Endsieg war ihm gewiss.

„Wer die List-Theorie kennt“, so Brigitte Hamann, „dass der ‚Starke von Oben‘ an seinen Siegen erkennbar sei, versteht auch Hitlers so unsinnig wirkenden Satz ‚Wenn Dschingis Khan wirklich der große Mann war, als den ihn die Geschichte darstellt, dann war er eben ein Arier und kein Mongole!‘“

Da aber ein „Starker von Oben“ von Beginn an als unfehlbar auftritt, müssen nach der Machtergreifung all jene verschwinden oder zumindest zum Schweigen gebracht werden, die ihn noch als klein und schwach kennen, die Kumpel aus dem Männerheim, aber auch die eigene Familie. Diese arioheroische Revolution fraß jedoch ihre eigenen Kinder, wenn etwa Lanz von Hitler genauso Schreibverbot erhielt wie Parteigenossen aus der Münchner Frühzeit, etwa Anton Drexler öffentliches Redeverbot. Verordnetes Schweigen war ebenso angesagt wie die Verschleierung der eigenen Vergangenheit. Mithin hatten sich auch Guido von List und Lanz von Liebenfels neue Identitäten zugelegt und sich selbst geadelt, Letzterer unter anderem deshalb, weil er die jüdische Abstammung seiner Mutter verbergen wollte.

„Ich gehe mit traumwandlerischer Sicherheit den Weg, den mich die Vorsehung gehen heißt“, sagt Hitler 1936. Er ist überzeugt, dieser „Starke von Oben“ zu sein, den Guido von List prophezeit hat. Denn hat nicht List so trefflich geschrieben, dass sich Reste der reinen ariogermanischen Rasse in entlegenen Gegenden erhalten haben, „in den Elbniederungen, in Niederösterreich, in den Tälern der Krems, der Kamp und der Ysper“?

Der Kamp durchfließt das Waldviertel, aus dem sämtliche Verwandte Hitlers stammen. Voll zum Ausbruch kam der Missionswahn

Hitlers, seine Idee, auserwählt zu sein, aber erst 1918 mit der Kapitulation der deutschen Armee, in der er diente.

Auf den Punkt gebracht kann man trotzdem sagen, dass Hitlers „Vorsehung", auf die er sich bis zuletzt immer wieder berief, und manch anderer mörderischer Unsinn einer Runde von Wiener Wirrköpfen entstammte, die sich ihrem skurrilen Mentor, dem rauschebärtigen Guido von List zu Ehren jeden zweiten Mittwoch um acht Uhr abends in einem Wirtshaus in der Währinger Straße 67 zum Trunk traf.

Eine erbärmliche Vorstellung.

Das war sie also, die sogenannte österreichische Narretei, die nur mehr auf ihr preußisches Schwert wartete.

Sie brauchte allerdings keinen Hitler, um ins Deutsche Kaiserreich überzuschwappen. Von Lists Fantastereien begeistert, gründeten 1912 seine Anhänger in Leipzig den „Reichshammerbund" und als geheime Schwesterorganisation den „Germanenorden". Beide widmeten sich der „wesentlichen" Frage der Gegenwart: dem virulenten und radikalen rassischen Antisemitismus, taten dies aber wenig breitenwirksam. Selbst der auf Öffentlichkeitswirkung abzielende „Reichshammerbund" brachte es in ganz Deutschland zunächst nur auf ein paar 100 Mitglieder. Der „Germanenorden" um seinen ersten Leiter, den Magdeburger Eichmeister Hermann Pohl, meinte, dass der machtvolle Einfluss der Juden im öffentlichen Leben nur das Resultat einer geheimen jüdischen Verschwörung sein könnte, und beschloss, diese mit ihren eigenen Mitteln zu bekämpfen.

So entstand die Idee einer antisemitischen Loge, die wie eine Freimaurerloge organisiert sein sollte, deren Mitglieder geheim zu bleiben hätten. Damit war der Weg von der Sekte hin zur politisch zielgerichteteren Geheimgesellschaft beschritten. Das nötige Rüstzeug bekamen die „Germanen" von Männern wie Johannes Hering, der der Münchener Gruppe des „Reichshammerbundes" angehörte und erklärte, selbst Freimaurer zu sein, „dass aber diese alte germanische Institution durch das Gedankengut von Juden und Parvenüs verschmutzt" worden wäre. In ganz Deutschland entstanden nun Filialen des „Germanenordens", deren Anwärter sich einem Rassetest zu unterwerfen hatten, ehe sie in einer Zeremonie feierlich in den Orden aufgenommen wurden – aber auch nur dann, wenn sie körperlich nicht behindert oder nicht „dem Aussehen nach unsympathische Menschen" waren. In ihren Inhalten und

Formen beriefen sich die „Germanen“ ausdrücklich auf Lists „Armanentum“ und Lanzens rassekundliche Veröffentlichungen in der „Ostara“. Aus dem „Germanenorden“ wird die sagenumwobene „Thule“-Gesellschaft des schillernden Rudolf von Sebottendorf hervorgehen, die Autoren wie E. R. Carmin als geheime Macht hinter Hitlers Aufstieg sehen und sich dabei so weit vorwagen, den vermeintlichen Diktator als Marionette dieser geheimen Bruderschaft zu deuten.

Hitler wird 1937 alles verbieten, was Loge oder Geheimbund – gleich welcher Ideologie – ist. Es ist auch unwahrscheinlich, dass er jemals Mitglied einer solchen Gruppe war. In „Mein Kampf“ wird er rückblickend über die „völkischen Wanderprediger“ spotten.

Geheimbünde und okkulte Logen hatten im Dritten Reich keineswegs das Sagen. Auch wenn der für derartige Dinge höchst empfängliche SS-Chef Heinrich Himmler die SS als „Orden unter dem Totenkopf“ aufzog und ihr quasi-jesuitische Elemente verlieh, blieben seine pittoresken Ritter-Rituale auf der westfälischen Wewelsburg doch sein Privatvergnügen, für das er sich seinen eigenen Rasputin hielt, den geheimnisvollen SS-Philosophen „Weisthor“, der in Wirklichkeit ein Wiener Psychiatriepatient namens Karl Maria Wiligut war, der in bester List'scher und Lanz'scher Tradition an Erberinnerungen aus alter germanischer Vorzeit litt – eine Randfigur. Die mörderische Ideologie vom arischen Herrenmenschentum und den auszurottenden Äfflingen war längst in der politischen Massenbewegung aufgegangen.

Glaube und Krankheit

Woran glaubte Hitler nun wirklich? Und wie tief wurzelte dieser Glaube in der Tatsache, dass er Österreicher war?

Friedrich Heer zeichnete 1968 in seinem Monumentalwerk „Der Glaube des Adolf Hitler“ den Diktator als einen Menschen, „der Österreich hasste, der den deutschen Episkopat und den deutschen politischen Katholizismus als schwächlich verachtete, das Christentum als eine weltgeschichtlich überholte Sache ansah, gleichzeitig aber bis zu seinem Lebensende Kirchensteuer zahlte; der die Organisation und Propaganda, den Machtwillen und Dogmatismus der römischen Kirche hochschätzte, und im Kloster-KZ-ähnlichen Bunker seiner Führer-Hauptquartiere immer wieder nächtelang und je länger, um so lieber, seiner ihm dürftig und amusisch, ungebildet und primitiv erscheinenden Offiziersumwelt die Größe Altösterreichs in seinen endlosen Monologen vorstellte. Der scheinbar so atypische, unvergleichbare Mensch Adolf Hitler begann sich als eine Persönlichkeit zu entfalten, die bis in ihre letzten Erdentage die Prägungen und Eindrücke bekundet, die das Kind, der junge Hitler in sich aufnahm: begierig wie ein Schwamm, mit einem enormen Haftvermögen für das, was er aufnehmen wollte, mit einer enormen Kraft der Verdrängung und Ausscheidung für das, was er nicht sehen wollte."

Alles, was Hitler von sich gab, war zusammengehamstertes Wissen oder Halbbildung, deren Quellen er so gut wie nie offenlegte. Das macht es im Nachhinein schwierig zu beurteilen, woher seine Gedanken stammten. Authentisch sind immerhin seine Ausbrüche. „Diese Pfaffen!", tobte er bei einem seiner nächtlichen Monologe 1942 im Führerhauptquartier. „Wenn ich bloß so eine schwarze Minderwertigkeit daherkommen sehe! Das Hirn ist dem Menschen gegeben, um zu denken; wenn er denken will, wird er von so einer schwarzen Dreckwanze verbrannt!"

Und das sollte der Mann sein, der die Kirchensteuer eingeführt hatte? Das Kirchenbeitragsgesetz von 1939 war freilich alles andere als ein Geschenk an die christlichen Kirchen, sondern lediglich die Kompensation dafür, dass Hitler nach dem Anschluss den österreichischen Religionsfonds, der noch auf Kaiser Joseph II. zurückging, beschlagnahmt hatte. Ab nun sollte jeder Gläubige selbst für seine Kirche zahlen, der Austritt sollte so einfach wie möglich gemacht werden. Und trotzdem ist Hitler selbst nie aus der römisch-katholischen Kirche ausgetreten, wurde sein letzter Kirchenbeitrag noch nach seinem Tod 1945 abgebucht, als sonst längst nichts mehr funktionierte ...

Von einer Konversion zum Protestantismus wollte er nichts wissen. „Wir haben nun das Unglück", monologisierte er 1941, „eine Religion zu besitzen, welche die Freude am Schönen ertötet. Ein gewisses evangelisches Muckertum ist da noch schlimmer als die katholische Kirche", oder: „Das, womit ich mich noch abfinden könnte, ist das Christentum der päpstlichen Verfallszeit. Ein Papst, der, wennschon er ein Verbrecher war, doch große Meister beschäftigt und viele Schönheiten geschaffen hat, ist mir sympathischer als ein protestantischer Pfarrer, der zurückgeht auf den Urzustand des Christentums."

Hitlers Glaube war so weit von der Kirche entfernt wie sein Österreichertum von Österreich. Beides war entkernt – nur mehr die Verpackung, die Hülle blieb.

Und sie wurde von seiner nichtösterreichischen Umwelt durchaus wahrgenommen. Nicht zuletzt durch seine süddeutsch-oberösterreichische Sprachfärbung, die bei aller antrainierten Kunstsprache durchschimmerte.

Otto Dietrich, zwölf Jahre lang Hitlers Reichspressechef, beobachtete das Verhalten seines Chefs und sah das typisch Österreichische an ihm in seiner „unverbindlich-liebenswürdigen, jovialen Art, die seine im Grundsätzlichen unerbittliche politische Härte im privaten Leben fast bis zur Unkenntlichkeit übertünchte und mit der er sich insbesondere Künstlern und Frauen gegenüber in fast übertriebener Höflichkeit zu geben wusste. Und zweitens in dem geradezu phänomenalen Mangel an Zeiteinteilung, durch die sich seine Lebens- und Arbeitsweise auszeichnete."

Mehr als ein Klischee?

Wieder Otto Dietrich: „In Österreich als Sohn eines Beamten der Donaumonarchie geboren und aufgewachsen, blieb Hitler von Hause aus – obwohl im großdeutschen Denken erzogen – innerlich immer irgendwie traditionsverwurzelt und von einem konservativen Grundzug gefühlsmäßig beeinflusst."

Waren diese Eigenschaften tatsächlich so exklusiv österreichisch, wie Dietrich behauptet?

Eine Sekretärin Hitlers meinte über ihren Chef: „In seinen Adern floss leichtes Wiener Blut, das, verfeinert noch durch seine halbkünstlerischen Anlagen, ihm einen unbestreitbaren Charme verlieh."

Auch diese Bemerkung mag auf authentischer Beobachtung beruhen, aber ob sie ausreicht, um Hitler in einem typischen Österreichertum verorten zu können?

Zweifelsfrei überliefert ist Hitlers Heimweh nach seinem Heimatland, in das er vor 1938 Einreiseverbot hatte. Hans Frank, damals bayerischer Justizminister, berichtet Hitler im Frühjahr 1934 von einer Reise nach Wien, die der Führer zu diesem Zeitpunkt aus politischen Gründen ausdrücklich untersagt hatte. Friedrich Heer schildert die Szene so: „Dann aber hört Adolf Hitler mit feuchten Augen Frank zu, wie er von Österreich erzählt. ‚Genug, Frank! Sehen Sie, es ist dann doch vielleicht gut, dass Sie drüben waren. So sind wir Österreicher eben: immer im

Echtesten ewig sehnsüchtige Menschen. Mein Gott, meine schöne, liebe Heimat!'"

Immerhin hatte 1932 die österreichische Regierung weggesehen, als Hitler heimlich eingereist war, um am Wiener Zentralfriedhof das Grab seiner Nichte Geli Raubal zu besuchen.

In komprimierter Form tritt Hitlers Österreich-Komplex am 12. Februar 1938 zutage, als er auf dem Obersalzberg stundenlang auf den angereisten österreichischen Kanzler Kurt Schuschnigg einredet beziehungsweise auf ihn einbrüllt. In seinen Memoiren „Ein Requiem in Rot-Weiß-Rot" gibt Schuschnigg das Gespräch wieder:

„Schuschnigg: Ich möchte zunächst danken, Herr Reichskanzler, dass Sie mir Gelegenheit zu dieser Aussprache gegeben haben; ich versichere vor allem, dass es uns mit dem Abkommen vom Juli 1936 sehr ernst ist (...). Wir haben jedenfalls alles dazu getan, um zu beweisen, dass wir dem Sinn und Wortlaut des Abkommens gemäß eine deutsche Politik zu führen entschlossen sind.

Hitler: So, das nennen Sie eine deutsche Politik, Herr Schuschnigg? Sie haben im Gegenteil alles dazu getan, um eine deutsche Politik zu vermeiden. (. . .) Übrigens hat Österreich nie etwas getan, was dem Deutschen Reich genützt hat. Seine ganze Geschichte ist ein ununterbrochener Volksverrat. Das war früher nicht anders wie heute. Aber dieser geschichtliche Widersinn muss endlich sein längst fälliges Ende finden. Und das sage ich Ihnen, Herr Schuschnigg: Ich bin fest dazu entschlossen, mit dem allem ein Ende zu machen. (...)

S.: Ich kenne Ihre Auffassung über die österreichische Frage und österreichische Geschichte, Herr Reichskanzler; aber Sie werden verstehen, dass ich hier grundlegend anderer Meinung bin. Für Österreich ist die ganze eigene Geschichte ein sehr wesentliches und wertvolles Stück deutscher Geschichte gewesen, das sich aus dem gesamtdeutschen Bilde nicht wegdenken lässt. Und die österreichische nationale Leistung ist sehr beträchtlich.

H.: Gleich null! Das kann ich Ihnen sagen. Von Österreich aus bekam jede nationale Regung seit je nur Prügel zwischen die Füße; das war ja auch die Haupttätigkeit der Habsburger und der katholischen Kirche.

S.: Trotzdem ist manch österreichische Leistung aus dem gesamtdeutschen Kulturbild unmöglich wegzudenken. Ich denke da zum Beispiel unter anderem an Beethoven (...).

H.: So? Der ist in meinen Augen ein Niederdeutscher gewesen!

S.: Ein Wahlösterreicher, wie mancher anderer. Es fällt auch niemandem ein, etwa Metternich als Rheinländer zu betrachten.

H.: Ich kann Ihnen nur nochmals sagen, dass es so nicht weitergeht. Ich habe einen geschichtlichen Auftrag, und den werde ich erfüllen, weil mich die Vorsehung dazu bestimmt hat. Ich bin felsenfest davon durchdrungen und glaube daran. Ich bin gottesgläubig und religiös, wenn auch nicht in einem kirchlich gebundenen Sinne. (...) Schauen Sie sich in Deutschland um, Herr Schuschnigg, und Sie werden nur einen Willen finden. Ich bin den schwersten Weg gegangen, den je ein Deutscher gehen musste; und ich habe in der deutschen Geschichte das Größte geleistet, was je einem Deutschen zu leisten bestimmt war. Und zwar nicht mit Gewalt. Ich bin getragen von der Liebe meines Volkes. (...)

S.: Das glaube ich Ihnen ja gerne, Herr Reichskanzler!

H.: Ich könnte mit dem gleichen und noch mit viel mehr Recht mich als Österreicher bezeichnen als Sie, Herr Schuschnigg! Versuchen Sie es doch einmal und machen Sie eine freie Volksabstimmung in Österreich, in der Sie und ich gegeneinander kandidieren; dann werden Sie sehen!

S.: Ja wenn das möglich wäre! Aber Sie wissen selbst, Herr Reichskanzler, dass es eben nicht möglich ist. Ich sehe die Dinge anders. Wir müssen nun einmal nebeneinander leben; der Kleine neben dem Großen. Wir haben gar keine andere Wahl. Darum bitte ich Sie, die konkreten Beschwerden mir zu sagen. Wir werden alles dazu tun, um Abhilfe zu schaffen (...).

H.: Das sagen Sie, Herr Schuschnigg! Ich sage Ihnen, ich werde die ganze sogenannte österreichische Frage lösen, und zwar so oder so! (...) Ich brauche nur einen Befehl zu geben und über Nacht ist der ganze lächerliche Spuk an der Grenze zerstoben. Sie werden doch nicht glauben, dass Sie mich auch nur eine halbe Stunde aufhalten können? Wer weiß – vielleicht bin ich über Nacht auf einmal in Wien; wie der Frühlingssturm! Dann sollen Sie etwas erleben! Ich möchte es den Österreichern gerne ersparen; das wird viele Opfer kosten; nach den Truppen kommt dann die SA und die Legion; und niemand wird die Rache hindern können, auch ich nicht! (...)

S.: (...) Ich weiß natürlich, dass Sie in Österreich einmarschieren können; aber, Herr Reichskanzler, ob wir es wollen oder nicht – das wird ein Blutvergießen geben; wir sind nicht allein auf der Welt. Das bedeutet wahrscheinlich Krieg.

H.: Das sagt sich leicht; jetzt wo wir beide in Klubsesseln sitzen. Aber dahinter steht eine Unsumme von Leid und Blut. Das wollen Sie auf Ihre Verantwortung nehmen, Herr Schuschnigg.

Glauben Sie nur nicht, dass mich irgendjemand in der Welt in meinen Entschlüssen hindern wird! Italien? Mit Mussolini bin ich im Reinen; ich bin mit Italien aufs Engste befreundet. England? England wird keinen Finger für Österreich rühren. (...)

Und Frankreich? Ja, vor zwei Jahren noch, als wir mit einer Handvoll Bataillone ins Rheinland einmarschierten – damals habe ich viel riskiert. Wenn Frankreich damals marschiert wäre, hätten wir uns zurückziehen müssen; vielleicht um 60 Kilometer; dann hätten wir sie auch damals gehalten. Aber jetzt ist es für Frankreich zu spät!

Ich pflege nicht viel zu reden oder anzukündigen; anders wie etwa Mussolini. Der hat einen ganz anderen Stil.

Alle Welt muss wissen, dass es für eine Großmacht einfach unerträglich ist, wenn an ihren Grenzen jeder kleine Staat glaubt, sie provozieren zu können.

Ich habe lange genug untätig zugesehen. Weil ich immer noch hoffte, dass die Vernunft die Oberhand bekäme. Aber das ist einfach unmöglich, dass in Österreich einer, bloß weil er ein Lied singt, das Ihnen nicht passt, oder ‚Heil Hitler' sagt, ins Gefängnis kommt. Die Verfolgung der Nationalsozialisten muss ein Ende haben, sonst werde ich ein Ende machen.

S.: In Österreich wird niemand verfolgt, der sich nicht gegen die Gesetze vergeht. Unsere Gesetze und Verfassung, die keine Parteien kennt, hat das Reich im Abkommen vom 11. Juli 1936 selbst anerkannt. Das Vergangene sollte vergessen sein, in der Zukunft aber jede illegale Tätigkeit unterbunden werden. Das war vereinbart. (...) Und ohne den 25. Juli 1934 wären wir überhaupt längst im Reinen.

H.: Sie haben recht, Herr Bundeskanzler – ich anerkenne, dass Dollfuß zwischen uns steht! Ich erkläre Ihnen, dass ich von dem Attentat nichts wusste, und dass ich die Vorgänge damals nicht wollte. Aber glauben Sie mir, dass Sie Planetta justifizieren ließen, war ein Fehler (...).

S.: Damals hätte niemand anders handeln können!

H.: Ich kenne die Lage in Österreich besser als Sie. (...)

S.: Vielleicht würden Sie an Ort und Stelle anders denken, Herr Reichskanzler, Sie kennen ja Wien.

H.: Das ist sehr lange her.

S.: Seither waren Herr Reichskanzler niemals in Österreich?

H.: Die österreichische Regierung hat mir ja die Einreise verboten. Einmal war ich vor Jahren noch nachts in Wien. Und dann heimlich am Grabe meiner Eltern; so behandelt man mich. Ich will Ihnen jetzt noch einmal, zum letzten Mal, die Gelegenheit geben, Herr Schuschnigg. Entweder wir kommen zu einer Lösung, oder die Dinge sollen laufen; wir werden dann ja sehen, wie das werden wird. Am nächsten Sonntag trete ich vor die deutsche Nation; bei meiner Rede vor dem Reichstag muss das deutsche Volk wissen, wie es daran ist. Überlegen Sie es sich gut, Herr Schuschnigg! Ich habe nur mehr Zeit bis heute Nachmittag. Wenn ich Ihnen das sage, dann tun Sie gut daran, mich wörtlich zu nehmen. Ich bluffe nicht.

Ich habe noch alles erreicht, was ich wollte, und bin vielleicht dadurch zum größten Deutschen der Geschichte geworden!

S.: Herr Reichskanzler, Sie kennen meinen grundsätzlichen Standpunkt, den ich aus persönlicher Überzeugung und auch pflichtgemäß vertrete! – Welches sind Ihre konkreten Wünsche?

H.: Darüber können wir uns am Nachmittag weiter unterhalten."

*

Den Tag des Anschlusses, den 13. März, bezeichnet Hitler als den größten Tag seines Lebens. Andererseits hasst er Wien als jüdisch verseuchtes Sündenbabel und preist den von ihm verehrten jüdischen und zugleich antisemitischen Denker Otto Weininger, „der sich das Leben genommen hat, als er erkannte, dass der Jude von der Zersetzung anderen Volkstums lebt."

Wenn diese Widersprüche spezifisch österreichisch sind, dann war Hitler ein typischer Österreicher.

Wenn nicht, dann war er ein entkernter Neurotiker, der mithilfe einer Streitmacht von außen als Diktator an die Stätte vieler kleinerer und größerer Niederlagen seiner Jugend im Triumph zurückkehrte. Ein Neurotiker, wie er wohl auch anderswo hätte erscheinen können.

Oder war Hitler schlicht verrückt, war er geisteskrank?

Der Wiener Mediziner Anton Neumayr hat in den 1990er Jahren ein historisches Krankheitsbild Hitlers entworfen, das wohl Wahnideen enthält, nicht aber klinisch festmachbaren Wahnsinn, wie er etwa ab einem gewissen Alter bei Stalin vorzufinden war. In das Reich der Hitler'schen Wahnideen ordnet Neumayr nicht zuletzt die gigantomanischen Städtebauvisionen ein.

Hitlers großes Bildungserlebnis sei erst der Erste Weltkrieg gewesen, meint Neumayr. Endlich wurde aus dem vollkommen unbeachteten Menschen ein nützliches Mitglied der Gesellschaft, ein Soldat – ein anonymer zwar, aber immerhin. Entgegen späteren Legenden dürfte er als Meldegänger des bayerischen List-Regiments Kaltblütigkeit und eine gewisse Tapferkeit bewiesen haben – das aber im Dienst des deutschen Kaisers, fernab des ungeliebten Österreich. Das Bildungserlebnis des Krieges fing ihn auf. „Wäre der Krieg nicht gekommen", mutmaßt Anton Neumayr, „wäre er auch in München derselbe Herumtreiber geblieben, der er in Wien war. Vielleicht eine Art Aussteigertyp." Dementsprechend empfand er auch die bedingungslose Kapitulation Deutschlands 1918 als persönliche Demütigung.

Was die Erfassung des komplexen Hitler'schen Geisteszustandes so schwierig macht, ist die Tatsache, dass er einen sozialen Autismus entwickelt hatte, der zwar schizoid war, dass er aber an keiner ausgewachsenen Schizophrenie litt. Es war, wie Neumayr beschreibt, eine „Korrumpierung des Normenorgans", die ab dem Höhepunkt seiner Macht bis zum Untergang drei Faktoren ausbrütete: „Eine diktatorische schwerstkriminelle Persönlichkeit, eine menschheitsgefährdende Wahnidee, und schließlich die absolute Verfügbarkeit über sämtliche staatliche Potenziale zur Realisierung dieser Idee."

Jene, die Hitlers verbrecherischen Charakter auf eine Geisteskrankheit reduzieren wollen, gehen fehl. Er war psychisch schwer gestört, aber kein Gerichtsgutachter der Welt hätte ihm Strafmilderung aufgrund von mangelnder oder gar fehlender Zurechungsfähigkeit gewährt. Er war Herr seiner Sinne und für sein Tun und Handeln voll verantwortlich. Ein Großkrimineller mit Komplizen.

„Der psychopathische Politiker stellt eine besonders gefährliche Zwischenform zwischen dem gesunden Menschen und dem Geisteskranken dar", so der Professor für Psychiatrie an der Universität Würzburg, Georg Schaltenbrand. „Sie ist deswegen so gefährlich, weil der Psychopath im Allgemeinen zuviel gesunde Züge hat, als dass er mit Sicherheit von jedermann als geistig abwegig erkannt werden könnte. Es ist typisch, dass es dem Psychopathen gelingt, Schüler und Anhänger zu gewinnen, die an sich nur wenig in ihrer seelischen Konstitution von der normalen abweichen. Durch die grotesken und verzerrten Programme, die dann von diesen Menschen angenommen werden, entsteht die ‚folie en masse'." Also der Massenwahn, den Schaltenbrand wohl kannte, war er doch selbst in der NS-Psychiatrie tätig gewesen.

Mit dem Beginn der industriellen Massenvernichtung von Menschen lag Hitlers Herkunft endgültig hinter ihm. Er hatte sich quasi aus seiner Vergangenheit hinauskatapultiert.

Sein Propagandaminister Joseph Goebbels schrieb am 14. November 1943, als die Vernichtungsmaschinen an den Fronten wie in den Konzentrationslagern auf Hochtouren ihr Werk verrichteten, in der Zeitschrift „Das Reich" die bemerkenswerten Worte: „Was uns betrifft, so haben wir die Brücken hinter uns abgebrochen. Wir können nicht mehr zurück, aber wir wollen auch nicht zurück. Wir werden als die größten Staatsmänner aller Zeiten in die Geschichte eingehen – oder als ihre größten Verbrecher."

Jenseits von Wahn und Sentimentalität: Hitlers Plan mit Österreich

Zurück zu den realpolitischen Plänen Hitlers mit Österreich. Es wäre verfehlt, sie nur auf Irrationalismen zurückzuführen. Schon vor der Machtergreifung in Deutschland 1933 hatte Hitler geostrategische Pläne entwickelt, in denen Österreich eine zentrale Rolle spielte. 1932 hätte er, so heißt es laut einer nicht hundertprozentig sicheren Quelle, in einer internen Besprechung einen „stahlharten Machtkern von achtzig oder hundert Millionen geschlossen siedelnder Deutscher" im Zentrum Europas für die Voraussetzung eines weltpolitisch handlungsfähigen Deutschland gehalten. Und dieser Machtkern werde Deutschland „ein für alle Male das entscheidende Übergewicht über alle europäischen Nationen sichern. Dass dazu Österreich gehöre, sei „eine Selbstverständlichkeit", aber auch Böhmen und Mähren, Westpolen und das Baltikum. Mögen auch Hermann Rauschnings „Gespräche mit Hitler", denen diese Sätze entnommen sind, eine zweifelhafte Quelle sein, so wird doch damit glaubhaft bestätigt, was Hitler nachweisbar in „Mein Kampf" geäußert hatte, dass es nämlich um mehr als nur die Revision des Versailler Vertrages gehen müsse. Es gebe zwei Prinzipien: „Die Kraft der Eroberer und die Schwäche der Dulder. Und nur in dieser Kraft allein liegt dann das Recht." Nicht um die romantische Reichsidee ging es hier, nicht um den Zusammenschluss aller Deutschen in einem Staat, sondern um die Eroberung neuen Lebensraums im Osten, den Raub fremder Länder zulasten der dort lebenden, als minderwertig gesehenen Völker. Nach außen hin gab Hitler unterdessen den Friedensengel und schloss 1934 einen Freundschaftsvertrag mit Polen. Noch war Deutschland militärisch nicht genug gerüstet. Und genau deshalb wollte er Österreich als Erstes kassieren, wenn möglich schon 1934. Denn Hitler hoffte, das Land nicht militärisch erobern zu müssen, sondern über einen Putsch von Nationalsozialisten in den Griff zu bekommen, mutmaßt der britische Unterstaatssekretär Sir Robert Vansittart schon 1933 in einem Memorandum. Formal bliebe Österreich dann, wenn auch NS-regiert, bestehen und die internationale Staatengemeinschaft hätte keinen zwingenden Anlass, einzugreifen. Damit hätte Hitler einen Keil zwischen die Verbündeten der „Kleinen Entente", Jugoslawien, Rumänien und die Tschechoslowakei getrieben und könnte die Tschechoslowakei, den Hauptverbündeten Frankreichs, von Nord und Süd umklammern.

Dazu brauchte Hitler zuerst Österreich, das er nun zu unterminieren suchte. Deutschland begann einen Wirtschaftskrieg gegen das kleine Land und versuchte es international auf diplomatischem Weg zu isolieren. Die österreichischen Nationalsozialisten betrieben im Land selbst politische Obstruktion, groß angelegte politische Propaganda und verübten dann auch Terroranschläge. Sie standen wohl in einer gewissen Kontinuität zu dem, was sich vor 1933 in Österreich „national-sozialistisch" genannt hatte, doch wurde nun aus einer kleinen Partei eine große Bewegung. Begonnen hatte alles ganz anders – und vor allem viel früher.

Um alles richtig zu erfassen, ist es notwendig, dass wir uns im nächsten Kapitel auf eine Zeitreise begeben, die uns weit zurück in die Geschichte Mitteleuropas führt und grundlegende Einsichten in die komplexen Zusammenhänge liefert. Ursachen und Wirkungen unterliegen einem ewigen Pingpongspiel historischer Abläufe. Tauchen wir also tief ein in den Sog der Ereignisse ...

Der Traum vom Reich

Günther Steinbach

Die Entdeckung des Volkes

Wien, Ballhausplatz, 30. April 1945. Den Männern in ihren abgetragenen Anzügen standen der Hunger und der ausgestandene Schrecken ins Gesicht geschrieben. Eigentlich war es ein Wunder, dass es ihnen gelungen war, herzukommen. Autos waren als Beförderungsmittel sowieso ausgeschieden. Privatautos gab es keine. Die wenigen, die es früher einmal gegeben hatte, waren längst für Kriegszwecke beschlagnahmt – aber es hätte ohnehin kein Benzin gegeben. Und wenn Straßenbahnen überhaupt fuhren, dann wusste man nicht wann und wo. Aber irgendwie hatten sie es geschafft, vorbei an Trümmern und Ruinen. Jetzt standen sie in diesem altehrwürdigen Gebäude, das auch eine von Bombentreffern schwer in Mitleidenschaft gezogene Halbruine war, und hörten dem alten Mann zu, der zu ihnen sprach.

Karl Renner, österreichischer Staatskanzler, hatte auch mit seinen 75 Jahren nichts von seiner geistigen Beweglichkeit und seiner Fähigkeit verloren, sich geänderten Umständen anzupassen. Was er sagte, war der Schlussstrich unter eine politische Überzeugung, die ein Leben lang wichtiger Teil seines politischen Denkens und Handelns gewesen war, der Abschied von einem politischen Lebenstraum, den er mit vielen, wahrscheinlich zeitweise sogar mit den meisten seiner Mitbürger geteilt hatte: dem Anschluss Österreichs an Deutschland; und dass man sich für immer von ihm verabschieden müsste. „Das mag so manchem hart werden, aber andrerseits nach dem, was geschehen ist, nach dieser furchtbaren Katastrophe ist die einmal vollzogene Tatsache für uns alle zugleich eine erlösende und befreiende Tatsache: Wir wissen, woran wir sind! Wir sind wieder im Besitze unseres eigenen Willens, unserer eigenen, wenn auch schwachen Mittel und wieder Meister unserer Zukunft geworden."

Es war zugleich der Abschied vom Selbstverständnis, Deutscher zu sein. Bisher hatte es daran keinen Zweifel gegeben. Die Österreicher sprachen deutsch, ihre Kultur war deutsch und sie hatten mit den anderen Deutschen über ein Jahrtausend eine gemeinsame Geschichte. 150 Jahre lang war es in Europa selbstverständlich gewesen: Gemeinsame Sprache, gemeinsame Geschichte und gemeinsame Kultur gehören in einen gemeinsamen Staat. Während dieser 150 Jahre organisierte sich Europa, wo dies nicht ohnehin schon mehr oder weniger passgenau der Fall war, nach diesem Prinzip. Die Franzosen durften Franzosen sein, die Engländer Engländer, die Italiener Italiener, die Spanier Spanier. Es war das Zeitalter des Nationalismus.

Die Geschichte wollte, dass das für die Österreicher nicht gelten sollte. Welche Folgen das gehabt und was das mit ihrem Landsmann Adolf Hitler zu tun hat, soll hier beschrieben werden.

*

Der Nationalismus war das Ergebnis der Entdeckung des Volkes.

„Das Volk“ hat es natürlich schon immer gegeben. Aber was wahrgenommen wurde, das waren „die Untertanen“, die große Mehrheit der Menschen, die im Lotto des Schicksals die Nieten gezogen hatten. Wäre man schon damals so zynisch gewesen wie später, hätte man sie das Menschenmaterial genannt, das man brauchte, um Ländereien urbar zu machen, landwirtschaftliche Erträge zu erwirtschaften und Soldaten fürs Kriegführen zu haben. Dass diese Bestimmung kein schönes Leben war, sollte niemanden stören. Der Lohn für Plage und Leiden im irdischen Leben winkte nach dem Tod. Sub specie aeternitatis – unter dem Blickwinkel des Schicksals der Seele in der Ewigkeit – war alles auf dieser Erde unwichtig.

Rund 1000 Jahre – etwa von der Mitte des ersten bis zur Mitte des zweiten nachchristlichen Jahrtausends – war das das abendländische Weltverständnis, das für die wenigen Privilegierten und die Masse der Untertanen gleichermaßen galt.

Ab dem 14. Jahrhundert hatte dieses Weltbild zu bröckeln begonnen, langsam erst und zaghaft, aber ab dem 15. Jahrhundert immer schneller und deutlicher. Vieles ändert sich jetzt von Grund auf. Zuerst der Kontakt mit dem Islam im Hochmittelalter und dann der Exitus der Emigranten aus dem von den Osmanen 1453 überrannten Byzanz bringen das kulturelle Erbe und das Wissen der Antike nach Europa. Die Erfindung des Buchdrucks lässt Wissen und Kommunikationsmöglichkeiten geradezu explodieren. Aus den feudalen Agrargesellschaften werden Verwaltungsstaaten modernen Zuschnitts. Städte entwickeln sich. Das spektakulärste Ergebnis dieser Veränderungen ist dann im 16. Jahrhundert der Protestantismus. Er revolutioniert das Bild von der Welt auch für die, die die protestantische Variante des Christentums für sich nicht annehmen.

Die Folge: Das mittelalterliche Weltbild zerfällt. Es wird nicht mehr einfach hingenommen und geglaubt, was überliefert ist. In Studierstuben wird wieder nachgedacht, gezweifelt und gefragt; der Verstand, die menschliche Vernunft soll sagen, wie es sich wirklich verhält mit der Welt und den Menschen. Dank mutiger Tatmenschen, beharrlicher Beobachter und scharfer Denker finden die Europäer die Südspitze von Afrika und die Neue Welt Amerikas, begreifen, was am Himmel vorgeht und dass die Erde eine Kugel ist, entdecken das Rätsel der Schwerkraft und den Nutzen der Dampfmaschine. Es ist eine völlig neue Welt, die sich da präsentiert.

Und in dieser neuen Welt ist der Mensch nicht mehr das hoffnungslos von der Erbsünde geschlagene Wesen, dessen Bestimmung es ist, sich durch seine irdische Statistenrolle das jenseitige Heil zu verdienen. Die Erde, weiß man inzwischen, dreht sich um die Sonne und ist nicht der Mittelpunkt des Universums. Aber der Mensch, dieses als einziges mit Vernunft begabte Wesen, das sich mit dieser Vernunft diese Welt und dieses Universum erobert, ist Maß und Mittelpunkt der Welt. Eine Renaissance, eine richtige Wiedergeburt. Denn das gab es schon einmal, vor knapp 2000 Jahren, bevor es von idealistischen Philosophen und jenseitsorientierten Religionsstiftern verketzert wurde. Jetzt galt wieder, vorsichtig verklausuliert oder geradewegs ausgesprochen: Der Mensch ist das Maß aller Dinge. Die Welt hat einen neuen Mittelpunkt: den Menschen. Dieser ist jetzt nicht mehr der anonyme Untertan. Um ihn dreht sich jetzt alles.

Was diesen Menschen ausmacht und was seinen Anspruch auf diese besondere Stellung legitimiert, ist eben die Vernunft, der er alle seine neuen Einsichten verdankt. Sie ist jetzt das Panier und Aufklärung die Losung. Vom „cogito ergo sum“ – „ich denke, also bin ich“ – des Philosophen René Descartes im frühen 17. Jahrhundert bis zu Immanuel Kant, der im späten 18. Jahrhundert die Aufklärung als „Ausgang des Menschen aus seiner selbstverschuldeten Unmündigkeit“ auf den Punkt gebracht hat, beherrscht mehr und mehr die Überzeugung das Denken der Intellektuellen, dass dem Menschen nichts unmöglich ist, wenn er nur die Vernunft zum Orientierungsmaßstab seines Weltverständnisses und seines Handelns macht.

Philosophen konstruieren eine künftige Welt ungetrübter Glückseligkeit, ungeduldige Weltverbesserer bilden geheime Gesellschaften, um diese schöne neue Welt herbeizurevolutionieren, aufgeklärte Monarchen machen die schiere Zweckmäßigkeit zur Maxime ihrer Regierung, und die Verfassung des modernsten Staates der Zeit, der Vereinigten Staaten von Amerika, proklamiert zum Recht jedes einzelnen Menschen, „Glück und Sicherheit zu erstreben und zu erlangen". Optimismus breitet sich aus. Der Vernunft ist alles möglich. Alles scheint machbar.

Traditionen, Brauchtum und Sentimentalitäten aller Art freilich müssen sich jetzt die Betrachtung im kalten Licht des Vernunftzeitalters gefallen lassen und das heißt, dass sie keine Gnade finden in den Augen derer, die alles neu machen wollen ausschließlich nach Regeln der Vernunft.

Und an den Menschen, der kein anonymer Untertan mehr ist, richtet sich jetzt die Erwartung, dass er sein Verhalten immer und jederzeit nach seiner Vernunft ausrichtet. Es ist ein hoher Anspruch, und er ist unrealistisch, denn er verkennt die menschliche Natur. Die lässt sich nicht auf die evolutionären Errungenschaften der Großhirnrinde beschränken.

Die Bedürfnisse, die die Vorstellung vom isolierten Vernunftwesen Mensch nicht bediente, lösen eine Gegenbewegung aus. Der prominente Philosoph Johann Gottfried Herder gibt im letzten Drittel des 18. Jahrhunderts der Abwendung von Rationalismus und Fortschrittsglauben in seinen Schriften die philosophische Textierung, flankiert vom gleichzeitigen Aufstand einer Generation zorniger junger Männer gegen die trockenen Weisheiten kopflastiger Stubengelehrter. Der 24-jährige Goethe schreibt den „Götz von Berlichingen" und im Jahr darauf „Die Leiden des jungen Werthers", ein paar Jahre später Schiller – 23-jährig – „Die Räuber". Sie machen damit Furore, aber sie sind nur die Prominentesten einer neuen Zeit, in der „Sturm und Drang", Gefühle und ihr Ausleben durch die Tat angesagt sind.

Die Aufklärer hatten einen wichtigen Teil des menschlichen Wesens übersehen; ihrem Menschenbild fehlte offenbar etwas. Der Mensch, erkannte die Gegenbewegung, ist keine Monade, ausschließlich gesteuert von der Vernunft. Zu ihm gehört ebenso das Universum seiner Gefühle und emotionalen Bedürfnisse, und ein wichtiger Teil davon ist das Bedürfnis nach der Sicherheit des Gewohnten und nach der Geborgenheit in einem Geflecht von menschlichen Beziehungen. Und die Gegenbewegung findet das Umfeld, das dem Menschen das eine wie das andere bietet: die Gemeinschaft, aus der er stammt und in der er lebt: das Volk.

Weil das Volk, das da entdeckt worden ist, damals in seiner großen Mehrheit auf dem Land lebt, wird mit einem Mal zum Thema, worum sich bis dahin niemand gekümmert hat: das Leben der einfachen Leute außerhalb der Städte. Und für die Städter der höheren Stände, die sich an Fürstenhöfen und in schmutzigen, verwinkelten Städten mit umständlichen Konventionen und allerhand Misshelligkeiten herumschlagen müssen, wird das Landleben zum vollkommenen Bild geglückten Lebens: Die Einfachheit, die Idylle der kleinen Freuden und die Verbundenheit mit dem, was bald Heimat heißt: die Landschaft mit ihren Menschen, in der man lebt und in der man sich zu Hause fühlt, weil man ein Teil von ihr ist.

Es ist ein reichlich idealisiertes, wirklichkeitsfernes Bild. Aber das ändert nichts daran, dass es so wahrgenommen wird. Und dazu führt, dass Philosophen und Literaten ein neues Ideal haben. Nicht mehr die Vernunft ist der höchste Wert, es ist das Volk, die Gemeinschaft der einfachen Leute. „Zurück zur Natur!" ist jetzt die Parole, die um die Mitte des 18. Jahrhunderts Jean-Jacques Rousseau in Frankreich ausgibt. Und Marie-Antoinette, Maria Theresias tragische Tochter auf dem französischen Königsthron, organisiert für die Hofgesellschaft in Trianon Schäferspiele.

Alles, was die einfachen Leute betrifft, ihre Gebräuche und Gewohnheiten, die Lieder, die sie singen, und die Geschichten, die sie sich erzählen, wenn sie an ihren Festtagen oder an langen Winterabenden beisammensitzen, wird jetzt interessant und zum Gegenstand philosophischer und literarischer Beschäftigung. Die Sprachen der Völker werden erforscht, ihre Lieder und Märchen gesammelt und ihre Geschichte studiert. Denn auch das unterscheidet die neue Bewegung, die bald Romantik heißen wird, von der Aufklärung. Wo die Rationalisten des Vernunftzeitalters, beflügelt von ihrem Glauben an den unaufhaltsamen Fortschritt, an ihren Konstrukten für die Zukunft basteln, da versenken sich die Romantiker in die Vergangenheit der Völker. Denn worauf die Aufklärer mit herablassender Überlegenheit blicken und wofür sie nicht viel mehr als beiläufiges Interesse aufbringen, das ist den Romantikern die Erklärung für das Werden der Völker und der Untergrund ihrer Gegenwart.

Die neue Lehre braucht einen Resonanzboden, wenn sie mehr sein soll als das Gedankenspiel philosophierender Schöngeister. Und sie findet diesen Resonanzboden im Bürgertum, das sich als Teil der neuzeitlichen gesellschaftlichen Umwälzung in Europa zwischen dem 17. und dem 19. Jahrhundert, von West nach Ost fortschreitend, entwickelt. Sobald es ein selbstbewusstes Bürgertum gibt, fasst die neue Botschaft Fuß; die Lehre vom Volk wird zum weltanschaulichen Credo des Bürgertums. Und das Bürgertum beantwortet die Entdeckung des Volkes mit der Entdeckung der Sprache als sein entscheidendes Charakteristikum.

Die Sprache war kein Thema, über das man nachdachte, solange die meisten Menschen ihr Leben lang nicht aus ihrem Dorf, aus ihrem Tal herauskamen. Mit allen, die sie trafen, konnten sie sich mühelos verständigen – alle sprachen auf die gleiche Art. Und die weltläufigen Eliten, die Kirche, die Gelehrten hatten die längste Zeit Latein als Lingua Franca. Später wurde Französisch die Sprache der großen Welt; an den Fürstenhöfen wurde französisch gesprochen.

Anders war das in den Städten. Dort gab es einen ständigen Zuzug aus nah und fern. Dass die Menschen verschiedene Sprachen sprechen, gehörte zur Lebenserfahrung ebenso wie die Unterscheidung der Menschen nach ihrer Sprache. Die beginnende Mobilität des Industriezeitalters tat das ihre dazu. Wer die kleine Welt seines Landlebens verließ, der merkte bald, dass er auf Leute traf, die er nur mit Mühe oder überhaupt nicht verstand. Sprache wird jetzt wichtig. Zusammen gehört, wer dieselbe Sprache spricht.

Das hat ja seine Logik. Das andere Wort für Volk ist Nation, vom lateinischen „natio", das Geborenwerden. Nation bezeichnet also eine durch Geburt bestimmte Gemeinschaft. Dann werden die, die dieser Gemeinschaft angehören, auch an ihrer Sprache zu erkennen sein.

Seit die Kategorie Volk, Nation ein Thema ist, haben sich Generationen von klugen Leuten mit der Frage abgemüht, was ein Volk ausmacht, und als Ergebnis dieser Bemühungen sorgfältig überlegte und wohlformulierte Antworten dafür gefunden. Das hat freilich nichts daran geändert, dass die naive, von der Wissenschaft nicht eines Klügeren belehrte Vorstellung immer noch dieselbe ist wie damals: Ein Volk sind die, die dieselbe Sprache sprechen. Sprache verbindet eben mehr als alles andere. Die gemeinsame Sprache stiftet Identität, weil sie so eng mit dem Denken verbunden ist, und sie ist das direkteste und unkomplizierteste Mittel der Kommunikation. Deshalb ist sie jenseits aller Gelehrtenweisheit das Medium, das am unmittelbarsten gemeinschaftstiftend wirkt. Und es gibt gleichzeitig wenig, das so offensichtlich Grenzen zwischen Menschen zieht wie die Sprachbarriere. „Die Grenzen unsrer Sprache sind die Grenzen unserer Welt", sagt Ludwig Wittgenstein.

Die Gleichung „Volk ist Sprachgemeinschaft" spielte dort die entscheidende Rolle, wo es keine über lange Zeit gewachsenen Staaten gab, mit denen sich ihre Bürger identifizieren konnten. Auf der Apenninen- und der Balkanhalbinsel hatte das Volk nur die Sprache als Kriterium. Und dasselbe galt auch für Mitteleuropa.

Wo in Mitteleuropa deutsch gesprochen wurde, verband die Sprache Menschen, die in rund 300 verschiedenen, bis auf wenige Ausnahmen kleinen bis winzigen Ländern lebten. Da wurde die Sprache angesichts der Trennung durch eine groteske, als anachronistisch empfundene politische Zersplitterung erst recht zum Ausdruck und Bindemittel der natürlichen Zusammengehörigkeit als deutsches Volk.

Womit wir bei den Österreichern wären. Ihre Situation war anders als die der übrigen Deutschsprechenden. Der Staat, in dem sie lebten, war kein Zwergstaat, sondern eine der Großmächte der Zeit, und sie betrachteten sich als sein Staatsvolk, auch wenn sie in diesem Staat nur eine Minderheit waren. Eine deutsche Dynastie regierte sie, ihre Herrscher residierten in Wien und waren seit fast einem Vierteljahrtausend deutsche Kaiser, deutsch war die Kultur des Landes und deutsch das Bürgertum der Städte oft auch im bäuerlichen slawischen und rumänischen Umland. Wer etwas gelten wollte im Reich der Habsburger, musste Deutscher werden. Nur der Adel konnte sich so etwas wie eine Doppelidentität leisten; aber der war ja sowieso international. Die Völker des weiten Hinterlandes im Norden und Osten – kein europäisches Land außer Russland war größer als die Habsburgermonarchie –, die gerade im Werden waren und bei denen es noch eine oder zwei Generationen dauern würde, bis auch sie ein Bürgertum hatten, das nationales Selbstbewusstsein entwickelte, waren nur Objekte für die Regierungskunst einer deutschen Bürokratie und ein Reservoir für den Soldatenbedarf des Kaisers. Der Reformer Joseph II., der in seiner Kombination von abstrakter Menschenfreundlichkeit und Geringschätzung der konkreten Menschen, mit denen er zu tun hatte, auch darin ein Vorläufer späterer Menschheitsbeglücker war, hätte sie gerne in den Genuss deutscher Kultur und Lebensart gebracht – aus humanitären Gründen und der größeren Einheitlichkeit in seinem Staate wegen, deren Vorteile der fanatische Rationalist auf dem Kaiserthron schätzte. Den Anfang hatte er schon damit gemacht, indem er versuchte, allen seinen Ländern Deutsch als Amtssprache zu verordnen; er scheiterte freilich schon an den Ungarn. Die hatten zwar auch noch kein eigenständiges Bürgertum, aber einen sehr zahlreichen kämpferischen und aufsässigen Adel. Das deutsche Bürgertum in Österreich jedenfalls hatte kein Identitätsproblem; und es war in mancherlei Hinsicht Nutznießer der Neuerungen des rastlosen Reformers auf dem Kaiserthron. Trotzdem: Als der mit seinen Neuerungen ständig Unruhe stiftende Joseph II. starb, atmeten auch die Deutschen in Österreich auf.

Aber bei aller Besonderheit der Verhältnisse in Österreich, die Romantik, die Zeitströmung der großen Gefühle, der Naturliebe und der Verbundenheit mit der heimatlichen Landschaft, hielt auch in Österreich Einzug. Noch ist es eine unpolitische Zeitströmung.

Doch die Romantik bekommt bald Gelegenheit, politisch zu werden. Die Gelegenheit ist die Französische Revolution.

Die Romantik wird politisch

Auch die Protagonisten der Französischen Revolution glaubten, dass es das Volk – „die Nation" – ist, auf das es allein ankommt und das deshalb alles politische Handeln legitimiert. Und was das richtige Handeln ist – da sind sie fest überzeugt –, sagt die Vernunft. Sie machen zum politischen Programm, was die Philosophen der Aufklärung postuliert haben: Die Vernunft kann nicht irren und mit ihr ist alles machbar. Es ist die aus der Zusammenführung von Nationalismus und Vernunftglauben kombinierte politische Doktrin, die die Französische Revolution zur Mutter des Zeitalters bis in unsere Tage gemacht hat. Ihr verdankt die Welt den Glauben an die Menschenrechte und an das Volk als Souverän, von dem, wie es auch im Artikel 1 unserer Verfassung heißt, alles Recht ausgeht – proklamiert und realisiert in den Jahren 1789 bis 1791. Aber auch die mörderischen Erfahrungen mit dem Kommunismus und dem Nationalsozialismus haben im Schreckensregime der Jahre 1793/94 ihren Vorläufer. Und in der Französischen Revolution ist auch erstmals die Kehrseite der Medaille sichtbar geworden. Wer sein Volk so liebt wie die französischen Revolutionäre, der glaubt auch bald, dass sein Volk besser ist als die anderen; und dass ihn das dazu berechtigt, den anderen Völkern zu sagen, wo es langgeht. Sie glaubten sich berufen, den anderen Völkern zu bringen, was in Frankreich Wirklichkeit geworden war, den Sturz der Tyrannei und die Herrschaft eines vernunftbestimmten Humanismus.

Im auch sonst für die weitere Richtung der Revolution entscheidenden Jahr 1792 begann das revolutionäre Frankreich Krieg zu führen, zunächst gegen Österreich als das Stammland des römisch-deutschen Kaisers. Nach der Hinrichtung Ludwigs XVI. wurde daraus der Krieg gegen ganz Europa. Bei aller revolutionären Rhetorik – „Krieg den Königen und Frieden den Völkern", sagte der Abgeordnete Merlin de Thionville in der Debatte über die Kriegserklärung an Österreich – war das ein Krieg, der als Krieg zwischen den Völkern geführt und auch verstanden wurde.

Und ein Krieg zwischen den Völkern wurde er immer mehr. Nicht nur, weil die Revolutionsregierung nach anfänglichen Niederlagen mit der Parole „Das Vaterland ist in Gefahr!" und der sogenannten „levée en masse" alle wehrfähigen Männer zu Soldaten und damit den Krieg zur Sache des ganzen Volkes machte. Die Revolutionsarmeen, in denen jeder „den Marschallstab im Tornister" hatte und die deshalb schon bald von jungen, mutigen und fähigen Heerführern kommandiert wurden, trugen den Krieg ins Land der Gegner – mit allen Folgen, die der Einbruch einer kämpfenden Soldateska für die Bewohner der betroffenen Landstriche hatte. Da nützte auch die Botschaft von den Freiheitsbringern nichts, die die Aufrufe der Okkupanten verbreiteten. Fremde Soldaten, die kämpfend in die Lebenswelt von Menschen einbrechen, werden selten als Befreier empfunden, auch wenn sie sich selber als solche verstehen oder von örtlich oder zeitlich fernstehenden Beobachtern, die von den Ereignissen nicht unmittelbar betroffen sind, so gesehen werden.

Als dann ab 1797 das Genie unter den Aufsteigern in der militärischen Hierarchie, der Artillerieoffizier Napoleon Bonaparte schrittweise das Kommando übernahm, wurden große Teile Europas und des Mittelmeerraumes – Ägypten, Syrien, Italien, Spanien, Russland – der Reihe nach zu Kriegsschauplätzen. Hauptkriegsschauplatz aber war während dieses mit nur kurzen Unterbrechungen 23 Jahre dauernden Krieges Mitteleuropa, und da wiederum vor allem Deutschland.

Wie auch anderswo hatten die freien Geister in Deutschland die Nachrichten von der Revolution in Frankreich zunächst begeistert aufgenommen. Wie Frankreich hatte Deutschland seine Propheten des Glaubens an das Volk und seine Rechte, und wie in Frankreich gab ein gebildetes Bürgertum den Resonanzkörper für ihre Lehren ab. Da waren die Sympathien groß für eine neue Zeit, in der „Freiheit, Gleichheit, Brüderlichkeit" anstatt Gottesgnadentum, Privilegienwirtschaft und Polizeiregime das Leben der Menschen bestimmen sollten.

Aber die ungeteilte Begeisterung hielt nicht lange. Die chaotischen Ereignisse im Sommer 1789 in Paris – Höhepunkt: der Sturm auf die Bastille – und auf dem flachen Land – der Aufstand der Bauern gegen die Grundbesitzer – mochten vielerorts noch als verständliche Reaktionen auf die alten Zustände und als notwendige Türöffner für die Durchsetzung des Neuen gegen eine widerstrebende Obrigkeit hingenommen werden; das änderte sich mit der Radikalisierung der Revolution, in der es immer mehr der Pariser Straßenauflauf war, der das Geschehen beherrschte und die politischen Entscheidungen diktierte. Beginnend mit den unschönen Begleitumständen bei der Zwangsübersiedlung der Königsfamilie von Versailles nach Paris im Herbst 1789 über die Gefangensetzung Ludwigs XVI. im August 1792 und die Massaker an angeblichen Revolutionsfeinden in den Pariser Gefängnissen im darauffolgenden September bis zur Hinrichtung des Königs im Jänner 1793, trübte sich für die meisten ausländischen Freiheitsfreunde das zunächst so hell strahlende Licht des Aufbruchs in eine neue Zeit ein. Nicht alle verabschiedeten sich gleichzeitig von ihren Sympathien für die Revolution. Aber spätestens die Schreckensherrschaft des Wohlfahrtsausschusses 1793/94 ließ außerhalb Frankreichs und damit auch rechts des Rheins die Zahl der Sympathisanten der Revolution, wie sie sich nun darstellte, auf ein kleines Häuflein Unbeirrbarer schmelzen; und auch das verlor sich, als Napoleon die Revolution in den Augen dieser ihrer letzten Anhänger verriet, indem er sich 1804 zum Kaiser der Franzosen machte.

Aber da hatte der Krieg dem Verhältnis der Deutschen zum vordem revolutionären Frankreich schon längst eine neue Qualität gegeben. Jetzt war das durch seine innerstaatlichen Exzesse unheimlich gewordene Frankreich auch der Feind, der den Krieg ins eigene Land trug, mit allen seinen Folgen für das Leben der Menschen. Und mehr noch: Als sich nach den anfänglichen militärischen Fehlschlägen Erfolge einzustellen begannen, übernahm das neue Frankreich das bald 200-jährige machtpolitische Ziel der Bourbonenkönige: die Rheingrenze und maßgeblichen Einfluss in Deutschland.

Es war Napoleon, dem schließlich gelang, was seine bourbonischen Vorgänger auf dem französischen Königsthron nicht erreicht hatten. Österreich, das Land des römisch-deutschen Kaisers, besiegte er in vier Kriegen zwischen 1797 und 1809. Preußen, die zweite deutsche Großmacht, die sich zehn Jahre aus diesen Kriegen herausgehalten und mit seiner Neutralität gute Geschäfte in Sachen Gebietserweiterung gemacht hatte, brachte er 1806 eine vernichtende Niederlage bei. Sein Siegespreis war am Ende eine völlig neue Landkarte Mitteleuropas. Die linksrheinischen Gebiete von Mainz bis Köln und Norddeutschland mit Hamburg, Bremen und Lübeck verleibte er seinem französischen Kaiserreich direkt ein. Aus dem Rest machte er einen „Rheinbund" mit zwei Dutzend Satellitenstaaten, den er als „Protektor" politisch beherrschte und der ihm Soldaten für seine Kriege stellen musste.

In früheren Zeiten – und die waren noch gar nicht solange her – waren Reiche dadurch entstanden, dass mehr oder weniger zufällig Länder erobert, erheiratet oder ererbt wurden, und niemand hatte sich darum gekümmert, welchen Völkern die Einwohner in einem solchen Konglomerat von Ländern angehörten und welche Sprachen dort gesprochen wurden. Jetzt, seit man allerorts das Volk entdeckt hatte, war das anders. Nicht der Kaiser von Österreich, der König von Preußen hatte einen Krieg verloren und musste die Folgen tragen. Dem Denken der neuen Mittelschichten entsprechend war die französische Dominanz über Deutschland eine unerträgliche Fremdherrschaft und eine Schmach für das ganze deutsche Volk.

Diese Stimmung steigerte sich parallel zur wachsenden Präsenz des französischen Kriegs- und Besatzungsregimes. Und durch sie wurde aus der im Grunde apolitischen Volkstumsbegeisterung eine deutsche Nationalbewegung mit dem politischen Ziel, durch eine gemeinsame Kraftanstrengung des deutschen Volkes die Franzosen aus Deutschland zu vertreiben. Am „Wilhelm Tell“, den Friedrich Schiller 1804 in Weimar schreibt, kann man ablesen, wie die Romantik politisch wird: Eine liebevolle, romantische Darstellung eines Volkes, das gegen seine fremden Unterdrücker aufsteht. Johann Gottlieb Fichte, die längste Zeit ein politikferner Philosoph, hält 1806 in Berlin „Reden an die deutsche Nation“. Und auf Österreich richten sich jetzt die Hoffnungen der anschwellenden deutschen Nationalbewegung.

Österreich hatte zwar 1805 den dritten Krieg gegen Napoleon verloren; Kaiser Franz musste als Folge dieser Niederlage schmerzliche Gebietsverluste akzeptieren und der Auflösung des Heiligen Römischen Reiches Deutscher Nation zustimmen. Aber während in den Rheinbundstaaten jede Äußerung des Widerstandes unterdrückt wurde und Preußen, auf die Hälfte seines Gebietes verkleinert, von französischen Truppen besetzt und zum Pufferstaat zwischen der französischen und der russischen Einflusssphäre degradiert, aufgehört hatte, eigenständige Politik zu machen, war Österreich immerhin noch eine Großmacht geblieben. Und diese Großmacht wollte sich trotz der vielen Niederlagen nicht geschlagen geben.

So wurde Wien zu einem Mittelpunkt des politischen und literarischen Widerstandes gegen die französische Dominanz über Deutschland. Hier sammelten sich die entschiedensten Propagandisten einer deutschen Wiedergeburt im Kampf gegen die französische Unterdrückung. Für die einen wurde Wien zum vorübergehenden politischen Asyl, andere blieben für den Rest ihres Lebens. Für den Augenblick aber war es ihnen allen der Ort, von dem aus sie, für die französische Repression unerreichbar, ihren Kampf gegen das Unheil fortsetzen konnten, das aus Frankreich über das deutsche Volk gekommen war. Sie taten das jeder auf seine Weise. Die rheinländischen Geschwister Clemens und Bettina Brentano, die aus Hannover stammenden Brüder August Wilhelm und Friedrich Schlegel, der Preuße Heinrich von Kleist und der Sachse Theodor Körner schrieben flammende Gedichte und politische Theaterstücke, strategische Köpfe wie der Preuße Friedrich Gentz verfassten politische Schriften und der gleichfalls aus Preußen stammende Staats- und Gesellschaftstheoretiker Adam Heinrich Müller lieferte der im Kampf gegen die Fremdherrschaft politisch gewordenen Romantik die weltanschauliche Basis. Sie alle beschworen Österreich als den Retter Deutschlands aus großer Not. Die Wiener Salons waren ihr Publikum und Graf Johann Philipp Stadion – auch er kein gebürtiger Österreicher, sondern im Rheinland geboren – ihr Förderer. Denn Graf Stadion, seit 1806 Chef der österreichischen Außenpolitik, wollte den Kampf gegen das napoleonische Imperium als Krieg des deutschen Volkes führen und gewinnen. Dafür gab es neuerdings ein Beispiel, das sich in der einen oder anderen Form zur Nachahmung empfahl. Und es schien nicht nur Graf Stadion den Weg zu zeigen, wie man mit dem bisher unbesiegbaren Napoleon fertig werden könnte. Es war Spanien, das Europa mit einer neuen Art der Kriegsführung beeindruckte.

Auch Spanien hatte Napoleon in einem seiner Blitzfeldzüge besiegt. Aber er bekam das Land nicht unter Kontrolle. Die Spanier verhinderten das mit einer Kriegstaktik, die sie den „Kleinen Krieg" – „Guerilla" – nannten und die das Muster für das abgab, was im 20. Jahrhundert „Partisanenkrieg" genannt wurde und heute „asymmetrische Kriegsführung" heißt. Ob es in einem neuen Krieg gegen Napoleon nun im Einzelnen die gleichen Methoden wie in Spanien sein müssen oder nicht – worauf es ankommt, ist, dass für den Krieg das Potenzial genutzt wird, das in der aktiven Unterstützung des Volkes gegen den Feind liegt.

Das war kein abrupter Schwenk der politischen Praxis. Österreich hatte nach den Niederlagen in den ersten Jahren der Franzosenkriege begonnen, die neuen Methoden der Einbeziehung des Volkes in die Politik, die ihm die Revolution vorgemacht hatte, zu imitieren und auch seinerseits auf das Engagement des Volkes zu setzen. Es gab zwar keine „levée en masse", aber ein allgemeines Aufgebot; als milizartiger Verband wurde eine Landwehr gebildet, Propaganda in allen damals verfügbaren Formen sollte Stimmung für den Krieg machen und seine Notwendigkeit – gerade auch als im Interesse des Volkes gelegen – erklären. Sogar die Musik wurde nicht vergessen; auch sie wurde in den Dienst der neuen Art, Krieg zu führen, gestellt: Die „Marseillaise", das Kampflied der Revolutionsarmee, erhielt 1797 im „Gott erhalte Franz den Kaiser" ein Gegenstück, das Josef Haydn nach dem Vorbild des englischen „God save the King" – er kannte es von seinem Englandaufenthalt – zu einem Text des Dichters Lorenz Leopold Haschka komponiert hatte.

Jetzt wollte Graf Stadion die Stimmung, die die nationalen Barden mit ihren Schriften, Liedern und Ansprachen erzeugten, als Rückenwind nutzen für den nächsten Versuch, Napoleon doch noch zu schlagen.

Der Versuch ging daneben. Als Österreich 1809 den nächsten Krieg als deutsche Vormacht im Volkskrieg gegen Napoleon führen wollte, taten dabei nur die 1805 zu bayerischen Untertanen gewordenen Tiroler unter der Führung von Andreas Hofer mit – von einigen isolierten Aktionen in Norddeutschland abgesehen. Österreich musste in der Schlacht bei Wagram gegen Napoleon eine weitere schwere Niederlage einstecken und im Frieden von Schönbrunn noch einmal 120.000 km^2 seines Gebietes abtreten. Graf Stadion musste gehen und sein Nachfolger – damals noch Graf, später Fürst – Clemens Metternich hielt in politischen Angelegenheiten auf Distanz zum Volk.

Als 1813 das vereinigte Europa Napoleon schließlich doch bezwang, geschah das auf die herkömmliche Weise mit regulären Armeen. Die Regierungen hatten zwar nichts dagegen, dass sich junge Männer in nationaler Begeisterung in Freikorps sammelten, wie die durch Theodor Körner berühmt gewordenen Lützow'schen Jäger, deren Uniformierung in den Farben Schwarz, Rot und Gold später die Burschenschaften als politisches Signal übernommen haben und heute die deutschen Nationalfarben Schwarz-Rot-Gold sind. Aber trotz der hohen Zahl Gefallener – auch Theodor Körner selbst gehörte dazu – haben diese Freiwilligenformationen für den Ausgang des Krieges keine Rolle gespielt.

Den Regierungen passte es auch ins Konzept, dass die Agitatoren des deutschen Volkskrieges gegen Frankreich die propagandistische Begleitmusik zu den Ereignissen machten und die Vertreibung der Franzosen aus Deutschland zum „Befreiungskrieg“ adelten. Vage Versprechungen, die diese Stimmung am Kochen halten sollten, solange Napoleon nicht endgültig besiegt war, hatten Hoffnungen genährt, nach der Vertreibung des Feindes würde es für ein politisch geeintes deutsches Volk eine neue Rolle geben. Aber als alles vorbei war, wollten die siegreichen alten Mächte davon nichts mehr wissen.

Der Wiener Kongress 1814/15, der unter der Regie Metternichs Europa neu ordnete, brachte den Deutschen nicht den gemeinsamen Staat, sondern mehr als drei Dutzend durch die willkürlichen Zusammenlegungen und Grenzziehungen der letzten 15 Jahre entstandene, jetzt auch offiziell souveräne Groß-, Mittel- und Kleinstaaten. Der Deutsche Bund, dessen Mitgliedschaft das Einzige war, was sie gemeinsam hatten, war eine Art Fortsetzung des 1806 untergegangenen Heiligen

Römischen Reiches und hatte mit diesem seine jetzt auch juristisch fixierte Macht- und Bedeutungslosigkeit gemeinsam.

Das war zum einen das Ergebnis der Machtpolitik der europäischen Großmächte. Ein geeintes Deutschland im Zentrum des Kontinents wäre ein Machtfaktor gewesen, der für alle anderen einen entscheidenden Gewichtsverlust bedeutet hätte. Die Gefahr, dass es dazu käme, war aber ohnehin nicht groß. Die Könige, Groß- oder auch Nur-Herzoge der deutschen Staaten und auch der Herrscher des 9800 km²-Landes Hessen-Kassel, der kurioserweise den Titel Kurfürst nicht im Fundus der Geschichte abgeliefert hatte, obwohl es ja keinen Kaiser mehr zu „küren" gab, wollten nicht auf ihren Thron und die eben erst durch den Untergang des Heiligen Römischen Reiches gewonnene Souveränität verzichten.

Daran zerbrach jetzt die politische und vermeintlich auch weltanschauliche Einheitsfront, die bis 1813 von Metternich bis zu den Studenten im Freikorps des Adolf von Lützow gereicht hatte. An der Frage „Staat oder Nation" schieden sich die Geister. Da die konservativen Staatsführungen, dort ein zunehmend revolutionärer Nationalismus, in der von der Französischen Revolution erfundenen und seither üblich gewordenen politischen Topografie als „rechts" und „links" geortet, standen sich jetzt in Deutschland – wie übrigens auch in Italien, dem die Mächtigen auf dem Wiener Kongress gleichfalls den ersehnten Nationalstaat vorenthalten hatten – gegenüber.

Beide konnten sich auf den Zeitgeist berufen. Den Kampf gegen die französischen Okkupanten hatten die Deutschen, soweit sie sich überhaupt mit Politik befassten, nicht nur als eine politisch-militärische Auseinandersetzung verstanden. In ihren Augen war das Übel nicht nur Frankreichs Armee auf deutschem Boden; das Übel war für sie auch der Geist, der dieses neue Frankreich geschaffen hatte, und so war der Konflikt mit Frankreich auch weltanschaulich überhöht: als Auseinandersetzung mit dem Gesellschaftsmodell, das das Ergebnis der Französischen Revolution war.

Diese grundsätzliche Sicht war nicht auf Deutschland beschränkt. Philosophen und Literaten hatten sich auch anderswo über die Französische Revolution hergemacht und – wie Haydn der „Marseillaise" das „Gott erhalte" – der liberalistisch-aufklärerischen Botschaft aus Frankreich ein scharf antirevolutionäres, konservativ-romantisches Gegenbild gegenübergestellt. Schon 1790 hatte der britische Politiker und Schriftsteller Edmund Burke mit seiner Schrift „Reflections on the Revolution in France“ in diesem Sinn Stellung bezogen, und der französische Schriftsteller François-René de Chateaubriand hatte seit den späten 1790er Jahren seine Werke, die vom Geist einer konservativen Religiosität getragen waren, in demselben Geist geschrieben. Ihnen folgten jetzt die politischen und philosophischen Literaten in Deutschland. Die Philosophie der Romantik, wie sie Adam Heinrich Müller und der Schweizer Philosoph Carl Ludwig von Haller formulierten und Literaten wie Friedrich Schlegel und Friedrich Gentz propagierten, wandte sich gegen den modernen Macht- und Zentralstaat und sein individualistisches Gesellschaftsideal, wie ihn die Französische Revolution hinterlassen hatte. Ihm setzten sie das ideale, weil menschengerechte Bild einer historisch gewachsenen, in Stände gegliederten, organisch verbundenen Gesellschaft entgegen. Es rundet das Bild ab, dass mit Müller, Haller und Schlegel nicht wenige ihrer Gesinnungsgenossen, ursprünglich Protestanten, zum Katholizismus konvertierten, der ihnen als das adäquate transzendente Fundament dieser Weltsicht erschien. Das, so meinten viele, wäre der Konsens, der nach der Befreiung des deutschen Volkes von der französischen Bedrückung die Grundlage abgeben würde für eine schönere Zukunft.

Dem Konservativismus der Regierungen lieferte die philosophische Theorie, wie sie Müller und Haller – von ihm stammt auch der Begriff Restauration, der der Epoche ihren Namen gegeben hat – vertreten haben, die Staatsdoktrin, und in Preußen, wo man es auch damals schon methodisch liebte, baute Georg Wilhelm Friedrich Hegel eine ganze Philosophie auf die Idee vom Staat auf, in dem sich die Menschheitsgeschichte verwirklicht; das Vor- und Idealbild dafür: der preußische Staat.

Doch die Romantik gab auch der nationalen Bewegung für ihre Vorstellung vom Volk als dem wichtigsten Wert für die Ordnung menschlichen Zusammenlebens die Basis für ihr politisches Programm. Ihre Speerspitze waren die Studenten, die sich in Turnvereinen und Burschenschaften sammelten, mehr oder weniger deutlich unterstützt von ihren Professoren. In Symbolfiguren wie dem Dichter Ernst Moritz Arndt, dem „Turnvater“ Ludwig Jahn und – als katholische Variante – in Joseph Görres hatte sie wortgewaltige Fahnenträger.

Zwei Ereignisse waren es, die aus dem Gegensatz zwischen Staatsräson und nationaler Bewegung einen Konflikt werden ließen: das Wartburgfest und die Ermordung des Dichters August Kotzebue.

Das Fest auf der halb verfallenen Wartburg, zu dem die Jenaer Burschenschaft auf eine Anregung von Ludwig Jahn hin die deutschen Burschenschaften eingeladen hatte, war, weil voller Symbolik, ein politisches Signal und Gegenprogramm zu den Ergebnissen des Wiener Kongresses, soweit sie Deutschland betrafen. Auf der Wartburg hatte Martin Luther die Bibel ins Deutsche übersetzt. Damit hatte er der deutschen Sprache zum Durchbruch als der gemeinsamen Schriftsprache der Deutschen verholfen; was für ihr Zusammengehörigkeitsgefühl einen mächtigen Schub bedeutet hatte. Und auch das Datum des Festes – der 18. Oktober 1817 – eignete sich aus nationaler Sicht gut zum Feiern. Es war der vierte Jahrestag des entscheidenden Sieges über Napoleon bei Leipzig, der den Triumph über den äußeren Feind besiegelte. Da traf es sich gut, dass sich demnächst der legendäre Anschlag der Lutherischen Thesen am Tor der Wittenberger Schlosskirche, der sich in diesem Geschichtsverständnis als nationalrevolutionärer Akt gegen fremdländische – wie man damals sagte – „ultramontane" Gängelung interpretieren ließ, zum 300. Mal jähren würde. Eine ideale Gelegenheit also, in der Erinnerung an vergangene deutsche Triumphe sich Mut zu machen für Künftiges. 500 Studenten berauschten sich an Reden voll nationalem und revolutionärem Pathos und warfen anschließend im Überschwang ihres Hochgefühls in einer spektakulären Aktion verhasste Symbole und Bücher von Autoren, die in ihren Augen reaktionär und Feinde des nationalen Aufbruchs waren, ins Feuer – Vorbote aggressiver Intoleranz und Begründung einer fatalen Tradition. „Dort, wo man Bücher verbrennt", sagte Heinrich Heine in einer düsteren Vorahnung, „verbrennt man am Ende auch Menschen."

Eineinhalb Jahre später erstach der Gießener Theologiestudent Karl Ludwig Sand, der auf der Wartburg dabei gewesen war und einer radikalen Richtung innerhalb der Burschenschaft, den „Unbedingten", angehörte, den Dichter August Kotzebue. Kotzebue gab der Studentenbewegung ein ideales Feindbild ab. Er war ein Konservativer, spottete gerne über die Nationalbewegung und weil er auf der Gehaltsliste des – als Haupt der finstersten Reaktion und Feind der deutschen Einigungsbewegung verhassten – Zaren stand, verdächtigten ihn die Studenten der Spionage für Russland.

Die deutschen Regierungen, halb vom revolutionären Elan erschreckt und halb über die Aufmüpfigkeit indigniert, jedenfalls aber in ihrer Autorität als Staatsgewalt herausgefordert, schlugen zurück. Die deutsche Einheitsbewegung wurde von nun an systematisch verfolgt. Die Burschenschaften und ihre Symbolfarben Schwarz-Rot-Gold wurden verboten, die Universitäten unter strenge Aufsicht gestellt, die Zensur verschärft und Angehörigen der Burschenschaften Berufsverbote angedroht. Der Bruch, der die beiden Kinder der Romantik – den Konservativismus und die Nationalbewegung – trennte, wurde jetzt zu einem tiefen Graben.

Das galt auch für Österreich. Alle deutschen Regierungen hatten bei der „Demagogenverfolgung" mitgemacht, wenn auch vielleicht nicht alle mit dem gleichen bedingungslosen Eifer. Aber die Initiative dazu war von Metternich ausgegangen, dem „Kutscher Europas", dafür von den Objekten seiner Verfolgung als „Fürst von Mitternacht" von Herzen gehasst.

Für Metternich als österreichischen Staatsminister – so hieß damals der Außenminister – und späteren Staatskanzler gab es zu den Motiven der deutschen Fürsten, gegen einen national geeinten deutschen Staat zu sein, noch einen anderen, mindestens so wichtigen Grund. Das Kaisertum Österreich, wie es seit 1804 hieß, war eine Großmacht, weil es eben nicht nur ein deutscher Staat war. Seine fünf nichtdeutschen Königreiche – Ungarn, Kroatien, Illyrien, Galizien und das oberitalienische, bestehend aus Venetien und der Lombardei – machten den größeren Teil seines Gebietes und seiner Bevölkerung aus und das sechste – Böhmen – gehörte zwar zum Deutschen Bund, aber hatte eine gemischte Bevölkerung mit tschechischer Mehrheit. Was noch Joseph II. vergeblich versucht hatte, nämlich die Bewohner dieser Länder durch den Zwang zur deutschen Amtssprache zu germanisieren, kam jetzt erst recht nicht mehr in Frage. Nach dem französischen und dem deutschen Volk und nachdem die Franzosenkriege den italienischen Nationalismus ebenso wachgeküsst hatten wie den deutschen, entdeckten sich jetzt auch die Völker des östlichen Mitteleuropa, allen voran die Polen und die Magyaren, wenig später auch die sich eben erst ausdifferenzierenden slawischen Bewohner an Moldau und March, zwischen Karpaten und Karst als Völker. Und es passte den traditionellen Eliten der verschiedenen Landstriche – angeführt von den adeligen Großgrundbesitzern – durchaus, dass der neue romantische Geist mit seiner Volks- und Geschichtsbezogenheit statt auf Zentralismus auf den Wert und die Eigenständigkeit der gewachsenen kleineren Einheiten setzte. Die waren aber in ihrer Mehrheit nicht deutsch, sondern magyarisch, italienisch oder slawisch. So konnte Österreich, wollte es als Großmacht weiter bestehen, nicht nur die deutsche Nationalstaatsidee nicht tolerieren, sondern durfte auch selbst kein deutscher Einheitsstaat werden. Metternich zog beim Wiener Kongress diese Konsequenz: keine Wiederherstellung des alten Deutschen Reiches mit Kaiser Franz als deutschem Kaiser und Wien als deutscher Haupt- und Residenzstadt, Abbau der territorialen Verflechtung Österreichs mit Deutschland durch den Verzicht auf die österreichischen Territorien in Schwaben, an der oberen Donau und am Oberrhein und Beibehaltung der Sonderstellung der Kronländer, wie die Provinzen jetzt hießen, was bei den bestehenden Größenordnungen naturgemäß das Gewicht der Deutschen im Gesamtstaat relativierte. Das war österreichische Staatsräson – und ein Schock für die Intellektuellen, die sich eben noch am Aufbruch der deutschen Nation berauscht, für die Dichter, die Kaiser Franz als den Vater und seinen Bruder Erzherzog Karl als den Retter der deutschen Nation besungen, und für die bürgerlichen Konsumenten alles dessen, die in ihren Salons von der glänzenden Perspektive des deutschen Volkes, dem sie sich zugehörig fühlten, geträumt hatten.

Denn natürlich gab es zwischen Klagenfurt und Karlsbad nach wie vor die gleichen Sympathien für das einige Deutschland wie zwischen Köln und Königsberg, Konstanz und Kiel. Der junge Franz Grillparzer gehörte dazu, der spätere österreichische Staatsdichter, und Josef von Hormayr, 1809 ein Held als Verbindungsmann Erzherzog Johanns Mitorganisator des Tiroler Aufstandes, danach vor den Verfolgungen Metternichs unter den Schutz des romantisch-großdeutschen Bayernkönigs Ludwig I. geflüchtet; aber auch andere, die heute vergessen sind, wie der Grazer Historiker Julius Franz Schneller, der eine Geschichte Österreichs im großdeutschen Sinn geschrieben hatte und Österreich verlassen musste. Sogar Franz Schubert streifte an die nationale Bewegung an. Und alle, ob sie sich resigniert zurückzogen oder gegen die als reaktionär verschriene Regierung agitierten, verstanden die Welt nicht mehr. Fünfzig Jahre nach der Entdeckung des Volkes und zehn Jahre, nachdem der buntscheckige habsburgische Familienbesitz unter dem Namen Kaisertum Österreich erkennbar ein in sich geschlossener Staat geworden war, wurde deutlich, dass Deutsch und Österreichisch nicht identisch waren.

Von da datiert das Dilemma, das die österreichischen Deutschen und damit den Staat, in dem sie lebten, die nächsten eineinhalb Jahrhunderte begleiten sollte. Denn dass die deutsch sprechenden Österreicher Deutsche waren, darüber gab es für die lebende und die nächsten vier Generationen keinen Zweifel. Was bedeutete es dann, als Deutscher Bürger des Staates Österreich zu sein? Und, wenn es darauf ankam, was hatte für den deutschen Österreicher Vorrang: Seine deutsche Volks- oder seine österreichische Staatszugehörigkeit? In den nächsten 150 Jahren hat es auf diese Frage jede denkbare Antwort gegeben – und damit keine eindeutige, keine end- und allgemeingültige. Den österreichischen Deutschen bescherte das ein Identitätsproblem.

Dabei war keineswegs ausgemacht, dass viele das deutschösterreichische Dilemma wirklich durch Aufgabe der österreichischen Hälfte ihrer Identität lösen wollten, und es gab – vielfach mit fließenden Übergängen – auch die Verfechter der anderen Position, die sich die Behebung des Dilemmas in umgekehrter Weise wünschten – dadurch, dass Österreich, das aus einem Ländersammelsurium ein Staat geworden war, nun auch eine dazugehörige Staatsnation werden sollte, in der Deutsche und Slawen, Magyaren und Italiener aufgehen. Da trafen sich laizistisch ausgerichtete Altjosephiner mit den katholischen Romantikern aus dem Kreis des Redemptoristenpaters Clemens Maria Hofbauer und die multinationale Gentry in den Weiten des Vielvölkerstaates, der ein landsmannschaftlich ausgerichteter, föderalistischer Konservativismus der kleinen Räume vorschwebte, mit der nachjosephinischen Bürokratie und ihren Zentralisierungstendenzen.

Solange es den Vielvölkerstaat gab, war das deutschösterreichische Dilemma eine der Ursachen für die schon bald aufbrechenden Konflikte zwischen den Nationalitäten. Für das 1918 auf den nunmehr ausschließlich deutschsprachigen Rest beschränkte Österreich wurde das Identitätsproblem seiner Bürger zum Existenzproblem des Staates.

Die Revolution von 1848 machte das Dilemma zum ersten Mal mit aller Schärfe deutlich.

Einigkeit und Recht und Freiheit von der Maas bis an die Memel

Die Revolution war, wie alle großen geschichtlichen Ereignisse, nicht plötzlich wie der Blitz aus heiterem Himmel über Europa und damit auch über Österreich gekommen. Die Zeit des Status quo, wie ihn der Wiener Kongress fixiert hatte, war abgelaufen. Schon um 1830 hatte die europäische Ordnung des Wiener Kongresses sichtbar zu bröckeln begonnen. Die Heilige Allianz hielt nicht mehr, immer öfter entglitten dem „Kutscher Europas" die Zügel. Der Zeitgeist war für die nationalen Bewegungen, die jetzt überall die Rechte der Völker auf ihre Identität und politische Selbstbestimmung einforderten, günstig. Der nationale Geist ließ sich nicht mehr in die Flasche zurückscheuchen, nicht in Deutschland und auch nicht anderswo. Und er veränderte das Gesicht Europas. In den 1820er Jahren hatte Griechenland seine Unabhängigkeit vom Osmanischen Reich erkämpft. 1830 hatte dann die Julirevolution in Frankreich die von den Siegern über Napoleon wieder eingesetzten Bourbonenkönige vertrieben und ein bürgerlich dominiertes, liberales Regime an die Macht gebracht. Die Revolution in Frankreich hatte Polen und Belgier zum Aufstand und Kampf für ihre Eigenstaatlichkeit ermuntert, wenn auch mit unterschiedlichem Ausgang. Belgien konnte sich aus dem Staatsverband mit Holland, mit dem es 1815 zwangsvereinigt worden war, lösen. Die Polen scheiterten zwar an der russischen Militärmacht, die ihren Aufstand niederschlug. Aber die Niederlage machte sie erst recht zu Helden.

Die revolutionären Veränderungen verliehen einer neuen Generation von politisch engagierten Intellektuellen Mut und gaben ihnen Auftrieb. Rechtzeitig für die wiedererwachte Volksbewegung hatte einige Jahre zuvor der Volkskundler und Dichter August Heinrich Hoffmann von Fallersleben einen Liedtext als politisches Programm geschrieben, der ausdrückte, was für die bürgerlichen Mittelschichten und die Intellektuellen das Ziel dieser Revolution war: „Einigkeit und Recht und Freiheit für das deutsche Vaterland", das „von der Maas bis an die Memel, von der Etsch bis an den Belt" reichen sollte. Denn in dem von diesen Gewässern umgrenzten Raum wurde, wenn man es an den Rändern nicht zu genau nahm, deutsch gesprochen. Und dass der Text auf die Melodie des „Gott erhalte" gesungen wurde, war durchaus folgerichtig.

Sollte mit dem „Gott erhalte“ in den Franzosenkriegen der Patriotismus zwecks Widerstand gegen den äußeren Feind gestärkt werden, gab das Lied mit der inzwischen als chauvinistisch verstandenen und deshalb verpönten Einleitungszeile „Deutschland, Deutschland über alles“ die jetzt aktuelle Losung aus: Einheit und Freiheit für Deutschland. National und liberal gehörten damals eben zusammen und sie waren ein revolutionäres Programm. Die Frontstellung hieß liberal-national gegen konservativ-monarchistisch.

Das galt für die Deutschen aller Länder und somit auch für die deutschen Österreicher. In diesem Geist hatten die Dichter und Literaten des „jungen Österreich“ – der unter dem Pseudonym Anastasius Grün schreibende Graf Anton Alexander Auersperg, Nikolaus Lenau, der eigentlich Niembsch Edler von Strehlenau hieß, Eduard von Bauernfeld, Moritz Hartmann, Franz Schuselka und Hermann Jellinek – gesungen und geschrieben. Die meisten von ihnen verließen, von Polizei und Zensur schikaniert, in den Dreißiger- und Vierzigerjahren mehr oder weniger freiwillig Österreich. Das galt auch für Ignaz Kuranda, der seinen „Grenzboten“ im Leipziger Exil, einem Sammelpunkt österreichischer Oppositioneller, herausgeben musste.

Aber so groß die Unzufriedenheit auch sein mochte: Die Deutschen brauchten den Anstoß für die Revolution von außen. Und der kam – wieder einmal – aus Frankreich. Dort machte die Revolution dem Regime ein Ende, das sich 1830 mit dem sogenannten Bürgerkönig Louis Philippe aus dem orléanistischen Zweig der Bourbonenfamilie als Galionsfigur etabliert hatte. Ihre Schockwellen lösten von Italien bis Polen, vom Rheinland bis Ungarn ein politisches Erdbeben aus; mit Österreich mitten drin. Und praktisch ohne Widerstand fiel die 30 Jahre verbissen verteidigte Ordnung in sich zusammen.

Es war ein Wunder und war doch keines. Denn das gehört zur Mechanik aller Umstürze: Wenn die Zeit reif ist, genügt ein vergleichsweise kleiner Anstoß, und zur allgemeinen Überraschung bricht, von den alten Herren kaum verteidigt, Überholtes, das für die Ewigkeit gegründet und gegen das bis vor Kurzem jeder Angriff aussichtslos schien, in sich zusammen, weil die große Mehrzahl die Zustände nicht mehr länger mitträgt und daher, wenn der Moment kommt, sie zu verteidigen, nicht bereit ist, für sie zu kämpfen. Das ist gewiss die erste Voraussetzung für eine Umwälzung. Aber es ist nicht die ganze Wahrheit. Denn die – widerwillige – Einsicht, dass gesellschaftliche Zustände überholt sind, macht auch vor den Köpfen der Mächtigen nicht halt. Indem sie ihnen die Unbefangenheit und den zweifelsfreien Glauben an die Richtigkeit und damit auch an die Zukunft ihrer Sache nimmt, lähmt sie die Herrschenden und gibt ihren Verteidigungsaktionen etwas Halbherziges, das sie daran hindert, ihre immer noch vorhandenen Möglichkeiten zur Gegenwehr auszuschöpfen. Erst wenn die Herrschenden so weit sind, sind Umstürze erfolgreich. Überspitzt könnte man deshalb sagen, jede – erfolgreiche – Revolution beginnt in den Köpfen der Herrschenden. Oder zumindest: Dort sitzt ihre Fünfte Kolonne, ein wichtiger Verbündeter für ihren Erfolg.

Die Ereignisse in den ersten Tagen der Revolution in Wien sind ein eindrucksvolles Beispiel für diesen Mechanismus. Alles, was Straßendemonstrationen und in der Hofburg vorsprechende Abordnungen verlangen, wird bewilligt, der Sturz Metternichs, eine Verfassung für Österreich mit einem gewählten Reichstag, die Abschaffung der Zensur und – von Studenten und Intellektuellen stürmisch gefordert – die Wahl eines gesamtdeutschen Parlaments zur Schaffung einer neuen freiheitlichen gesamtdeutschen Ordnung. Studenten hissen auf dem Stephansturm die eben noch verbotene schwarz-rot-goldene Fahne der deutschen Burschenschaft, das Symbol der deutschen Einigungsbewegung. Abgeordnete aus allen deutschsprachigen Teilen Österreichs lassen sich zu Abgeordneten der nach Frankfurt einberufenen deutschen Nationalversammlung wählen und mit Wohlgefallen sehen die Österreicher, dass der als liberal bekannte Erzherzog Johann in Frankfurt als Reichsverweser zum provisorischen Oberhaupt des künftigen geeinten Deutschland gewählt wird.

Die Revolution scheitert. Auch das gehört zur Mechanik von Revolutionen. Weil die Revolutionsfront der ersten Stunde Kämpfer mit höchst unterschiedlichen Interessen vereint und sich von vergleichsweise moderaten Anfängen stufenweise radikalisiert, folgt jede Revolution derselben unentrinnbaren Logik. Wer seine Ziele durchgesetzt hat, verlässt die Gemeinschaft mit denen, die noch nicht zufriedengestellt worden sind, und wechselt die Seiten, weil für ihn damit der Zweck der Revolution erreicht ist und ihr Weitergehen ihm das eben Gewonnene womöglich wieder nehmen würde. Das gilt auch für die Revolution von 1848.

Es wurde also nichts aus „Einigkeit und Recht und Freiheit für das deutsche Vaterland". Und das hatte auch sehr wesentlich mit Österreich zu tun.

Denn wenn das deutsche Vaterland das Vaterland aller Deutschen sein sollte, was hieß das dann für Österreich, dessen größere Hälfte ganz zweifellos nicht von Deutschen bewohnt war? Da gab es offensichtlich ein Problem. Und die Vorstellungen, wie man es lösen sollte, spalteten sehr bald die Abgeordneten in der Frankfurter Nationalversammlung und mit ihnen die politische Klasse zwischen der Nordsee und den Alpen in zwei große Lager.

Zum ersten Mal gab es Leute, die es für eine vernünftige Lösung hielten, Österreich aus Deutschland draußen zu lassen. Weil sie keine saubere Lösung dafür sahen, in der die österreichischen Deutschen gleichzeitig Angehörige des multinationalen Österreich und eines tatsächlich geeinten Deutschland sein könnten, waren sie dafür, auf die Deutschen in Österreich zu verzichten und sich mit einem kleineren Deutschland zufriedenzugeben; deshalb hießen sie im damaligen politischen Jargon „Kleindeutsche".

In der Nationalversammlung waren die Kleindeutschen allerdings eine Minderheit. Die Mehrheit wollte auch angesichts der Schwierigkeiten, die die Existenz des multinationalen Österreich bereitete, das Ziel nicht aufgeben, Deutschland so groß zu machen, dass es alle Deutschen – auch die österreichischen – einschließt. Deshalb sind sie die „Großdeutschen". Ihre Lösung: Österreichs von Deutschen bewohnte Länder werden Teil Deutschlands. Mit den nichtdeutschen Ländern, so der Plan, bleiben sie nur durch das gemeinsame Staatsoberhaupt, den österreichischen Kaiser, verbunden.

Als juristische Konstruktion auf dem geduldigen Papier des Verfassungsentwurfes der Nationalversammlung sah das gut aus, es schien die sprichwörtliche Quadratur des Kreises zu sein. Politisch hätte aber eine solche Konstruktion das Ende einer Großmacht Österreich bedeutet. Im Oktober 1848, als die darauf bezüglichen Verfassungsparagrafen formuliert wurden, war das keine realistische Option mehr.

Im Frühjahr und Sommer 1848 hatte es ganz danach ausgesehen, als würde der österreichische Vielvölkerstaat in seine nationalen Teile zerfallen. Das österreichische Oberitalien, das längst von Österreich fort und hin zu einem national geeinten Italien strebte, hatte die österreichische Herrschaft bereits abgeschüttelt, Ungarn hatte einen eigenen Staat mit Regierung und Parlament ertrotzt und dem Kaiser in Wien gerade noch eine undefinierte Rolle als Staatsoberhaupt gelassen, die Polen in Galizien nahmen einen weiteren Anlauf, sich als Kern eines freien polnischen Staates zu etablieren, ein panslawistischer Kongress in Prag machte Miene, auch für die slawischen Völker der Monarchie gestützt auf ihre nationale Identität einen neuen Status zu begründen, und für die deutschsprachigen Teile des Reiches hatte in Wien ein selbst ernannter revolutionärer Sicherheitsausschuss der kaiserlichen Regierung die Geschäfte aus der Hand genommen. Eine aktionsfähige Zentralgewalt gab es nicht mehr.

Das Scheitern der Revolution allein hätte Österreich nicht davor bewahrt, von der Landkarte zu verschwinden. Es waren die Generäle, die 1848/49 das Kaisertum Österreich retteten. Der Übergang der Besitzenden und der meisten Gebildeten auf die Seite der Ordnung und der angestammten Obrigkeit machte den Staat wieder stark und den Einsatz der Armeen möglich. Fürst Windischgrätz, zeitweiliger kaiserlicher Oberbefehlshaber außerhalb Italiens, trieb den Slawenkongress in Prag auseinander und trat die Revolution in Wien durch die militärische Einnahme der Stadt aus, Graf Radetzky, der Oberbefehlshaber in Italien, eroberte die italienischen Provinzen zurück und Ungarn wurde nach langem Kampf mithilfe der russischen Armee unter General Paskević in den Kaiserstaat zurückgezwungen. Ihre Siege entschieden über den Fortbestand der habsburgischen Monarchie.

Und die schrittweise siegreiche Monarchie organisierte sich neu. Mit einem 19-jährigen Kaiser Franz Joseph I. und einem tatkräftigen Ministerpräsidenten. Dieser Felix Schwarzenberg konzipierte einen Neuanfang von Grund auf. Aus dem Österreich des Biedermeier sollte ein moderner Staat von Großmachtformat werden – aber ohne Behinderungen durch Nationalismus und politischen Liberalismus. Der Kaiser sollte deshalb nicht einfach Franz heißen, wie es eigentlich zu erwarten gewesen wäre; das hätte zu sehr an seinen in der Rückschau nicht besonders imponierenden Großvater erinnert. Der Name seines Urgroßonkels Joseph II., den ihm Felix Schwarzenberg zusätzlich verpasste, war Signal und Programm. Wie bei Joseph II. sollte modernisiert und straff geführt werden – aber von oben, von einer Regierung, die für das Volk das Beste wollte und auch wusste, was dieses Beste wäre. Das Regime eines aufgeklärten Monarchen sollte das wieder erstarkte Österreich in eine glorreiche Zukunft führen – wirtschaftliche Stärke und politische Macht inbegriffen.

Das war ziemlich genau das Gegenteil dessen, was die Großdeutschen in Frankfurt mit Österreich vorhatten. Und Felix Schwarzenberg verlor keine Zeit, klarzumachen, dass die Frankfurter Gedankenspielereien eines in einen deutschen und einen nichtdeutschen Teil geteilten Österreich nicht in Frage kamen. Er hätte zwar gerne den erfolgreichen Abschluss des letzten Feldzuges zur Wiederherstellung der Einheit Österreichs – des ungarischen – abgewartet, aber als der sich in die Länge zog und der inzwischen wegen der Revolutionswirren in Wien ins mährische Kremsier verlegte österreichische Reichstag Anfang 1849 dabei war, für Österreich eine Verfassung zu beschließen, die starke föderalistische Elemente und Nationalitätenrechte enthalten hätte, verhinderte er das, indem er den Reichstag auflöste und seinerseits eine streng einheitsstaatliche Verfassung erließ. Für die Großdeutschen in und außerhalb Österreichs hatte Schwarzenberg ein Angebot: Nicht nur die deutschsprachigen Teile Österreichs sollten Teil des neu organisierten Deutschland werden, sondern ganz Österreich.

Vom Standpunkt der Interessen Österreichs eine in jeder Hinsicht perfekte Lösung. Auf diese Weise konnte Österreich als Einheit bestehen bleiben, die österreichischen Deutschen bekämen ihr gemeinsames Deutschland und Österreich würde wegen seiner Größe und seiner Bevölkerungszahl diesen mitteleuropäischen Machtkomplex zwangsläufig dominieren. Die Sache hatte nur einen Haken: Sie war so unrealistisch wie der Frankfurter Plan des geteilten Österreich. Weil die Einbeziehung eines guten halben Dutzends nichtdeutscher Völker der Idee des deutschen Nationalstaates widersprach; weil weder die Fürsten noch die Liberalen in Deutschland eine solche Übermacht des konservativen Österreich wollten; und weil die europäischen Großmächte einen solchen Block mit 70 Millionen nicht zugelassen hätten. Schon die Zeitgenossen glaubten deshalb, dass es Schwarzenberg mit seinem Vorschlag nicht ernst war. Es war wohl einfach ein Schachzug, um zu demonstrieren, dass die großdeutsche Lösung der deutschen Frage mit der Existenz Österreichs unvereinbar war.

Eben das war die Erkenntnis des Revolutionsjahres. Bis 1848 war für alle, die in historischen und nationalen Kategorien dachten, für die

Lösung der deutschen Frage die großdeutsche Lösung, das gemeinsame Deutschland aller Deutschsprechenden, eine Selbstverständlichkeit. Jetzt, als man sich daran machte, dieses einige Deutschland aus dem Himmel des Ideals auf den Boden der Realität zu holen, wurde klar, dass es eine großdeutsche Lösung nicht geben konnte – solange es den Vielvölkerstaat Österreich gab.

Und der war – zum Unterschied vom zunächst einmal ausgeträumten Traum des einigen schwarz-rot-goldenen Deutschland – eine unbezweifelbare, auf Dauer berechnete Realität. Nach den militärischen Siegen seiner Generäle setzte Felix Schwarzenberg mit Russland als Bündnispartner im Rücken die Wiederherstellung der österreichischen Vormachtstellung in Deutschland und Italien durch; sogar den Deutschen Bund mit der Präsidialmacht Österreich gab es wieder. Und dieses Österreich war jetzt ein straff organisierter Einheitsstaat; es wurde neoabsolutistisch regiert – seine 1849 erlassene Verfassung hatte Felix Schwarzenberg erst gar nicht in Kraft treten lassen.

Ein zweites Mal waren die deutschen Österreicher um die Erfüllung ihres Traumes vom geeinten Reich aller Deutschen betrogen worden.

Die Fehlkonstruktion

Einerseits scheint also wieder alles beim Alten, andererseits aber herrscht Aufbruchstimmung. Der Schock der Revolution hat Österreich offenbar gutgetan. Politisch hat der Liberalismus zwar eine Schlacht verloren, aber wirtschaftlich hat er gesiegt. Das Biedermeier war in der Revolution untergegangen. Prinz Kapitalismus hat auch sein österreichisches Dornröschen gefunden und das verschlafene Bürgertum Österreichs wachgeküsst. Jetzt ist Modernisierung angesagt, und das heißt vor allem anderen die Befreiung des Geldverdienens von allen traditionellen Schranken. Industrien werden gegründet, Hunderttausende fliehen vor der Armut auf dem Land in die Städte, wo sich ihnen neue Lebens- und Erwerbsmöglichkeiten bieten, manche Städte wachsen jetzt explosionsartig, ein bürgerlicher Mittelstand entsteht und manche Leute werden reich.

Die Deutschen Österreichs haben sich in einer nationalen Doppelidentität eingerichtet. Sie verstehen sich als das eigentliche Staatsvolk Österreichs – immerhin residiert nach wie vor die deutsche Dynastie in einer nach wie vor deutsch sprechenden Hauptstadt, eine nach wie vor deutschsprachige Bürokratie regiert das Land, die gesellschaftliche Elite orientiert sich immer noch an der deutschen Kultur und zunächst ist Österreich ja auch wieder die Präsidialmacht des Deutschen Bundes. So kann man Deutscher und Österreicher zugleich sein.

Bis Österreich nach dem verlorenen Krieg von 1866 aus Deutschland hinausgedrängt wird. Und fünf Jahre später Otto von Bismarck nach dem triumphalen preußischen Sieg über Frankreich das Deutsche Reich gründet. Jetzt müssen die deutschen Österreicher zusehen, wie sich der so lange erträumte Zusammenschluss der Deutschen zu einer imponierenden Großmacht vollzieht – ohne sie; und wie dieses neue Deutsche Reich ganz offenbar auf dem besten Weg ist, ein moderner Industriestaat und die den Kontinent dominierende Großmacht zu werden. Da stellt sich die schizophrene Situation ihrer Identität – österreichische Deutsche oder deutsche Österreicher – schärfer als zuvor.

Der Kontrast konnte nicht größer sein.

Die Habsburgermonarchie, der Staat, in dem sie leben, präsentiert sich als die wohl seltsamste Staatskonstruktion der neueren Geschichte. Nach innen besteht sie aus zwei selbstständigen Staaten, wie siamesische Zwillinge verbunden dadurch, dass sie nach außen einen gemeinsamen Staat bilden, mit gemeinsamem Kaiser und Außenminister, gemeinsamem Heer und den sich daraus ergebenden, nicht enden wollenden Streitigkeiten um das für diese Gemeinsamkeiten nötige Geld. Und in jedem der beiden Staaten ist der Kampf der Nationalitäten gegeneinander der Dauerbrenner und das Thema Nummer eins.

Das System Schwarzenberg hat auf die Dauer keine Chance gehabt. Es hat sich gerade zehn Jahre gehalten. Kaiser Franz Joseph I., der 1851 an seine Mutter geschrieben hat: „Wir haben das Konstitutionelle über Bord geworfen und Österreich hat nur mehr einen Herrn", und nach dem Tod Schwarzenbergs 1852 sein eigener Regierungschef – und übrigens zeitweise auch sein nicht minder glückloser eigener Generalissimus – war, kapituliert schrittweise vor dem Zeitgeist, und der verlangt Demokratie und Nationalismus. Zwischen den verlorenen Kriegen von 1859 und 1866 zerbröselt das System Schwarzenberg, der neoabsolutistisch regierte Einheitsstaat Österreich.

Nach 1859 kapituliert Franz Joseph I. zunächst vor dem deutschen Bürgertum Österreichs, das ganz im Sinn des nationalen und liberalen

Zeitgeistes Österreich regieren will. Widerwillig und nach hinhaltendem Widerstand gibt Kaiser Franz Joseph I. Stück für Stück nach. Schließlich gibt es ein Parlament, Reichsrat genannt, mit einem Wahlrecht, das diesem Parlament eine deutsche Mehrheit sichert – obwohl die Deutschen in Franz Josephs Reich nur etwa ein Viertel der Gesamtbevölkerung ausmachen.

Das geht nicht gut. Die nichtdeutschen Völker, allen voran die Ungarn und die Tschechen, wollen das deutsch dominierte Einheitsparlament nicht anerkennen und weigern sich, dorthin Abgeordnete zu schicken.

1867 kapituliert Kaiser Franz Joseph I. dann ein zweites Mal, diesmal vor der ungarischen Oberschicht, seit der Niederschlagung der ungarischen Sezessionsbewegung 1848/49 die beharrlichste und konsequenteste Opposition gegen den neoabsolutistischen Einheitsstaat. Der sogenannte Ausgleich macht aus dem Kaisertum Österreich die Doppelmonarchie Österreich-Ungarn. Kroaten, Serben, Slowaken und Rumänen liefert der Ausgleich dem magyarischen Nationalismus aus. Den Liberalen, die unter den Deutschen Österreichs den Ton angeben, ist das recht. Sie teilen mit den Ungarn die Macht im Habsburgerreich. Was östlich der Leitha geschieht, ist nicht mehr ihr Problem. Sie haben das Sagen zwischen Cattaro, dem heutigen Kotor in Montenegro, und Karlsbad, zwischen Trient und Tarnopol in der heutigen Ukraine. Der Länderkomplex heißt aus komplizierten Gründen amtlich nicht einfach Österreich, sondern „die im Reichsrat vertretenen Königreiche und Länder". Für den täglichen Gebrauch bürgert sich die Bezeichnung „Cisleithanien" ein. In Cisleithanien macht der Bevölkerungsanteil der Deutschen immerhin etwa ein Drittel aus. Das soll ihre Position gegenüber den nichtdeutschen Nationen im Habsburgerreich verbessern.

Auch diese Rechnung geht nicht auf. Der Ausgleich mit Ungarn hat die Sache nur noch schlimmer gemacht. Nationalistisch sind auch die nichtdeutschen Völker. Besonders konfliktträchtig sind die Verhältnisse dort, wo die Nationalitäten aneinanderstoßen und wo jede Nationalität fürchtet, die Grenzregion könnte an die Nachbarnation verloren gehen. So bekämpfen sich Italiener einerseits und Slowenen und Kroaten andererseits am Isonzo, um Triest, in Istrien und Dalmatien.

Was Cisleithanien aber über Jahrzehnte mehr als alle anderen Nationalitätenkonflikte in Atem hält, sind die Auseinandersetzungen zwischen

Deutschen und Tschechen. Die Tschechen sind die größte der nichtdeutschen Völkerschaften Cisleithaniens, sie haben ein vergleichsweise entwickeltes Bürgertum, Deutsche und Tschechen leben zusammen in den „Ländern der Wenzelskrone", und mit der Industrialisierung kommen immer mehr Tschechen in die vorher vorwiegend deutschen großen Städte im Kernland – Prag, Pilsen, Brünn – und in das bis dahin geschlossene deutsche Siedlungsgebiet, das das tschechische Kernland vom Znaimer Land im Süden über Westböhmen bis in den Rest von Schlesien, den Friedrich der Große Österreich gelassen hat, im Nordosten halbkreisförmig umschließt. 1848 hat der tschechische Historiker František Palacký noch geschrieben: „Wahrlich, existierte der österreichische Kaiserstaat nicht schon längst, man müsste im Interesse Europas, im Interesse der Humanität selbst sich beeilen, ihn zu schaffen", weil er den kleinen slawischen Nationen Selbstständigkeit unter dem Schutz einer Großmacht sichern konnte. Das war offenbar nicht zu erreichen. Ein Ausgleichsversuch für Böhmen scheitert 1871. Palacký zieht daraus seine Folgerungen: „Ich lasse leider auch selbst die Hoffnung auf eine dauerhafte Erhaltung des österreichischen Staates fahren."

Für die Tschechen gibt es eine Alternative. Schon 1848 hat ein anderer tschechischer Politiker, František Ladislav Rieger, der Schwiegersohn Palackýs, nicht ohne drohenden Unterton gesagt: „Wir sind bei Weitem die größere Macht dieses Staates, durch unser Geld, durch unser Blut wird er erhalten, allein nur solange wir wollen, wird Österreich bestehen." 1848 hat er noch hinzugefügt: „Wir aber wollen es." Das gilt für die tschechischen Nationalisten jetzt immer weniger. Sie verweigern zeitweise die Mitarbeit im Reichsrat in Wien und im böhmischen Landtag und setzen auf ihr Slawentum; innenpolitisch auf die gemeinsame Front aller Slawen der Monarchie, darüber hinaus auf den von Russland eifrig geförderten Panslawismus. Großkundgebungen und Vereinsgründungen mit aggressiv-nationaler Tendenz und demonstrative Pilgerfahrten zu panslawistischen Großereignissen in Russland machen den neuen Kurs deutlich.

Die anderen slawischen Nationen sekundieren den Tschechen zu verschiedenen Zeiten mehr oder weniger nachdrücklich; nur die Polen in Galizien halten sich im Allgemeinen zurück; sie fürchten die Russen mehr als den österreichischen Kaiserstaat.

Die deutschen Österreicher reagieren mit Angst vor Statusverlust und Majorisierung durch die slawische Mehrheit.

Es ist immer dasselbe Muster. Das Mehrheitsvolk im Lande – wie 1871 die böhmischen Tschechen – besteht auf dem „Kronlandföderalismus“, der Selbstregierung in den historischen Grenzen des Landes, wodurch die, diesfalls deutsche, Minderheit – ein gutes Drittel der Bevölkerung Böhmens sind Deutsche – unter ihre Herrschaft gekommen wäre. Um das zu verhindern, wollen die Deutschen Grenzziehungen nach der Volkszugehörigkeit; was sie nicht hindert, anderswo, wo sie in einem Kronland die Mehrheit stellen – in der Steiermark und in Kärnten, aber auch in Tirol –, ihrerseits auf den historischen Ländergrenzen und der Herrschaft des Mehrheitsvolkes zu beharren. Und die ungarischen Politiker bekämpfen jede Änderung des Status quo in Richtung Föderalisierung Cisleithaniens nach nationalen Gesichtspunkten. Den Nationalitäten in ihrem Herrschaftsbereich soll kein Anlass zu unerwünschten Forderungen gegeben werden.

Dabei geht es immer um die Sprache als Bestimmungsmerkmal des Volkes. Der Kampf um die Sprache in der Schule soll das eigene Volkstum sichern und die Behördensprache nicht nur den Verkehr mit den Behörden für die eigenen Sprachangehörigen erleichtern, sondern auch die Position des eigenen Volkes in der Region deutlich machen und festigen. Und wo in einem Kronland Minderheiten leben, verlangen sie die territoriale Abtrennung ihres Siedlungsgebietes vom Gebiet des Mehrheitsvolkes. Vor allem in den Gebieten mit gemischter Bevölkerung und in den Grenzzonen zweier Nationalitäten schaukeln das wachsende Selbstbewusstsein der nichtdeutschen Nationen und die Ängste der Deutschen einander auf, die ständigen Reibereien nähren Aggressivität und Extremismus. Der Nationalitätenkonflikt wird zum Hauptinhalt der Innenpolitik für die Zeit, die der Habsburgermonarchie noch bleibt.

Es sind vor allem die deutschen Mittelschichten und Beamten, die in der Gleichberechtigung der Sprachen in der Öffentlichkeit und bei den Ämtern eine Bedrohung sehen. Die Nichtdeutschen können sehr oft das Deutsche leidlich bis gut; zumindest wenn sie beim Militär waren, haben sie sich an die deutsche Kommandosprache gewöhnt und sie gelernt. Aber es gibt nicht viele Deutsche, die sich die Mühe gemacht hätten, die geringschätzig betrachteten Sprachen der anderen Völker zu lernen; auch nicht dort, wo – wie beispielsweise im agrarischen Umfeld deutsch sprechender Städte – tschechisch oder slowenisch gesprochen wird. Die Einführung der Zweisprachigkeit – etwa bei böhmischen oder untersteirischen Behörden – betrachten die Deutschen daher als existenzbedrohende Gefahr.

Aber jenseits aller praktischen und ökonomischen Überlegungen ist die Frage, welche Sprache wo vorgeschrieben ist, eine Prestigefrage. Es liegt in der Natur der Sache, dass die slawischen Nationen, die dabei sind, ihren Rückstand in der gesellschaftlichen Entwicklung aufzuholen, dort, wo sie auf die Dominanz des deutschen Bürgertums und der deutschen Beamtenschaft, aber auch deutscher qualifizierter Arbeiter treffen, als Gefahr empfunden werden und Abwehrreaktionen auslösen.

Dass das siegreiche Preußen Österreich aus Deutschland hinausgedrängt hat, hat den deutschen Österreichern das Gefühl genommen, in der deutschen Rolle Österreichs einen Rückhalt zu haben, und ihrem Selbstwertgefühl zusätzlich zugesetzt. Die Identitätssuche geht in eine neue Runde, und ihre Ergebnisse können sehr verschieden sein. Viele sehen es so wie der alte Grillparzer: „Wir Deutsche in Österreich können deutsch fühlen, ohne uns des Verrats an unserem Vaterlande schuldig zu machen. Uns ist neuerdings die Aufgabe zugefallen, der Welt zu beweisen, dass man ein guter Deutscher sein könne, ohne darum aufzuhören, ein guter Österreicher zu sein." Für sie hat Robert Hamerling sein Gedicht „Vaterland und Mutterland" geschrieben: Deutschland die Mutter, Österreich der Vater.

Aber es gibt auch die anderen. Manche, nicht nur die alten 48er, fragen sich, ob sie sich als Deutsche in diesem aus Deutschland ausgeschlossenen Österreich – Bauernfeld nennt es einen „Völkerstall", „seit man uns aus Deutschland hinausgeworfen", einen „gar schmutzigen Bund" mit Magyaren und Tschechen – noch heimisch fühlen können. Adolf Fischhof, der Held der ersten Tage der 48er-Revolution, sieht für die Deutschösterreicher, „die eine so zahlreiche Völkerfamilie sich großgezogen hat, im väterlichen Haus keinen Platz mehr".

Gleich nach der Niederlage von 1866 haben sogenannte „Deutsche Autonomisten" in einem „Ausseer Programm" genannten Papier die Idee entwickelt, den alpenländisch-böhmisch-mährischen Länderkomplex, der früher zum Heiligen Römischen Reich und dann zum Deutschen Bund gehört hatte und den sie trotz der Tschechen in Böhmen und Mähren, der Slowenen an Mur, Drau, Save und Isonzo sowie der Italiener im Trentino und in Triest als „deutsch" ansahen, vom Rest der Monarchie möglichst vollständig – bis auf eine Personalunion in der Person des Kaisers als gemeinsames Staatsoberhaupt – zu trennen.

Aber auch die gibt es, die sich mit solchen halben Sachen nicht abspeisen lassen wollen, sondern überhaupt meinen, nicht nur die Slawen hätten im Panslawismus eine Alternative zu Österreich-Ungarn; auch sie hätten eine: das Deutsche Reich, offensichtlich der modernste und mächtigste Staat auf dem Kontinent und ohne alle die Probleme, mit denen das altersschwache Habsburgerreich geschlagen war.

Denn die österreichischen Regierungen sehen hilf- und ratlos zu, wie die Nationen Österreich-Ungarns aufeinander einschlagen und den Nationalitätenkampf zum Hauptinhalt der Innenpolitik Österreich-Ungarns machen. Das ändert sich auch nicht, als die Liberalen 1879 von den Konservativen als Regierungspartei abgelöst werden. Ihnen folgt die 14-jährige Ära des Grafen Taaffe, des längstdienenden Ministerpräsidenten Cisleithaniens, dem man nachgesagt hat, er hätte das „Fortwursteln" seine Regierungsmethode genannt; sehr zu seinem Ärger. Dabei hat er, worauf er Wert legte und was er in einer Rede im Reichsrat ausdrücklich richtigstellte, „durchfretten" gesagt. Und – bei anderer Gelegenheit – dass die „wohltemperierte Unzufriedenheit aller" seine Regierungsmaxime ist. Was wohl alles über die Kapitulation der Regierenden vor den unlösbaren Problemen des Landes sagt.

Man darf sich nicht wundern, dass da im Vergleich mit den Verhältnissen im eigenen Land das Deutsche Reich vielen deutschen Österreichern als die verlockendere Alternative erscheint. Und da hat auch die traditionelle Teutomanie der Österreicher, die staunende Bewunderung für Deutschland und alles, was dort geschieht und von dort kommt, ebenso ihre Wurzel wie deren Kehrseite, das antideutsche Ressentiment vieler Österreicher, das nichts anderes ist als das Gefühl der Minderwertigkeit gegenüber den Deutschen und ihrer Tüchtigkeit.

Deutschliberal wird deutschnational

Technischer und wirtschaftlicher Fortschritt ist die Philosophie des Zeitalters. Alles, was ihn hemmt, wird beseitigt. Das macht die Industrialisierung möglich. Und den Profit.

Die Auswirkungen sind in der zweiten Hälfte des 19. Jahrhunderts zu besichtigen. Bevölkerungswachstum, Industrialisierung und Landflucht führen zur Zusammenballung großer Menschenmassen in den Zentren und verändern die gesellschaftlichen Verhältnisse von Grund auf. Die neue Freiheit heißt eben nicht nur uneingeschränkte Chance auf Aufstieg und Reichtum, sondern auch Ausgeliefertsein an das von keiner gesellschaftlichen Fürsorge korrigierte Schicksal, und dieses Schicksal bedeutet für die meisten Not und Leben unter menschenunwürdigen Bedingungen: auf dem flachen Land, wo es für die zunehmende Bevölkerung keine ausreichende Existenzgrundlage gibt, und in den durch Landflucht rasch wachsenden Städten, wo die Industrie zwar viele, noch von vergleichsweise wenigen Maschinen und keinen Computern konkurrenzierte Hände braucht, aber niemand sich um die Lebensumstände der dazugehörigen Menschen kümmert. Und weil es außer dem Profit kein ernsthaftes Kriterium gibt, geraten viele Kleine unter die Räder und werden von ihren stärkeren, weil größeren Konkurrenten aufgefressen: auf dem Land, wo mit der Bauernbefreiung des Jahres 1848 die Konkurrenzwirtschaft auch zu den Bauern gekommen ist, und in den Städten, wo die Handwerker und Händler den Druck von Fabriken und Handelshäusern spüren. Zum weithin sichtbaren Fanal wird dann der Wiener Börsenkrach vom 9. Mai 1873. Da zeigt sich, dass die schöne neue Welt der Freiheit, sich am Tanz um das Goldene Kalb zu beteiligen, nicht in die beste aller Welten führt. Der „Schwarze Freitag" bedeutet die Vernichtung von tausenden Existenzen, gefolgt von einer Welle von Selbstmorden. Firmenzusammenbrüche und Arbeitslosigkeit breiten sich aus. Der Liberalismus hat seinen Glamour verloren. In Österreich hat er sich von dieser Katastrophe bis heute nicht erholt.

Der Abstieg des Liberalismus hat aber auch noch einen anderen Grund. In der Massengesellschaft, wie sie sich in der zweiten Hälfte des 19. Jahrhunderts entwickelt, müssen sich auch Stil, Inhalt und Struktur der Politik ändern. Politik kann auf Dauer nicht die Domäne von Aristokraten, Akademikern und Angehörigen des gehobenen Bürgertums bleiben. Die politischen Überzeugungen des Liberalismus wenden sich jetzt gegen die Liberalen. Wenn Teilhabe der Regierten an der Regierung ein politisches Prinzip ist – und unter Berufung auf dieses Prinzip haben die Liberalen den Alleinherrschern ihre Teilhabe an der Macht abgetrotzt –, dann ist nicht einzusehen, warum diese Teilhabe auf eine kleine

Gruppe von Begüterten beschränkt sein soll: was aber heißt, dass das Wahlrecht, dieses klassische Mittel der politischen Mitbestimmung der Regierten, ein grundsätzlich allgemeines und in einem weiteren Gedankenschritt auch ein gleiches, also eines, bei dem jede Stimme gleich viel wiegt, sein muss. Es dauert nicht lange, und überall in Europa wird die Forderung nach dem allgemeinen und gleichen Wahlrecht erhoben. Und weil es dagegen zwar interessensbedingte Widerstände, aber kein wirklich taugliches Argument gibt, setzt es sich durch. In Österreich schrittweise. 1873, bei den ersten Wahlen, bei denen nicht die Landtage die Abgeordneten wählen, dürfen nach einem Vierklassenwahlrecht nur die Männer mit einer Steuerleistung von mindestens zehn Gulden wählen; das sind nur sechs Prozent der Bevölkerung. 1882 wird in der Vierten Wählerklasse der Zensus von zehn auf fünf Gulden herabgesetzt, 1896 wird für alle Männer über 24 Jahre, die nicht in eine der vier Klassen fallen, eine fünfte, die sogenannte Allgemeine Wählerklasse, eingeführt – was allerdings insgesamt immer erst rund 5,5 Millionen Wahlberechtigte bei einer Bevölkerung von knapp 23 Millionen oder etwa 30 Prozent bedeutet – und schließlich 1906 das allgemeine und gleiche Wahlrecht – damals noch nur für die Männer.

Es gehört zu den hübschen Paradoxien der österreichischen Geschichte, dass eine so umstürzende Neuerung von konservativen Regierungen mit konservativen Parlamentsmehrheiten durchgesetzt worden ist. Es hat aber seine Logik. Das Klassenwahlrecht begünstigte zwar am stärksten die grundbesitzende aristokratische Oberschicht, es war aber vor allem die Basis des politischen Einflusses der oberen Mittelschicht, der großen Geschäftsleute, der Akademiker und des Bildungsbürgertums. Und dieses Bürgertum ist nicht nur seit den Tagen von 1848 der Erbfeind der Konservativen; es ist auch die Bastion des Nationalismus bei deutschen wie nichtdeutschen Österreichern. Das Kalkül ist deshalb, durch die Schwächung dieser Gesellschaftsschicht die Gewichte der politischen Auseinandersetzungen weg von den Nationalitätenstreitigkeiten hin zu den Interessen der Unterschichten zu verschieben. Die Rechnung geht zwar nicht auf. Die Massen erweisen sich als genauso nationalistisch wie die Eliten. Aber die Politik bekommt dennoch ein anderes Gesicht.

Politik für die Massen muss anders gemacht werden als die Honoratiorenpolitik des politisierenden Bürgertums in der Aufstiegszeit des Liberalismus. Wenn es darum geht, nicht mehr nur eine kleine überschaubare Zahl von Wahlbürgern anzusprechen, sondern die großen Massen, die jetzt mittels Stimmzettel mitsprechen können in der Politik, muss sich das Politikmachen grundlegend ändern. Politische Standpunkte vermitteln, um Unterstützung für seine Politik zu werben, verlangt den neuen Verhältnissen angemessene Formen. Politik kann nicht mehr in Salon- und Kaffeehausgesprächen vermittelt und in großformatigen Zeitungen in gewählter bildungsbürgerlicher Sprache transportiert werden. Wer jetzt gehört werden will, muss in große Versammlungen gehen. Wer will, dass seinen Standpunkt die vielen erfahren, braucht Zeitungen, die nicht lange herumreden, sondern in einfachen, plakativen Formulierungen unter die Leute bringen, was Sache ist. Und er braucht eine andere Sprache, direkter, einfacher, agitatorischer – man kann es auch brutaler, rücksichtsloser nennen. Und der politische Kampf wird immer öfter nicht nur in den Parlamenten geführt, sondern auch auf der Straße. Politik funktioniert jetzt nicht mehr ohne Organisation und professionelles Management. Das verschafft den Parteien eine völlig neue Rolle im politischen System.

Es sind Parteien völlig anderer Art. Denn die Massen, die via Wahlrecht Mitspieler im politischen Geschehen geworden sind, organisieren sich oder korrekter: werden organisiert. Die „kleinen Leute" in Stadt und Land, Handwerker, Händler und Bauern finden ihre Führer im Zeichen antiliberaler, katholischer Gesinnung in sozial gestimmten, manchmal hochadeligen Protagonisten, die Arbeiter in Intellektuellen meist bürgerlicher Herkunft, die sich zu ihren Sprechern machen. In den 1880er und 1890er Jahren entstehen so die Massenparteien der Christlichsozialen und der Sozialdemokraten. Und weil in solchen Parteien auch nach innen die Organisation eine andere Rolle spielt als in den klubartigen Parteien der Vergangenheit, die dem einzelnen Politiker doch seine Verantwortung und damit seine Freiheit ließen, lassen die neuen Parteien, in denen Gremien über politische Linie und Personelles entscheiden, weit weniger persönlichen Spielraum; und das hat mehr Einheitlichkeit und mehr Schlagkraft in den politischen Auseinandersetzungen zur Folge.

Der Liberalismus kann da nicht mit. Seine Anhänger sind Unternehmer, Selbstständige und Akademiker, gehobenes Bürgertum eben. Für eine Massenpartei sind sie zu wenige, für Parteidisziplin zu unabhängig und für die Festlegung auf eine politische Linie zu individualistisch. Außerdem setzen dem Liberalismus die raueren politischen Sitten der neuen Zeit und der nachfolgenden Generationen zu. Die Verfassungspartei, die Partei des Liberalismus, beginnt sich aufzulösen. 1879 verliert sie die Regierungsmacht an die Konservativen, und mit jeder Erweiterung des Wahlrechts wird sie schwächer werden; und sich schließlich spalten.

Die ersten Anzeichen sind schon nach den Wahlen von 1873 erkennbar. Zwar bilden die liberalen Abgeordneten wieder als Verfassungspartei einen gemeinsamen Klub, aber ein Viertel von ihnen – es sind die jüngeren, radikaleren – sammelt sich im Fortschrittsklub. Ihr Anhang sind die studentischen Burschenschaften und bald auch betont deutschnationale Vereine. Sie beziehen in der Nationalitätenfrage eine radikalere Position als die alten 48er, die in der Partei noch den Ton angeben. Für sie hat das Deutschtum klar Vorrang vor der österreichischen Staatsidee. Als Liberale und bewusste Deutsche haben sie ein zumindest distanziertes Verhältnis zur katholisch-konservativen, mehrheitlich nichtdeutschen Habsburgermonarchie.

Eines der Mitglieder des Fortschrittsklubs ist der 31-jährige Waldviertler Gutsbesitzer und Schlossherr Georg von Schönerer. Um ihn sammelt sich ein Kreis von Männern, von denen einige eine große Zukunft vor sich haben. Der Arzt Victor Adler wird später der Einiger und für fast 30 Jahre der unumstrittene Führer der Sozialdemokratie sein. Sein Schulkamerad aus dem Schottengymnasium, der Lehrer Engelbert Pernerstorfer wird bald als Abgeordneter in den Reichsrat einziehen und nach der Jahrhundertwende dessen sozialdemokratischer Vizepräsident werden. Heinrich Friedjung wird als Publizist und Historiker Karriere machen. Auch der Rechtsanwalt Karl Lueger steht der Gruppe nahe. Jetzt ist er Wiener Gemeinderat, später wird er die Christlichsoziale Partei gründen und schließlich 13 Jahre lang ein legendärer Wiener Bürgermeister sein.

Sie betätigen sich eifrig für die deutsche Sache in Österreich. Schönerer selbst schreibt seine politischen Ziele 1879 in einem „Mein Programm" genannten Text nieder. Pernerstorfer kämpft in seiner Zeitschrift „Deutsche Worte" für das Deutschtum und initiiert 1880 die Bildung des „Deutschen Schulvereins", der das Deutschtum durch Gründung und Erhaltung von Schulen in den Grenzregionen mit den slawischen Nationalitäten sichern soll. Friedjung schreibt im deutschen Sinn nicht nur in seinen historischen Arbeiten, sondern auch in der von ihm herausgegebenen „Deutschen Zeitschrift“ und als zeitweiliger Chefredakteur der „Deutschen Zeitung“, des Parteiorgans der Deutschnationalen Partei.

Aber die Gruppe beschränkt sich nicht auf die nationale Frage. Sie erweitert ihre politischen Vorstellungen um einen Katalog postliberaler Punkte. Ihre gemeinsame Position formuliert Friedjung. Daraus wird das sogenannte „Linzer Programm“ für den Parteitag im Jahr 1882. Es ist die erste umfassende politische Positionierung der liberalen Nach-48er-Generation, die das Deutschtum in den Mittelpunkt ihres politischen Weltbildes stellt. Es lohnt sich deshalb, es etwas näher anzusehen.

Das Programm besteht aus drei Teilen. Der erste Teil, in dem es um die nationalen Belange der Deutschen geht, wiederholt die Forderung nach einem deutsch dominierten, bis auf die gemeinsame Staatsspitze selbstständigen Staat der Länder, die früher Teil des Deutschen Bundes waren und zu dem daher konsequenterweise Dalmatien im Süden und Galizien und die Bukowina im Osten nicht mehr gehören sollen. Der zweite Teil listet politische Punkte auf, die als demokratisch und nach dem traditionellen Schema jedenfalls unter den damaligen Verhältnissen als „links“ gelten müssen: Demokratisierung des Wahlrechts, uneingeschränkte Pressefreiheit, Verringerung der Heeresausgaben, Zurückdrängung des Einflusses des Großkapitals. Der linke Zungenschlag gilt auch für den dritten – sozialpolitischen – Teil: höhere Steuern für die Wohlhabenden und Reichen, Schutz des Gewerbes und der Bauern vor der Konkurrenz der Großen, Verbände für Bauern und Arbeiter zur Stärkung ihrer wirtschaftlichen Position.

Der Antisemitismus ist für das „Linzer Programm“ – noch – kein Thema. Adler und Friedjung sind Juden. Erst 1885 fügt Schönerer dem Programm einen Punkt an, in dem es heißt: „Zur Durchführung der angestrebten Reformen ist die Beseitigung des jüdischen Einflusses auf allen Gebieten des öffentlichen Lebens unerlässlich.“

Die definitive Befreiung der Juden aus der traditionellen Diskriminierung war mit dem Sieg des Liberalismus gekommen. Für dessen Laizismus waren alle Religionen abergläubischer Obskurantismus eines überwundenen Zeitalters. Er erwartete, dass sie über kurz oder lang ohnehin verschwinden würden; das galt gleichermaßen für die christlichen Konfessionen wie für die Religion der Juden. Weil die Juden von alters her konfessionell definiert waren und der liberalen Gesellschaft die Religion gleichgültig ist, machte sie keinen Unterschied zwischen Juden und anderen. Die traditionelle Diskriminierung verschwindet von selbst. Damit können Juden wie alle anderen die Chancen der Gründerzeit nützen. Auch sie zieht es in die städtischen Zentren. 1857 leben in Wien nur wenig mehr als 6000 Juden. 1910 sind es mehr als 175.000. Wie auch andere schaffen Juden den Einzug in das mittelständische Bürgertum; und einige von ihnen werden reich. Und ob sie sich – dem Zug der Zeit folgend – von ihrem Glauben verabschieden oder nicht, sie gehörten jetzt zur Gesellschaft, Ehen zwischen Juden und Nichtjuden sind in emanzipierten Kreisen keine Seltenheit, immer wieder kommt es vor, dass in Kunst und Wissenschaft oder wirtschaftlich besonders erfolgreiche Juden geadelt werden. Ohne die Dichter Arthur Schnitzler und Hugo von Hofmannsthal, die Literaten Karl Kraus und Peter Altenberg, Alfred Polgar und Franz Werfel, die Komponisten Gustav Mahler und Arnold Schönberg, ohne Sigmund Freud und Theodor Herzl – um nur einige zu nennen – hätte es das österreichische Fin de Siècle nicht gegeben.

Das alles macht die Juden und ihre Rolle in der Gesellschaft auf eine neue Art zum Thema. Christliche Vorbehalte gegen das „Volk der Gottesmörder" verbinden sich mit der Angst kleiner und mittelständischer Gewerbetreibender vor der Konkurrenz der Fabriken und Kaufhäuser jüdischer Großunternehmer. Und auch wer meint, als Akademiker und freisinniger Bürgerlicher das Christentum hinter sich gelassen zu haben, ist unangenehm berührt, dass ihm jetzt ein jüdischer Arzt oder Kaufmann Konkurrenz machen und ihm auf gesellschaftlich gleicher Stufe begegnen kann. Diese Gefühle werden durch den Zuzug von Juden aus den östlichen Teilen der Monarchie, die das traditionelle Erscheinungsbild in Kleidung und Haartracht beibehalten, verstärkt. Obwohl diese Neuankömmlinge nur einen bescheidenen Teil der Zuwanderung in die großen Städte ausmachen, erwecken sie wegen ihrer optischen Auffälligkeit in ihrem Umfeld den Eindruck eines beunruhigenden fremdartigen Massenzustromes. Die Folge: Antisemitismus breitet sich in der Gesellschaft aus und wird zum brisanten politischen Thema.

Für die Christlichsozialen wird unter der Führung des charismatischen Karl Lueger der Antisemitismus zum zusätzlichen weltanschaulichen Bindemittel. Dass auch für nichtjüdische Akademiker und Studenten und die meisten Honoratioren – Lehrer, mittlere Unternehmer,

Selbstständige – in der deutschsprachigen Provinz, meist politisch deutsch-liberal eingestellt, jetzt der Antisemitismus zum fixen Bestandteil ihres Weltbildes wird, macht ihn zum Sprengsatz für den ohnehin schon angeschlagenen Liberalismus. Jüdische Intellektuelle und jüdisches Großbürgertum sind Kerngruppen des Liberalismus in Österreich. Ihr Freisinn und ihr Bekenntnis zum Deutschtum sind für sie Ergebnis und Ausdruck ihrer Emanzipation und ihrer Integration in die deutsch geprägte Gesellschaft Mitteleuropas. Die in der „Vereinigten Linken" zusammengeschlossenen Liberalen stellen sich gegen den antiösterreichischen und antisemitischen Kurs Schönerers und seines Anhangs. Der Liberalismus, durch Börsenkrach und Massenelend als Folge seiner Wirtschaftsphilosophie diskreditiert, durch die Erweiterung des Wahlrechts entscheidend geschwächt und dem politischen Rabaukentum der neuen Zeit nicht gewachsen, zerbricht. Nach der Wahl 1885 – die erste Wahl, bei der auch die Fünf-Gulden-Männer wählen durften und die den Liberalen eine neuerliche Niederlage gebracht hat – spaltet er sich. Für den „Deutsch-Österreichischen Klub" entscheidet sich, wer glaubt, man kann gleichzeitig Deutscher und österreichloyal sein. Der „Deutsche Klub" folgt Schönerer. Aus ihm wird die Deutschnationale Partei.

Deutsche, Deutschere und Deutscheste

Was sich da vom Liberalismus abspaltet und ihn politisch beerbt, entspricht der Vergröberung des politischen Stils in der neuen Zeit. Diejenigen, die immer noch meinen, der Platz der deutschen Österreicher wäre im vereinten Deutschland, sehen, dass die Einigung Deutschlands nicht, wie 1848 versucht, nach den Prinzipien und mit den Methoden des demokratischen Liberalismus zustande gekommen ist, sondern durch die preußischen Waffen. Bismarck, ihr Idol, seit seine Politik das ersehnte Ziel, das neue Deutsche Reich, geschafft hat, hat ihnen mit einem nicht umsonst berühmten Ausspruch gesagt, welche Lehre daraus zu ziehen ist: „Nicht durch Reden und Majoritätsbeschlüsse werden die großen Fragen der Zeit entschieden – das ist der große Fehler von 1848 und 1849 gewesen –, sondern durch Eisen und Blut."

Und für sie spricht viel dafür, dass Bismarck recht hat. Das späte 19. Jahrhundert ist die Zeit, für die der Begriff Imperialismus eigentlich erfunden worden ist. Macht zur Durchsetzung nationaler Interessen wird allenthalben mit einer Unbefangenheit und Selbstverständlichkeit eingesetzt, die für uns heute undenkbar und deshalb unverständlich sind.

Dass es so ist, hat mit Charles Darwin zu tun. Der hat mit seinem 1859 erschienenen Hauptwerk „Über die Entstehung der Arten durch natürliche Zuchtwahl" die bis dahin gültigen Vorstellungen über die Entstehung und Entwicklung des Lebens und der Arten revolutioniert. Er erklärt sie als das Ergebnis der Konkurrenz um die Überlebenschancen, in der sich die Artvarianten mit der besten Anpassung an die Lebensbedingungen ihrer Umwelt durchsetzen. Es dauert einige Zeit, dann finden sich Leute, die diese so einleuchtende Theorie aus der Biologie in die Politik übertragen. Da sind dann die Arten die Völker, und ihr Kampf gegeneinander ist als von der Natur vorgegeben moralisch legitimiert. Und der Erfolg in diesem Kampf entscheidet nicht nur über das Überleben des eigenen Volkes, sondern bestätigt es auch als das am besten den Bedingungen des menschlichen Lebens angepasste und damit als das wertvollste. Das Wir-Gefühl des Volkes, das schon immer auch ein Element der Abwertung der anderen Völker in sich hatte, sieht sich darin jetzt auch wissenschaftlich bestätigt. Der Nachbar, bisher bloß unfreundlich und mit wenig Sympathie betrachtet, wird jetzt zum natürlichen Feind. Eugen Dühring, Ludwig Gumplowicz und Houston Stewart Chamberlain machten daraus eine Weltanschauung. Der Sozialdarwinismus ist in die Welt gekommen.

Und noch eine andere Auswirkung hat die Übertragung der Darwin'schen Erkenntnisse auf das Verhältnis der Menschen zueinander. Seit jeher gilt das Blut als der Träger des Lebens, in Mythen und Dichtung immer wieder besungen. „Blut ist ein ganz besonderer Saft", sagt Goethe, und weil er noch nichts von Genen wusste, glaubte er auch zu wissen, warum. „Des Menschen Leben lebt im Blut, und wo/Bewegt das Blut sich wie im Jüngling so?/Das ist lebendig Blut in frischer Kraft,/Das neues Leben sich aus Leben schafft." Wenn also ein Menschenschlag im Überlebenskampf mit anderen dank seiner überlegenen Ausstattung siegt, dann liegt es am Blut, das diese Ausstattung von den Eltern an die Kinder weitergibt. War das Volk bisher nicht strikt definiert und im praktischen Leben an der Gemeinsamkeit der Sprache orientiert, ist es von jetzt an das Blut, das das Volk bestimmt.

Das gibt dem Nationalismus einen zusätzlichen, aggressiveren Akzent. Und es schafft einen neuen, radikaleren Antisemitismus, denn es ändert völlig die Vorstellung, was einen Juden ausmacht. Durch bald zwei Jahrtausende waren Juden durch ihre Religion und allenfalls äußere Auffälligkeiten wie Kleidung und Haartracht definiert. Wer aufhörte, mosaischen Glaubens zu sein und sich kleidete wie die Gesellschaft rundum, hörte auch auf, Jude zu sein. Wenn aber die Zugehörigkeit zu einer Gruppe von Menschen, zu einem Volk vom Blut abhängt, spielen dafür Religion und Habitus keine Rolle. Jemand, der von Juden abstammt, bleibt Jude, mag er auch seiner Religion abschwören und sich mitteleuropäisch kleiden. Schönerer bringt diese neue Sichtweise auf den Punkt: „Die Religion ist einerlei, die Rasse ist die Schweinerei." Das wird jetzt mehr oder weniger ausgeprägt, fixer Bestandteil des deutschnationalen Weltbildes. Der „Arierparagraf", der Ausschluss von Juden, wird nun in Burschenschaften und anderen Vereinigungen, die auf ihr Deutschtum Wert legen, zur Norm und zum Nachweis ihrer konsequenten deutschen Gesinnung. (Das war im Übrigen nicht auf deutschnationale Vereinigungen beschränkt. Auch manche Verbindungen des katholischen Cartellverbandes – vulgo CV – hatten ihren Arierparagrafen.)

Die deutschnationalen Kinder des Liberalismus haben zwar eine gemeinsame Weltanschauung – Deutschtum, Freisinn, Antisemitismus –, aber politisch bleiben sie nicht beisammen. Daran hat, außer der Neigung zu Eigenbrötlerei und Rechthaberei in der gesellschaftlichen Schicht, die die deutschnationale Klientel stellt, Schönerer wesentlichen Anteil. Der Extremismus seiner Agitation und die Maßlosigkeit seiner Polemik gegen die Habsburgermonarchie, die katholische Kirche und das Judentum – zusammengefasst in dem Sinnspruch „Ohne Juda, ohne Rom, bauen wir Germaniens Dom" – ebenso wie die Verstiegenheiten, mit denen er seine politische Botschaft garniert – seine bis ins Lächerliche getriebene Bismarckverehrung, sein Germanenkult, Julfest statt Weihnachtsfest, germanische statt der gebräuchlichen Monatsnamen –, machen, dass auch jene, die seine Anschauungen grundsätzlich teilen, auf Distanz zu ihm gehen, umso mehr, als er mit der gleichen Aggressivität, mit der er seine politischen Gegner verfolgt, auf alle einschlägt, die er als Verräter, Laue und Kompromissler ansieht.

Das führt zu einer sich kaleidoskopartig verändernden Welt von Parteien, von denen jede Wert legt auf die Nuancen ihres Weltbildes und der politischen Konsequenzen für ihr Deutschtum und ihr Verhältnis zu Österreich. Eine Zeitschrift spottet deshalb, es gibt offenbar „Deutsche, Deutschere und Deutscheste".

Graf Kasimir Badeni schafft es, sie wieder zu vereinen.

Der jahrzehntelange ungelöste Streit zwischen Deutschen und Tschechen vergiftet weiter das Verhältnis zwischen beiden und beherrscht die politische Szenerie Cisleithaniens. Bei den Tschechen verdrängen die Jungtschechen, die in ihrem Chauvinismus auch hinter den radikalsten Deutschnationalen nicht zurückstehen, die gemäßigteren Alttschechen. An ihnen scheitert 1890 ein neuer Ausgleichsversuch für Böhmen. Die Prager Universität, die sich stolz die erste deutsche genannt hat, weil sie auf Kaiser Karl IV. zurückgeht, wird zwischen Deutschen und Tschechen geteilt, der Sprachenstreit ist noch immer ungelöst.

Ministerpräsident Badeni will den Gordischen Knoten durchschlagen. 1897 erlässt er für Böhmen und kurz darauf für Mähren Sprachverordnungen. Deutsch und Tschechisch sollen im Amtsverkehr gleichberechtigt sein, alle Beamten in Böhmen und Mähren müssen bis 1. Juli 1901 beide Sprachen beherrschen. Das sieht zwar nach einer salomonischen Entscheidung aus, läuft aber aus Gründen, von denen schon die Rede war, auf eine Benachteiligung der Deutschen hinaus. Im Endeffekt bewirken die Badeni'schen Verordnungen, dass auch in den rein deutschen Gegenden Böhmens und Mährens, in denen es keinen Bedarf an tschechischsprachigen Beamten gibt, weil dort alle deutsch sprechen, die Beamten Tschechen sein werden.

Das ist Kraftnahrung für die Ängste und Aggressionen der Deutschen, nicht nur der deutschnationalen und nicht nur in Böhmen und Mähren. Straßenkrawalle in den deutschen Städten, natürlich vor allem in den deutschsprachigen Gebieten der betroffenen Länder und in Wien, und bis dahin nicht gekannte Szenen im Reichsrat – hemmungslose Obstruktion, Schreiduelle, Pultdeckelkonzerte, geworfene Tintenfässer – sind die Folge. Polizei muss eingesetzt werden, um im Reichsrat die Ordnung wieder herzustellen – ein unerhörter Vorgang in der Geschichte des Parlaments.

Speerspitze aller Aktionen – parlamentarisch wie außerparlamentarisch – sind die deutschnationalen Parteien, die sich jetzt zum Alldeutschen Klub zusammenschließen, und ihr Anhang unter Burschenschaftern, Turnern und Angehörigen anderer deutschnational gestimmter Organisationen, Schönerer natürlich vorne dabei. Karl Hermann Wolf, Schönerers talentiertester Schüler, übertrifft womöglich seinen Meister noch in agitatorischem Extremismus. Er stilisiert die Auseinandersetzung um die Sprachenverordnungen zum Kampf zwischen Germanen und Slawen schlechthin. Aus dem Deutschen Reich kommt Unterstützung. Universitätsprofessoren schicken Sympathieerklärungen – der berühmte Historiker Theodor Mommsen nennt in einem Brief die Tschechen „Apostel der Barbarisierung" – und der Alldeutsche Verband beschließt, von nun an Vereine in Österreich-Ungarn, deren Zweck die Verteidigung des Deutschtums in Österreich ist, auf alle möglichen Arten zu unterstützen.

Die Tschechen reagieren. Sie stellen neue Forderungen. Und ihre Exzesse unterscheiden sich nicht nennenswert von denen der Deutschen. Badeni hält trotz allem an den Verordnungen fest. Aber der Kaiser lässt ihn fallen. Der Reichsrat wird aufgelöst. Die Verordnungen werden zurückgezogen.

Die deutsche Identität und der Schutz des Deutschtums in Österreich ist auch für andere als die Deutschnationalen ein Thema. Im Frühjahr 1899, als die Badeni-Krise noch nachzittert, verkünden die inzwischen mächtige, keineswegs deutschnationale Christlichsoziale Partei, die Fraktion des Verfassungstreuen Großgrundbesitzes, die Deutsche Volkspartei, die Deutsche Fortschrittspartei und die Freie Deutsche Vereinigung ein sogenanntes „Pfingstprogramm". Sein Inhalt: Anerkennung der „historischen Stellung" der Deutschen in Österreich und „geistige Verbundenheit" mit dem Deutschen Reich, Deutsch als Sprache der Armee und Bedingung für Beamte, Bündnis mit Deutschland und territoriale Abgrenzung nach Nationalitäten in Böhmen und Mähren. Schönerer und Wolf halten sich fern; mit Programmen, die sich mit der Stellung der deutschen Österreicher in Österreich beschäftigen, wollen sie sich nicht aufhalten.

Der Alldeutsche Klub überlebt die Badeni-Krise nicht lange. Was die deutschnationalen Parteien schon vorher entzweit hat, meldet sich wieder. 1902 bricht der Alldeutsche Klub auseinander. Das bedeutet auch die Trennung von Wolf. Der geht jetzt mit seiner Deutschradikalen Partei eigene Wege. Es ist das Ende der politischen Rolle Schönerers. Er bleibt zwar der geistige Vater und Patriarch der Deutschnationalen; Hitler wird ihm sogar so etwas wie eine Vorläuferrolle zugestehen. Aber auf die praktische Politik in Österreich hat er keinen Einfluss mehr. Ganze drei Alldeutsche Abgeordnete – bei insgesamt 516 – bleiben ihm nach den Wahlen von 1907, vier nach den Wahlen von 1911. Sie repräsentieren nicht einmal ein Prozent der erwachsenen deutschsprachigen Bevölkerung. Auch Wolf, der nur der geschicktere Politiker ist, aber sich in seinen Positionen von Schönerer nur wenig unterscheidet, muss sich 1907 mit zwölf Mandaten zufriedengeben. Besser schneiden die anderen deutschnationalen Parteien ab. Deutsche Agrarier, Deutschfortschrittliche und Deutsche Volkspartei bringen es zusammen auf 69 Mandate. Ihre Sprache ist weniger radikal und sie machen eine realistischere Politik. Damit sprechen sie das deutschnationale Wählerreservoir erfolgreicher an als Schönerer und Wolf.

Denn viele, die in ihrer Jugend auf kompromisslosen Positionen im deutschnationalen Sinn gestanden sind, werden mit den Jahren realistischer und schließen – bei allem Festhalten an der deutschen Identität und den daraus folgenden Haltungen, etwa was die Furcht vor der Überwältigung des Deutschtums in der Habsburgermonarchie durch die immer fordernder auftretenden slawischen Völker angeht – ihren Frieden mit dem real existierenden Österreich, in dem sie eine mehr oder weniger erfolgreiche Karriere als Beamte, Unternehmer oder Wissenschaftler machen. Auch ihren Antisemitismus legen sie nicht ab, aber bei den meisten mag seine Aggressivität doch nachlassen.

Ohne Schönerer gelingt es, die deutschnationalen Parteien im Deutschen Nationalverband zusammenzufassen, der nach den Wahlen von 1911 sogar die stärkste deutsche Fraktion im letzten Reichsrat des alten Österreich ist. Er wird die Katastrophe von 1918 überdauern.

Der Bruch von 1902 hat noch eine andere, zunächst wenig beachtete Folge. Die deutsche Arbeiterschaft in den deutschsprachigen Gegenden Böhmens beunruhigt schon lange der Zuzug aus den bäuerlichen Kernregionen Böhmens und Mährens, angezogen durch die Arbeitsmöglichkeiten in der Industrie der Region. Deutsche Facharbeiter fürchten die billige Konkurrenz ungelernter tschechischer Arbeitskräfte. Die Wahrung des deutschen Charakters der Region soll auch vor der Billigkonkurrenz tschechischer Arbeitskräfte schützen. Die Partei Schönerers mit ihren radikalen deutschnationalen Losungen war da für viele das Gegebene gewesen. Nach dem Auseinanderbrechen des Alldeutschen Blocks muss man sich eben selber helfen. So entsteht 1903 im böhmischen Aussig (heute Ústí nad

Labem) die Deutsche Arbeiterpartei, die in bewusster Abgrenzung von den internationalistischen Sozialdemokraten einen „nationalen Sozialismus" auf ihre Fahnen schreibt mit der Losung „Deutsche Arbeit für deutsche Arbeiter". Die Mitglieder der Partei sind in den Anfängen und bis über das Kriegsende hinaus meist Eisenbahner und Facharbeiter.

Auch das Programm ist das einer Arbeiterpartei. Es spricht vom Sozialismus und dem Übel des Kapitalismus, äußert sich allerdings nur undeutlich zu den Themen Klassenkampf und Enteignung der Kapitalbesitzer und grenzt sich scharf vom Marxismus ab. Ziel der Deutschen Arbeiterpartei ist eine Volksgemeinschaft „rechtschaffener deutscher Arbeiter", die auch ausdrücklich „Kopfarbeiter" einschließt.

Besonders erfolgreich ist die Deutsche Arbeiterpartei nicht. Außer einigem Anklang in der Steiermark, in Kärnten, Südtirol und in der Triester Region, wo die Deutschen und damit auch die deutschen Arbeiter in einer ähnlichen Situation sind wie in Böhmen, findet sie wenig Anklang.

Etwas besser wird es, als der 27-jährige Walter Riehl zur Deutschen Arbeiterpartei stößt. Riehls Herkunft und politische Biografie sind geradezu paradigmatisch für die Österreicher seiner Generation, seiner gesellschaftlichen Stellung und seines politischen Standorts. Sein Großvater ist 1848 in Wien auf den Barrikaden gestanden. In jungen Jahren war Pernerstorfer, ein Freund der Familie, sein Mentor und er selbst war zunächst Sozialdemokrat, bevor er zur Deutschen Arbeiterpartei wechselt, weil er den Internationalismus und die Revolutionsideologie der Sozialdemokraten nicht akzeptiert. Mit ihm gelingt der Partei immerhin ein Achtungserfolg: Bei den Reichsratswahlen 1911 holt sie drei Abgeordnetenmandate.

Nach der Jahrhundertwende gibt es Anzeichen, dass sich der Nationalitätenkonflikt entspannt. 1905 kommt ein Ausgleich für Mähren mit vernünftigen Kompromissen in allen Nationalitätenfragen zustande, und 1910 nach diesem Vorbild auch für die Bukowina. 1912 unterschreiben deutsche und tschechische Politiker ein provisorisches Übereinkommen für Böhmen. Für die Deutschen in Österreich nicht unmittelbar wichtig, aber doch ein Signal für einen neuen Umgang miteinander ist das Abkommen, das Polen und Ukrainer für Galizien 1914 schon fertig ausgehandelt haben.

Aber dann kommt der Krieg dazwischen.

Enttäuschte Hoffnungen

Deutscher zu sein erlangt für die deutschen Österreicher durch den Ersten Weltkrieg und das, was ihm folgt, eine neue und aktuelle Bedeutung. Schon dass das Deutsche Reich und Österreich den Krieg gemeinsam führten – „gegen eine Welt von Feinden“, wie der deutsche Kaiser Wilhelm mit dem bei ihm üblichen Pathos sagt –, verstärkt das Zusammengehörigkeitsgefühl. Und je länger dieser Krieg dauert, desto enger schweißt er die beiden Länder zusammen. Das liegt auch daran, dass Österreich-Ungarn schon nach den verheerenden Verlusten in Galizien im Herbst 1914 ohne deutsche Unterstützung den Krieg nicht mehr fortsetzen könnte und an allen Fronten, an denen es kämpft – im Osten, am Balkan, gegen Italien –, ein Halten der Positionen oder gar Erfolge nur mehr dort möglich sind, wo die Deutschen den Österreichern zu Hilfe kommen. 1916 muss Österreich-Ungarn deshalb akzeptieren, dass ein gemeinsames Oberkommando gebildet wird, in dem die deutsche Oberste Heeresleitung letzte Entscheidungsinstanz ist. Das schafft eine Abhängigkeit, die vielfach als demütigend empfunden wird. Aber es stärkt auch das Gefühl, dass die Habsburgermonarchie, die ohnehin inzwischen ein halbes Jahrhundert lang ein jämmerliches Bild der Unfähigkeit zur Lösung ihrer existenziellen Probleme geboten hat, nun eben am Ende ist und nur die Kraft des Deutschen Reiches die Österreicher vor der finalen Katastrophe bewahren kann. Naheliegend, dass als letzte Konsequenz daraus schließlich die deutschen Teile Österreich-Ungarns über kurz oder lang überhaupt an Deutschland angeschlossen werden würden. Und vielen in Österreich scheint das gut so.

Nichts anderes schlagen übrigens auch Parteigänger der gegnerischen Allianz vor, in der man so oder so mit dem Verschwinden Österreich-Ungarns als Ergebnis des Krieges rechnet. Der Führer der Exiltschechen Thomas Masaryk, dessen Ziel es ist, nach dem Krieg über die Auflösung der Habsburgermonarchie den Weg für einen tschechoslowakischen Staat frei zu machen, meint, die deutschen Teile der Monarchie könnten dann an das Deutsche Reich angegliedert werden. Und auch polnische Exilpolitiker sehen in Deutschösterreich ein Kompensationsobjekt: Der Exilpole Roman Durowsky will es Deutschland als Entschädigung für die Abtretung Ost- und Westpreußens an ein nach dem Ende des Krieges neu errichtetes Polen überlassen.

Die Dominanz des Deutschen Reiches im Militärischen heißt auch Abhängigkeit in allen anderen Belangen. Das Deutsche Reich drängt auf eine weitgehende wirtschaftliche Verschmelzung der beiden Verbündeten. Ein solches Programm des Zusammenschlusses der beiden Kaiserreiche hat der liberale Publizist und Abgeordnete zum deutschen Reichstag Friedrich Naumann 1915 in seinem Buch „Mitteleuropa" formuliert und damit ein Ziel der deutschen Regierung ausgesprochen.

In Österreich findet, wer den Untergang Österreich-Ungarns als unvermeidlich ansieht und die großdeutsche Lösung ohnedies für das glückliche Ende eines langen Umweges hält, Gefallen an den reichsdeutschen Plänen. Das offizielle Österreich, vom seit 1916 regierenden Kaiser Karl abwärts über die Regierungschefs der beiden Reichshälften bis zu den kaiserlichen Diplomaten, versucht eine Entwicklung zu verhindern, an deren Ende von der Souveränität Österreich-Ungarns nicht viel übrig bliebe. Aber das politisch schon kaum mehr manövrierfähige Österreich-Ungarn kann sich dem deutschen Druck nicht entziehen. Schließlich willigt es in einen Vertrag, der alles enthält, was den wirtschaftlichen De-facto-Zusammenschluss der beiden Staaten ausmachen würde; im Juli 1918 ist er unterschriftsreif. Zum formellen Abschluss, der für Oktober geplant war, kommt es dann nicht mehr; inzwischen haben Deutschland und Österreich-Ungarn den Krieg verloren. Und Österreich-Ungarn ist dabei, sich aufzulösen.

Der Anfang vom Ende ist gekommen, als am 4. Oktober das Deutsche Reich, Österreich-Ungarn und der ihnen verbliebene Verbündete Türkei, die militärische Niederlage vor Augen, ihren Gegnern einen Waffenstillstand und einen Frieden auf der Basis der „Vierzehn Punkte" des amerikanischen Präsidenten Woodrow Wilson anbieten.

Diese „Vierzehn Punkte" sind ein maßvolles und vernünftiges Dokument. Für die Streitfragen, um die es in diesem Krieg geht, schlagen sie Lösungen nach dem Nationalitätsprinzip und dem Selbstbestimmungsrecht der Völker vor. Was sie bieten, wäre ein Ende des Krieges ohne Sieger und Besiegte. Nichts Besseres können sich Deutschland und Österreich in ihrer verzweifelten Lage wünschen.

Über Österreich-Ungarn sagen die „Vierzehn Punkte": „Den Völkern von Österreich-Ungarn, deren Platz unter den Nationen wir sichergestellt und gewahrt zu sehen wünschen, soll die freieste Gelegenheit zu einer autonomen Entwicklung geboten werden." Und: „Die Berichtigung der italienischen Grenzen soll bewirkt werden, und zwar nach den klar ersichtlichen nationalen Scheidelinien."

Das ist für Österreich-Ungarn annehmbar. Der Krieg hat auch in den Nationalitätenstreit Bewegung gebracht. Die Forderungen der nichtdeutschen Nationen nach Gleichberechtigung können so oder so nicht mehr übergangen werden. Und was den Italien-Punkt betrifft: Eindeutiges italienischsprachiges Gebiet gibt es nur im Trentino, dem Teil Tirols südlich der Salurner Klause. Den war Österreich-Ungarn schon 1915 bereit, an Italien als Preis für seine Neutralität abzutreten.

Nach Absendung des Angebotes, auf der Grundlage der „Vierzehn Punkte" Frieden zu schließen, wollen deshalb der Kaiser und seine Regierung durch rasche Umsetzung des Österreich-Punktes guten Willen zeigen und noch bevor Wilson auf das Friedensangebot antwortet, Fakten und damit ein günstiges Klima für die Friedensverhandlungen schaffen. Also erlässt Kaiser Karl am 16. Oktober 1918 das Manifest „An meine Völker", mit dem er die Umwandlung zunächst der österreichischen Reichshälfte – der Widerstand der Ungarn war so schnell nicht zu überwinden – in einen Bundesstaat der einzelnen Völker verkündet. Die 1911 bei den Wahlen zum Reichsrat gewählten Abgeordneten der verschiedenen Nationalitäten fordert das Manifest auf, sich als „Nationalrat" des jeweiligen Volkes zu konstituieren und dieses Programm gemeinsam mit der kaiserlichen Regierung umzusetzen.

Das Projekt ist so unrealistisch wie Wilsons gut gemeinte „Vierzehn Punkte". Dessen Alliierte haben Italien schon 1915 nicht nur große Teile der österreich-ungarischen Adriaküste und das italienischsprachige Trentino, sondern auch die Brennergrenze versprochen, um es als Verbündeten zu gewinnen. Und sie setzen auf die Abspaltungstendenzen der slawischen Völkerschaften der Monarchie. 1917 haben sie die „Befreiung der Italiener, Slawen, Rumänen und Tschechoslowaken von fremder Herrschaft" zum Kriegsziel erklärt und unterstützen tschechische und südslawische Exilpolitiker in ihren Bemühungen um die Loslösung ihrer Siedlungsgebiete von der Habsburgermonarchie. Das sind die Fakten. Und dementsprechend sind die Reaktionen auf das Manifest.

Die nichtdeutschen Abgeordneten kümmern sich nicht um den kaiserlichen Auftrag. Die Tschechen proklamieren ihren tschechoslowakischen Staat, die polnischen Reichsratsabgeordneten beschließen den Anschluss Galiziens an das wieder entstandene Polen und südslawische

Politiker erklären den Zusammenschluss der slowenischen, kroatischen und serbischen Gebiete und ihre Loslösung von Österreich-Ungarn. Um das Maß voll zu machen, benützen die Ungarn das Manifest, um den Ausgleich von 1867 aufzukündigen.

Die deutschen Abgeordneten des Reichsrates – 102 des Deutschen Nationalverbandes, 72 Christlichsoziale und 42 Sozialdemokraten – tun bei ihrer Zusammenkunft am 21. Oktober im Sitzungssaal des niederösterreichischen Landtages im Grunde nichts anderes als die anderen. Schon die Rede des Abgeordneten Viktor Waldner, der als Sprecher der größten Fraktion die Sitzung eröffnet, ist ein Abgesang der deutschen Österreicher auf das alte Reich. Seine Wortwahl ist dabei noch einmal bezeichnend für die Mentalität, mit der die deutschen Österreicher ihre nichtdeutschen Mitbürger betrachtet haben. „Die Geschichte hat uns", sagt er, „zum Gründer des alten Staates Österreich gemacht, und wir haben diesem Staate durch Jahrhunderte in unverbrüchlicher Treue und in selbstloser Aufopferung unser Bestes an Kultur und Wirtschaft hingegeben. Ohne Dank scheiden wir nun aus diesem Staate, um unsere Volkskraft auf uns allein zu stellen und aus ihrem unversiegbaren Born hoffnungsvoll ein neues, nur unserm Volke allein dienendes Gemeinwesen aufzubauen. Die Verkettung mit dem alten Österreich war eine schwere auf uns ruhende Last, welche unsere Kraft in vergeblichem Ringen verzehrte und unsere wirtschaftliche Kraft für volksfremde Interessen aufbrauchte." Dann beschließen die Abgeordneten eine Erklärung, in der es heißt: „Das deutsche Volk in Österreich ist entschlossen, seine künftige staatliche Ordnung selbst zu bestimmen", erklären sich zur „Provisorischen Nationalversammlung" und setzen als eine Art geschäftsführende Regierung einen 20-köpfigen Vollzugsausschuss ein. An die Spitze dieser Konstruktion stellen sie drei Präsidenten, den Deutschnationalen Franz Dinghofer, den Christlichsozialen Jodok Fink und den Sozialdemokraten Karl Seitz.

Vage geistert noch einmal die Mitteleuropa-Idee durch den Raum: Die Abgeordneten bieten an, die Beziehungen Deutschösterreichs „zu den anderen Nationen durch freie Vereinbarungen mit ihnen zu regeln" – ohne das im Krieg entstandene enge Verhältnis zu Deutschland aufzugeben. Wenn der Sprecher der deutschen Unabhängigkeitspartei Ferdinand von Pantz bei anderer Gelegenheit sagt, er wünsche „das innigste Verhältnis Deutschösterreichs zum Deutschen Reiche", dann trifft er damit die allgemeine Stimmung, wie verschieden die Meinungen darüber auch sein mögen, wie dieses „innigste Verhältnis“ aussehen soll. Konkreter soll das alles in der nächsten Sitzung am 30. Oktober werden.

In der Zwischenzeit geschieht Dramatisches. Dass Wilson in seiner Antwort auf das Waffenstillstandsangebot den Österreich-Punkt für nicht mehr aktuell erklärt – jetzt steht er auf dem Standpunkt, die Völker Österreich-Ungarns selbst müssten Richter über ihr Schicksal sein –, bestätigt nur, was ohnehin schon im Gang war. Aber auch auf das Waffenstillstandsangebot geht er nicht ein, im Gegenteil. Am 24. Oktober starten die Alliierten in einer groß angelegten Offensive in Italien den militärischen Endkampf gegen das kaum mehr verteidigungsfähige Österreich-Ungarn; in diesem Kampf beginnt sich die zurückweichende Armee aufzulösen. Kaiser Karl sieht in der verzweifelten Situation nur einen Ausweg: die Friedensbemühungen Österreich-Ungarns von den deutschen zu trennen; schließlich ist für die Alliierten das Deutsche Reich der Hauptfeind. Ohne Bindung an Deutschland kommt Österreich-Ungarn vielleicht rascher und unter weniger drückenden Bedingungen zu seinem Waffenstillstand. Kaiser Karl telegrafiert dem deutschen Kaiser, dass er durch die Umstände gezwungen ist, das Bündnis mit dem Deutschen Reich zu lösen, ernennt einen neuen Außenminister – den ungarischen Aristokraten Julius Andrássy – und lässt ihn an die Alliierten die Bitte um Sonderfrieden ohne Rücksicht auf Deutschland richten.

Dieser Schritt und nicht die Auflösung der staatlichen Ordnung, die katastrophale Versorgungslage oder der verlorene Krieg löst die ersten Unruhen und öffentlichen Proteste aus. Das Bündnis im Krieg hat ganz offensichtlich das Zusammengehörigkeitsgefühl und die Vorstellung von einer schicksalhaften Verbundenheit der Deutschen beiderseits des Inn noch verstärkt. Die Entscheidung des Kaisers, umgesetzt mithilfe eines Außenministers, der Ungar ist, wird als Verrat an der deutschen Sache empfunden. Die Folge: Der Ruf nach der Republik wird laut, in den Zeitungen, in der Sitzung der Provisorischen Nationalversammlung am 30. Oktober, wieder im Niederösterreichischen Landhaus, und auf der Straße davor, wo sich eine aufgeregte Menschenmenge versammelt hat. War es am 21. Oktober noch nicht so klar, jetzt ist es eindeutig: Deutschösterreich soll eine Republik sein. Vor dem Landhaus in der Herrengasse beschimpfen einander die Demonstranten gegenseitig als „Hohenzollernknechte“ und „Internationales Gesindel“, aber wenn es um die

Abschaffung der Monarchie geht, sind sie sich einig. Den christlichsozialen Wiener Bürgermeister Richard Weiskirchner, der zu ihnen sprechen will, pfeifen sie gemeinsam aus, weil sie die Christlichsozialen verdächtigen, die Abschaffung der Monarchie verhindern zu wollen.

Die Provisorische Nationalversammlung zieht die Konsequenz. Karl Renner, sozialdemokratischer Abgeordneter und Zentralfigur der österreichischen Politik in dieser stürmischen Zeit, hat aus den Grundsatzbeschlüssen vom 21. Oktober den Entwurf einer provisorischen Verfassung gemacht, in der der Vollzugsausschuss Staatsrat heißt und Renner selbst als eine Art geschäftsführender Sekretär des Staatsrates Staatskanzler. Diese Verfassung, die die Nationalversammlung am 30. Oktober beschließt, ist, auch wenn das im Text nicht ausdrücklich ausgesprochen wird, das Grundgesetz einer Republik, das für einen Monarchen keinen Platz mehr hat.

Inzwischen ist auch klar, dass die Nachfolgestaaten von einer Föderation oder einem Bundesstaat mit Deutschösterreich nichts wissen wollen. Wenn die nichtdeutschen Völker der Monarchie kein Interesse an der Fortsetzung der Gemeinsamkeit mit Deutschösterreich haben, gibt es auch keinen Platz mehr für einen österreichischen Kaiser, dessen Herrschaftsgebiet sich nur mehr auf die deutschsprachigen Teile seines ehemaligen Reiches erstrecken könnte und den außer ein paar Konservativen und vielleicht den einen oder anderen Christlichsozialen kaum mehr jemand haben will.

Kaiser Karl zögert zunächst, aber die Verhältnisse – das Beispiel der Abdankung des deutschen Kaisers, die Sozialdemokraten sagen einen Aufstand voraus, wenn der Kaiser nicht abdankt – lassen ihm keine Wahl: Am 11. November verzichtet er „auf jeden Anteil an den Staatsgeschäften“. Tags darauf soll die Republik in aller Form ausgerufen werden. Wieder bereitet Karl Renner ein entsprechendes Gesetz vor.

Wenn es Österreich-Ungarn und den Kaiser nicht mehr gibt, gibt es auch keinen Grund mehr, den alten Traum nicht endlich Wirklichkeit werden zu lassen – den Traum vom Reich, in dem alle Deutschen vereint sind. Für die Deutschnationalen aller Richtungen ist der Anschluss an Deutschland – gleichgültig ob Kaiserreich oder Republik – ohnehin die einzige logische Konsequenz aus der Auflösung Österreich-Ungarns. Und für die Sozialdemokraten, auch für die, die nicht schon immer dafür gewesen sind, ist der Anschluss jetzt ein verlockendes Ziel – es wäre der Anschluss an die sozialistisch regierte deutsche Republik. Nur bei den Christlichsozialen gibt es da und dort Vorbehalte; weil manche von ihnen an der Monarchie festhalten wollen; weil Unternehmer die deutsche Konkurrenz fürchten; weil bürgerliche und bäuerliche Christlichsoziale keine Lust haben, sich einem wie es scheint gerade in Revolution und Kommunismus driftenden Deutschland auszuliefern; und weil Katholiken die Vorstellung unbehaglich ist, in einem mehrheitlich protestantischen Deutschland zur Minderheit zu werden.

Aber es sind nicht viele. Im Staatsrat ist es nur einer, der Christlichsoziale Jerzabek, der bei der Vorberatung des Renner'schen Entwurfes für ein „Gesetz über die Staats- und Regierungsform" – so seine offizielle Bezeichnung – gegen den Anschluss an Deutschland ist. Drei andere Christlichsoziale, darunter der spätere Bundespräsident Wilhelm Miklas, sprechen sich gegen die Festlegung auf die Republik aus; sie wollen die Frage der Staatsform für eine Volksabstimmung offenhalten. Aber über beide Einwände geht die allgemeine Stimmung hinweg. In der Sitzung der Nationalversammlung am 12. November stimmen auch die vier für das Gesetz, in dem es heißt: „Deutschösterreich ist eine Republik" und „Deutschösterreich ist ein Bestandteil der Deutschen Republik."

Rot-Weiß-Rot – „die Farben der alten Ostmark" – und Schwarz-Rot-Gold – Ausdruck für „die nationale Zusammensetzung der Republik Deutschösterreich" – sollen die Farben des neuen Staates sein. Der Adler in seinem Wappen – es ist kurioserweise der königlich-preußische – wird mit diesen Farben ausgestattet; er ziert auch noch heute Fahnen, Urkunden und Briefköpfe (da allerdings meist in einheitlichem Schwarz).

Auch eine neue Hymne braucht die Republik; Josef Haydns „Gott erhalte" hat ausgedient. Wilhelm Kienzl, den man hauptsächlich wegen seiner Oper „Der Evangelimann" kennt, komponiert die Melodie. Ein Haschka wird für den Text nicht benötigt; Karl Renner selbst greift zur Feder und dichtet: „Deutsch-Österreich, Du herrliches Land, wir lieben Dich."

Praktische Schritte zur Vorbereitung des Anschlusses werden gesetzt. Sowohl Deutschland als auch Österreich räumen bei den anstehenden Wahlen zu ihren konstituierenden Nationalversammlungen im Jänner – in Deutschland – und im Februar – in Österreich – den Staatsangehörigen des jeweils anderen Landes das Wahlrecht ein. Der sozialdemokratische Abgeordnete Ludo Hartmann geht als österreichischer

Gesandter nach Berlin. Seine Wahl ist so etwas wie ein Signal; sein Vater, der Schriftsteller Moritz Hartmann, war 1848 österreichischer Abgeordneter in der Frankfurter Nationalversammlung. Außenpolitik zwischen beiden Ländern geht fließend in Innenpolitik über. Ludo Hartmann arbeitet an der deutschen Verfassung mit, deren Artikel 61 das Gegenstück zum zweiten Paragrafen des österreichischen Staatsgrundgesetzes ist. Sein erster Absatz lautet: „Deutschösterreich tritt als Ganzes als ein Gliedstaat dem Deutschen Reiche bei.“ Im Februar und März 1919 führt der österreichische Außenminister – in der provisorischen Verfassung Renners heißen die Minister Staatssekretäre – Otto Bauer, der Führer der österreichischen Sozialdemokratie nach dem Tod Victor Adlers und ein entschiedener Befürworter des Anschlusses, in Berlin Verhandlungen bereits über Details; etwa dass die Regierungsinstitutionen des vereinigten Deutschland zeitweise in Wien amtieren sollten – als einer Art zweiter Hauptstadt neben Berlin. Als Ergebnis gibt es ein „Protokoll betreffend den Abschluss eines Staatsvertrages über den Zusammenschluss des Deutschen Reiches und Deutsch-Österreichs.“

Es ist ein Vertrag zwischen zwei Ländern, an denen alles provisorisch ist, die Regierung, die Verfassung und auch das Staatsgebiet. An den endgültigen Verfassungen wird noch gearbeitet, sie werden bestimmen, wie diese Regierungen aussehen, und wo die Grenzen Deutschlands und Deutschösterreichs sein werden, wird man erst wissen, wenn die Friedensverträge abgeschlossen sind. Was die Gebietsfrage betrifft, sind die Erwartungen freilich eindeutig. Es soll gelten, was Wilsons „Vierzehn Punkte“ angeboten haben: Nationalitätsprinzip und Selbstbestimmung. Im Beschluss vom 21. Oktober 1918 liest sich das so: „Der deutschösterreichische Staat beansprucht die Gebietsgewalt über das ganze deutsche Siedlungsgebiet, insbesondere auch in den Sudetenländern.“

Welches Gebiet das sein soll, wird später in einem eigenen Gesetz umschrieben. Es sind die deutschsprachigen Gebiete Cisleithaniens – also auch Südtirol bis zur Salurner Klause, Kärnten und Steiermark mit Ausnahme der „geschlossenen jugoslawischen Siedlungsgebiete“ und das sich sichelförmig um das böhmisch-mährische Kernland legende deutschsprachige Gebiet samt den deutschen Sprachinseln Brünn, Iglau und Olmütz. Südböhmen soll ein Teil Oberösterreichs, Südmähren – der „Znaimer Kreis“ – an Niederösterreich angeschlossen werden. Im Norden und Nordosten werden zwei Länder – Deutschböhmen und Sudetenland – konstituiert, die – wie auch die Alpenländer – ihren Anschluss an Deutschösterreich erklären. Das heutige Burgenland ist da noch nicht dabei; östlich der Leitha ist ja Ungarn, und die cisleithanischen Abgeordneten der deutschen Wahlkreise des alten Reichsrats nehmen für sich nicht in Anspruch, über ein Gebiet zu verfügen, in dem sie nicht gewählt worden sind. Aber im Sinn des Nationalitätsprinzips wird das geschlossene deutschsprachige Gebiet in Westungarn zwischen Pressburg und Radkersburg zusätzlich für Deutschösterreich reklamiert.

So steht es auf geduldigem Papier. Die Realitäten sehen ganz anders aus.

Schon Ende Oktober 1918 hat der neue tschechoslowakische Staat die deutschsprachigen Gebiete in Böhmen, Mähren und Österreichisch-Schlesien in Besitz genommen und den Widerstand, der da und dort von der deutschsprachigen Bevölkerung geleistet wurde, gebrochen. Seit dem Waffenstillstand ist Tirol bis ins Inntal vorübergehend, bis zum Brenner dauernd von der italienischen Armee besetzt. Und südslawisches Militär ist in die Steiermark und in Kärnten eingerückt. Im untersteirischen Marburg wurde eine Protestkundgebung gegen die Besetzung mit Waffengewalt aufgelöst; dabei hat es Tote und Verletzte gegeben.

Die Provisorische Nationalversammlung hat damit gerechnet, dass ihre Vorstellungen davon, was alles zu Deutschösterreich gehören soll, nicht ohne Weiteres akzeptiert würden; schließlich ist es beim Nationalitätenstreit in der untergegangenen Monarchie jahrzehntelang genau um diese Abgrenzungsfragen gegangen. Die Nationalversammlung hat deshalb am 21. Oktober ihren Anspruch auf das deutschsprachige Gebiet Cisleithaniens mit der vollmundigen Ankündigung verbunden, „jeder Annexion von Gebieten, die von deutschen Bauern, Arbeitern und Bürgern bewohnt werden, durch andere Nationen wird sich der deutschösterreichische Staat widersetzen".

In Wirklichkeit können die Verantwortlichen in Deutschösterreich nichts dergleichen tun. Sie müssen sich mit einem Katastrophenwinter herumschlagen. Die Versorgungskrise übertrifft die Entbehrungen der Kriegsjahre, die sogenannte Spanische Grippe grassiert und löst ein Massensterben aus, wie man das seit den Zeiten der Pest nicht mehr erlebt hat, und Arbeitslosigkeit als Folge der Zerschlagung des großen Wirtschaftsraumes und der Heimkehr der Soldaten breitet sich aus. Was bleibt, sind Proteste und Appelle. Schon am 30. Oktober 1918 hat die Nationalversammlung an Präsident Wilson unter Berufung auf das von ihm verkündete Prinzip des Selbstbestimmungsrechtes einen Hilferuf gegen die tschechoslowakische Besetzung der deutschsprachigen Gebiete in Böhmen, Mähren und Schlesien gerichtet. Nachdem das nichts geholfen hat, klammert man sich an die Hoffnung, dass die Friedenskonferenz, wie von Wilson versprochen, schließlich eine gerechte – und das heißt eine an den Prinzipien des Selbstbestimmungsrechtes orientierte – Entscheidung treffen und diese und alle anderen gewaltsamen Landnahmen, die den in den „Vierzehn Punkten" ausgesprochenen Grundsätzen widersprechen, im Friedensvertrag rückgängig machen würde.

Nur die Kärntner wehren sich. Es gelingt ihnen, die Jugoslawen zu vertreiben, und als im Frühjahr 1919 die Kämpfe wieder aufflammen, bewirkt ihr Widerstand, dass die Grenzziehung als offene Frage auf die Tagesordnung der Friedenskonferenz kommt.

Die Friedenskonferenz wird zu einer schweren Enttäuschung für alle, die Wilson und seinen „Vierzehn Punkten" geglaubt haben. Die Konferenz ist eine Zusammenkunft der 27 Staaten, die sich als die Sieger betrachten, und an der die Besiegten nicht teilnehmen dürfen. Sie werden nur zur Entgegennahme von Friedensbedingungen vorgeladen, die zwischen den Siegern vorher ausgehandelt worden sind. Das ist nicht einfach. Frankreich und Italien wollen ihren gerade noch mit letzter Kraft – und der entscheidenden Hilfe der Amerikaner – erreichten Sieg auskosten, und da geht es nicht um Selbstbestimmung und Nationalitätsprinzip, sondern um Landgewinn, Wirtschaftsinteressen und Machtsicherung. Und die Begehrlichkeiten ihrer kleinen Verbündeten – Serbien, Rumänien und Griechenland – wie der auf dem Boden der Kriegsverlierer entstandenen neuen Staaten Tschechoslowakei und Polen zu bremsen, haben sie weder Kraft noch Interesse. Wilson, auch weil er wenig über die verwickelten Verhältnisse in Europa weiß, ist da machtlos. Ende Jänner 1919 ist die Konferenz in Paris zusammengetreten. Drei Monate braucht sie; dann ist von den „Vierzehn Punkten" kaum mehr etwas übrig. Dementsprechend sind die Friedensbedingungen, für Deutschland und auch für Österreich.

Die schönen Pläne der Gründungstage Deutschösterreichs sind Makulatur. Die Nachbarn bekommen, was sie wollen: die Tschechoslowakei die deutschsprachigen Gebiete in Böhmen, Mähren und Schlesien,

Jugoslawien die Untersteiermark mit Marburg, Italien Südtirol bis zum Brenner. Von den 9,1 Millionen Deutschen, die die Provisorische Nationalversammlung für ihren Staat reklamiert hat, finden sich jetzt 3,6 Millionen als Bürger anderer Länder wieder – ohne Volksabstimmungen, ohne dass man sie gefragt hätte. Wie sehr die verwendeten Argumente vorgeschoben sind und von denen, die sie verwenden, selbst nicht ernst genommen werden, wenn sie ihren Interessen zuwiderlaufen, macht ein im Vergleich zu anderen Gebietstransfers kleines Detail deutlich. Während der Wunsch nach Selbstbestimmung der Deutschen in Böhmen und Mähren von der Tschechoslowakei mit der Unantastbarkeit der historischen Grenzen der alten Kronländer wegargumentiert wurde, gilt dieses Argument nicht, wenn es tschechoslowakischen Interessen im Weg ist. Im nordwestlichen und im nordöstlichen Niederösterreich müssen „aus eisenbahntechnischen Gründen" Gebiete an die Tschechoslowakei abgetreten werden; für die Tschechoslowakei wichtige Verkehrsknotenpunkte – der Hauptbahnhof von Gmünd und Lundenburg, das heutige Břeclav – sollen auf tschechoslowakischem Gebiet liegen.

„L'Autriche, c'est qui reste", sagt der französische Ministerpräsident Georges Clemenceau – „Österreich ist, was übrig bleibt". Österreich, nicht Deutschösterreich. Die Alliierten verbieten dem Land seinen Namen und verordnen ihm einen anderen. Deutschösterreich – das ist ja auch ein Programm, ein Programm der Vereinigung mit Deutschland. Amerikaner und Engländer würde das nicht wirklich stören; sie würden die Entscheidung darüber den beiden Ländern überlassen. Aber für Frankreich ist eine solche Stärkung Deutschlands, das doch für alle Zeiten daran gehindert werden muss, sich für die Niederlage zu revanchieren, inakzeptabel. Und so wird der Anschluss in den Friedensverträgen mit den beiden Ländern – in Versailles mit Deutschland, in St. Germain mit Österreich – verboten.

„Österreich ist, was übrig bleibt" hat aber auch noch einen anderen Sinn: Was übrig geblieben ist, ist immer noch das Österreich, das als die eine Hälfte Österreich-Ungarns den Krieg verloren hat und nach dem Grundsatz, dass die Sieger immer recht haben, für den Schuldigen am Krieg erklärt werden soll – mit allen moralischen, aber vor allem wirtschaftlichen Konsequenzen. Denn wer schuld ist an den Kosten und Zerstörungen des Krieges, der muss sie auch bezahlen. Österreich werden mit dieser Argumentation Reparationen aufgebürdet, die es nie wird bezahlen können, aber eine Erholung seiner Wirtschaft und seiner Staatsfinanzen von den Verlusten des Krieges und der Zerschlagung des großen Wirtschaftsraumes unmöglich machen müssen.

Im Vergleich damit hat anderes nur mehr symbolische Bedeutung. Die Begrenzung der Heeresstärke auf 30.000 Mann, das Verbot von Flugzeugen, schweren Waffen und eines Generalstabes und andere, geradezu lächerliche Beschränkungen für ein Land, das ganz offensichtlich so oder so auf Jahrzehnte niemandem gefährlich werden kann, ist Demütigung aus Routine – es ist einfach, oberflächlich adaptiert, aus dem Vertrag mit Deutschland abgeschrieben.

Es ist ein Vertrag der gebrochenen Versprechen und der betrogenen Hoffnungen. Die USA ratifizieren ihn erst gar nicht. Präsident Wilson hat Paris nach dem Ende der Friedenskonferenz desillusioniert verlassen. Im Juli ist Otto Bauer aus Protest gegen das Anschlussverbot als Staatssekretär für Äußeres zurückgetreten.

In der Nationalversammlung – es ist nicht mehr die provisorische mit den Abgeordneten des Reichsrates von 1911, sondern die im Februar 1919 nach der Renner-Verfassung gewählte – stimmen die Deutschnationalen, die jetzt „Großdeutsche Vereinigung" heißen, gegen den Vertrag, die Tiroler Abgeordneten enthalten sich der Stimme. Die Mehrheit aber fügt sich ins Unvermeidliche. Karl Renner wird ermächtigt, den Vertrag zu unterschreiben. Der Protest ist freilich einhellig: gegen die Verweigerung des Selbstbestimmungsrechtes durch das Verbot der Vereinigung „mit dem deutschen Mutterlande"; gegen die Abtrennung der Sudetendeutschen von den Alpendeutschen; gegen die Abtrennung der Deutschen Südtirols. Vier Wochen später ratifiziert die Nationalversammlung den Vertrag – für den internen Gebrauch Staatsvertrag genannt, weil man wenigstens so dokumentieren will, dass man sich nicht als Rechtsnachfolger und damit verantwortlich fühlt für Österreich-Ungarn.

Der alte Traum und der neue Clausewitz

Die Ereignisse ändern nichts am Selbstverständnis der Österreicher, Deutsche zu sein; sie sind eher dazu angetan, es zu verstärken. Zur Gemeinschaft mit dem Deutschen Reich im Krieg ist jetzt auch noch die gemeinsame Erfahrung der Behandlung durch die Sieger hinzugekommen und unter dem Eindruck ungerechter Behandlung hat dieses Selbstverständnis bei nicht wenigen einen Zug ins Aggressive bekommen. Und den Wunsch, schließlich doch noch Teil des Deutschen Reiches zu werden, geben die Österreicher nicht auf; dass der Kleinstaat Österreich nicht lebensfähig ist, dafür scheint ihnen die Dauerkrise, der das Land nicht und nicht entkommen will, Beweis genug. „Noch ist die deutsche Sache nicht verloren", hat Karl Seitz als Präsident am 24. September 1919 bei der förmlichen Verabschiedung der sudetendeutschen Abgeordneten der Nationalversammlung gesagt.

So begleitet der Anschluss an Deutschland als zentrales Thema der Politik die Erste Republik während ihrer ganzen Lebensdauer. Die Parteien haben ihn ganz oben auf der Liste ihrer politischen Ziele.

Die politischen Parteien der Deutschnationalen sowieso. Die haben sich inzwischen neu formiert. 17 Organisationen mit einer städtischen Anhängerschaft aus Akademikern und Beamten haben sich zur Großdeutschen Volkspartei zusammengeschlossen. Die ehemalige Deutsche Agrarpartei, die ihre Basis in der freisinnigen Landbevölkerung vor allem Kärntens und der Steiermark hat, hat sich als Landbund neu konstituiert.

Auch die Deutsche Arbeiterpartei hat sich neu organisiert. Im Frühjahr 1918 – da ist Riehl noch Soldat und andere, Rudolf Jung, Ferdinand Burschofsky und Walter Gattermayer, Parteiurgestein aus dem nordböhmischen Eisenbahn- und Facharbeitermilieu der Parteigründung, führen die Partei – baut sie den „Nationalen Sozialismus" in den Parteinamen ein. In der politischen Unruhe des nahenden Zusammenbruches soll schon der Parteiname deutlicher signalisieren, für welches Programm die Partei steht. Und weil man sich schon bisher gelegentlich informell Nationalsozialisten genannt hat, passt das auch für eine programmatische Anreicherung des Parteinamens. Man nennt sich jetzt also Deutsche Nationalsozialistische Arbeiterpartei, abgekürzt DNSAP. Die Bezeichnung ist übrigens ein Plagiat. Sie ist einer tschechischen Partei abgeschaut und im bewussten Gegensatz zu ihr gewählt. In den tschechischen Gebieten der Monarchie hat es eine Partei gegeben, die sich von der internationalistischen gesamtösterreichischen Sozialdemokratie getrennt und – wie nach ihr die Deutsche Arbeiterpartei – auf nationalen Sozialismus gesetzt hat. Ihr Name war, ins Deutsche übersetzt, Volks- oder eben Nationalsozialisten. Dem aus dem Krieg heimgekehrten Riehl, der jetzt durch

Wahl auch formell ihr Vorsitzender ist, verdankt die DNSAP ihr Parteisymbol. Es ist das Hakenkreuz auf weißem Feld.

Auch die Parteien, für die der Anschluss an Deutschland nicht das oberste Ziel der Politik ist, bezeichnen ihn als eines ihrer politischen Ziele. Die Sozialdemokraten schreiben ihn in ihr Parteiprogramm. Und auch die Christlichsozialen sind jetzt auf dieser Linie. Diejenigen, die 1918 Vorbehalte gegen den Anschluss gehabt haben, sehen das jetzt anders. In Deutschland haben sich die Dinge seit dem Herbst 1918 von Grund auf geändert. Die Revolution ist vorbei, eine kommunistische Machtergreifung keine reale Gefahr mehr und die Regierung wird seit Anfang 1920 von der katholischen Zentrumspartei, der Schwesterpartei der Christlichsozialen, geführt. Die Wirtschaft lockt der große Markt und die Legitimisten haben eingesehen, dass das keine Zeit für die Wiedereinführung der Habsburgermonarchie ist. Und zur christlichsozialen Klientel gehören auch die konservativen großdeutschen Romantiker, die von einem Zusammenschluss zu einer Art irgendwie erneuerten Heiligen Römischen Reich Deutscher Nation träumen, mit einer besonderen Rolle des katholischen Österreich wie zur Zeit der habsburgischen Kaiser. Carl Vaugoin – er wird später ein halbes Jahrzehnt lang Obmann der Christlichsozialen Partei sein – sagt auf einer Kundgebung: „Aus deutschem Holz sind auch wir Österreicher"; und singt nachher mit den Versammelten „Die Wacht am Rhein". Im Repertoire der Politikerreden hat der Anschluss seinen fixen Platz.

Es bleibt nicht beim Reden und Singen. Am 1. Oktober 1920 beschließt die Konstituierende Nationalversammlung zusammen mit der endgültigen Verfassung einstimmig, binnen sechs Monaten eine Volksabstimmung über den Anschluss an Deutschland durchzuführen, und als die Regierung diesen Beschluss ignoriert, weil sie Probleme mit den Siegern befürchtet, beginnen die einzelnen Bundesländer, eigene Anschlussabstimmungen abzuhalten. Im Frühjahr 1921 stimmen die Tiroler mit über 98 und die Salzburger mit mehr als 99 Prozent für den Anschluss an Deutschland. Weitere Abstimmungen stoppen die Siegermächte.

Am allgemeinen Wunsch nach dem Anschluss ändert das nichts. Hans Kelsen, der die juristische Hauptarbeit an der endgültigen Verfassung geleistet hat, steht für den Mainstream, wenn er schreibt: „Stärker als der aller Vernunft Hohn sprechende Verlauf der jüngsten Geschichte selbst ist der Wunsch: Aufgehen im deutschen Vaterland."

So bleibt nur, auf bessere Zeiten zu warten und inzwischen den Gedanken des Anschlusses an Deutschland wach zu halten. Ignaz Seipel, neben Otto Bauer die stärkste Politikerpersönlichkeit der Ersten Republik, lange Zeit Obmann der Christlichsozialen Partei und längstdienender Bundeskanzler der Zwanzigerjahre, hat 1918 zu den Anschlussskeptikern gehört. Aber seine außenpolitische Maxime ist: „Keine außenpolitische Kombination ohne Deutschland." Und 1928 schreibt er in der „Reichspost", der christlichsozialen Parteizeitung: „Ich für meine Person glaube so stark an die Zukunft des deutschen Volkes im Reich und in Österreich, dass ich ein zeitweiliges Zurückstellen von Fragen, mit denen das Schicksal unseres deutschen Volkes verknüpft ist, nicht auch schon als ein Aufgeben dieser Fragen ansehen kann."

Damit das nicht geschieht, werden Reden gehalten, Artikel geschrieben, kulturelle Begegnungen und politische Veranstaltungen organisiert. Für die Burschenschaften, den Deutschen Turnverein und den Deutschen Alpenverein gehört das zur Tradition. Jetzt werden zu diesem Zweck – oft von denselben Personen – neue Organisationen gegründet oder schon bestehende in den Dienst der großen Sache gestellt, Vereinigungen, die sich über prominente Mitglieder freuen können, wie der Deutsche Klub, die Deutsche Gemeinschaft oder der Österreichisch-Deutsche Volksbund. Besonders aktiv in allen diesen Zirkeln ist der frühere Feldmarschallleutnant Carl von Bardolff. Der war vor dem Krieg Leiter der Militärkanzlei des in Sarajewo ermordeten Thronfolgers Franz Ferdinand. Eine Zeit lang ist er so etwas wie eine Integrationsfigur der Anschlussfreunde. Später, an der Wende zu den 1930er Jahren, wird er Vorsitzender der Dachorganisation der deutschnationalen Vereinigungen, des Verbandes deutschvölkischer Vereine, und versucht, dem losen Verband eine koordinierende Funktion zu verschaffen, indem er einen „Deutschen Volksrat für Österreich" an seine Spitze stellt, dem die Vorsitzenden der Mitgliedsorganisationen angehören.

Bardolff war auch schon an der Initiative beteiligt, die zur Gründung des Deutschen Klubs geführt hat. Die Deutsche Gemeinschaft wurde bald nach Kriegsende als Zusammenschluss deutschnationaler und katholischer Akademiker und Offiziere gegründet, die in Anbetracht der neuen Situation – verlorener Krieg, Zerfall der Habsburgermonarchie – Schluss machen wollten mit den Kämpfen, die sich ihre Studentenverbindungen in der Vorkriegszeit geliefert hatten, um gemeinsam linke und liberale Tendenzen abzuwehren, aber eben auch den Anschlussgedanken zu propagieren. Die Liste der Mitglieder der Deutschen Gemeinschaft liest sich wie ein „Who is Who“ der bürgerlichen Szenerie der frühen Zwanzigerjahre; Minister, Universitätsprofessoren, Rechtsanwälte, Aristokraten, ehemalige hohe Offiziere. Auch der erste Bundespräsident der Republik, Michael Hainisch, ein Liberaler, bewegt sich in diesem Kreis. Der spätere Bundeskanzler Engelbert Dollfuß ist zeitweise ihr Sekretär. Er hat vorher schon im Deutschen Studentenbund – einer länderübergreifenden österreichisch-deutschen Vereinigung, die auch den großdeutschen Gedanken propagierte – eine aktive Rolle gespielt.

Sind die Deutsche Gemeinschaft und auch der Deutsche Klub prononciert rechte Organisationen, so kommen die Mitglieder des 1925 gegründeten Österreichisch-Deutschen Volksbundes, der laut Statut „den Anschluss Deutschösterreichs an das Deutsche Reich aufgrund des Selbstbestimmungsrechtes der Völker und der in Betracht kommenden Staatsverträge“ (der Vertrag von St. Germain sah eine mögliche Aufhebung des Anschlussverbotes durch Beschluss des Völkerbundrates vor) anstrebt, aus allen politischen Richtungen. Und es sind die prominentesten Politiker dabei: drei ehemalige Kanzler, darunter Karl Renner, zehn ehemalige Minister, einer davon der spätere Kardinal Theodor Innitzer, und mehr als drei Dutzend Abgeordnete aller Parteien – was nur logisch ist; 1929 sprechen sich bei einer Befragung zwei Drittel der Nationalratsabgeordneten für den Anschluss an Deutschland aus.

Wie die konservativen Romantiker mit ihrem Traum von der Wiedererrichtung des katholisch getönten Reiches denken sich bis hin zu den Nationalsozialisten alle, für die der Anschluss ein politisches Ziel ist, diesen Anschluss nicht als Aufgabe der österreichischen Identität. Sie wünschen sich den Beitritt Österreichs zum Deutschen Reich mit einem vage vorgestellten Sonderstatus Österreichs; womöglich so, wie es Otto Bauer 1919 bei den Anschlussverhandlungen in Berlin besprochen hat. Wie wichtig den meisten Anschlussfreunden die Wahrung der österreichischen Eigenständigkeit auch nach der Vereinigung mit Deutschland ist, hat der Generalstabsoffizier Edmund Glaise-Horstenau, ein überzeugter Großdeutscher, auf den Punkt gebracht. Ende Oktober 1918, als der Anschluss an Deutschland beschlossene Sache zu sein schien, sagte er zu General von Cramon, dem Verbindungsmann der deutschen Heeresleitung beim österreichischen Oberkommando:

„Ich mache Sie darauf aufmerksam, dass ich von morgen an der ärgste Partikularist bin."

Der Zusammenschluss der „beiden deutschen Staaten", wie man gerne sagt, soll, solange das Anschlussverbot ihn verhindert, durch Schritte unterhalb der Vereinigungsschwelle vorbereitet und gefördert werden. Dazu wird die Angleichung von wichtigen Gesetzesmaterien vereinbart. Und Mitte der Zwanzigerjahre kommt die Idee einer deutsch-österreichischen Zollunion ins Spiel. 1931 wollen Deutschland und Österreich, wenn sie sich schon politisch nicht zusammenschließen dürfen, wenigstens wirtschaftlich eine Einheit werden. Was zweifellos gut für die deutsche Wirtschaft, aber für Österreich überlebenswichtig wäre. Wir sind mitten in der Weltwirtschaftskrise. Die Beschäftigung ist im freien Fall, sie wird 1933 auf dem Höhepunkt der Krise mit 1,6 Millionen um 500.000 niedriger liegen als 1928 – das ist ein Viertel in nur fünf Jahren –, und die Arbeitslosigkeit wird dann mehr als 500.000 betragen, sodass dann auf drei Österreicher, die Arbeit haben, einer kommt, der arbeitslos ist.

Frankreich verhindert die Zollunion trotzdem. Und macht damit klar, dass auch mehr als ein Jahrzehnt nach dem Ende des Krieges an eine Zustimmung der Sieger von 1918 zu keiner Form der Annäherung zwischen Deutschland und Österreich zu denken ist – geschweige denn an einen Zusammenschluss. Den wird es nur geben, wenn er ohne und notfalls gegen die Sieger von gestern gemacht wird. Jetzt muss sich nur noch jemand finden, dem man das zutraut.

Noch ist der nicht in Sicht. Aber die Methoden, mit denen man erreichen könnte, was durch Verhandeln nicht zu erreichen ist, gibt es schon. Es sind die Methoden der Gewalt zur Durchsetzung politischer Ziele, und die sind inzwischen europaweit Normalität.

Das ist eine Folge des Ersten Weltkriegs. Er hat Europa von Grund auf umgestürzt, mehr als das eine Revolution je vermocht hätte. Danach ist nichts mehr so wie vorher. Und nichts ist mehr sicher. Die alte Ordnung ist tot, die traditionelle, für unverrückbar gehaltene Werteordnung obsolet, die anscheinend fest gefügte, in Klassen geschichtete Gesellschaft atomisiert, Wohlhabende sind arm geworden und aus dem Nichts gekommene Geschäftemacher reich. Majestäten sind verjagt, Republiken ausgerufen, die bisher mit einer Mischung aus Geringschätzung und Furcht betrachtete Arbeiterschaft zu einem wichtigen Mitspieler in Politik und Gesellschaft geworden, der Sozialismus steht auf der politischen Agenda und der Kommunismus ist nicht länger eine verstiegene Utopie intellektueller Kaffeehausverschwörer, sondern bedrohliche politische Realität.

Der Erste Weltkrieg ist das Urtrauma des 20. Jahrhunderts.

Der Schock sitzt tief bei vielen, die aus dem Krieg heimgekommen sind und sich mit diesen Verhältnissen nicht abfinden wollen. Und sehr viele von ihnen sind bereit, aktiv zu werden und gegen diese Verhältnisse etwas zu unternehmen. Dass es die alte Ordnung nicht mehr gibt, ist ja ein Beweis dafür, dass Veränderungen, auch radikale, möglich sind, wenn man nur weiß, was man will – oder auch, was man nicht will. Wie das geht, hat sie der Krieg gelehrt. Und sie finden nichts dabei, die Methoden, die sie im Krieg kennengelernt und praktiziert haben, auch anzuwenden, wenn es darum geht, ihre Vorstellungen von der rechten Ordnung in Politik und Gesellschaft im Inneren durchzusetzen. Das Clausewitz'sche Diktum vom Krieg als Fortsetzung der Politik mit anderen Mitteln bekommt einen weiteren Anwendungsbereich. Der Krieg wird jetzt auch zur Fortsetzung der Innenpolitik mit anderen Mitteln. Landsknechtsfiguren halten mit ihrem Anhang das Nachkriegseuropa in Atem und Intellektuelle träumen von der Überwindung der gleichmacherischen Massengesellschaft – notfalls mit Gewalt. Wie bei Intellektuellen üblich, hat da jeder seine eigenen Vorstellungen. Aber in Zeiten, in denen viel von Revolution die Rede ist, gefällt ihnen für das, was sie wollen, ein einprägsames Etikett, das Hugo von Hofmannsthal erfunden hat: die Konservative Revolution.

Ihre Befindlichkeit, jedenfalls die der Jüngeren unter ihnen, die sich die Frontgeneration nennen, hat keiner so treffend auf den Punkt gebracht wie Ernst von Salomon, Geburtsjahrgang 1902, Bürgersohn, Leutnant und Freikorpskämpfer für Deutschland im Baltikum und in Schlesien und für die Beteiligung am Attentat auf den deutschen Außenminister Walther Rathenau mehrjähriger Gefängnisinsasse. Rückblickend schreibt er 25 Jahre später: „Natürlich gehörte Karl Marx zur Lektüre meiner Haftjahre. Natürlich hatte ich nichts von ihm verstanden, und ebenso natürlich glaubte ich, alles verstanden zu haben. Ich wusste wirklich nichts mehr davon, als dass ich zu begreifen glaubte, dass hier der Arbeiterklasse eine Lehre angeboten war, die alle Aussicht hatte, politische Wirklichkeit zu werden. Aber ich gehörte nicht zur Arbeiterklasse. Ich gehörte zu einer Klasse oder glaubte wenigstens, die Diktion annehmend, zu ihr zu gehören, welcher Karl Marx keine andere Chance bot, als abgelöst zu werden, zu verschwinden, je eher desto besser. Die Lektüre von Karl Marx, dies, glaube ich, blieb ihr anhaltendes Ergebnis, löste in mir das Gefühl des Bedauerns aus, dass die Klasse, in die ich so kategorisch verwiesen war, nicht ein gleiches Konzept von so eindringlicher Größe und Hoffnung und eine gleiche Methode des Denkens von so logischer Schärfe und Genauigkeit besaß. Der Gedanke, dass diese meine Klasse vielleicht ein solches Konzept und eine solche Methode des Denkens nicht verdiente, dass sie ihrem Wesen nach Konzept und Methode gleicher oder ähnlicher Art gar nicht erzeugen konnte, mochte erst in jenem Augenblick für mich bedeutsam geworden sein, als sie sich kontinuierlich und progressiv auflöste und aus ihrem Schoß die Klasse der Deklassierten entließ – die Klasse der Deklassierten mochte wohl die einzige Klasse sein, welche ein wirkliches Interesse an der Überwindung des Klassenkampfes hatte. Sie verfügte weder über Besitz noch über Organisation. Sie schien mir im Begriff, beides zu erwerben."

Das alles gilt auch für Österreich. Auch hier kommen die Soldaten nach Hause und finden die Verhältnisse der neuen Zeit vor, auch hier gibt es für viele keinen Platz in der Gesellschaft, den sie akzeptieren können, und auch hier lockt die Vorstellung, dass man eben mit Gewalt Zustände herstellen könnte, die Schluss machen mit dem, was man für eine gefährliche Verirrung hält: Missachtung der traditionellen Werte, Verdrängung der Religion aus dem öffentlichen Raum, als Gleichmacherei empfundene Demokratisierung der Gesellschaft, Klassenkampf.

Im Wiener Philosophen und Professor der Nationalökonomie Othmar Spann finden sie ihren Propheten. „Der wahre Staat" – so der Titel seines Hauptwerkes – ist eine Absage an den Liberalismus des 19. wie an das sozialistisch-kommunistische Gesellschaftsmodell des 20. Jahrhunderts. Für Othmar Spann ist das Grundübel der moderne Individualismus, der Bindungslosigkeit und Egoismus propagiert und zur Spaltung des Volksganzen in Parteien und Klassen führt. In Othmar Spanns wahrem Staat dagegen ist der Einzelne organischer Teil einer harmonisch in Berufsständen gegliederten Gesellschaft. Die Flucht in eine romantisch verklärte Vergangenheit als Therapie für eine kranke Gegenwart. Adam Heinrich Müller und Carl Ludwig von Haller lassen grüßen.

Und die Deklassierten und Desorientierten organisieren sich. Die verabschiedeten Offiziere sammeln sich im „Frontkämpferbund Deutschösterreichs". Wichtiger, weil zahlenmäßig weit stärker ist die Heimwehr. Die hat sich aus lokalen Orts-, Flur- und Bauernwehren entwickelt, die in den letzten Kriegstagen das Dorf vor Plünderungen und Ausschreitungen marodierender Soldaten schützen sollten und sich danach besonders in Kärnten, mancherorts aber auch in der Steiermark an den Kämpfen um die österreichische Südgrenze beteiligten. Generell ändern sich Wesen und Zweck dieser spontan entstandenen Selbsthilfeorganisationen, als die Gefahr der plündernd durchziehenden Soldaten vorüber und der Kampf um die Südgrenze entschieden ist. Jetzt geht es nicht mehr nur um Ordnung im eigenen Dorf. Jetzt ist es das Missfallen über die umstürzlerischen Vorgänge in den Städten, das es geraten sein lässt, weiter die Waffen bereitzuhalten für den Fall, dass jemand versuchen sollte, die Revolution in das Bauernland zu tragen. Bald bemühen sich Politiker des rechten politischen Spektrums, die einzelnen Gruppen in größeren Verbänden unter dem Kommando arbeitsloser Offiziere zusammenzufassen, um aus ihnen eine bewaffnete Truppe für den innenpolitischen Kampf zu machen.

Wichtig werden die Heimwehren nach dem 15. Juli 1927. Am Tag davor hat ein Geschworenengericht im sogenannten Schattendorfprozess drei Angeklagte, die des Mordes an zwei Teilnehmern an einem sozialdemokratischen Aufmarsch beschuldigt wurden, freigesprochen. Eine Protestdemonstration gegen diesen Freispruch in Wien gerät außer Kontrolle; eine aufruhrähnliche Situation entsteht, der Justizpalast geht in Flammen auf, bei Polizei und Demonstranten gibt es Tote und Verletzte. Jetzt sieht das bürgerliche Österreich, voran die christlichsozial-großdeutsche Koalitionsregierung des Ignaz Seipel, in der Heimwehr die Privatarmee, die die überkommenen Werte und die bürgerliche Ordnung gegen die Sozialdemokratie verteidigen soll. Die Heimwehr wird nun für einige Jahre ein sehr präsenter – häufig auch überschätzter – Spieler auf der politischen Szene Österreichs.

Kein guter Spieler, weder für Österreich noch für sich selbst; und kein verlässlicher. Das liegt an den Führern, aber auch daran, dass es die Heimwehr als einheitliche, geschlossene Formation nicht gibt, sondern nur eine lose, durch politische Alleingänge und Eifersüchteleien der Führer gefährdete Gemeinschaft von regionalen Verbänden ist, die sich

„Tiroler Heimatwehr", „Selbstschutzverband Salzburg", „Heimatschutzverband Kärnten", „Selbstschutzverband Steiermark" oder „Steirischer Heimatschutz" nennen. Die einzelnen Verbände haben ihre Basis in den Ländern, und das regionale politische Klima prägt auch den jeweiligen Heimwehrverband.

Waffen besitzen sie. Die sich auflösende Armee des alten Österreich hat überall Waffendepots zurückgelassen und viele Bauern, die die Fußtruppen der Heimwehr bilden, haben ihr Gewehr zu Hause. Und dann gibt es Waffen auch aus dem Ausland, aus Bayern, Ungarn und Italien, wenn sich die Waffenlieferanten davon für sich etwas versprechen.

Programm haben sie keines, wenn man von einem diffusen Gefühlskonservativismus, der emotionalen Demokratiefeindlichkeit und einer latenten Gewaltbereitschaft absieht. Wer mehr geistiges Rüstzeug braucht, der hat ja Othmar Spann.

Und natürlich sind sie großdeutsch. Nicht alle mit der gleichen Intensität und nicht alle zu allen Zeiten. Noch immer gilt – und nicht nur, aber eben auch für die Heimwehr –, dass es Deutsche, Deutschere und Deutscheste gibt.

Am konsequentesten sind darin die Heimwehren der Grenzländer Steiermark und Kärnten. Sie stehen voll in der Tradition der Volkstumskämpfe aus den Tagen der Monarchie und der ersten Nachkriegszeit. Ihr Deutschtum ist radikal und ihr Ideal von Großdeutschland kompromisslos. In der starken steirischen Heimwehr, seit 1924 Heimatschutzverband Steiermark, kurz Steirischer Heimatschutz genannt, gibt der Judenburger Rechtsanwalt Walter Pfrimer den Ton an. Bis gegen Ende der Zwanzigerjahre bildet er mit dem eher katholisch-österreichisch ausgerichteten Tiroler Landesleiter Richard Steidle die Bundesspitze der österreichischen Heimwehr. Walter Pfrimers Operettenputsch im September 1931, wenige Tage nach dem Aus des Zollunionsprojektes und mitten in der allgemeinen Empörung darüber, schlägt fehl und bleibt eine Episode. Dauerhaft ist die Linie Pfrimers und des Steirischen Heimatschutzes, auch als ihm als dessen Chef im Mai 1932 Konstantin Kammerhofer nachfolgt, in der Anschlussfrage, der zunehmenden Kritik an dem ab Beginn der Dreißigerjahre proitalienischen, österreichisch-traditionalistischen Kurs der Bundesführung bis zum Bruch mit ihr und der Nähe zu den Nationalsozialisten.

Das Verhältnis von Heimwehr und Nationalsozialisten ist von Anfang an ein ambivalentes. Beide rekrutieren ihren Anhang aus demselben

Bevölkerungssegment, beide sind antiliberal, antiparlamentarisch und antimarxistisch, gewaltbereit, natürlich auf den Anschluss an Deutschland fixiert und antisemitisch.

Die Österreicher entdecken ihren Landsmann

Das ist eine passende Stelle für einen wichtigen Einschub. So wie die österreichische Geschichte bis 1945 nicht zu verstehen ist, wenn man vergisst, dass sich die Österreicher als Deutsche fühlten, so übersieht man ein wichtiges Element, wenn man nicht die Bedeutung des ubiquitären Antisemitismus im Auge behält. Den hat es schon vor dem Krieg gegeben und der ist seither noch stärker geworden. Auch das ist Ausdruck der Traumatisierung der Gesellschaft durch Krieg und Zusammenbruch. Aber es kommt noch etwas dazu.

Die Erschütterungen des Ersten Weltkriegs hatten eine Flut verarmter jüdischer Immigranten zur Folge. Galizien und Bukowina, in denen bis zum Krieg viele Juden gelebt hatten, wurden zum Kriegsschauplatz und große Teile davon in den ersten Kriegsjahren von Russland erobert. 340.000 Juden flohen vor den Kämpfen und aus Furcht vor den russischen Pogromen in die Zentren Österreich-Ungarns. 125.000 kommen nach Wien. Nach dem Krieg bleibt ungefähr die Hälfte von ihnen in Österreich, vor allem in Wien. Zu den rund 175.000 Wiener Juden der Vorkriegszeit sind rund 50.000 hinzugekommen. 1923 beträgt der Anteil der Juden an der Wiener Bevölkerung 10,8 Prozent. Die bettelarmen Ostjuden, wie sie im Wiener Jargon heißen, die sich auf wenige Wohngebiete konzentrieren – 50 Prozent der Wiener Juden leben im 1., 2. und 9. Bezirk –, werden als fremdartig und bedrohlich empfunden, unerwünschte Eindringlinge in einer schweren Zeit. Der großdeutsche Innen- und Justizminister Leopold Waber handelt da ganz im Sinn der öffentlichen Meinung, wenn er versucht, mit der sogenannten „Waber'schen Optionspraxis" den Ostjuden den Erwerb der österreichischen Staatsbürgerschaft unmöglich zu machen und sie auf diese Weise womöglich wieder los zu werden.

Das ist die eine Seite des Antisemitismus. Der Antisemitismus macht sich aber noch an einem anderen Punkt fest. Was sich schon in der Vorkriegszeit abgezeichnet hat, ist jetzt unübersehbar: Der Anteil der Juden in den Intelligenzberufen mit hohem Sozialprestige oder Bekanntheitsgrad – Rechtsanwälte, Ärzte, Universitätsprofessoren, Journalisten – macht ein Mehrfaches ihres Anteils an der Gesamtbevölkerung aus. Mehr als 50 Prozent der Rechtsanwälte, Ärzte und Zahnärzte sind Juden, bei den Apothekern sind es 33 Prozent. Das erweckt Neid und den Verdacht, dass dies das Ergebnis bewusster Förderung der Juden untereinander ist.

In Wirklichkeit gibt es dafür zwei einleuchtende Erklärungen. Die eine ist, dass Juden, auch arme, ihre Kinder in Gymnasien und auf Universitäten schicken, während andere Eltern aus den Unterschichten ihren Kindern nur in ganz seltenen Ausnahmefällen eine Schulausbildung über die Pflichtschule hinaus ermöglichen. Weil das für das Thema Antisemitismus wichtig ist, dazu ein paar Zahlen.

Schon 1914 waren rund ein Drittel der Wiener Gymnasiasten und ein Viertel der Studenten der Wiener Universität Juden – bei einem Bevölkerungsanteil von damals deutlich unter zehn Prozent. Im Studienjahr 1923/24 studieren 17 Prozent der 18- bis 22-jährigen Juden an der Universität; unter den Nichtjuden dieser Altersgruppe sind es drei Prozent. 61 Prozent der Juden im entsprechenden Alter besuchen ein Gymnasium oder eine andere höhere Schule; die Vergleichszahl der Nichtjuden beträgt 18 Prozent. Es ist also kein Wunder, dass es schließlich weit mehr jüdische Maturanten und Akademiker gibt als ihrem Bevölkerungsanteil entspricht.

Und da setzt der zweite Teil der Erklärung ein: Der öffentliche Dienst, ein Hauptabnehmer für den Ausstoß der Mittelschulen und Universitäten, bleibt den Juden meist verschlossen. Sogar im sozialdemokratisch regierten Wien, wo ihr Anteil an der Bevölkerung über der Zehn-Prozent-Marke liegt, stellen die Juden nur 3,4 Prozent der Beamten.

Dass Juden im Allgemeinen in den von großdeutschen und christlichsozialen Akademikern beherrschten öffentlichen Dienst nicht aufgenommen werden, führt zwangsläufig zu einer Konzentration jüdischer Akademiker in den freien Berufen, die für diejenigen, die die Zusammenhänge nicht sehen, unerklärlich ist.

Kein Zweifel, in der Tradition Schönerers gehört der Antisemitismus zum integralen Bestandteil deutschnationaler Weltanschauung. Aber die Deutschnationalen sind damit nicht allein. Die Christlichsoziale Partei pflegt seit Luegers Zeiten ihren Antisemitismus, der sich jetzt, da viele

Führer der Sozialdemokratie Juden sind, auch für politische Zwecke nutzen lässt. Aber auch die Sozialdemokraten spielen mit dem Antisemitismus, wenn sie – etwa auf ihren Wahlplakaten – die bösen Kapitalisten mit den damals als gängigstes jüdisches Merkmal gebrauchten gebogenen Nasen darstellen oder die „Arbeiter-Zeitung" Seipel als „Marionette der Juden" hinstellt, der Österreich der „Sklaverei des internationalen jüdischen Kapitals" ausliefert.

Wir waren bei Nationalsozialisten und Heimwehr. Bei ihren vielen Gemeinsamkeiten liegt es nahe, zusammenzugehen, weil man ja schließlich dasselbe will. Aber es bedeutet auch Konkurrenz und Rivalität um das Potenzial, das für die eigene Politik zu mobilisieren ist und der eigenen Organisation Gewicht und eine politische Rolle verschaffen soll. Außerdem gibt es bei aller Übereinstimmung auch Unterschiede. Die Nationalsozialisten sind in allem, worin sie mit der Heimwehr übereinstimmen, radikaler und konsequenter; von der Gewaltbereitschaft bis zum Antisemitismus. Und zumindest Teile der Heimwehr sind betont österreichisch und lösen sich nicht von einer konservativ-katholischen Grundeinstellung.

In den ersten Nachkriegsjahren sind die österreichischen Nationalsozialisten ebenso eine politische Randerscheinung wie die frühe Heimwehr. Bei den Wahlen zur verfassungsgebenden Nationalversammlung im Februar 1919 kommen sie nur auf einen Stimmenanteil von enttäuschenden 0,78 Prozent. Allerdings ist das Ergebnis in den Städten besser und es gibt positive Ausreißer: In Salzburg können sie sich über einen Stimmenanteil von 13,75 Prozent freuen. Für Mandate in der Nationalversammlung reicht das freilich bei Weitem nicht. Aber nach einer Phase der Konsolidierung, in der der Mitgliederstand wächst und Versammlungen abgehalten werden, gibt es in den stürmischen Zeiten der Not und der Ungerechtigkeiten der Nachkriegsordnung zeitweise Achtungserfolge bei Regionalwahlen. Der sichtbarste: 1923 bei den Gemeinderatswahlen in Linz immerhin zwei Sitze im Gemeinderat. Das ist der Höhepunkt der politischen Karriere Riehls. Sehr bald wird alles anders. Und das hat er sich selbst eingebrockt.

Im Frühjahr 1918 hat die Partei den Anschluss der deutschsprachigen Gebiete des alten Österreich an Deutschland gefordert und die Hoffnung darauf hat sie auch nach den Friedensverträgen nicht aufgegeben. Da sollte man, meinte Riehl, schon im Vorgriff darauf beisammenbleiben, auch wenn man jetzt auf drei Staaten verteilt ist. Riehl hat zu diesem Zweck in Wien ein Verbindungsbüro eingerichtet, dem zunächst nur die österreichische und die tschechoslowakische Partei angehört haben. Riehl wollte aber auch eine deutsche Partei gleicher Ausrichtung in die vom Verbindungsbüro koordinierte Gemeinschaft einbeziehen.

Nun war unter den vielen Parteien, die in dieser aufgeregten Zeit gegründet wurden, auch eine im Jänner 1918 in München gegründete, die sich Deutsche Arbeiterpartei nannte. Um die bemühte sich Riehl, schickte ihr das Programm der österreichischen Partei und drängte sie, um die Zusammengehörigkeit herauszustellen, sich so wie die österreichische und die sudetendeutsche Partei zusätzlich „nationalsozialistisch" zu nennen. Das war schließlich auch geschehen. Ab 1920 führte auch die Deutsche Arbeiterpartei den Nationalsozialismus in ihrer Bezeichnung, allerdings stand bei ihr das „Nationalsozialistische" am Anfang: NSDAP statt DNSAP.

Auch Riehls Verbindungsbüro treten die Deutschen bei. Bei einem Treffen der drei Parteien in Salzburg wird vereinbart, einander im politischen Kampf für die gemeinsamen Ziele zu unterstützen. Im Rahmen eines Redneraustausches tritt Hitler wiederholt bei Versammlungen in Österreich auf, und man schreibt wechselseitig in der Parteizeitung der anderen, Riehl im „Völkischen Beobachter" der Deutschen, Hitler in der „Deutschen Arbeiter-Presse" der Österreicher. Riehl und Hitler sind jetzt Duzfreunde.

Der Frieden dauert nicht lange. Seit dem Sommer 1921 hat Hitler, inzwischen unter den Nationalsozialisten in Deutschland wie in Österreich als begnadeter Redner und Garant für überfüllte Versammlungslokale allenthalben bewundert und verehrt, in der deutschen Partei unbeschränkte Macht- und Entscheidungsbefugnisse. Bei einem Treffen der nationalsozialistischen Parteien im August 1923, wieder in Salzburg, verlangt er ein Gleiches auch von der österreichischen. Riehl widersetzt sich. Er will an der Autonomie der österreichischen Partei und den traditionellen Strukturen mit Wahlen und Mehrheitsentscheidungen festhalten. Außerdem missfällt ihm Hitlers Stil und Radikalismus. Der Streitpunkt, um den es in Salzburg konkret geht, ist die Frage einer Beteiligung der österreichischen Nationalsozialisten an den bevorstehenden Nationalratswahlen. Die Großdeutsche Partei hat Riehl ein Wahlbündnis angeboten, und das heißt eine Chance auf Mandate – nach den bisherigen Erfahrungen die einzige. Aber Hitler ist dagegen. Sehr zum Unterschied zu später will er mit dem Parlamentarismus nichts zu tun haben; er ist ja gerade dabei, einen Putsch vorzubereiten, mit dem er in Deutschland an die Macht kommen will. Hitler setzt sich durch. Riehl wird von seinen eigenen Leuten überstimmt. Seine Zeit als der Mann, der der österreichischen Partei die Richtung vorgibt, ist abgelaufen.

Die Partei ist nicht mehr dieselbe wie vor dem Krieg. Damals war sie eben tatsächlich eine Arbeiterpartei, deren Führer sich ernsthaft einen Sozialismus – wenn auch besonderer Art – wünschten. Noch in den ersten Nachkriegsjahren haben Gattermayer und Jung versucht – neben dem unvermeidlichen Antisemitismus –, explizit sozialistische Standpunkte wie den Klassenkampf im Parteiprogramm festzuschreiben. Viele Parteimitglieder gehörten noch den 1923 rund 45.000 Mitglieder zählenden völkischen Gewerkschaften an.

In der Nachkriegszeit kommen Mitglieder von ganz anderem Zuschnitt in die Partei. Angehörige der jüngeren Generation, die im Krieg gewesen und von den Erlebnissen des Krieges und der Nachkriegszeit traumatisiert sind wie die ganze Gesellschaft. Ihr Milieu sind der Frontkämpferbund, die deutschen Turner und die Burschenschaften. Die Extremposition der Nationalsozialisten, was den Anschluss und die Agitation gegen das Unrecht von Versailles und St. Germain betrifft, hat sie angezogen. Dass die Partei sozialistische Ideale hat, haben sie nicht registriert, und auch ihre traditionell demokratische Struktur sagt ihnen nichts. Der, den sie als ihren Führer ansehen, ist ohnehin nicht Riehl, sondern Hitler, über den Riehl in der „Deutschen Arbeiter-Presse" schreibt, dass „der Name des gewaltigen Redners und Führers Adolf Hitler über die Bedeutung anderer Parteiführer weit hinausgewachsen" ist. Und der imponiert ihnen mit seinem diktatorischen Gebaren, weil sie seine Verachtung für alles, was nach Bürgerlichkeit und Demokratie aussieht, von Herzen teilen. Die neuen Funktionäre der Partei aus ihrem Kreis haben Riehl zu Fall gebracht. Verärgert tritt er als Vorsitzender zurück. Er tritt aus der DNSAP aus und gründet eine Gegenorganisation, die er Deutschsozialer Verein nennt.

Hitler kann den Sieg über Riehl und die Unterwerfung der österreichischen Partei zunächst nur kurze Zeit auskosten. Knappe drei Monate später, am 8. November 1923, startet er seinen Putsch, der kläglich zusammenbricht und Hitler eine Zeit lang aus dem Verkehr zieht. Ein ihm sehr wohlwollendes Gericht verurteilt ihn für den Versuch, gewaltsam die Regierung zu stürzen, zu fünf Jahren Festungshaft – eine Art besserer Hausarrest im Gefängnis in Landsberg am Lech. Nach etwas mehr als einem Jahr ist er wieder frei; die Weihnachtsamnestie macht's möglich.

Während Hitler in Landsberg einsitzt, beteiligten sich die österreichischen Nationalsozialisten am liebsten Spiel der deutschnationalen Szene, dem Kampf untereinander. Ihre gemeinsame Feindschaft gegen die als zu demokratisch und zu bürgerlich verachtete Großdeutsche Volkspartei führt Nationalsozialisten und den unverwüstlichen Karl Hermann Wolf, dessen Minipartei jetzt Deutsche Nationalpartei heißt, zusammen. Mit der Freilassung Hitlers aus der Haft kommt dann der Spaltpilz in die österreichische Partei selbst. Der Anlass: Hitlers alte Forderung absoluter Kommandogewalt über die österreichische Partei. Karl Schulz, der nach Riehl Parteivorsitzender geworden ist, und mit ihm die älteren Funktionäre weigern sich, auch weil sie, die immer noch ihren alten sozialistisch gestimmten Idealen nachhängen, Hitlers Kurs nach scharf rechts nicht folgen wollen. Außerdem fällt ihnen jetzt auf, dass Hitler, dem kein von Deutschen bewohnter Fleck auf der Erde zu klein ist, um ihn für sein Großdeutschland zu reklamieren, nach dem Sieg des Faschismus in Italien großzügig auf Südtirol verzichtet hat – aus Sympathie für den italienischen Faschismus, weil er von Mussolini dafür Geld bekommen hat oder aus beiden Gründen. Eine nationale Todsünde, die auch alle Konkurrenten in ihrer Agitation gegen Hitler und die Nationalsozialisten weidlich ausschlachteten.

Hitler weiß sich zu helfen. Unter den jungen Mitgliedern der DNSAP findet er genügend Aktivisten, die nichts von Sozialismus und Gewerkschaften wissen wollen und an ihn glauben, weil seine politischen Vorstellungen die ihren sind. Ihre Wortführer sind der Eisenbahner Alfred Proksch, der ehemalige Hauptmann Josef Leopold und der aus Kärnten stammende Mittelschullehrer Richard Suchenwirth, der eigentlich Suchanek heißt, aber seinen Namen geändert hat, weil er ihm für einen Kämpfer für die deutsche Sache zu slawisch war.

Nach gegenseitigen Parteiausschlüssen gibt es die Partei jetzt doppelt: die Schulz-Partei der alten Richtung und die Partei der Freunde von Leopold, Proksch und Suchenwirth, die sich jetzt „NSDAP-Hitler-Bewegung" nennen darf. Die Folge: Die nationalsozialistische Szene versinkt in Dauergezänk, gelegentliche Handgreiflichkeiten eingeschlossen. Wiedervereinigungsversuche scheitern. Bei den Nationalratswahlen 1927 versucht es die Schulz-Partei als politischer Trittbrettfahrer auf der von Ignaz Seipel gegen die Sozialdemokraten organisierten Einheitsliste; wie Riehl – beide ohne Erfolg. Der Hitler-Bewegung geht es nicht besser. Sie kandidiert allein und bringt es auf klägliche 27.000 Stimmen. Trotz gelegentlicher Auftritte nationalsozialistischer Größen aus Deutschland als Versammlungsredner – Hitler selbst kann nicht nach Österreich kommen, seit seinem Putsch hat er in Österreich Einreiseverbot – und Krawalle ist der Nationalsozialismus noch eine Randerscheinung der österreichischen Politik.

Das ändert sich mit dem spektakulären Aufstieg des Nationalsozialismus in Deutschland am Ende der Zwanzigerjahre. Für diesen Aufstieg brauchen sie nur zwei Jahre. Davor war die NSDAP auch in Deutschland eine wenig beachtete Partei am äußersten rechten Rand des politischen Spektrums. Im deutschen Reichstag besetzte sie seit 1928 12 der insgesamt 491 Mandate. 1929 kommt die Weltwirtschaftskrise. Und 1930 ziehen nach vorgezogenen Wahlen 107 Nationalsozialisten in den deutschen Reichstag ein. Die NSDAP ist dort jetzt die zweitstärkste Partei. Aggressiv und propagandawirksam wie niemand zuvor, hat sie die Schuld an den unerfreulichen Verhältnissen dem Skandal der Pariser Vororteverträge von 1919 und dem unfähigen und in jedem Sinn korrupten „System" zugeschrieben; ohne zu vergessen herauszustreichen, dass dieses „System" von Juden unterwandert und beherrscht sei. Und hat damit offenbar viele angesprochen, die die Folgen des Weltkrieges wirtschaftlich und gesellschaftlich deklassiert haben oder die jetzt Opfer der Wirtschaftskrise geworden sind.

Jetzt wird man in Österreich auch außerhalb des kleinen Häufleins der Hitler-Anhänger auf diese Partei aufmerksam. Die einfachen Erklärungen für Probleme, die die meisten nicht durchschauen, das Versprechen radikaler Lösungen und ein neuartiger, bisher unbekannter Aktionismus der politischen Inszenierungen, die Aufsehen erregen und für viele ein emotional bewegendes Aufgehen in einer größeren Gemeinschaft bieten, bedienen Frustrationen wegen der persönlichen Lebenssituation, Rachegelüste für das Unrecht der Friedensverträge und Existenzängste in einer offenbar aus den Fugen geratenen Welt. Und ganz oben auf dem Programm der Nationalsozialisten steht der Traum, den so viele Österreicher seit so langer Zeit geträumt haben und der immer wieder enttäuscht worden ist: der Anschluss Österreichs an das Deutsche Reich. Gleich am Beginn, im zweiten Satz von „Mein Kampf", seinem programmatischen Ziel- und Welterklärungsbuch, schreibt Adolf Hitler von den „zwei deutschen Staaten, deren Wiedervereinigung mindestens uns Jüngeren als eine mit allen Mitteln durchzuführende Lebensaufgabe erscheint." Und als Programm, vor allem anderen, wovon auf diesen fast 800 Seiten dann noch die Rede ist: „Deutschösterreich muss wieder zurück zum großen deutschen Mutterlande." Das hören in Österreich viele gern und laufen zu ihm über.

Zunächst in großer Zahl die Jungen, Mittelschüler und Studenten ebenso wie Polizisten und Soldaten. Zur Verheißung des größeren, einigen Vaterlandes kommt für sie einiges hinzu. Ihnen imponiert die zupackende Art des Nationalsozialismus, die Entschlossenheit, mit der er auftritt und damit auf Lösungen hoffen lässt, was in ihren Augen so vorteilhaft von der Umständlichkeit und Betulichkeit des öffentlichen Lebens und der Ineffizienz bei der Behandlung politischer Angelegenheiten durch die ergraute Führungselite Österreichs absticht. Auch für sie sind die Ideen der Konservativen Revolution und die Lehren von Othmar Spann Orientierungshilfen, sie glauben, dass der Nationalsozialismus die überkommenen Werte mit den Anforderungen der neuen Zeit vereinen und die Gesellschaft nach den Zeiten von Klassenkampf und wirtschaftlichem Egoismus in die Harmonie eines neu aufgestellten Großdeutschland führen wird, die die Nationalsozialisten die Volksgemeinschaft nennen. Dass, um dieses Ziel Wirklichkeit werden zu lassen, auch gröbere Methoden angewendet werden würden, stört sie nicht. Sie haben gesehen, dass seit dem Krieg Gewalt zur Erreichung politischer Ziele ein allgemein angewandtes Mittel ist, und halten das für legitim. Dafür verzichten sie leichten Herzens auf Werte wie persönliche Freiheit, Schutz der Interessen des Einzelnen durch den Rechtsstaat und parlamentarische Demokratie.

Vorbilder haben sie genug in der näheren und weiteren Umgebung. In Italien herrscht der Faschist Mussolini, in Spanien, Portugal, Ungarn, Jugoslawien, Rumänien, Polen und im Baltikum gibt es autoritäre Regime in verschiedenen Spielarten. Wer die Demokratie für eine untaugliche und möglicherweise überholte Form des politischen Zusammenlebens hält, ist also zu dieser Zeit kein Außenseiter; er kann sich eins fühlen mit dem Zeitgeist.

Studenten sind gewissermaßen die Speerspitze dieser Strömung, und aus deutschnationalen Burschenschaftern werden nationalsozialistische Aktivisten. Die Universitäten sind Hochburgen nationalsozialistischer Zurschaustellung und Agitation. Und oft genug springt der Funke von den Söhnen auf die Väter über, die in ihrer Jugend selbst – burschenschaftlich organisiert oder nicht – den Traum vom Reich aller Deutschen geträumt haben, bevor die Anforderungen der praktischen Lebensbewältigung – vielleicht im gehobenen Staatsdienst oder in der Wirtschaft – die Hitze ihrer nationalen Emotionen abgekühlt hatten.

Aber das gehobene Bürgertum ist nicht darauf angewiesen, dass die Söhne die Väter missionieren. Akademiker, Professoren, hohe Beamte, ehemalige Offiziere, die im Deutschen Klub, dem Österreichisch-Deutschen Volksbund oder in sonstigen Zirkeln des deutschen Volksrates verkehren, hatten immer nur darüber geredet, dass der Anschluss an Deutschland logisch, gerecht und wünschenswert wäre. Und jetzt ist da einer – und noch dazu ein Österreicher –, der in Deutschland erfolgreich ist und den Anschluss auf seine Fahnen schreibt. Warum soll man ihm nicht zutrauen, dass er endlich der Mann ist, der den alten Traum Wirklichkeit werden lässt?

Man musste freilich nicht in einem der prominenten politischen Klubs sein, um von einem neuen Leben im gemeinsamen Deutschland zu träumen. Auch viele Angehörige der Mittelschichten, Angestellte, Lehrer, Selbstständige und Beamte aller Kategorien ließen sich vom Nationalsozialismus beeindrucken. Und sein Anhang unter den Eisenbahnern hatte Tradition.

Weniger Eindruck macht der Nationalsozialismus – zumindest zunächst – auf die Arbeiterschaft und bei den Bauern. Sozialdemokratische Standfestigkeit bei den einen und katholischer Glaube bei den anderen mögen dabei ebenso eine Rolle spielen wie funktionierende politische Organisationen da wie dort. Aber im Lauf der Zeit treibt die Wirtschaftskrise sozialdemokratische Arbeiter, die arbeitslos sind, dem Nationalsozialismus zu, und die Resistenz der Bauern bröckelt in der Folge auch.

Die neue Situation entscheidet den Konkurrenzkampf zwischen Schulz-Partei und Hitler-Bewegung. Die Schulz-Partei, schon bisher unbedeutend, verdämmert langsam. Bis 1935 erscheint ihre „Deutsche Arbeiter-Presse“, pflegt weiter die Ideale von ehedem und bekämpft wütend Nationalsozialismus und Faschismus, die für sie Spielarten eines nach rechts gewendeten Bolschewismus sind. Dann verschwindet auch sie.

Der Hitler-Bewegung dagegen geben die neuen Verhältnisse mächtigen Auftrieb. Seit sie sich 1926 Hitler bedingungslos unterstellt hat, hat er sich kaum um sie gekümmert, weil er in Deutschland vollauf beschäftigt war. Er hat zwar eine Reihe von Landesleitern eingesetzt. Die sind nacheinander alle am Ehrgeiz und an der Streitsucht der Chefs der sechs, später sieben Gaue gescheitert, in die die Partei gegliedert ist und die die eigentliche Machtbasis der Partei abgeben. Nach seinem Wahltriumph in Deutschland und mit seiner dadurch gesteigerten Autorität macht Hitler in seiner österreichischen Partei Ordnung.

Riehl wäre wieder da. Er ist gleich nach der Reichstagswahl 1930 mit seinem Deutschnationalen Verein der Partei erneut beigetreten. Aber der kommt für Hitler nicht in Frage. Seine Freude über Riehls Wiedereintritt hält sich sehr in Grenzen. Alfred Frauenfeld, der Wiener Gauleiter, muss Hitler sogar extra versprechen, dafür zu sorgen, dass Riehl in der Partei keine Karriere mehr macht. Bald wird er aus der Partei wieder ausgeschlossen und nach dem Anschluss eine Zeit lang eingesperrt.

Frauenfeld selbst würde sich als Landesleiter anbieten. Er ist neben Walter Oberhaidacher in der Steiermark der erfolgreichste Gauleiter, organisiert Kundgebungen und schafft wenigstens Ansätze zu so etwas wie einer Massenorganisation. Aber eben deshalb ist er Hitler wohl zu eigenständig. Und außerdem hat er eine Abneigung gegen Wien, von dem er behauptet, dort gäbe es nur 800.000 Deutsche, der Rest wären „Tschechen, Juden und Pollaken". Da ist ihm das „rassenreine" Linz, als seine Heimatstadt ohnehin seine Lieblingsstadt in Österreich, als Sitz der österreichischen Landesleitung sympathischer. Dort amtiert als Gauleiter Alfred Proksch. Den macht er zum Landesleiter der österreichischen Partei und setzt ihm als Kontrolleur den Deutschen Theo Habicht als Landesgeschäftsführer, formal eine Sekretärsfunktion, später auch formell als Landesinspekteur der österreichischen NSDAP vor.

Habicht ist ein Vorgeschmack auf das, was die Österreicher nach dem Anschluss erwartet. Er ist ein Deutscher, der in Österreich das Kommando hat, ohne die österreichischen Verhältnisse zu kennen und sich auf sie gar nicht einlassen will; dementsprechend agiert er und schafft sich Feinde. Aber er bringt die österreichische Partei auf Vordermann. Er strafft ihren Aufbau und unterdrückt die Hahnenkämpfe der Gauleiter. Sturmabteilung – SA – und Schutzstaffel – SS – als Ordner, Schlägertrupps und als Sonderangebote für Aktivisten werden nach deutschem Vorbild jetzt organisiert. Und Habicht überzieht das Land mit einer Propagandaschlacht nach deutschem Muster, in der bei Kundgebungen fast alle Größen der deutschen Partei – mit Ausnahme von Hitler wegen dessen Einreiseverbots – auftreten. Alles zusammen – der Erfolg Hitlers in Deutschland, die neue, gestraffte Organisation der Partei in Österreich und der Propagandafeldzug – beginnt sich auszuwirken. Im Lauf des Jahres 1931 fährt die Partei bei Regionalwahlen bereits bemerkenswerte Erfolge ein.

Anschluss oder Zweiter deutscher Staat

Am 24. April 1932 wird in vier Bundesländern gewählt. Bei diesen Landtags- und Gemeinderatswahlen sind rund zwei Drittel der österreichischen Wähler wahlberechtigt. Nach der Wahl sieht die politische Landschaft völlig anders aus. Gegenüber der Nationalratswahl knapp eineinhalb Jahre vorher, bei der die Nationalsozialisten noch überhaupt kein Mandat geschafft haben, verfünffachen sie bei den Landtagswahlen ihre Stimmenzahl auf fast 340.000, Christlichsoziale und Sozialdemokraten verlieren je rund 50.000 Stimmen. Die Wähler der traditionellen Parteien der Großdeutschen und auch der Heimwehr haben diesmal nationalsozialistisch gewählt. Nur Walter Pfrimers Steirischer Heimatschutz hält sich gut. Bei den gleichzeitig abgehaltenen Gemeinderatswahlen in der Steiermark erhält er viermal so viele Stimmen wie die sonst überall so erfolgreichen Nationalsozialisten. Die steirischen Wähler lohnen ihm offenbar seine Opposition gegen die Politik der Heimwehrbundesführung und den großdeutschen Kurs, der sich auch in den Details kaum mehr von dem der Nationalsozialisten unterscheidet.

Die Auswirkungen sind dramatisch. Bisher gab es verlässliche Konstanten der österreichischen Innenpolitik, und diese Innenpolitik war eine Serie mit vielen Fortsetzungen, aber immer mit dem mehr oder weniger gleichen Ablauf. Da war der Grundkonflikt zwischen den Sozialdemokraten auf der einen und ihren Gegnern auf der anderen Seite. Diese Gegner waren das, was man „bürgerlich“ nannte, in den Städten die Mehrheit des Mittelstands und die katholischen Arbeiter sowie die Masse der Bauern auf dem Land. Unterhalb dieser Trennlinie gab es beim Mittelstand – Gewerbetreibenden, Akademikern, Lehrern und Beamten – und – zumindest in einigen Regionen – auch bei den Bauern die Sollbruchlinie zwischen konservativ-katholisch und liberal-deutschnational.

Das hat bis dahin für die österreichische Innenpolitik geheißen: bürgerliche Regierung im Dauerkampf gegen sozialdemokratische Opposition bei gelegentlichen Scharmützeln zwischen der konservativ-katholischen Mehrheit und der liberal-deutschnationalen Minderheit in der bürgerlichen Trutzburg. Da verweigerten dann Großdeutsche und Landbund von Zeit zu Zeit einzeln oder gemeinsam den Christlichsozialen die Gefolgschaft. Sie wehrten sich gegen die Umfärbung der Staatsbürokratie von Blau auf Schwarz, zeigten Neigung, in Fragen des religiösen Freisinns gemeinsame Sache mit den Sozialdemokraten zu machen, traten aus der Regierung aus oder bildeten gar – weil die Christlichsozialen Johann Schober, die Symbolfigur des deutschliberalen Bürgertums, aus dem Bundeskanzleramt intrigiert hatten – bei den Wahlen von 1930 als bürgerliche Konkurrenz zu den Christlichsozialen den Schober-Block. Aber die Umfärbung verhinderten sie am Ende doch nicht, zu gemeinsamen Abstimmungen der antiklerikalen Mehrheit kam es kaum jemals, Großdeutsche und Landbund kehrten in die Regierung zurück und machten erneut gemeinsam mit den Christlichsozialen Front gegen links; auch nach den Wahlen von 1930 bildeten Christlichsoziale und Schober-Block wieder gemeinsam die Regierung. So weit, so kalkulierbar. Bis zum 24. April 1932.

Danach ist alles anders. Jetzt vertreten nicht mehr zwei Parteien herkömmlicher bürgerlicher Art den freisinnig-deutschnationalen Teil der Österreicher, sondern eine Partei ganz anderen Zuschnitts, ganz auf der Höhe der Zeit antiparlamentarisch und antidemokratisch, jung und selbstbewusst. Die Politiker von Großdeutscher Partei und Landbund stehen da als Generäle, denen die Soldaten verloren gegangen sind. Als Mehrheitsbeschaffer für die Christlichsozialen haben sie spätestens nach den nächsten Nationalratswahlen ausgedient. Die Politik muss sich neu orientieren.

Die Christlichsozialen betrachten sich als die österreichische Staatspartei schlechthin. Seit dem Abebben der revolutionären Phase nach dem Ersten Weltkrieg haben sie Österreich regiert und wollen das weiter tun. Sie glauben ein Recht darauf zu haben, weil sie von der Richtigkeit ihres Weltbildes überzeugt sind. Ab jetzt gibt es aber zwei Fronten anstatt bisher nur einer. Außer dem alten Gegner Sozialdemokratie ist da jetzt ein neuer, womöglich gefährlicherer, weil vitalerer und aggressiverer. Und die Sekundanten sind ihnen abhandengekommen. Eine prekäre Situation für die Christlichsoziale Partei. Keiner ihrer alten Granden möchte sich da verschleißen. Ein Junger wird vorgeschickt: Engelbert Dollfuß, 39 Jahre alt.

Dollfuß ist ein Kind seiner Zeit, ein exemplarischer Angehöriger der Frontgeneration. Wenn er weiß, was er will, hat er mit den Mitteln, das zu erreichen, keine Probleme. Und er weiß, was er will. Er ist überzeugter Katholik und glaubt daran, dass der Katholizismus die Grundlage für das Zusammenleben in der Gesellschaft sein soll. Auf die Prozeduren des Regierens, mit denen das erreicht und gesichert wird, kommt es ihm nicht an, sondern auf das Ergebnis. Er ist kein gesellschaftsphilosophischer Theoretiker, sondern ein politischer Praktiker. Auch er kennt die Lehren Othmar Spanns und hat nichts dagegen, seine katholisch bestimmte Gesellschaft in etwa nach den autoritären Vorstellungen Spanns zu organisieren.

Die erste Regierung Dollfuß besteht aus Christlichsozialen, dem Landbund und der Heimwehr. Sie hat im Nationalrat nur eine Mehrheit von einer einzigen Stimme – 83 zu 82 –, aber nur dann, wenn auch die beiden Heimwehrabgeordneten, die aus dem Steirischen Heimatschutz kommen, für die Regierung stimmen. Das ist eine höchst unsichere Machtbasis.

Die Lage wird für Dollfuß noch ein Stück bedrohlicher, als Hitler am 30. Jänner 1933 deutscher Reichskanzler wird und die Nationalsozialisten in Deutschland die Macht übernehmen. Das erhöht noch einmal das Prestige der Nationalsozialisten und ihres Führers. Bei den einen stärkt es die Hoffnung, dass damit der Anschluss näher gerückt ist – und ebenso die Furcht vor nationalsozialistischer Gewalt, jetzt mit den Mitteln einer europäischen Großmacht, bei den anderen.

Dollfuß nimmt den Kampf auf. Geführt von ihm, sichert sich das katholisch-konservative Establishment, gestützt auf die Christlichsoziale Partei und die Heimwehr – der Landbund, der weder konservativ-katholisch noch autoritär, sondern großdeutsch-liberal und demokratisch ist und dem seine Wähler auch in Richtung Nationalsozialisten abhandengekommen sind, wird bald ausgebootet –, die Kontrolle über den Staat.

Die Geschäftsordnungspanne des Nationalrates am 4. März 1933 benützt die Regierung für das Regieren ohne Parlament und verhindert so drohende Neuwahlbeschlüsse. Und weil am 23. April 1933 Nationalsozialisten in Innsbruck bei Gemeinderatswahlen mit 41 Prozent der Stimmen zur stärksten Partei geworden sind, verschiebt die Regierung alle Wahlen auf unbestimmte Zeit. Die Innsbrucker Gemeinderatswahlen bleiben die letzten allgemeinen Wahlen bis zum Ende Österreichs 1938. Regiert wird ab jetzt mit Notverordnungen.

Außenpolitische Absicherung gegen das nationalsozialistische Deutschland sucht und findet Dollfuß bei Mussolini. Dass das innerösterreichisch bei seinem Regierungspartner Heimwehr diejenigen stärkt, die den italienischen Faschismus in Österreich kopieren wollen, nimmt er in Kauf. Er ist kein Faschist; aber so weit vom Faschismus entfernt sind seine politischen Positionen auch wieder nicht, dass ihn das stören müsste. Außerdem ist die Unterstützung der österreichischen Unabhängigkeit kein italienischer Alleingang: Frankreich und Großbritannien stehen darin auf einer Linie mit Italien. Noch 1935, auf der Konferenz von Stresa, werden sie das durch eine gemeinsame Erklärung noch einmal bekräftigen.

Nach und nach werden alle Parteien verboten, die Vaterländische Front als Staatspartei etabliert. Im Februar 1934 zerschlägt Dollfuß, gedrängt von seinem Protektor Mussolini, die Sozialdemokratie. Krönender Schlussstein ist die am 1. Mai 1934 verkündete autoritäre Verfassung für einen Staat, der eine Kombination sein soll von Othmar Spanns Ständeideologie und der katholischen Gesellschaftsphilosophie der Papstbulle „Quadragesimo anno“.

Dollfuß versucht erst gar nicht, den Österreichern einzureden, dass sie keine Deutschen wären. Dass die bisher weithin als zwingend angesehene Konsequenz daraus – sich dem Deutschen Reich anzuschließen – auf Sicht dennoch kein Ziel sein soll, begründet er mit der gegenwärtigen politischen Konstellation. Daraus wird eine besondere Staatsideologie. Demnach ist die Bestimmung Österreichs als „zweiter deutscher Staat“, das wahre Deutschtum zu bewahren und über die Zeit hinüberzuretten, in der es in Deutschland, dem ersten deutschen Staat, verraten und unterdrückt wird. Und – es ist eine katholisch-konservative Sicht – der zweite deutsche Staat knüpft an die Traditionen des alten Österreich, der 500-jährigen Vormacht in Deutschland, an; da passt es den Österreich regierenden katholischen Spann-Jüngern gut, dass man mit den Institutionen und Ideologien der Republik von 1918 auch gleich ihre Symbole entsorgen kann. Die Haydn-Melodie ist schon 1930 wieder die österreichische Hymne geworden – diesmal ist der Textdichter der katholische Priester und überzeugte Deutschnationale Ottokar Kernstock. Jetzt werden auch der Doppeladler und die k. u. k. Uniformen wieder eingeführt. So aufgestellt, will Dollfuß sich der Auseinandersetzung mit dem Nationalsozialismus widmen.

Der reagiert mit der ihm eigenen Brutalität. Nach dem Wahlerfolg vom 24. April 1932 haben sich die Nationalsozialisten gute Chancen ausgerechnet, in Österreich über Wahlen an die Macht zu kommen. Beide große Parteien haben nach Hitlers Machtübernahme in Deutschland den Anschluss aus ihren Programmen gestrichen, weil das eine Selbstauslieferung an den Nationalsozialismus wäre. Jetzt sind die Nationalsozialisten die einzige ernst zu nehmende politische Formation, deren Ziel der Anschluss an Deutschland ist. Das macht sie zum politischen Hoffnungsträger für alle, die im Anschluss das wichtigste politische Ziel sehen. Die Reste der Großdeutschen Partei schließen sich der Großdeutschen Front der Nationalsozialisten und des Steirischen Heimatschutzes an, die diese beiden als Reaktion auf den Übergang der Regierung Dollfuß zum Regime der Notverordnungen nach dem 4. März 1933 gebildet haben. Die Nationalsozialisten sind nun überzeugt, dass sie für alle sprechen, die für die Vereinigung Österreichs mit Deutschland sind; und dass das die Mehrheit ist. Das Innsbrucker Wahlergebnis passt da gut ins Bild. Nun hat ihnen die Ausschaltung des Parlaments und die Verschiebung der Wahlen auf den Sanktnimmerleinstag die Hoffnung auf die Machtübernahme mit dem Stimmzettel genommen. Also versuchen sie die Regierung durch wirtschaftlichen Druck und Gewalt zu stürzen.

Im Mai 1933 bekommt Österreich zum ersten Mal zu spüren, was es heißt, wenn das nationalsozialistische Deutschland direkt in die österreichische Innenpolitik eingreift. Rechtzeitig vor Beginn der Fremdenverkehrssaison verhängt das Deutsche Reich die 1000-Mark-Sperre: Wer aus Deutschland nach Österreich reisen will, muss eine Gebühr von 1000 Reichsmark zahlen. Die ohnehin immer noch schwächelnde österreichische Wirtschaft soll in einem ihrer wichtigsten Zweige getroffen werden. Die beabsichtigte Folge tritt ein. Die deutschen Gäste, rund 40 Prozent der ausländischen Touristen in Österreich, bleiben aus.

Und die österreichischen Nationalsozialisten tun etwas, was es bisher in Mitteleuropa noch nicht gegeben hat. Sie entfesseln eine Orgie des Terrors. Im Spätfrühling und im Sommer 1933 sind Sprengstoffanschläge gegen Bahnen, Brücken und Gebäude sowie direkte Gewalt gegen Menschen auf der Tagesordnung. An den Universitäten terrorisieren nationalsozialistische Schläger jüdische und katholische Studenten. In Innsbruck liefern Nationalsozialisten der Heimwehr eine Straßenschlacht, die erst das Bundesheer beenden kann. Im Juni gibt es an 18 Tagen nationalsozialistische Anschläge mit Böller- und Bombenexplosionen, Brandstiftungen und Schießereien. Im Juli versuchen Nationalsozialisten die Trisannabrücke der Arlbergbahn zu sprengen.

Die Regierung schlägt zurück. Mit ihren Mitteln. Sie verbietet die österreichische NSDAP und ihren Bündnispartner, den Steirischen Heimatschutz. Und im Herbst werden die ersten Anhaltelager eingerichtet, in denen Nationalsozialisten inhaftiert werden. Die meisten Führer und viele Aktivisten des Terrors flüchten nach Deutschland. Die Hoffnung der Nationalsozialisten in Deutschland und Österreich, die österreichische Regierung durch eine konzertierte Aktion von wirtschaftlichem Druck von außen und Gewalt im Inneren kurzfristig in die Knie zwingen zu können, ist gescheitert.

Aber Terror und Gewalt sind damit nicht vorbei; ihren Höhepunkt erreichen sie im Jahr darauf, mit dem Juliputsch 1934.

Dieser Putsch ist sogar für die Verhältnisse der Dreißigerjahre in Europa ein Ereignis, für das es nichts Vergleichbares gibt. Ungeduldige Nationalsozialisten in Bundesheer und Polizei, ein wegen seiner Erfolglosigkeit in Sachen nationalsozialistischer Machtübernahme in Österreich nervöser Habicht und eine unglaubliche Schlamperei der Polizei der Dollfuß'schen Möchtegern-Diktatur machen es möglich. Eine Truppe als Bundesheer verkleideter Nationalsozialisten kann in das Bundeskanzleramt, die Regierungszentrale dieser Diktatur, einfahren und um ein Haar deren ganze, dort gerade tagende Regierung in ihre Gewalt bringen. Weil die meisten Minister im letzten Augenblick das Bundeskanzleramt verlassen haben, fällt ihnen dort nur Dollfuß in die Hände. Und der stirbt, getroffen von zwei Schüssen, unter bis heute nicht ganz geklärten Umständen.

Unter diesen Verhältnissen eigentlich schwer vorstellbar, aber es wird immer wieder auch verhandelt, zwischen den verschiedensten Gruppen und Personen sowie auf den verschiedensten Ebenen. Und auch innerhalb der scheinbar so klar abgegrenzten und geschlossenen Lager ziehen nicht alle am gleichen Strang.

Die ersten Verhandlungen hat es bald nach der Ausschaltung des Parlaments im Frühjahr 1933 mit Habicht gegeben. Habicht verlangt Beteiligung an der Regierung und Neuwahlen gegen die Zusage, unabhängig vom Wahlausgang Dollfuß als Bundeskanzler zu akzeptieren. Dollfuß muss die Verhandlungen aber wegen des Widerstandes in der Christlichsozialen Partei abbrechen.

Im Herbst 1933 fährt Kurt Schuschnigg, Justiz- und Unterrichtsminister in der Regierung Dollfuß und dessen engster Vertrauter – er wird ihm nach seiner Ermordung als Bundeskanzler nachfolgen –, zu Rudolf Heß, dem Stellvertreter Hitlers, nach München, Habicht soll zu Dollfuß nach Wien kommen. Schuschnigg kehrt ohne Ergebnis aus München zurück, Habicht, im Flugzeug schon über Wien, darf dann gar nicht erst landen; Rüdiger Starhemberg besteht darauf. Starhemberg ist der Bundesführer der Heimwehr – um genau zu sein des Teiles, der von Mussolini gestützt wird, für Österreich einen Faschismus italienischer Art propagiert und Partner in der Regierung Dollfuß ist. Er und Emil Fey, die starken Männer der Heimwehr und einander in inniger Feindschaft und gnadenloser Rivalität verbunden, wollen mit den Nationalsozialisten ihre eigenen Geschäfte machen – und zwar jeder für sich.

Starhemberg, oberösterreichischer Großgrundbesitzer und als Nachkomme des glorreichen Kommandanten von Wien während der zweiten Türkenbelagerung – die zwar durch das deutsch-polnische Entsatzheer entschieden wurde, aber der Erfolg hat bekanntlich viele Väter –, Träger eines der prominentesten Namen Österreichs, verbindet sein deutsches Bekenntnis im Lauf der Zeit mit wechselnden Positionen. Als 20-Jähriger kämpft er als Angehöriger eines deutschen Freikorps für den Verbleib Oberschlesiens beim Deutschen Reich, und am 9. November 1923 ist er dabei, als Adolf Hitler in München zur Feldherrnhalle marschiert, um seinen Putsch gegen die Deutsche Republik zu retten. Vor den Nationalratswahlen 1930 verhandelt er, inzwischen Bundesführer der österreichischen Heimwehr, mit den Nationalsozialisten über eine gemeinsame Kandidatur, die dann aber doch nicht zustande kommt – aber nur, weil man sich über die Verteilung der erhofften Mandate und den Vorsitz der gemeinsamen Parlamentsfraktion nicht einigen kann. Ab 1932, als Partner und zeitweiliger Vizekanzler von Dollfuß und Schuschnigg und inzwischen von dem zu dieser Zeit scharf gegen Hitler und den Nationalsozialismus eingestellten Mussolini finanziell und mit Waffen unterstützt, hintertreibt er alle Versuche der beiden Kanzler, mit den Nationalsozialisten zu einer Verständigung zu kommen; um heimlich selbst mit ihnen zu verhandeln. Weil dabei nichts herauskommt, gibt er den Scharfmacher beim offiziellen Abgrenzungskurs von Dollfuß und Schuschnigg gegenüber dem nationalsozialistischen Deutschland. Um dann 1938, inzwischen von Schuschnigg abgehalftert und kaltgestellt, doch wieder vorsichtig seine Fühler in Richtung Nationalsozialisten auszustrecken.

Der Weltkrieg-I-Major Emil Fey wiederum, zwischen 1932 und 1935 ebenfalls Regierungsmitglied unter Dollfuß und Schuschnigg und kurze Zeit auch Vizekanzler, hat sich 1930 von den Verhandlungen Starhembergs mit den Nationalsozialisten ferngehalten und auch nicht auf dessen Liste, sondern auf dem Wahlvorschlag der Christlichsozialen für den Nationalrat kandidiert. Als für die Sicherheit zuständiger Staatssekretär und – später – Minister gibt er sich trotz des auch für ihn selbstverständlichen Bekenntnisses zu seinem Deutschtum 1933/34 als energischer Verfechter des bewusst österreichischen Kurses der Regierung Dollfuß und als Kämpfer gegen den nationalsozialistischen Terror, der gerade in seiner Amtszeit versucht, Österreich zu destabilisieren; was ihn nicht hindert, im Frühjahr 1934 mit den Nationalsozialisten zu konspirieren und beim nationalsozialistischen Putsch am 25. Juli 1934 im Bundeskanzleramt eine zwielichtige Rolle zu spielen, die ihm in weiten Kreisen sogar den – freilich unsinnigen – Verdacht einträgt, er wäre es gewesen, der Engelbert Dollfuß erschossen hätte.

Die machiavellischen Spiele von Starhemberg und Fey sind zwar störend, aber sie entscheiden nichts. Dollfuß und später Schuschnigg behalten das Spiel in der Hand. Beide wollen keine Machtteilung mit den Nationalsozialisten. Ihnen wäre es am liebsten, den Nationalsozialisten einen möglichst großen Teil ihrer Gefolgschaft abspenstig zu machen. Außerdem verhandeln sie lieber mit angenehmeren Partnern als Theo Habicht. Solche Ansprechpartner gibt es genug. Das bürgerliche Österreich ist ja voll von freisinnigen Deutschnationalen, katholischen Großdeutschen, deutschbewegten Kleinstadt- und Dorfhonoratioren, alle politisch vor allem Deutsche, nach wie vor für den Anschluss; und nur insoweit Sympathisanten des Nationalsozialismus, als der darauf hoffen lässt, dass mit ihm der Anschluss auch tatsächlich endlich kommen wird.

Aber die wenigsten von ihnen sind Mitglieder der NSDAP. Sie sprengen auch keine Brücken und werfen keine Bomben, und durchwegs missbilligen sie den nationalsozialistischen Terror, ganz besonders natürlich den Putsch und den Mord an Dollfuß. Sie nennen sich „Betont Nationale" und glauben, zwischen dem Ständestaat und den Nationalsozialisten vermitteln zu können.

Nach der Katastrophe des Juliputsches sind es einmal Männer wie der Agraringenieur Anton Reinthaller, der vom Landbund kommt, der ehemalige kaiserliche General Carl Bardolff, der GESIBA-Direktor mit Linksverbindungen Hermann Neubacher und der uns bereits bekannte Glaise-Horstenau, jetzt Direktor des Kriegsarchivs, bei anderer Gelegenheit der Senatspräsident des Verwaltungsgerichtshofes Egbert Mannlicher oder der Historiker und frühere Unterrichtsminister Heinrich Srbik, immer wieder der ehemalige großdeutsche Landeshauptmann-Stellvertreter von Oberösterreich Franz Langoth und – schon zu Dollfuß' Zeiten – der Rechtsanwalt Arthur Seyß-Inquart. Von ihnen sind nur Reinthaller und Neubacher schon vor dem Anschluss Mitglieder der illegalen NSDAP, beide sogar kurze Zeit österreichische Landesleiter. Sie alle waren mit Dollfuß und Schuschnigg persönlich bekannt; die gesellschaftliche Szene des politisierenden Bürgertums war in Österreich zu allen Zeiten klein. Zudem hat Dollfuß ja auch zu den großdeutschen Zirkeln gehört, in denen sie sich bewegen; Schuschnigg wiederum kennt beispielsweise Reinthaller als Regimentskamerad aus dem Ersten Weltkrieg und Glaise-Horstenau als Präsident der katholischen Akademikervereinigung. Mit dem Druck des anschwellenden Nationalsozialismus im Rücken glauben diese Männer sich für die deutsche Sache – und damit womöglich auch für sich selber – nützlich machen zu können.

Für die meisten von ihnen geht die Rechnung auf; manche machen nachher im Dritten Reich Karriere, einige schon davor, in der letzten Phase von Schuschniggs Ständestaat. Seyß-Inquart, in den letzten vier Wochen vor dem Anschluss Innenminister der Regierung Schuschnigg, wird Bundeskanzler der 50-Stunden-Regierung des 12. März, später Reichsminister und deutscher Reichskommissar in den besetzten Niederlanden. Glaise-Horstenau, 1936 von Schuschnigg als Verbindungsmann zu den Nationalsozialisten in die Regierung geholt, wird Seyß-Inquarts Vizekanzler, nach dem Anschluss Reichstagsabgeordneter und nach dem deutschen Sieg über Jugoslawien bevollmächtigter deutscher General im unabhängig gewordenen Kroatien. Reinthaller ist Landwirtschaftsminister in der Regierung Seyß-Inquart und danach Unterstaatssekretär im deutschen Reichslandwirtschaftsministerium, Neubacher ist nach 1938 eine Zeit lang Bürgermeister von Wien und dann deutscher Gesandter auf dem Balkan, Franz Langoth schließlich wird Reichstagsabgeordneter wie Glaise-Horstenau und in den letzten Kriegsmonaten Bürgermeister von Linz. Auch Srbik wird Reichstagsabgeordneter.

Derartige Karrieren haben freilich ihren Preis. Seyß-Inquart wird 1946 in Nürnberg als Kriegsverbrecher gehenkt, Glaise-Horstenau begeht aus Angst, an Jugoslawien ausgeliefert zu werden, im Kriegsgefangenenlager Selbstmord, Neubacher kommt schwer krank aus jahrelanger jugoslawischer Haft nach Hause. Nur für Reinthaller gibt es ein zweites Leben nach dem – politischen – Tod: 1956 wird er der erste Obmann der neu gegründeten FPÖ.

Zurück in die 1930er Jahre. Die Gespräche führen trotz mehrerer Anläufe zu keinem Ergebnis. Die von der Regierung unabhängige Organisation für die „nationale Opposition“, die die Unterhändler wiederholt und unter verschiedenen Namen verlangen, gesteht Schuschnigg nicht zu; das würde sich mit dem Monopol der Staatspartei Vaterländische Front nicht vertragen. Und außerdem – wenig überraschend – akzeptieren die österreichischen Nationalsozialisten nicht, dass Leute, die oft nicht einmal der Partei angehören, sich als ihre Sprecher gerieren und auf dem Feuer, das sie mit ihren Aktionen gezündet haben, ihr persönliches Süppchen kochen wollen. Und sie halten nur solange still, als Hitler mit Rücksicht auf die internationale Situation das von ihnen verlangt.

Die ändert sich ab 1935 von Grund auf. Hitler ist jetzt politisch und militärisch stark genug, um sich ohne Widerstand der Sieger von 1918 über den Versailler Vertrag hinwegzusetzen; er führt die im Vertrag verbotene allgemeine Wehrpflicht wieder ein und besetzt das entmilitarisierte Rheinland. Jetzt sind die Anschlussfreunde in Österreich sicher, dass er früher oder später auch das Anschlussverbot des Versailler Vertrages ignorieren wird. Und Österreich kann sich nicht mehr auf die italienische „Wacht am Brenner“ verlassen, seit Italien wegen seines Kolonialkrieges gegen Äthiopien zum Paria des Westens geworden ist und, um der Isolation zu entkommen, das Bündnis mit Deutschland sucht. Da ist die Rolle als Schutzmacht Österreichs ein Hindernis. Mussolini drängt Schuschnigg, sich mit Deutschland zu arrangieren.

Der Deutsche Weg und sein Ende

Lange Zeit hat sich Schuschnigg dagegen gewehrt, über innerösterreichische Angelegenheiten mit Deutschland zu verhandeln. Jetzt bleibt ihm keine Wahl mehr. Jetzt muss er es doch tun. Und so versucht er wenigstens zu erreichen, dass Hitler nicht über die österreichischen Nationalsozialisten nach Österreich hineinregiert. Dafür ist er bereit, den Nationalsozialisten in Österreich entgegenzukommen.

Möglichkeiten dafür gibt es genug. Nationalsozialistische Terroristen und Putschisten sitzen in Gefängnissen und Anhaltelagern, für die Wöllersdorf das Kürzel ist. Aber man muss als Sympathisant des Nationalsozialismus nicht Bomben geworfen und Brücken gesprengt haben. Nationalsozialist zu sein ist schließlich verboten und ein guter Grund, jemandem in einer Zeit würgender Arbeitslosigkeit seinen Arbeitsplatz im öffentlichen Dienst oder wo sonst die Politik in der Postenbesetzung mitzureden hat, wegzunehmen – Tausende haben schon darauf gewartet, ihn zu bekommen.

Die Befriedung soll – fast – alles, was da geschehen ist, wieder ungeschehen machen, Verurteilte sollen amnestiert, Entlassene wieder eingestellt werden. So sieht es das Abkommen zwischen Schuschnigg und Franz von Papen, Hitlers Sondergesandten in Österreich, vor, von dem am 11. Juli 1936 nur die allgemein-deklamatorischen Teile veröffentlicht werden. Die sehen nach Entspannung aus. Da heißt es: „Im Sinne der Feststellung des Führers und Reichskanzlers vom 21. Mai 1935 anerkennt die deutsche Reichsregierung die volle Souveränität Österreichs." Weiter: „Jede der beiden Regierungen betrachtet die in dem anderen Lande bestehende innenpolitische Gestaltung, einschließlich der Frage des österreichischen Nationalsozialismus, als eine innere Angelegenheit des anderen Landes, auf die sie weder unmittelbar noch mittelbar Einfluss nehmen wird." Und schließlich: „Die österreichische Bundesregierung wird ihre Politik im Allgemeinen wie insbesondere gegenüber dem Deutschen Reich stets auf jener grundsätzlichen Linie halten, die der Tatsache, dass Österreich sich als deutscher Staat bekennt, entspricht."

Nicht veröffentlicht werden das Amnestieversprechen – rund 17.000 Nationalsozialisten werden aufgrund dessen in den nächsten Tagen freigelassen – und die Zusage der Wiedergutmachung aus politischen Gründen erlittener beruflicher Nachteile; und eine hochpolitische Klausel: „Um eine wahre Versöhnung zu fördern“, verpflichtet sich Schuschnigg, „Vertreter der bisherigen sogenannten Nationalen Opposition“, die er sich aussuchen darf, weil sie Personen seines Vertrauens sein müssen, „zur Mitwirkung an der politischen Verantwortung heranzuziehen“. Diese Vertreter der „Nationalen Opposition“ sollen dann nach einem „mit dem Bundeskanzler zuvor festgelegten Plan“ für die „innere Befriedung der Nationalen Opposition und ihre Beteiligung an der politischen Willensbildung“ sorgen. Auch die wirtschaftspolitischen Schikanen verschwinden, die 1000-Mark-Sperre wird aufgehoben.

Auf dem Papier nimmt sich das alles ganz gut aus. Der „zweite deutsche Staat“ geht den „deutschen Weg“, wie Schuschnigg den neuen Kurs der Verständigung mit Deutschland nennt. Es soll zwar auf absehbare Zeit keinen Anschluss Österreichs an Deutschland geben, aber man wird politisch zusammengehen. Und die Konfrontation zwischen Österreichern, die zuerst katholisch-konservativ österreichisch und erst dann deutsch, und solchen, die zuerst deutschnational und dann österreichisch denken, könnte damit ein Ende haben. Schließlich wollen auch die Nationalsozialisten nicht, dass Österreich einfach verschwindet. Reschny hat sich das ausdrücklich von Hitler versprechen lassen und auch Leopold glaubt fest daran.

Nichts von alledem funktioniert in der Realität.

Die österreichischen Nationalsozialisten, die Hitler und Papen nicht am Aushandeln des Abkommens beteiligt haben, setzen weiter auf die Unterstützung durch Hitler. Und der denkt nicht daran, den Nationalsozialismus in Österreich als innerösterreichische Sache anzusehen, in die er sich nicht einmischt; auch wenn er das im Abkommen versprochen hat.

Auf der österreichischen Seite opponieren wichtige Weggenossen Schuschniggs in der Führung des Ständestaates gegen die Konzessionen an die Nationalsozialisten und auch gegen den „Einbau“ von Vertretern der „Nationalen Opposition“ in den Ständestaat. Fazit: Der Einbau wird zur Farce. Zuerst versucht es Schuschnigg mit dem umtriebigen, aber für die zugedachte Rolle persönlich ungeeigneten Glaise-Horstenau, den er zum Minister macht, und dann, als sich dieser – wie zu erwarten war – für die Rolle des Verbindungsmannes zu den Nationalsozialisten ungeeignet herausstellt, ab dem Frühjahr 1937 mit Seyß-Inquart, der etwas weniger katholisch und dafür etwas mehr deutschnational, aber auch kein in der Wolle gefärbter Nationalsozialist ist. Beide sind im Grunde großdeutsche Bürgerliche. Sie mögen mehr oder weniger das Vertrauen Schuschniggs haben – das Vertrauen der Nationalsozialisten haben sie nicht.

Und die Nomenklatura des Ständestaates sabotiert die Wiedereinstellung von amnestierten Nationalsozialisten. Deren ehemalige Arbeitsplätze sind längst mit eigenen Parteigängern besetzt, die sie jetzt räumen müssten; unvorstellbar, dass man in Zeiten der Krise die eigenen Parteigänger in die Arbeitslosigkeit schickt, damit ihre Posten mit den Feinden von gestern – die man im Grunde auch heute noch als Feinde betrachtet – besetzt werden können.

Aber das Abkommen bleibt nicht ohne Wirkung auf die Stimmung im Land. Da hilft es auch nichts, dass die Regierung beteuert, das Abkommen wäre „geradliniger Dollfuß-Kurs" und an der Politik des Ständestaates hätte sich nichts geändert. Dass das Regime mit dem Abkommen die Konfrontationspolitik gegen den Nationalsozialismus aufgegeben hat, wird von vielen als erster Schritt aufgefasst, der in letzter Konsequenz schließlich zum Anschluss führen wird.

Nicht zuletzt von den Nationalsozialisten selbst. Und weil das ihnen Mut macht, tun sie auch das ihre dazu. Nach dem gescheiterten Putsch haben sie zwei Jahre lang relativ still gehalten. Jetzt agieren sie wieder in der Öffentlichkeit. Schon wenige Tage nach der Bekanntgabe des Juli-Abkommens funktionieren sie die offizielle Verabschiedung der österreichischen Mannschaft für die Olympischen Spiele in Berlin auf dem Heldenplatz in eine nationalsozialistische Kundgebung um, und Ähnliches geschieht beim Besuch des deutschen Außenministers Konstantin von Neurath in Wien und bei einem Treffen deutscher und österreichischer Weltkriegsveteranen in Wels. Trotz Verbotes, scheint es, beherrschen die Nationalsozialisten mit ihren Aktionen die öffentliche Szene in Österreich. Der Eindruck entsteht, dass der Nationalsozialismus trotz Weiterbestehens des Verbotes eine mächtige, von einem großen Teil der Österreicher getragene Bewegung ist, mit der der schwache Ständestaat nicht mehr fertig wird. Mao-Tse-tung hätte gesagt, die Nationalsozialisten bewegen sich im österreichischen Volk wie der Fisch im Wasser. Dafür genügt es schon, die Zusammengehörigkeit der Deutschen im „Reich" – bis 1938 der gängige Terminus für „Deutschland" – und in Österreich sowie den Anschluss als ihr politisches Ziel hervorzukehren und den

Österreichern vor Augen zu führen, welche Vorteile für sie – jenseits aller weltanschaulichen oder kulturell-historischen Argumente – der Anschluss hätte. Dass es ein Anschluss an Hitlers Deutschland wäre, schreckt da nicht ab.

Dabei ist der Zustand der Partei selbst nichts weniger als eindrucksvoll. Das Nachlassen des Drucks und die Aussicht, vielleicht doch wieder ins politische Spiel zu kommen, lässt die alte Tradition der Partei wieder aufleben, den erbitterten Kampf um politische Richtung und persönlichen Einfluss. Die exilierten Führer von gestern wie Frauenfeld und Reschny versuchen sich wieder ins Spiel zu bringen; aber fern vom Schuss und manche außerdem durch das Debakel des Juli 1934 belastet, richten sie wenig aus und müssen sich auf das Vernadern – hochdeutsch: das Anschwärzen – ihrer Konkurrenten bei den Größen des deutschen Regimes beschränken. Wer im Land ist, hat da mehr Möglichkeiten. Leopold, der Gauleiter von Niederösterreich, der im Land geblieben und seit dem Parteiverbot die meiste Zeit im Gefängnis gesessen ist, ist aufgrund des Abkommens aus der Haft entlassen worden und damit wieder aktionsfähig. Er wird mehr oder weniger unbestritten als Landesleiter der NSDAP angesehen und akzeptiert nicht, dass andere sich in die Rolle ihrer Sprecher gegenüber der Regierung drängen, schon gar nicht der leichtgewichtige Glaise-Horstenau, aber auch nicht der eher ernst zu nehmende Seyß-Inquart. Andere sehen das nicht so eng. Eine Gruppe um den Kärntner Gauleiter Hubert Klausner – die eigentlichen Drahtzieher sind dort Friedrich Rainer und Odilo Globocnik – arrangiert sich mit Seyß-Inquart; sie benützen ihn, um über ihn ihre Politik zu machen. Leopold und die Kärntner Gruppe führen im Dunkel der Illegalität ihrer Partei einen skurrilen Krieg gegeneinander. Und beide Seiten suchen bei Hitler Rückendeckung. Der hat sein Versprechen, sich nicht in die Angelegenheiten der österreichischen Nationalsozialisten einzumischen, ohnedies nie ernst genommen. Nachdem er dem Treiben der österreichischen Nationalsozialisten eine Zeit lang zugesehen hat, ernennt er im Juli 1937 Wilhelm Keppler, schon vor der Machtübernahme in Deutschland sein Verbindungsmann zur Wirtschaft und nach dem Juli-Abkommen auf deutscher Seite mit dessen wirtschaftlicher Durchführung beauftragt, zum Aufseher über die österreichische NSDAP.

Alles das wird außerhalb des kleinen Kreises der unmittelbar Beteiligten kaum wahrgenommen; es spielt aber auch keine Rolle. Nationalsozialismus – das ist eben nur die Marke, die äußere, im Grunde gleichgültige Form. Was bewegt, ist der Mythos des großen Reiches, in das auch die Österreicher heimkehren sollen. Und wen der Mythos nicht fasziniert, der glaubt daran, dass der Anschluss an Deutschland auch die Lösung der in Kleinösterreich und unter dem Ständestaats-Regime offenbar unlösbaren wirtschaftlichen Misere wäre.

1936/37 dauert die Krise bereits sieben Jahre. Ab 1935 entspannt sich die Lage zwar langsam, aber das spüren nur wenige. 1937 sind im Jahresdurchschnitt bei den Arbeitsämtern noch immer 464.000 Arbeitslose registriert – bei weniger als 1,7 Millionen Beschäftigten. Das macht eine Arbeitslosenquote von für uns heute unvorstellbaren 21,7 Prozent aus. Wie viele die Arbeitsuche über das Arbeitsamt als aussichtslos aufgegeben haben, sich noch keinen Anspruch auf Arbeitslosengeld erarbeiten konnten oder keinen mehr haben – „ausgesteuert" sind –, sagt keine Statistik. Rund ein Viertel der Arbeitsfähigen, so eine Schätzung, ist ohne Arbeit – mit allen Folgen, die das für das Leben der Betroffenen, aber auch für die österreichische Gesellschaft insgesamt hat.

Da ist es nicht schwer, Deutschland als verlockende Alternative hinzustellen. Deutschland hat die Weltwirtschaftskrise ebenso schwer getroffen wie Österreich. Für den Normalbürger äußert sich die Krise in der für jedermann sicht- und fühlbaren Ausbreitung von Arbeitslosigkeit. Nun war in den Jahren 1931 und 1932 die Beschäftigung in der Krise im Vergleich zu der Zeit davor in Deutschland sogar noch stärker zurückgegangen als in Österreich. Aber während die Beschäftigung in Österreich danach noch weiter abgesunken ist, ist sie in Deutschland ab 1933 wieder gestiegen und 1937 höher als 1929. Das nutzen die Nationalsozialisten – man ist versucht zu sagen verständlicherweise – in ihrer Propaganda aus. Aber wenn dieser Aufschwung auch unter Hitlers Regierung geschehen ist – es war nicht ihr Verdienst.

Ab 1930 haben überall auf der Welt Nationalökonomen und Politiker über Rezepte zur Krisenbekämpfung nachgedacht und sie eingesetzt. In England schreibt John Maynard Keynes an seinem Buch „Allgemeine Theorie der Beschäftigung, des Zinses und des Geldes", in dem er die Methoden zur Wirtschaftsankurbelung theoretisch begründen und als Mittel zur Konjunkturstabilisierung empfehlen wird. Der amerikanische Präsident Franklin D. Roosevelt hat das Ergebnis vorweggenommen. Gleich nach seiner Wahl 1932 hat er seinen „New Deal" gestartet.

Auch in Deutschland war die Krisenbekämpfung ein Thema. 1931 schrieb der jüdische Publizist Robert Friedlaender-Prechtl in einem „Wirtschaftswende“ genannten Buch, dass nur der Staat durch öffentliche Großvorhaben wie Autobahnen, Eisenbahnelektrifizierung, Wasserkraftwerke und Erdgasleitungen die Wirtschaftskrise überwinden könnte. Kurt von Schleicher, der letzte Reichskanzler der Weimarer Republik, plante ein Programm in diesem Sinn und wurde, bevor er es auf den Weg bringen konnte, durch die Intrige gestürzt, die sein Vorgänger Papen eingefädelt hatte und die Hitler in die Reichskanzlei brachte. Möglich machte das Programm dann als Präsident der Deutschen Reichsbank Hjalmar Schacht, ein prononciert nationaler, aber nicht nationalsozialistischer Wirtschaftsfachmann seit der Zeit des Ersten Weltkriegs und der Währungsreform, mit der die deutsche Nachkriegsinflation – damals wurde eine Billion (das ist eine Zahl mit zwölf Nullen) alter gegen eine neue Mark umgetauscht – beendet wurde. Schacht machte sich frei von der Inflationsangst der Weimarer Politiker, die deshalb lieber die Wirtschaftskrise und damit den Aufstieg Hitlers in Kauf genommen hatten, als die Stabilität der Währung durch Schuldenmachen zu gefährden. Sein Rezept war ein System der Geldschöpfung durch von der Reichsbank garantierte Wechsel, die wie bares Geld sowohl dem Staat als auch den Unternehmen die nötige Kaufkraft verschafften.

Mit einiger Berechtigung kann man also sagen, dass die deutschen Nationalsozialisten letztlich dem Juden Friedlaender-Prechtl, dem konservativen Hitlergegner Schleicher – er wurde anlässlich des Massakers, das Hitler 1934 unter dem Namen „Röhm-Putsch“ veranstaltete, ermordet – und dem Freimaurer Schacht, den Hitler ab 1939 schrittweise aus seinen Ämtern entfernte und schließlich wegen seiner Verbindungen zum Widerstand einsperren ließ, ihr Wirtschaftswunder verdankten. Und Hitler einen guten Teil seines Prestiges. Auch in Österreich.

1937 verstärkt sich der Eindruck, dass die Tage des Ständestaates gezählt sind und die Übernahme Österreichs durch die Nationalsozialisten nur mehr eine Frage der Zeit ist. Vom Juli-Abkommen ist kaum mehr etwas übrig. Exponenten der illegalen Partei ebenso wie Schuschniggs „Vertrauensleute“ Glaise-Horstenau und Seyß-Inquart geben sich bei Hitler die Türschnalle in die Hand, der Ständestaat mauert bei „Wiedergutmachung“ und „Einbau“ und die österreichischen Nationalsozialisten werden immer ungeduldiger. Schuschniggs Hoffnung, eine Versöhnung zwischen Mussolini und England würde Österreich die Zeiten von Stresa zurückbringen, erweist sich als Illusion. Inzwischen haben Hitler und Mussolini den sogenannten Achsenpakt geschlossen und engagieren sich gemeinsam im Spanischen Bürgerkrieg.

In dieser verzweifelten Situation greift Schuschnigg einen Vorschlag Papens auf, auf den er bisher nicht eingegangen ist: ein Treffen mit Hitler. Vielleicht kann ihm das etwas Luft verschaffen. Am 12. Februar 1938 fährt er zu Hitler auf seinen „Berghof“ bei Berchtesgaden.

Was sich dort zwischen Hitler und Schuschnigg abspielt, ist eine eigene Geschichte. Das Ergebnis ist wieder ein Papier. Es ist wie mit dem Juli-Abkommen, nur, weil sich inzwischen die Gewichte zugunsten der Nationalsozialisten verschoben haben, viel dramatischer. Auch beim neuen Abkommen kommt es nicht auf den Text an; den hätte sich Schuschnigg nicht so gewünscht, aber damit hätte er – so wie 1936 – leben können. Es ist die psychologische Wirkung, die jetzt alle Dämme brechen lässt. Die Nationalsozialisten – als Partei immer noch verboten – treten jetzt im ganzen Land öffentlich auf, mancherorts wie in Graz beherrschen sie zeitweise das Stadtbild, Hitlergruß und Hakenkreuzfahne werden demonstrativ gezeigt – vor nicht langer Zeit noch ein Grund, nach Wöllersdorf zu kommen. In Graz weht die Hakenkreuzfahne sogar schon ein paar Stunden auf dem Rathaus. Das Regime versinkt, scheint es, in Agonie.

Da versucht Schuschnigg einen Befreiungsschlag. Am 9. März kündigt er eine Volksabstimmung, offiziell soll es eine „Volksbefragung“ sein, an. Kurzfristig. Schon am kommenden Sonntag soll abgestimmt werden. Die Nationalsozialisten sollen möglichst wenig Zeit zur Agitation haben.

Seriös ist das nicht. Es gibt keine Wählerlisten – seit 1930 hat es ja keine bundesweiten Wahlen mehr gegeben, und allgemeine Wahlen waren nach der Verfassung von 1934 nicht vorgesehen – und auch mit dem Wahlgeheimnis hätten es die zunächst geplanten Modalitäten der Abstimmung nicht so genau genommen. Schuschnigg nimmt das in Kauf. Es kommt ihm ohnehin nur auf den psychologischen Effekt eines positiven Abstimmungsergebnisses an; und damit rechnet er, schon weil der Text, über den abgestimmt werden soll, auf der Linie des „deutschen

Weges“ liegt. „Für ein freies und deutsches, unabhängiges und soziales, für ein christliches und einiges Österreich! Für Friede und Arbeit und Gleichberechtigung aller, die sich zu Volk und Vaterland bekennen“ – so lautet der Text – müsste sich doch eine Mehrheit von wenigstens an die 60 Prozent der Österreicher finden.

So sieht es auch Hitler. Deshalb und weil ihn die Eigenmächtigkeit Schuschniggs wütend macht, will er die Abstimmung verhindern. Ihm reichen dafür die drei Tage, die bis zum Abstimmungstermin bleiben. Die Wehrmacht macht sich zum Einmarsch in Österreich bereit, und unter der Drohung des Einmarsches erzwingt Hermann Göring, Hitlers erster Paladin, am 11. März in annähernd einem Dutzend Telefongesprächen zwischen Berlin und Wien zuerst die Absage der Volksabstimmung, dann den Rücktritt Schuschniggs und schließlich die Ernennung Seyß-Inquarts zum Bundeskanzler.

Zu dieser Zeit ist Österreich schon fest in nationalsozialistischer Hand. Globocnik hat die Besetzung von Rathäusern und Behörden durch Nationalsozialisten organisiert, in Wien und den Landeshauptstädten versammeln sich Nationalsozialisten in den Zentren, Hakenkreuzfahnen werden gehisst und die Polizisten tragen plötzlich Hakenkreuzarmbinden. So haben sich die österreichischen Nationalsozialisten den Umsturz, die „nationale Revolution“, immer vorgestellt. Ohne die Deutschen. Ohne die Wehrmacht.

Deshalb verbringen sie den Rest der Nacht mit Versuchen, den Einmarsch zu stoppen. Da ist sie noch einmal, die Illusion, die die Nationalsozialisten mit den Großdeutschen aller Schattierungen gemeinsam hatten, dass Österreich nicht einfach von Deutschland vereinnahmt wird, was nach einem Einmarsch – und mit Recht, wie sich bald herausstellen wird – zu befürchten ist. Auch möchten sie wohl zunächst einmal das Vergnügen auskosten, die Herren im Land zu sein. Auch Seyß-Inquart und Glaise-Horstenau malen sich nach dem aufregenden Tag auf dem Heimweg schon aus, wie sie ab jetzt Österreich regieren werden, und teilen sich die Ämter auf.

Daraus wird nichts. Die Wehrmacht rückt mit Tagesanbruch des 12. März in Österreich ein. Und wird von einer jubelnden Bevölkerung empfangen. Viele haben das Gefühl, dass etwas lang Erstrebtes erreicht worden ist, zusammen mit der Erwartung eines Aufbruches und neuen Anfangs. Was sie da für das unpopuläre und ineffiziente Regime der letzten vier Jahre eingetauscht haben, ist den meisten nicht bewusst. Aus der Ferne sind die Schattenseiten des nationalsozialistischen Deutschland nicht so leicht erkennbar, werden nicht geglaubt oder unterschätzt. So bietet sich der Welt das Bild eines Volkes, das mehr oder weniger einmütig begrüßt, was da geschieht.

Dieser Eindruck entsteht nicht zuletzt bei den Spitzen des Dritten Reiches selbst, auch bei Hitler. Am Abend des 12. März erlebt er, wie er in Linz von einer auf dem Hauptplatz wartenden Menschenansammlung enthusiastisch empfangen wird. Bis dahin hat er keinen konkreten Plan für die definitive Regelung der Österreich-Frage gehabt. Jetzt erst, unter dem Eindruck des Jubels und der widerstandslosen Machtübernahme in Österreich, entscheidet er sich für den sofortigen und vollständigen Anschluss Österreichs an Deutschland.

Schon am nächsten Tag geschieht das durch übereinstimmende Gesetze Deutschlands und Österreichs. Den Text hat der zuständige Staatssekretär im deutschen Innenministerium geschrieben. Die Regierung Seyß-Inquart muss ihn in einer Fünf-Minuten-Sitzung an diesem turbulenten Sonntagnachmittag beschließen. Die Maiverfassung von 1934 macht's möglich. Österreich wird jetzt für zwei Jahre ein Land des Deutschen Reiches.

Dann wird zunächst der Name aus dem Verkehr gezogen. Und nach einem Zwischenspiel als „Ostmark“ wird jede österreichische Gemeinsamkeit überhaupt beseitigt. Es gibt nur mehr die sieben „Donau- und Alpengaue“, an Österreich soll nichts mehr erinnern.

Zu dieser Zeit ist die Enttäuschung schon groß. Politische Verfolgung und die Auswirkungen des antisemitischen Rassenwahns, dazu die Kolonisierung durch Oberaufseher und Peitschenknaller aus dem „Altreich“ wie den aus der Pfalz stammenden „Wiedervereinigungskommissar“ Josef Bürckel und bald auch der Krieg haben für Ernüchterung bei den Anschlussfreunden gesorgt; und auch bei nicht wenigen Nationalsozialisten. Für die meisten von ihnen war es eben die Idee des Zusammenschlusses eines Österreich, das seine Identität behalten kann, mit den Deutschen im Deutschen Reich und nicht die nationalsozialistische Ideologie, die sie zu Nationalsozialisten hat werden lassen.

*

Lassen wir noch einmal Karl Renner zu Wort kommen. Im März 1938, als das alles so noch nicht vorhersehbar war, hat er vor der Abstimmung, die jetzt Hitler post festum über den Anschluss veranstaltete, in einem Zeitungsinterview wohl die Gefühle vieler Österreicher ausgesprochen: „Obschon nicht mit jenen Methoden, zu denen ich mich bekenne, errungen, ist der Anschluss nunmehr doch vollzogen, ist geschichtliche Tatsache, und diese betrachte ich als wahrhafte Genugtuung für die Demütigungen von 1918 und 1919, für St. Germain und Versailles. Ich müsste meine ganze Vergangenheit als theoretischer Vorkämpfer des Selbstbestimmungsrechtes der Nationen wie als deutschösterreichischer Staatsmann verleugnen, wenn ich die große geschichtliche Tat des Wiederzusammenschlusses der deutschen Nation nicht freudigen Herzens begrüßte." Welche Motive für dieses Interview Karl Renner später auch unterstellt worden sind, dass er damit – mit der Kritik an der Vorgangsweise ebenso wie mit der Zustimmung zum Ergebnis – die Stimmung des Großteils der Österreicher getroffen hat, wird man schwerlich bestreiten können.

Das Resümee aus der Erfahrung von sieben Jahren der Erfüllung einer 150-jährigen Hoffnung hat er – so schließt sich der Kreis – in seiner Ansprache vor den Beamten des Bundeskanzleramtes am 30. April 1945 gezogen; und wieder für die meisten Österreicher gesprochen: „Der Anschlussgedanke, wie er in den Jahren 1918, 1920 und den folgenden Jahren vertreten war, hat etwas ganz anderes vorgesehen, als Hitler gebracht hat. Seiner Idee nach sollte das österreichische Volk als Bundesglied mit seinem aufrecht stehenden Staate als Bundesstaat nach der Weimarer Verfassung in die Gemeinschaft aller deutschen Stämme eintreten, aber nicht in dem Zustand, in dem wir schließlich annektiert wurden. Von Hitler wurde unser Staat gleichsam geköpft; Österreich hat damals jede Eigenständigkeit eingebüßt. Sogar sein Name ist ausgelöscht worden. So war der Anschluss nie gedacht und so hätte er nie von einer freien Volksvertretung angenommen werden können. Der Gedanke ist nicht durch unsere Schuld, sondern durch Schuld der anderen endgültig gescheitert und begraben. Es ist Adolf Hitler, der den Anschluss zuerst verfälscht und verfehlt, und zum Schluss auf alle Zeiten verspielt hat."

Der Traum vom Reich war ausgeträumt.

Wie die Jungen Nazis wurden

Martin Haidinger

Die undichte Diktatur

„Herr Bundeskanzler, schnell!"

Eduard Hedvicek wird innerhalb weniger Sekunden und für ein paar Minuten zu einem der wichtigen Männer im Bundeskanzleramt. Hedvicek ist das, was man damals einen „Türsteher" nennt, ein kleiner Bediensteter, zuständig für viele kleine Handreichungen.

Jetzt nimmt er Bundeskanzler Engelbert Dollfuß bei der Hand und zieht ihn mit sich fort.

Denn Dollfuß befindet sich auf der Flucht. Putschisten sind ins Kanzleramt eingedrungen. Wir schreiben den 25. Juli 1934. Der Kanzler und sein Kabinett haben gerade einen Ministerrat abgehalten, als Minister Emil Fey mit der Mitteilung eintrifft, dass er Meldung erhalten hat, die Nationalsozialisten hätten sich in einer Turnhalle in der Siebensterngasse im 7. Wiener Bezirk versammelt, um von dort aus das Bundeskanzleramt und das Radiostudio der RAVAG, das damals wichtigste Medienunternehmen des Landes, zu stürmen. Fey weiß schon länger von den Umsturzplänen, was ihn im Nachhinein verdächtig machen wird, entweder mit den Putschisten zu sympathisieren oder aus Ruhmsucht, Eitelkeit und Machtstreben den Aufstand im Alleingang mit seiner Heimwehr niederschlagen zu wollen.

Dollfuß vertagt den Ministerrat und schickt die meisten Regierungsmitglieder in ihre Ministerien zurück. Bei ihm bleiben Fey und Staatssekretär Karwinsky.

Der Historiker Gerhard Jagschitz hat das Geschehen in seinem Standardwerk „Der Putsch" genau beschrieben und analysiert.

Wenige Minuten vor ein Uhr mittags fahren 150 NS-Putschisten, es sind Angehörige der SS-Standarte 89, mit ihren Lastwagen in das kaum gesicherte Kanzleramt ein, nehmen der dort angetretenen „Ehrenwache" des Bundeskanzleramts ihre ungeladenen (!) Gewehre weg und entwaffnen Wache und Sicherheitsdienst, die sich leicht überrumpeln lassen, da sie glauben, dass die Uniformierten eine zum Schutz des Hauses abkommandierte Bundesheereinheit sind. Viele der Putschisten sind ehemalige oder aktive Angehörige des Bundesheeres – ihre Gesichter sind durchaus bekannt. So stürmen die Nazis ungehindert in die Räume des Kanzleramts. Nicht eine einzige Waffe richtet sich gegen sie.

In der ganzen Stadt kreisen – mittlerweile alarmiert – Polizei und Kriminalbeamte, um widersprüchlichen Befehlen zu gehorchen. Mitten durch sie hindurch fahren die Kolonnen der Putschisten Wagen für Wagen in Richtung Ballhausplatz. Alle lassen sich von den Bundesheer-Uniformen täuschen.

„Sie sind schon da!"

Staatssekretär Carl Karwinsky packt Dollfuß und will ihn in einen versteckten Waschraum im oberen Stockwerk bringen. Doch da kommt Türsteher Hedvicek ins Spiel. Er meint einen besseren Fluchtweg zu kennen, eine verborgene Stiege im hinteren Teil des Hauses, die in einen Ausgang zum Minoritenplatz mündet.

„Herr Bundeskanzler, schnell!"

Hedvicek zieht Dollfuß mit sich fort, doch sie kommen nicht weit. In einem Ecksalon treffen sie auf einen Trupp Putschisten, darunter der aus dem Bundesheer entlassene Ex-Stabswachtmeister Otto Planetta. Was in den nächsten Sekunden geschieht, ist nie ganz aufgeklärt worden. Aus Planettas Waffe fällt ein Schuss, aus einer anderen ein zweiter. Beide treffen Engelbert Dollfuß in Brust und Wirbelsäule, mindestens eine der Verletzungen ist tödlich. Die Putschisten lassen Dollfuß hilflos verbluten, verweigern Arzt und Priester. Er kann gerade noch Fey, den sie zu ihm lassen, erklären, dass er Kurt Schuschnigg zum Nachfolger im Amt des Kanzlers bestimmt.

Inzwischen spricht Franz Holzweber, einer der Putschistenführer, zu den im Hof zusammengetriebenen Beamten und erklärt, dass Dollfuß zurückgetreten und Anton Rintelen der neue Bundeskanzler sei. Er schließt seine Rede mit einem kräftigen „Heil Hitler!", und es wirft ein bezeichnendes Licht auf die Verhältnisse der Vaterländischen Regierungszentrale, dass einige der Beamten ihrerseits mit „Heil Hitler" antworten. Die Nazis haben in den letzten Monaten ihre Parteigänger bereits bis in die Vorzimmer des feindlichen Bundeskanzlers gebracht!

Doch der Putsch misslingt, denn die erstürmte Radiostation in der Johannesgasse wird abgeschaltet, die im ganzen Land in den Startlöchern scharrenden Putschisten können nicht wie vorgesehen informiert werden. Radio Wien sendet nach einer kurzen Unterbrechung vom nahe gelegenen Etablissement Ronacher aus die Nachricht, dass die Regierung Herr der Lage sei. Die ebenfalls geplante Besetzung der Telefonzentrale fällt ins Wasser, die dafür vorgesehenen Putschisten sind ebenso verschwunden wie ihr oberster Anführer Fridolin Glass, der schon kurz nach dem Verlassen der Turnhalle in der Siebensterngasse die Kurve gekratzt hat ... Auch die Verhaftung des Bundespräsidenten Wilhelm Miklas in seinem Urlaubsort Velden ist gescheitert. Die Truppe im Bundeskanzleramt steht plötzlich ziemlich allein da. Alle anderen setzen sich merkbar ab, Anton Rintelen ruft in der Radiostation an und bezeichnet die Meldung von seiner Kanzlerschaft als „Mystifikation" (was gelogen ist, da er im nahe gelegenen Ringstraßenhotel „Imperial" bereit sitzt und nur mehr auf die Erfolgsmeldung der Putschisten gewartet hat) und das Mastermind des Putsches, Hitlers Österreich-Beauftragter Theo Habicht, ist überhaupt weit weg. Längst sind vor dem besetzten Kanzleramt echte Sicherheitskräfte erschienen. Sie stehen wieder unter systemkonformem Befehl.

Wieder?

Nun, die Situation stand möglicherweise auf der Kippe. Ob die Durchdringung des Sicherheitsapparats mit Nazis dicht genug gewesen wäre, um den Putsch bei lückenlos gelungener Planung aus NS-Sicht erfolgreich durchzuführen, ist mehr als fraglich.

Die Putschisten verlegen sich nun aufs Verhandeln und bedienen sich Emil Feys als von ihnen kontrolliertes Sprachrohr nach außen, was dessen Situation noch undurchsichtiger macht. Wo steht er in diesem Spiel? Er hat sich sicherlich beide Varianten offengehalten ...

Zunächst verhandelt Chef-Putschist Franz Holzweber aber noch mit dem sterbenden Dollfuß, der immerhin einen Wundverband angelegt bekommen hat. Arzt darf noch immer keiner zu ihm, da sich herausstellt, dass es unter den Festgehaltenen im Kanzleramt keinen „arischen" Mediziner gibt ... Dollfuß geht nicht auf Holzweber ein, sondern trägt stattdessen Emil Fey auf, Benito Mussolini, den starken Verbündeten und bislang treuen Freund, zu bitten, für seine Familie zu sorgen. Zweieinhalb Stunden nach den Schüssen auf ihn stirbt Engelbert Dollfuß um 15.45 Uhr.

Holzweber ändert die Taktik. Er bietet von sich aus Fey das Amt des Sicherheitsministers in einer NS-Regierung an, wenn Fey es doch noch möglich macht, dass Rintelen Kanzler wird. Fey nimmt an und diktiert über Telefon eine Radiomeldung, Rintelen als amtierenden Kanzler anzuerkennen. Angeblich um Zeit zu gewinnen und Blutvergießen zu vermeiden, wie er sich später rechtfertigt.

Sein Vertrauter Robert Wrabel plaudert indessen mit den Nazi-Putschisten und meint, dass die Heimwehr für Herbst ohnehin einen Putsch gegen Dollfuß geplant gehabt hätte, und den hätte man dann zusammen machen können – mit mehr Erfolgsaussichten …

So undicht war also diese Dollfuß-Diktatur, dieses unglückliche Amalgam aus der aufgelösten Christlichsozialen Partei und der wankelmütigen Heimwehr mit ihren vielen Flügeln, die zwischen Faschismus italienischer Prägung, NS-Affinität und eigenständigem, „grünem" (wie man damals sagte) Faschismus hin und her flatterten. Nicht einmal ihr alpenländisches, provinzielles Image war einheitlich – zu viele der Heimwehr-Angehörigen waren Bürger und Aristokraten. Einig waren ihre Angehörigen nur in der Ablehnung und Bekämpfung von Sozialdemokraten und Kommunisten. In ihrer Koalition mit Dollfuß konnte sie dieser Aufgabe frönen, da diesem ja durch Mussolinis Verbot jede Möglichkeit verbaut war, mit den Sozialdemokraten vielleicht doch noch eine Übereinkunft zu erreichen.

Doch Fey und selbst Starhemberg waren nicht wirklich begeistert von Dollfuß. Der Haudegen und der Aristokrat lächelten über den Bauernbuben, bei Fey kann man schon von Verachtung sprechen.

Der 1892 im niederösterreichischen Texing unehelich zur Welt gekommene Engelbert Dollfuß war erst nach und nach ihr Verbündeter geworden. Der nur 1,51 Meter große, zart gebaute Mann hatte Priester werden wollen, dann aber Rechtswissenschaften studiert und mit einigem Nachdruck durchgesetzt, trotz seiner geringen Körpergröße im Ersten Weltkrieg als Freiwilliger bei den Tiroler Kaiserschützen dienen zu dürfen. Nach dem Krieg wurde nach seinem Studium in Wien und Berlin aus dem ländlich geprägten Burschen ein gefragter Agrarfachmann, letztlich Landwirtschaftsminister. Abgeordneter wurde er indes nie, und die parlamentarische Regierungsform war ihm suspekt.

Gerhard Jagschitz hat in mehreren Publikationen Dollfuß' Jugend und Charakter beschrieben und analysiert. In ansehnlicher Zahl finden sich in den Bibliotheken mittlerweile auch Bücher über die Ausschaltung des Parlaments 1933 und des kurzen Bürgerkriegs zwischen Regierung und Angehörigen des sozialdemokratischen Schutzbundes im Februar 1934.

Einige davon stellen Dollfuß als Helden dar, der nach einem ersten NS-Attentat 1933, dann 1934 im Abwehrkampf gegen den Nationalsozialismus gefallen ist. Andere sehen ihn als Totengräber der Demokratie, der 1933 seine Chance nutzte, das mattgesetzte Parlament nicht wieder zusammentreten zu lassen, zu beseitigen, ohne Parteien mit der neu geschaffenen Einheitspartei „Vaterländische Front" zu regieren und im Februar 1934 als Arbeitermörder vom Bundesheer auf Gemeindebauten schießen sowie neun Schutzbündler standrechtlich hinrichten zu lassen. Der schwer verletzte Kämpfer Karl Münichreiter wurde gar auf der Tragbahre zur Richtstatt getragen, was gegen jedes geltende Recht verstieß, und vor allem gegen die Menschlichkeit. Das sahen auch Bundespräsident Miklas und Kardinal Innitzer so, deren Gnadenappelle allerdings ungehört blieben. Die rund 1600 Toten und Verletzten des Februar 1934 standen fortan zwischen den Lagern wie eine unsichtbare Armee.

Ein vom Salzburger Zeitgeschichtler Ernst Hanisch, der an einer Otto-Bauer-Biografie arbeitet, entdeckter und von dem Journalisten Norbert Regitnig-Tillian 2009 an die Öffentlichkeit gebrachter Briefwechsel gibt Aufschluss, wie sehr der sozialdemokratische Parteiführer Otto Bauer und der oberste Schutzbundführer Julius Deutsch den Linzer Schutzbundführer Richard Bernaschek vom Aufstand abzuhalten versuchten. „Wenn die Wiener Arbeiterschaft uns im Stich lässt, Schmach und Schande über sie!", wetterte Bernaschek. Durch sein Vorpreschen in Zugzwang geraten, riefen Bauer und Deutsch von Wien aus zum bundesweiten Generalstreik aus, den aber kaum wer befolgte, die Angst um die raren Arbeitsplätze war groß. „Die Waffe des Generalstreiks ist stumpf geworden", schreibt Regitnig-Tillian. Noch während der drei Tage dauernden Kämpfe flüchteten Bauer und Deutsch in die Tschechoslowakei. Die Kämpfer fühlten sich verraten. Richard Bernaschek nahm nationalsozialistische Fluchthelfer in Anspruch, die ihn nach München brachten, wo er verkündete: „Das nationalsozialistische Programm steht uns näher." 1936 schrieb er an Bauer, er habe den Verdacht, dass Bauer ihn in der Nacht vom 11. auf den 12. Februar an die Linzer Polizei verraten habe, um den Aufstand zu verhindern, was der exilierte Parteiführer empört zurückwies. Bernaschek kehrte nach dem Anschluss in die Ostmark zurück, wurde im Zuge der Verhaftungswelle nach dem Attentat auf Hitler vom 20. Juli 1944 ins Konzentrationslager Mauthausen eingeliefert und dort knapp vor Kriegsende auf Befehl von Gauleiter Eigruber mittels Genickschuss ermordet. Der besonders fanatische Eigruber wollte sämtliche potenzielle politische Eliten für einen Wiederaufbau nach dem Zusammenbruch des Dritten Reichs liquidieren.

„Die Februarereignisse 1934 – lange Zeit Zentrum roter Erinnerungskultur – waren aber laut Bauer-Biograf Hanisch kein ‚Aufstand der Arbeiterbewegung', sondern ein partieller Aufstand des Schutzbunds", schreibt Norbert Regitnig-Tillian 2009 im Wiener Nachrichtenmagazin „profil". „Auch die nachträgliche Interpretation der Februarkämpfe als Kampf für die Wiederherstellung der liberalen Demokratie sei erst nach 1945 ‚als späte Fiktion' entstanden. 1934 kämpfte man noch für den Sozialismus, und das bedeutete auch für ‚die Vergesellschaftung der Produktionsmittel.'"

Die Grenzen zwischen Sozialdemokratie und Kommunismus waren hier also ein wenig undeutlich, was andererseits in der Ersten Republik das Erstarken der Kommunistischen Partei verhindert hatte. Doch dieses gemeinsame Dach der österreichischen Sozialisten vieler Schattierungen war nun abgerissen worden.

Die Bewohner des roten Hauses waren obdachlos geworden und schielten nach Moskau und Berlin, während Dollfuß und die Heimwehr nach Rom blickten.

Faktum ist, dass Dollfuß den Parlamentarismus durch eine Selbstherrschaft ersetzt hat, die so diktatorisch wie seltsam und undicht war und im Konzert der damals aktuellen Spielarten des Faschismus zwischen Mussolinis Italien und (etwas später) Francos Spanien eine merkwürdig indifferente und in sich nicht abgeschlossene Rolle einnahm. Hatte Dollfuß noch 1920 als Studentenvertreter für Mitglieder der Hochschülerschaft einen Ariernachweis bis in die dritte Generation zurückgehend gefordert, so wurde das von ihm regierte Österreich nach Hitlers Machtübernahme zum Zufluchtsort vieler vertriebener Juden. Die Nazis bezeichneten das Regime von Dollfuß und Schuschnigg als „verjudet" und gingen sogar so weit, populäre jüdische Kabarettisten wie Fritz Grünbaum und Karl Farkas als tragende Säulen des Kleriko-Faschismus darzustellen. Schriftsteller jüdischer Herkunft wie Franz Werfel oder Karl Kraus waren klare Parteigänger von Dollfuß. Allein ihm maßen sie die Kraft zu, Hitler von Österreich fernzuhalten. Andererseits erlegte sich die österreichische Filmindustrie selbst eine Beschränkung auf „arische" Darsteller auf, damit österreichische Spielfilme auch in Nazi-Deutschland gezeigt werden durften. Zum einen blieb das jüdische soziale Leben im Ständestaat intakt, zum anderen grassierte aber auch ein „Sommerfrischen-Antisemitismus", der in einigen ländlichen Gegenden keine jüdischen Touristen mehr duldete.

Heimwehrführer Ernst Rüdiger Fürst Starhemberg, der noch 1930 in einer politischen Hetzrede von den Juden als „plattfüßigen Parasiten, die aus dem Osten kommen" gesprochen hatte, stellte nach 1934 klar: „Wir lehnen jene utopischen Formen der Rassenlehre und ihre sinnlosen Folgerungen ab, die ein Glaubensdogma des Nationalsozialismus bilden."

Zwischen 1934 und 1936 war Alain Stuchly-Luchs Leiter der Propagandastelle der Heimwehr. Er war ebenso jüdischer Herkunft wie Alfred Ehrenfeld, der Kommandant der Kraftfahrbrigade des Wiener Heimatschutzes. 1938 sagte Starhemberg, die Antisemiten „mögen sich in Acht nehmen, dass sie nicht erst dann, wenn es zu spät ist, draufkommen, dass alles Schädliche, das sie vonseiten des Judentums befürchten (...), harmlos im Vergleich zu der Art und Weise ist, wie der nordisch-arische Herrenmensch im Zeichen des Hakenkreuzes unterdrückt, ausbeutet und schändet. Dies mögen sie sich von jemandem sagen lassen, in dessen Adern, soweit sich solches überhaupt einwandfrei feststellen lässt, kein Tropfen jüdischen Blutes fließt, der von den Juden durchaus unabhängig ist, und der – allerdings sehr jung an Jahren – selbst an die blöden verlogenen Theorien von der reinen nordischen Edelrasse und ihrem edlen Sinn und den bösartigen Eigenschaften des tiefrassigen Judentums geglaubt hat."

Also sprach Starhemberg, zeitweiliger Führer einer Heimwehr, in der es doch unzählige Antisemiten gab.

Was aber wollte Dollfuß, dieser kleine Mann der großen Töne, dieser „Millimetternich", wie ihn seine Gegner, dieser „Heldenkanzler", wie ihn seine Anhänger posthum nannten? Kurz zusammengefasst kann eine Passage aus seiner Rede 1933 bei einer Feier zum Gedenken an die Befreiung Wiens von den Türken 1683 als ideologisches Credo dienen:

„(...) In einer Zeit, in der man gemeint hat, rein im wirtschaftlichen Kampf das Wohl der Menschheit sichern zu können, in einer Zeit, in der man gemeint hat, durch Aufklärung, durch Wissen und Wissenschaft allen Problemen des Weltdaseins beikommen zu können, eine Zeit, in der man die Einstellung des Menschen zur Unendlichkeit, seine Religion höchstens geduldet hat, vielfach nur mehr belächelt hat – eine solche Zeit materialistischer Einstellung, die den Einzelnen nach den damals herrschenden Theorien zur restlosen Ausnützung all seiner Macht, auch seiner Geldmacht berechtigten, in der Zeit wurde ein großer Teil des Volkes zurückgedrängt, und hat sich mit Recht unterdrückt gefühlt. Und so ist ein Zeitalter des Liberalismus, ein Zeitalter der Willkür und der reinen Macht, ein Zeitalter gefolgt, das seinem Ideengang nach nicht weniger materialistisch war, das ebenso ohne Gott und ohne menschliche Bindung einfach rein formalistisch organisatorisch die Übel dieser damaligen Zeit heilen wollte. So kam die Epoche des Marxismus, die Epoche des mindestens ebenso brutalen Materialismus. Und in der Zeit ist die Menschheit dank der Erfolge, die sie auf dem Gebiet der Wissenschaft und Technik errungen hatte, ist die Menschheit, ich möchte fast sagen hochmütig und größenwahnsinnig geworden! Und als Antwort auf die Zeit, in der man gemeint hat, alle Weltprobleme lösen zu können, allen Weltgeheimnissen und allem Sinn nach dem Dasein mit Formeln und logischen Schlüssen bereits nahegekommen zu sein, kam eine der größten Katastrophen, die die Menschheit erlebt hat, der Weltkrieg, den wir selbst alle mitgemacht haben."

Das also war Dollfuß.

Und Hitler?

Glaubt man den Aufzeichnungen Hermann Rauschnings, dann sagte er ungefähr zur gleichen Zeit in einem Gespräch:

„Wir stehen am Ende des Zeitalters der Vernunft. Der selbstherrlich gewordene Geist ist eine Krankheit des Lebens geworden. Unsere Revolution ist nicht bloß eine politische und soziale, wir stehen vor einer ungeheueren Umwälzung der Moralbegriffe und der geistigen Orientierung des Menschen. Wir beenden den Irrweg der Menschheit. Die Tafeln vom Sinai haben ihre Gültigkeit verloren. Das Gewissen ist eine jüdische Erfindung. Es ist wie eine Beschneidung, eine Verstümmelung des menschlichen Wesens. Eine neue Zeit der magischen Weltdeutung kommt herauf, der Deutung aus dem Willen und nicht dem Wissen. (...) Ich weiß natürlich so gut wie alle diese neunmalklugen Intellektuellen, dass es im wissenschaftlichen Sinn keine Rasse gibt. Ich als Politiker brauche einen Begriff, der es erlaubt, die bisher auf geschichtlichen Zusammenhängen beruhende Ordnung aufzulösen, und in eine ganz neue, antihistorische Ordnung zu erzwingen und gedanklich zu unterstützen. Ich muss die Welt von ihrer historischen Vergangenheit befreien. Die Nationen sind die manifeste Form unserer Geschichte. Also muss ich diese Nationen in eine höhere Ordnung umschmelzen, wenn ich den Wust einer absurd gewordenen geschichtlichen Vergangenheit abstreifen will. Und dafür ist mir der Rassenbegriff gut. Er löst das Alte auf und gibt die Möglichkeit neuer Verbindungen. Mit dem Begriff der Nation hat Frankreich seine große Revolution über seine Grenzen geführt. Mit dem Begriff der Rasse wird der Nationalsozialismus seine Revolution bis zur Neuordnung der Welt durchführen."

Das also war Hitler.

Hitler wollte die Geschichte mit den modernsten Mitteln seiner Zeit vernichten, Dollfuß sie in barockem Geist und mittelalterlicher Form wiederauferstehen lassen, mit einer berufsständischen Zunftordnung und allen überkommenen Inhalten und Formen der katholischen Kirche, deren Wiener Erzbischof Theodor Kardinal Innitzer sehr gut mit dem Führerprinzip leben konnte, dem doch, wie er da und dort anmerkte, die Kirche immer schon angehangen wäre.

Dollfuß wie Hitler wandten sich ab vom Rationalismus. In Wahrheit bekämpften sie mit der Ablehnung der Moderne beide auf ihre Weise das 19. Jahrhundert, dem sie ihrer Geburt nach entstammten. Hitler machte seinen Zeitgenossen – ob positiv oder negativ – einen aggressiv vorwärtsdrängenden Eindruck, Dollfuß einen rückwärtsgewandten. Dynamische, zynische Berechnung stand gegen gewaltsam durchgesetzte und aufrechterhaltene reaktionäre Nostalgie.

Und so klang der Ständestaat auch:

„Ihr Jungen, schließt die Reihen gut, ein Toter führt uns an. Er gab für Österreich sein Blut, ein wahrer deutscher Mann. Die Mörderkugel, die ihn traf, die riss das Volk aus Zank und Schlaf. Wir Jungen stehn bereit – mit Dollfuß in die neue Zeit!"

So lautete ab 1936 das Kampflied der Vaterländischen Jugend unter dem Nachfolgekanzler Kurt Schuschnigg nach diesem 25. Juli 1934.

Dollfuß war verblutet, die Putschisten verhaftet. Sie hatten auf die Zusicherung freien Geleits ins Ausland vertraut, was aber nicht eingehalten wurde, als bekannt wurde, dass Dollfuß tot war. Einige der außerhalb des Kanzleramts am Putsch Beteiligten konnten fliehen, der verhinderte Kanzler Anton Rintelen unternahm einen vergeblichen Selbstmordversuch, Dollfuß-Mörder Planetta wurde nebst Franz Holzweber und zwölf anderen Putschisten am Würgegalgen vom Wiener Scharfrichter Lang hingerichtet. Dollfuß selbst hatte die Todesstrafe wieder eingeführt und damals zum ersten Mal als warnendes Fanal einen geistig minderbemittelten Mann exekutieren lassen, der eine Scheune in Brand gesteckt hatte.

Nun baumelten politische und keineswegs verwirrte Brandstifter, was für Dollfuß freilich zu spät kam. Die österreichische SA hatte ebenfalls einen Aufstandsplan entwickelt, hielt aber angesichts des Misslingens des Putsches ihrer SS-Kollegen still, vor allem auch deshalb, weil Hitler wenige Wochen zuvor die SA-Führung im Deutschen Reich im Zuge des „Röhm-Putsches“ hatte eliminieren lassen. Für die illegalen Braunhemden also kein guter Zeitpunkt zum Losschlagen.

Insgesamt hatte der Juliputsch 223 Todesopfer gefordert, die sich ziemlich gleichmäßig auf Nazis und die Exekutive aufteilten.

Hitler schäumte vor Wut, als er vom Scheitern des Putsches erfuhr. Sein Vertrauen in die Schlagkraft der österreichischen Nazis war nachhaltig erschüttert.

Er wusch dem Österreichbeauftragten der NSDAP Theo Habicht gründlich den Kopf, distanzierte sich von den Putschisten und kondolierte scheinheilig der österreichischen Regierung

Seinen Kampf um und gegen Österreich setzte er fort. Die illegalen österreichischen Nationalsozialisten blieben mehrheitlich dort wo sie waren und sickerten in der undichten Diktatur weiter in hohe und dann höchste Ämter ein.

Wie konnten sie innerhalb weniger Jahre so viele werden?

Ideologie traf auf die wirtschaftliche und gesellschaftliche Tristesse im Land – und auf die Suche junger Menschen nach Orientierung.

NS-Propagandakarikatur: Siegreicher Recke vor den in der Nazi-Sicht tragenden drei Elementen des Ständestaates – der Heimwehr, der Kirche und den Juden.

Das Land der tristen Stimmung

Österreich muss auf Betrachter von außen einen eher kläglichen Eindruck gemacht haben.

Am 20. Dezember 1930 schrieb die „New Yorker Staatszeitung“, die größte deutschsprachige Zeitung der USA:

„Man sagte in der Monarchie, dass jede Erkenntnis österreichischer Angelegenheiten der historischen Fundierung bedürfe. Das gilt auch heute, und wenn die Österreicher die Dinge von einem erhöhten Abstand des geschichtlichen Sehens betrachten würden, so könnte auch damit der gefährliche österreichische Pessimismus bekämpft werden, der aus der Überschätzung dessen entspringt, was hätte erreicht werden können, und der Unterschätzung dessen, was tatsächlich erreicht worden ist.“

Weniger pathetisch, aber kürzer und treffsicherer war in einer anderen US-amerikanischen Zeitung ein Jahr danach die nüchterne Feststellung zu lesen, dass Österreich das wirtschaftlich ärmste Land Europas sei. Nach einem „erhöhten Abstand des geschichtlichen Sehens“ war dem nach Luft ringenden Volk großteils nicht zumute …

Tatsächlich traf die Weltwirtschaftskrise Österreich besonders stark. Viele Zahlen sind zu nennen, aber es muss sein, denn die Härte der Zeit zeigt sich vor allem im Spiegel ihrer Berechnungen:

Nach dem Zusammenbruch der Credit-Anstalt am 11. Mai 1931 schmolzen binnen einem Jahr die Gold- und Devisenreserven des Staates dahin. Das Jahr 1932 sah die Republik Österreich am Rande des Ruins. Die Produktion war seit 1929 um 39 Prozent zurückgegangen, der Außenhandel gar um 47 Prozent.

Bei den Wahlen zum Nationalrat am 9. November 1930 hatten 90 Prozent der Wähler für die drei etablierten Lager gestimmt, und das, obwohl nur wenige Wochen zuvor Hitlers NSDAP bei den Reichstagswahlen in Deutschland von 12 auf 107 Mandate gewachsen war. Noch hatten die Österreicher ihren Landsmann nicht als vermeintlichen Retter entdeckt, die Nazis bekamen gerade einmal drei Prozent der Stimmen.

Das änderte sich schlagartig am 24. April 1932, dem Tag der regionalen Wahlen in Wien, Niederösterreich, Salzburg, Steiermark und Kärnten, als die Nationalsozialisten erstmals Erfolge erzielen konnten. In Wien stammten 20 Prozent ihrer Wähler von den Christlichsozialen, etwa acht Prozent von den Sozialdemokraten. Trotzdem konnte von einem Erdrutsch wie in Deutschland keine Rede sein. In der Bundeshauptstadt hielten die Sozialdemokraten 66 Mandate, die Christlichsozialen 19 und die Nazis 15.

Eine aussagekräftige Zahl, denn die Wahlbeteiligung lag bei 89 Prozent.

In anderen Landeshauptstädten gewannen die Nazis etwa ein Fünftel der sozialdemokratischen Klientel für sich. In Südösterreich, also Kärnten und der Steiermark, kamen vor allem Wähler von der schwächelnden Heimwehr dazu, und auch unter den Protestanten, die im katholischen Österreich nur 4,4 Prozent der Bevölkerung ausmachten, war eine überdurchschnittlich hohe Hinwendung zu den Nazis zu bemerken.

Ab 1930 und spätestens von 1932 an, als die österreichische NSDAP sukzessive das gesamte deutschvölkische Lager übernahm, begannen sich auch immer mehr junge Menschen, die nicht aus den althergebrachten völkischen Vereinen stammten, für diese Partei zu interessieren. Sie kamen aus Akademiker- und Kleinbürgerfamilien, aus der bündischen Jugend oder von den Universitäten. Ihre Eltern, auf die sie genauso viel oder wenig hörten, wie es Jugendliche zu allen Zeiten tun, waren nicht notwendigerweise nationalsozialistisch oder auch nur national eingestellt.

Freilich waren viele der an Jahren älteren NS-Parteigänger vor 1933 nach wie vor Freiberufler, Beamte und Angestellte und gehörten jenem Milieu an, das seit Schönerer das nationale Element im Land bildete. Im Vergleich zu ihrem Anteil an der Gesamtbevölkerung waren diese Schichten in der österreichischen NSDAP noch deutlich überrepräsentiert. Eine relative Zahlenmehrheit hatten trotzdem die Arbeiter.

Anders ausgedrückt: Wenn auch in den zehn Jahren von 1923 bis 1933 44 Prozent der österreichischen Nazis aus der Arbeiterschaft kamen und im Zeitraum von 1933 bis 1938 29 Prozent der NS-Aktivisten in Wien ebenfalls Arbeiter waren, so waren 1938 doch nur magere 3,7 Prozent aller Arbeiter in Österreich bei der NSDAP – zu einem Zeitpunkt, als 7,7 Prozent aller Beamten, 18 Prozent der Freiberufler und gar 20,6 Prozent aller österreichischen Studenten NSDAP-Mitglieder waren.

Selbstständige Bauern und traditionell schwarz eingestellte Kleingewerbetreibende blieben in der NSDAP vor 1938 in der Minderzahl, was dem Zulauf in den Städten freilich keinen Abbruch tat.

Laut dem Sozialwissenschaftler Dirk Hänisch nahm die braune Partei vor 1933 eine Zwitterposition zwischen dem „Rot der Arbeiterbewegung“ und dem „Schwarz der Landbevölkerung“ ein: „Sie lag näher bei den Sozialdemokraten und weiter entfernt vom katholisch-konservativen Lager.“ Außer eben in Wien und Wiener Neustadt, wo es ihr gelang, besonders viele christlichsoziale Wähler an sich zu ziehen. Ein echter Zwitter also. Für eine Mittelschichtpartei hatte sie zu viele Arbeiter in ihren Reihen, und zur allumfassenden Volkspartei fehlten ihr die Bauern.

Als reaktionär sahen sich die urbanen NS-Anhänger samt und sonders nicht. Ein Beobachter notierte, dass die meisten österreichischen Nationalsozialisten der illegalen Ära nichts mit altmodischen Ideen wie einem mittelalterlichen Ständestaat zu tun haben wollten. Diese Angestellten und Beamten waren keine Antimodernisten. Und sie waren und blieben die Hauptträgerschicht des österreichischen Nationalsozialismus bis 1938. Zu Beginn der 1930er Jahre hatte noch keine Massenbewegung hin zu den Nazis eingesetzt, konnte das „Rote Wien“ die Mehrheit seiner traditionellen Wählerschaft ebenso bei der Stange halten wie die Christlichsoziale Partei ihre Anhänger im ländlichen Raum. Da wie dort waren die Klüngel gut organisiert, die das Ganze zusammenhielten, ob Arbeitervereine, Agrargenossenschaften oder die katholische Kirche mit ihrem wirksamen Bodenpersonal, der politisch aktiven Priesterschaft. Mittelgroße Städte wie in Deutschland, wo sich die Nationalsozialisten besonders hätten ausbreiten können, gab es in Österreich nicht. Aus dem angestammten Lager auszubrechen war für die meisten Österreicher zu Beginn der 1930er Jahre noch undenkbar. Anders für ihre Kinder, und auf die würde es immer mehr ankommen, denn der Nationalsozialismus wurde zusehends eine Bewegung der Jungen.

Folgen wir einigen von ihnen auf ihren bisweilen verschlungenen Wegen. Manche dieser Zeitzeugen haben ihre Geschichten noch nie öffentlich erzählt. Einige sind schon gestorben, andere leben noch – hochbejahrt und jenseits ihres 90. Lebensjahres. Wir haben ihren Zungenschlag weitgehend unverändert gelassen. Häufig wechseln sie von der Vergangenheit in die Gegenwartsform.

Diese Art der Zeitreise im Geist sowie im Stil und in der Wortwahl lässt bisweilen tief blicken und bricht manch höherer Wahrheit die Bahn …

Bündische und bunte Banden

Perchtoldsdorf bei Wien, 1932

Ralf Roland Ringler*, elf Jahre alt, ist der Sohn eines ehemaligen k. u. k. Offiziers, der als schlecht bezahlter Gymnasiallehrer im etwas entfernt gelegenen Wiener Neustadt arbeitet. Der Vater ist unzufrieden. Um an seinen Arbeitsplatz zu gelangen, muss er um vier Uhr früh aufstehen, um erst spätabends wieder heimzukommen. Seinerzeit, als Student an der Universität, hatte er es vermieden, dem katholischen Cartellverband (CV) beizutreten, was ihm später vielleicht eine Lehrerstelle in einem näher gelegenen Gymnasium gebracht hätte. Das hat er nun davon. Stattdessen ist er der Heimwehr beigetreten und bildet sie militärisch aus. Die nationale Heimwehr, wie er betont. Sein Sohn Ralf Roland staunt über die Hektik auf den Straßen des sonst so idyllischen Weinbauortes Perchtoldsdorf. Es ist Wahlkampf.

„Flugblätter wirbeln durch die Straßen. Schwarze, Rote, ‚Kummerln' [Kommunisten] und Nazis werben. Ich weiß nicht, was die bunten Zettel und die schreienden Plakate bedeuten. Ich kann die brüllenden Männer auf den eskortierenden Lastwägen nicht verstehen. Die Sprechchöre – ‚Deutschland erwache', ‚Rotfront', ‚Juda verrecke' – sagen mir nichts.

Im benachbarten Gasthaus, beim Weinlich, ist eine Versammlung der Nazis. Scheppernde Sammelbüchsen, ‚Heil Hitler' schreiende Uniformierte und knallende Absätze. Dann markige Reden. Rauch, Bierdunst und eine Schlägerei. Gehsteige, Hausmauern, Plakatsäulen und Toreinfahrten sind beschmiert –
‚Nieder mit der Heimwehr'
‚Juden raus'
‚Tod den Nazis'
‚Hitler – Krieg'
‚Proletarier aller Länder, vereinigt euch'.

Gendarmen stehen an allen Ecken. Alles verwirrt mich. Vater ist über die ‚Politik' sehr erregt. Mutter meint, er solle an die Familie denken."

*

---

* Alle Zitate von Ralf Roland Ringler sind seinem Buch „Illusion einer Jugend. Hitler-Jugend in Österreich", St. Pölten 1977, entnommen.

Wien, Bezirk Landstraße, 1932

Heinz Pohl ist ein ausgesprochener Querdenker.

Im Wahlkampffrühling des Jahres 1932 verteilt der 21-jährige Student der Geografie und Geschichte auf den Straßen Wiens Propagandamaterial für die NSDAP. Plötzlich kriegt er Konkurrenz. Ein anderer junger Mann im gleichen Alter drückt den Passanten ebenfalls bedruckte Zettel in die Hand. Auf ihnen sind Wahlaufrufe für die Kommunisten zu lesen. Die beiden kommen ins Gespräch und finden einander sympathisch – irgendwo teilt man ja das gleiche Los auf der Straße ...

Obwohl die Kommunisten am 23. April im sozialdemokratisch regierten Wien nicht einmal 22.000 Stimmen erringen, lassen sie sich ihre Feiern zum 1. Mai nicht verdrießen.

Mit dabei ist diesmal Heinz Pohl.

Der überzeugte Nationalsozialist hat die Einladung seines kommunistischen Kumpels in ein Parteiheim der KP angenommen. „Das war eine recht bürgerliche Angelegenheit, mit den ganzen Lederhosen", erinnert sich Pohl später. „Es hätte genauso gut ein Trachtenverein sein können, wenn nicht Filme über Russland gezeigt worden wären oder ein Kabarett, wo dann ein paar in Trainingsanzügen auf der Bühne herumgehüpft sind." Politische Berührungsängste hat der junge Nazi nicht, zumindest nicht mit den Kommunisten.

Geboren wird Heinz Pohl 1911 in Wien als Sohn eines Postbeamten aus Österreichisch-Schlesien und einer Hausfrau aus Marburg, heute Slowenien.

Sein Vater, Turner, überzeugter Abstinenzler und Nikotingegner, ist gewerkschaftlich engagiert. Er fühlt sich in der Monarchie sozial benachteiligt – ein typischer Linker seiner Zeit. Heinz ist das Nesthäkchen der Familie, ein spät geborenes Kind. Zwei ältere Brüder werden zum Kummer des Vaters in der Mittelschule von deutschvölkischen Lehrern beeinflusst. Beide Jungen überleben den Ersten Weltkrieg nicht, der älteste fällt 1917, der zweite stirbt 1918 an einer virösen Erkrankung. Im gleichen Jahr rafft den Vater die Grippe dahin. Von den Geschwistern bleiben nur Heinz und seine ältere Schwester am Leben. Seine Mutter hängt an ihm wie an einem Schatz, ermöglicht ihm durch eisernes Sparen eine gute Schulbildung. Heinz Pohl fühlt sich vom Schicksal bevorzugt. „Ich hatte das Gefühl, ich war etwas Besonderes."

In der Grundschule im dritten Wiener Bezirk sind die meisten Mitschüler Juden. Einer von ihnen, Teddy Kollek, wird einmal Bürgermeister von Jerusalem werden. Auch im Realgymnasium des dritten Bezirks in der Hagenmüllergasse sitzt Pohl neben einem jüdischen Kollegen, der ihm ein enger Schulfreund wird. „Wir waren beide Außenseiter, da wir die Unsportlichsten der Klasse waren." Pohl kommt darüber leichter hinweg, denn er weiß ja von Zuhause, dass er etwas Besonderes ist.

Der andere hingegen, der Freund, fühlt sich wegen seiner Herkunft zurückgesetzt.

Er heißt Jura Soyfer und entstammt einer Flüchtlingsfamilie aus der Ukraine. Bald bemerkt Heinz Pohl, dass Soyfer während der Schulstunden Artikel für die sozialdemokratische „Arbeiter-Zeitung" schreibt. Häufig ist Heinz nun Gast daheim bei den Soyfers, und der Vater, ein Kaufmann aus Charkow, erzählt dem staunenden Pohl von der russischen Revolution und der Flucht der Familie vor den Sowjets 1921. Der Sohn sieht seine politische Heimat in der österreichischen Sozialdemokratie.

„Von Jura", so Pohl, „habe ich erstmals soziales Gedankengut mitbekommen." Noch kennt ihn die Öffentlichkeit nicht, den Jungen aus Charkow. Doch innerhalb weniger Jahre wird er mit seinen Geschichten und vor allem Theaterstücken auf mehr als 1000 Druckseiten ein gewaltiges Werk schaffen und als einer der bedeutendsten österreichischen Autoren des 20. Jahrhunderts in die Literaturgeschichte eingehen.

Nach dem Februaraufstand des Schutzbundes wechselt Soyfer 1934 wie so viele von der Sozialdemokratie zu den Kommunisten und wird 1937 vom Ständestaat wegen illegaler Betätigung verhaftet. Am 17. Februar 1938 wird er im Rahmen der Amnestie für politische Häftlinge entlassen und versucht in die Schweiz zu gelangen. 25 Tage später, kurz nach dem Anschluss, wird er jedoch an der österreichisch-schweizerischen Grenze gefasst, erneut festgenommen und ins NS-Konzentrationslager Dachau, dann in das KZ Buchenwald gebracht. Dort stirbt er, knapp 26 Jahre alt, an Typhus. Sein Vermächtnis ist das „Dachau-Lied", das auf die zynische KZ-Losung „Arbeit macht frei" anspielt:

„Stacheldraht, mit Tod geladen,
ist um uns're Welt gespannt.
D'rauf ein Himmel ohne Gnaden
sendet Frost und Sonnenbrand.

Fern von uns sind alle Freuden,
fern die Heimat, fern die Frau'n,
wenn wir stumm zur Arbeit schreiten,
Tausende im Morgengrau'n.

Doch wir haben die Losung von Dachau gelernt
und wurden stahlhart dabei.
Sei ein Mann, Kamerad.
Bleib ein Mensch, Kamerad.
Mach ganze Arbeit, pack an, Kamerad.
Denn Arbeit, Arbeit macht frei. ..."

Dies alles ist 1930 noch fernere Zukunft, doch der Knabe Jura hat bereits so viel künstlerisches und politisches Bewusstsein entwickelt, dass er für sein jugendliches Alter überreife Werke schafft. Sein Romanfragment „So starb eine Partei" drückt die Enttäuschung der sozialdemokratischen Anhänger über ihre Partei nach dem Februar 1934 aus. Eine damals in Österreich weitverbreitete Befindlichkeit.

Und Soyfers Freund Heinz Pohl?

Er hat nicht nur Jura zum Freund.

Zwei andere Jungen ziehen ihn in die nationale Richtung, darunter der Sohn des Hausmeisters von Pohls Wohnhaus.

Bereits 1926, mit nicht einmal 16 Jahren, ist er mit ihnen zur Bündischen Jugend gestoßen.

„Es war eine Lebensform mit Wandern, Volkstanzen, Kameradschaft", sagt Pohl.

Vor dem Ersten Weltkrieg ist diese Form der Freizeitgestaltung vor allem von den „Wandervögeln" praktiziert worden. Das sind meistens Jugendliche aus dem Bürgertum gewesen, die aus der starren Lebensweise ihrer konservativen Elternhäuser und Schulen in die freie Natur ausbrechen wollten. Dieser Drang ist auch nach 1918 vorhanden, wird aber neu organisiert. Die leicht anarchistisch angehauchte Wandervogel-Philosophie wird dem Zeitgeist angepasst.

Denn für die bürgerliche Jugend hat sich im Vergleich zur Vorkriegszeit die Lage erheblich verändert. In einer Zeit der Orientierungslosigkeit und der politischen Gegensätze liegt die Suche nach Werten, nach Zwecken, für die einzusetzen sich lohnt, näher als die Freiheit des Wanderns, die vor dem Krieg das Wichtigste war. Disziplin statt Freiheit, Bindung statt Autonomie, heißt die neue Tendenz. So entstehen als neue Form der Jugendbewegung die „Bünde“ beziehungsweise „Orden“. Sie sind straffer organisiert als die früheren Wandervogelgruppen und versuchen, bestimmte Werte und Aufgaben für sich verbindlich zu machen. Äußerlichkeiten, Uniformen und mehr oder weniger aussagekräftige neue Bezeichnungen sind jetzt entscheidend. Geleitet werden diese Gruppen meistens von Erwachsenen, deren ideologische Einstellung auch die Linie der bündischen Jugendgruppen bestimmt.

Heinz Pohl wird durch seine soziale Begabung schon bald in der übergeordneten Dachorganisation zum „großen Führer“, wie er sich später ausdrückt. Nun überblickt er Vereine, die zum Teil althergebrachte Namen wie „Wandervogel“ oder „Pfadfinder“ tragen, katholisch wie der „Bund Neuland“ und „Quickborn“ oder evangelisch wie die „Kreuzfahrer“ sind; aber auch solche, die andere Bezeichnungen haben, die bereits auf eine neue Zeitströmung hinweisen: „Deutsche Freischar“, „Kolonialpfadfinder“, „Bund heimattreuer Pfadfinderinnen“ und auch die „Nationalsozialistische deutsche Arbeiter- und Bauernjugend“. Sie hat sich von einer Untergrundorganisation namens „Schwarze Front“ abgespalten, deren Führer in Deutschland Otto Strasser heißt.

Strasser gehört gemeinsam mit seinem Bruder Gregor und dem Chefpropagandisten Joseph Goebbels zum linken Flügel der NSDAP, der besonderen Wert auf die sozialrevolutionäre Komponente des Nazi-Gedankenguts legt. Goebbels hält es noch in den 1920er Jahren „durchaus für möglich, dass es innerhalb der Partei Möglichkeiten für eine sozialistische Alternative anstelle von Hitlers süddeutschem Faschismus gäbe“, wie es in den Worten des Historikers Zbynek Zeman zum Ausdruck kommt. Doch diese Ideen wird der mit der Zeit immer bedingungslosere Hitler-Anhänger Goebbels bald verwerfen. Nicht so die Brüder Strasser.

Auf Otto Strasser ist Heinz Pohl über die Zeitschrift „Die Deutsche Revolution“ aufmerksam geworden, die in Prag erscheint und auch in Wien, in der Bibliothek der Arbeiterkammer, aufliegt.

In Österreich ist ein dieser Richtung nahestehender entscheidender Mann innerhalb der bündischen Bewegung ein gewisser O. H. Wesely. Er wird nach dem Anschluss 1938 sofort in ein Konzentrationslager eingeliefert werden. Warum das?

Später werden wir klarer sehen ...

Die bündische Gruppe, der Heinz Pohl seit 1927 angehört, heißt „Rüdigerbund“. Deren Führer, Dr. Winkler-Hermaden, erkennt 1931, „dass die Zeit anders wird“, und löst den „Rüdigerbund“ auf.

Heinz Pohl, mittlerweile 20 Jahre alt, ist längst zur Führungspersönlichkeit gereift und sammelt die Reste des „Rüdigerbundes“ unter wechselnden Namen wie „Treue Schar“ oder „Graue Garde“. Schließlich tritt die Gruppe, „um Rückhalt zu haben“, korporativ, doch als weiterhin eigenständige Truppe einer von Pohl nicht näher bezeichneten Vereinigung bei, die „eher rassistisch“ ausgerichtet gewesen sein soll. Der Verdacht liegt nahe, es könnte bereits die HJ gewesen sein, denn am 1. Mai 1931 wird die HJ in Österreich aufgestellt.

Pohl ist schon 1929 der NSDAP beigetreten. Da war er noch nicht volljährig und musste sein Geburtsdatum fälschen. Der Führer Pohl hat einen harten Kern von Jungen um sich. „Mit dem bin ich losgezogen“. Gezielt tritt dieser verschworene Haufen nun anderen bündischen Gruppen bei.

Die Unterwanderung der so freiheitsliebenden bürgerlichen Jugendbewegung durch die HJ hat begonnen.

Formal gibt man sich noch unpolitisch in diesem Frühsommer 1931, die Jungen singen auf Wanderungen und bei Zeltlagern lediglich „gegen den Spießergeist“ an, suchen das Abenteuer am sagenhaften „wilden Balkan“, wovon auch die Lieder künden.

Die einzigen dabei gewälzten politischen Träume sind nicht realisierbare Schwärmereien, erinnert sich Pohl später, der „Reichsgedanke“ oder Ähnliches ist kein Thema. Einziger politischer Bezugspunkt ist „das Volk“, nicht etwa „das Reich“, und schon gar nicht „die Menschheit“.

Schon damals stößt Heinz Pohl der Personenkult um Adolf Hitler ab. Sein Held ist Otto Strasser, der Sozialrevolutionär. 1931 kommt dessen älterer Bruder Gregor Strasser nach Wien, besucht die österreichischen Parteigänger und hält Vorträge. Ob er ihn bei dieser Gelegenheit gehört hat, daran kann sich Pohl viele Jahrzehnte danach nicht mehr erinnern.

*

Wien, Bezirk Meidling, 1933

Werner Dreher*, Sohn eines Privatdetektivs, ist 13 Jahre alt. Er geht gerade von der Schule nach Hause und kommt am Steinbauer-Park im Bezirk Meidling vorbei.

„Und da sehe ich“, erinnert sich Dreher, „dass drei mir unbekannte Burschen von neun anderen, die ich ebenfalls nicht kenne, kräftig verdroschen werden. Ich wusste nicht warum und weshalb, aber ich dachte mir nur: Neun gegen drei, das ist eine Feigheit! Na, das war für mich Anlass genug, den Schulranzen unter eine Parkbank zu werfen und mich hinein ins Gewühl aufseiten der drei zu werfen! Ich ging es allerdings raffiniert an.

Meine Mutter hatte meine Beobachtungsgabe in der Kindheit geschult. Sie gab mir Bilder anzusehen, die ich dann Tage später möglichst genau beschreiben musste. Das machte mir großen Spaß, da ich dafür belobigt wurde. Oder ich musste gezeichnete Nasen und Gesichtsprofile von Anverwandten den richtigen Angehörigen zuordnen. Dann habe ich selbst das Zeichnen gelernt. Mit diesen Fähigkeiten wurde ich übrigens Häuptling in der Schule, da diese Gabe sehr gut für Lausbubenstücke geeignet war …

Mit Beobachtungsgabe und List half ich mir und den drei Unbekannten auch jetzt, bei der Rauferei, da ich merkte, wie feige die neun waren. Ich rief den dreien zu: ‚Haltet noch zehn Minuten durch, unsere Leute sind schon im Anmarsch!‘ Nach acht Minuten begannen sich die neun tatsächlich abzusetzen. Es hat sich dann herausgestellt, dass das Linksrote und Kommunisten gewesen sind, die im gleichen Gemeindebau wie ihre Raufgegner gewohnt haben. Meine Ärmel waren zerrissen, ich hatte ein paar Cuts.

Sagt der Älteste der drei zu mir, ein 16-Jähriger: ‚Danke dir, Kamerad! Bei welcher Hitlerjugend bist du?‘

‚Bei gar keiner.‘

‚Dann wird es aber Zeit! Wir haben heute Heimabend in der Schönbrunner Straße 198. Ein altes Haus mit einer Apotheke drin. Hinein in den Hof, Kellerstiege hinunter und du bist da.‘

Aha, denke ich, Hitlerjugend. Was das wohl sein mag?

Meine größere Sorge ist eher, wie ich meiner Mutter die abgerissenen Ärmel beibringe. Ich hatte nicht vor, dorthin zu gehen.

---

* Name auf Wunsch des Zeitzeugen geändert.

Am selben Tag kommt zufällig mein Vater früher nach Hause. Ihn haben der Ärmel und die Rauferei nicht beunruhigt, ganz im Gegenteil. Er hielt viel auf Mannesmut und Wehrhaftigkeit. Ich hatte immer den Eindruck, dass ich ihm viel zu brav war. Er war im Ersten Weltkrieg bei der Abwehr gewesen, also im militärischen Geheimdienst. Politisch war er österreichisch gesinnt und auch nach 1918 noch ein bisschen monarchistisch.

Und da, gerade an diesem Tag, fragt er mich: ‚Hast du keine Hausaufgaben?' – ‚Keine Zeit', antworte ich schnell und suche verzweifelt nach einer Ausrede, um nicht lernen zu müssen. Sie ist bald gefunden.

‚Unser Lehrer will, dass wir uns heute Nachmittag irgend so eine Jugendgruppe ansehen.'

Ob der Vater mir das geglaubt hat, weiß ich nicht. Ich bin jedenfalls hingegangen und fand dort an die 40 Buben, aber nicht militärisch aufgestellt, sondern alle in Zivil – auch ihr Häuptling. Der hat dann einen Vortrag über den Versailler Vertrag gehalten. Von der Existenz dieses Vertrages nach dem Ersten Weltkrieg wusste ich, aber die Aspekte, die dort von diesem 16-Jährigen erzählt wurden, waren mir neu. Auch die Buben waren mir sympathisch.

Plötzlich ging die Türe auf und ein Uniformierter kam herein. HJ-Uniform. Der Häuptling schrie: ‚Achtung!', und alles sprang auf. Auch ich stand auf, und der Uniformierte sagte: ‚Weitermachen!' Das alles hat mich unfassbar beeindruckt. Und dann erst die Geschichten von der Hungersnot nach dem Ersten Weltkrieg und die Demontage von Anlagen durch die Siegermächte! Am Ende des Heimabends schrie der Häuptling: ‚Alles antreten!' Dann gab der Uniformierte, ein Unterbannführer, was ich damals noch nicht wusste, da ich mich noch nicht auskannte, jedem die Hand. Er fragte: ‚Name? Adresse? Schüler? Jungarbeiter? Arbeitslos? Hast du Geschwister, die älter als zehn sind? Was ist der Vater von Beruf?'

Als er zu mir kam, wurde ich gleich als der Held gefeiert, der den drei Kameraden im Park bei der Schlägerei geholfen hatte.

Eine Zeit lang sah er mich wortlos an. Dann legte er mir die Hand auf die Schulter und sagt: ‚Du hast Führungseigenschaften! Führen heißt: Vorbild sein! Leiten! Verantwortung tragen!'

Uff, das hatte noch niemand zu mir gesagt! Dann erklärte er mir die Hierarchie. Die Leute, die man führt, muss man sich selbst suchen. Führst du zwei, wirst du Rottenführer, führst du vier, wirst du Oberrottenführer, Kameradschaftsführer, Oberkameradschaftsführer und so weiter. Ab 25 dann Gefolgschaftsführer.

Na, ich habe in meiner Schule, dem Meidlinger Gymnasium in der Rosasgasse, innerhalb von 14 Tagen eine Gefolgschaft gesammelt, und weil ich sonst nicht genug zusammengebracht hätte, habe ich die Juden in der Klasse auch mit dazugenommen ...".

*

Niederösterreich, 1933

Ralf Roland Ringler ist zwölf Jahre alt.

„Adolf Hitler hat in Deutschland gesiegt. Viele triumphieren, viele schimpfen. Ich besuche in Mödling die zweite Klasse Realgymnasium. ‚Hahnenschwanzler' und ‚Hakenkreuzler' sind die nicht verstandenen Schimpfwörter, die wir gebrauchen. ‚Rote' haben wir keine. Daheim kommen und gehen Besucher. Mit roten Ohren und heißen Wangen lausche ich den Gesprächen über Straßenkämpfe, Verhaftungen, Flugschriften, Hausdurchsuchungen und Gewalttaten. Es herrscht gereizte Stimmung. Es gibt über 400.000 Arbeitslose in Österreich. Mutter hat Angst um Vaters Stellung. Im Nebenzimmer beim Lernen höre ich, wie Vater sagt, er wäre der ‚Partei' beigetreten.

Mein Vater besitzt aus dem Weltkrieg noch seinen ‚Mannlicher Stutzen'. Den zerlegt er sorgfältig und fettet die Eisenteile dick ein, wickelt sie in Ölpapier und vergräbt alles in der Nacht im Garten.

Am 1. Mai kommen die Roten in endlosen Fahrradkolonnen angefahren. Zwischen die Speichen haben sie rotes Krepppapier geschlungen. Von Liesing herauf ziehen unzählige Straßenbahner und Eisenbahner die Wiener Straße herauf. Geballte Fäuste, und rote Nelken im Knopfloch. Vater meint, bald kommen sie mit Gewehren und Kanonen, sie wären eine Gefahr für Österreich und man müsse etwas gegen diese Bolschewisten unternehmen.

Bolschewisten – das müssen furchtbare Menschen sein (...).

Beim Fronleichnamszug führte Vater noch die Heimwehr an. Mit den Stahlhelmen und Windschutzjacken wirkten sie imponierend. Jetzt ist er bei der ‚Partei'. Das ist wahrscheinlich besser.

An Sonntagen beobachte ich immer die Wienerwaldtouristen. Sie steigen bei der Beatrixkirche aus der Straßenbahn. Die meisten tragen

Haferlschuhe, Windblusen, Rucksäcke und Gebirgshüte. Auf den Hüten haben sie verschiedene Abzeichen. Da gibt es welche mit dem Edelweiß (des Alpenvereins), mit dem Abzeichen vom (nationalen) Schulverein ‚Südmark' oder mit dem (sozialdemokratischen) Naturfreundeabzeichen. Sie sind alle gegeneinander. Ich höre bissige Bemerkungen und sehe feindselige Blicke.

Am Abend (...). Die Stimmung wird weinselig, die finsteren Blicke bleiben.

Vater schickt mich zum ‚Deutschen Turnverein'.

Ich soll ‚Zucht und Ordnung' lernen.

Eines Tages beim ‚Riegenturnen' spricht mich Norbert an, ich solle doch einmal mit auf ‚Fahrt' gehen.

Mutter ist vorerst ein wenig ängstlich, doch dann willigt sie ein ...".

*

Wien und anderswo, 1931–1934

Heinz Pohl ist mit den ihm anvertrauten Jungen regelmäßig auf großer Fahrt. 1931 fährt er mit seiner Gruppe durchs Salzkammergut, 1932 durch Südtirol und 1933 folgt eine große Griechenlandfahrt.

In diesen Jahren entwickeln sich die Lebensformen der einzelnen Bünde und Orden in einer Grauzone der österreichischen politischen Realität.

Ist man nun eher freiheitsbewegt oder doch mehr politisch organisiert?

Die Republik lässt den Bürgerkindern ihre bündischen Gruppierungen, aber treten nicht immer mehr von ihnen an, gerade diese bürgerliche Ordnung zu beseitigen?

„Wir wussten eigentlich nur, wogegen wir waren", sagt Ralf Roland Ringler. „Das ‚Wofür' bauten wir uns täglich selbst auf, indem wir versuchten, in einer eigenen, eigenständigen Welt zu leben."

Neue Bezeichnungen lösen andere, die auch noch nicht alt waren, ab.

Zu Beginn der 1930er Jahre schwappt, aus Deutschland kommend, die dritte Welle der Jugendbewegung nach Österreich über, die „d.j.d.1.11.", die „Deutsche (autonome) Jungenschaft". Bünde wie das „ö.j.k.", das „Österreichische Jungenkorps", gliedern sich 1930 der Jungenschaft als eigene Gaue ein. Richtig aktiv wird das „ö.j.k." in Österreich aber erst 1933/34.

Gründer der „d.j.d.1.11." in Deutschland ist am 1. November 1929 ein gewisser Eberhard Köbel, eine schillernde Figur, die unter dem Fahrtennamen „Tusk" auftritt. Ihm sind die Bündischen zu lasch. Mit seinen zackig geführten Jungenschaften bekämpft er sie in Deutschland regelrecht und versucht noch vor Hitlers Machtergreifung mit seinen Leuten an die Führungspositionen der Hitlerjugend zu gelangen. Köbel führt neben blauer Jungenschaftsbluse, Nordland- und Russlandromantik auch extremere Lager und weitere Fahrten ein.

Meditative Fahnenappelle und gut einstudierte Sprechchöre nach russischem Vorbild prägen einen Stil, der sich über nahezu sämtliche Teile der damaligen Jugendbewegung legt.

Der österreichische Ableger tendiert eher zu den Bündischen, wohl weil man in der für die Jungen zu verkorksten konservativen Atmosphäre im Land einen gemeinsamen Feind sieht. Bei so manchem Appell spricht man im Chor wider den Geist der Reaktion:

„Sie werden höhnen, weil sie nicht verstehen,
was Kameradschaft ist und Zucht und Treue.
Sie bleiben Herde, gern und ohne Reue:
Wir aber werden stolz vorübergehen.

Sie werden lachen über uns, die Feigen,
sie wollen uns die blaue Kluft besudeln,
sie werden hetzen, aber nur in Rudeln,
sie werden mit den Fingern auf uns zeigen.

Und wenn dann einer fragt,
was uns treibt, was uns führt –
Die Jungenschaft marschiert!"

Es ist so etwas wie ein selbst verwalteter Jungenstaat, der sich hier bildet. Die Jungen sollen neben konsequent praktizierter Abhärtung und Eigendisziplin als – wie es so schön heißt – „Selbsterringende" Neues schaffen und entdecken. Dazu gehören zum Beispiel die konsequente Kleinschreibung der deutschen Sprache oder Elemente asiatischer Philosophie. Es ist eine hochmoderne Bewegung.

Das österreichische Kuriosum dabei ist, dass die Hitlerjugend in Deutschland in genau jener Zeit von Köbels Jungenschaft unterwandert wird, als eben diese Hitlerjugend die Bündischen in Österreich zu unterwandern sucht!

Das Ergebnis sind vielfach gespaltene Persönlichkeiten wie Heinz Pohl, der sich später an eine Saalschlacht im Militärkasino am Wiener Schwarzenbergplatz 1933 erinnert. Dort prügeln sich HJ und Bündische am Rande einer Veranstaltung. Eine spannende Sache, da die schlichtenden Ordnungsorgane im Saal selbst bereits bei SA und SS sind. Und Pohl kann sich Jahrzehnte danach nicht mehr erinnern, auf welcher Seite er damals stand ...

1934 schreibt Eberhard Köbel seinen Jungen:

„Mit zehn Jahren dürft ihr singen: ‚... rennen wir und kennen kein Bewahren.' Aber es ist eine Verpflichtung. Mit zwanzig müsst ihr sie einlösen. Dann möchte ich keinen von euch als Studenten X oder Lehrling Y sehen, sondern als fanatischen Soldaten einer gerechten Zukunft."

Zehn Jahre danach, 1944, hören sich seine Worte anders an:

„Wenigstens das eine Gute soll der Krieg haben: Bruch mit der Vergangenheit, Bruch mit der ewigen kriegslüsternen deutschen Reaktion ...".

Da sitzt Eberhard Köbel im englischen Exil. Bereits 1932 ist er zur KPD gestoßen, ohne von sich aus mit seiner Jungenschaftsbewegung zu brechen. Wozu auch? Russlandromantik, Balalaika-Musik, Sprechchöre wider den Spießergeist ... Dennoch gibt er die Führung der Jungenschaft ab.

Seine kommunistische Identität hält Köbel nicht davon ab, 1933 einige Jungenschaften dazu aufzufordern, korporativ zur Hitlerjugend überzutreten. Er hat wohl zur Kenntnis genommen, wo im Reich nun die Stärkeren sind. Im Frühjahr dieses Jahres hat er sich wieder von der KPD abgewandt und versucht, selbst eine leitende Funktion in der Hitlerjugend zu bekommen. Doch die Nazis trauen ihm nicht. Nach seiner Verhaftung und zwei Selbstmordversuchen emigriert Köbel 1934 über Schweden nach Großbritannien. Zeit seines Lebens wird er politisch indifferent bleiben. Er stirbt 1955 in der DDR.

Von den meisten dieser Vorgänge bleibt die Jugendbewegung in Österreich praktisch eher unberührt. Erst mit dem Herbst 1938 werden einige ihrer führenden Persönlichkeiten, wie O. H. Wesely – wir erinnern uns an ihn – ins KZ wandern.

Wer soll sich da noch auskennen, welcher junge Zeitgenosse beurteilen, wo für ihn das Heil der Zukunft liegt? Die größeren und kleineren Führer haben ihre Jungen in einen Zwiespalt getrieben, aus dem es kein

Entrinnen mehr gibt. Zugleich steigt faktisch wöchentlich der Zwang, sich zu einer Richtung zu bekennen. „Die Machthaber ließen der denkenden Jugend keine Wahl", erinnert sich Ralf Roland Ringler. „Es gab praktisch keine Mitte. Jeder musste sich deklarieren. Starke Führerpersönlichkeiten zogen die Jugend auf die revolutionäre linke oder rechte Seite."

Heinz Pohl, der Anfangszwanziger und Student der Geografie und Geschichte, fühlt sich innerlich immer mehr zerrissen. Seit 1931 ist er Blockwart der NSDAP in seinem eher bürgerlich orientierten Heimatbezirk, dem dritten, der „Landstraße". In dieser Funktion hat er „organisiert, Mitgliedsbeiträge kassiert, Zettel ausgeteilt und die Organisation kennen- und durchschauen gelernt."

Der junge Blockwart soll möglichst viele neue Mitglieder werben und Geld heranschaffen. Dabei betreut er im Lauf der 1930er Jahre auch so manche politische Altlast, darunter sogar noch ein Parteimitglied, das der „Schulz"-Richtung angehört.

Das alles macht Heinz Pohl sehr nachdenklich. Hitler, der große Führer und deutsche Reichskanzler, liegt ihm nicht. Den widerständig geprägten Burschen stößt die Führerverehrung immer mehr ab, da sich dieser Kult über alle „sittlichen, gesellschaftlichen und gesetzlichen Normen" hinwegsetzt. Er rechnet sich dem Flügel Gregor Strassers zu – auch noch zu einem Zeitpunkt, als der schon nicht mehr am Leben ist.

Im Zuge des sogenannten Röhm-Putsches am 30. Juni 1934 lässt Hitler Gregor Strasser ermorden, wie er sich an jenem Tag so vieler entledigt, die ihm im Wege stehen. Otto Strasser, der jüngere Bruder, ist schon 1933 nach Österreich emigriert.

„Nach der Ermordung Röhms", schildert Pohl, „ging ich auf der Landstraßer Hauptstraße und traf Kollegen von der Universität. Einer sagte: ‚Der Führer wird schon gewusst haben, warum er das getan hat.' Das war für mich unverständlich."

Dennoch ist Pohls Loslösung von der Partei nicht vollkommen. Nach der Machtergreifung Hitlers in Deutschland ist nicht nur „über Nacht der Antisemitismus explosionsartig angestiegen", sondern es schießen neben der rasch wachsenden HJ neue SA-Stürme geradezu aus dem Boden. Pohl ein wenig vage: „Bei einem war auch ich sicher dabei". Bei alledem hätten übrigens die Österreich-Spezialisten im Deutschen Reich, wie zum Beispiel Theo Habicht, keine Rolle gespielt, wobei jener im Speziellen gar „nicht ernst genommen wurde und kaum in Erscheinung" trat.

Die rasante Entwicklung bleibt nicht auf die Nazis beschränkt. Auch bei Studentenfreikorps der Heimwehr steigt der Antisemitismus sprunghaft an. „Mein jüdischer Freund Fischer, der denen angehörte, wurde auf einmal geschnitten." Besagter Fischer flüchtet später nach Haiti.

Dabei erwähnt Pohl das Kuriosum, dass er noch in den 1920er Jahren einen jüdischen Schüler namens Schubert kennengelernt hat, dessen Vater Führer des SA-Sturms 1 gewesen sei. Aus heutiger Sicht unvorstellbar, nahmen solche jüdischen Österreicher den Antisemitismus im NSDAP-Programm nicht ernst. Die SA hätte damals „die Provokation, aber nicht den Kampf" gesucht, behauptet Heinz Pohl ...

*

Perchtoldsdorf bei Wien, 1933

Seit der Machtübernahme Hitlers zu Beginn des Jahres ist das Selbstbewusstsein der österreichischen Nazis enorm gestiegen. Sie verüben Terroranschläge im ganzen Land. Die Regierung Dollfuß zieht Konsequenzen ...

Ralf Roland Ringler, zwölf Jahre alt, ist frischgebackener Angehöriger des Österreichischen Jungenkorps „ö.j.k.", das nach Eberhard „Tusk" Köbels Richtlinien lebt.

„Eines Tages kam Hansl und sagte, er wäre schon zu alt für uns und daher der ‚Haje' beigetreten. Die ‚Haje', geschrieben HJ, wäre die Abkürzung für Hitler-Jugend. Stolz zeigte er Nort das Abzeichen – es war rund, emailliert und mit einem Hakenkreuz in der aufgehenden Sonne. ‚Du, Hansl, des kann aber auch a untergehende Sonne sein', sagte Nort. Hansl war beleidigt, weil er schwer das Gegenteil beweisen konnte."

19. Juni. Zum ersten Mal nimmt der kleine Ringler an einer Sonnwendfeier teil. Er ist aufgeregt, bestaunt die anwesenden älteren Mitglieder des Turnvereins in ihren weißen langen Hosen und Leibchen. „Aufgeregt waren aber auch die Erwachsenen – die ‚Partei' soll heute verboten worden sein. Die ‚Partei', geschrieben wurde sie NSDAP, war für mich ein spanisches Dorf. Es musste aber etwas Böses passiert sein, denn alle waren wütend darüber.

Alle, das waren die Turner vom ‚Deutschen Turnverein', das waren die Burschen und Mädel vom ‚Schulverein Südmark' aus Perchtoldsdorf.

Nach dem Schauturnen standen sie um den riesigen, brennenden Holzstoß und sangen laut und feierlich:

‚Flamme empor, flamme mit loderndem Scheine
zu dem Gebirge am Rheine …‘

Danach hoben sie die rechte Hand und sangen das ‚Deutschlandlied‘.

Sofort waren Gendarmen zur Stelle: ‚Die Versammlung ist aufgelöst. Gehen Sie sofort nach Hause!‘

Für mich war das ein großes Erlebnis.

Aber ich war in quälender Ungewissheit, was hieß – verboten, was – aufgelöst?

Am nächsten Tag in der Schule rempelte mich Heinzi, einer vom ‚Christlich-Deutschen Turnverein‘, an und sagte:

‚Da habt's es jetzt, ös Nazi – recht geschieht euch.‘

‚I bin doch gar ka Nazi.‘

‚Geh kusch, ös seids alles Faschisten.‘

‚Was is a Faschist?‘

‚Na ös.‘

‚Bist a Depp, wir sporteln doch nur, wie ihr. Habt's denn ka Sonnwendfeuer g'habt?‘

‚Scho, aber die Christlichen san in da Regierung, ös seids verboten und habt's jetzt 's Maul zu halten.‘

Tags darauf wurde ich um Hustensaft zur Apotheke geschickt. Beim großen Turm bemerkte ich einen Auflauf und hörte Geschrei. Vier Gendarmen mit gezogenem Säbel drängten einige ältere Burschen in weißen Hemden und weißen Wadenstutzen in eine Nebengasse. Einer der Gendarmen, wir nannten ihn nur den ‚Dürren Hund‘, brüllte immer wieder: ‚Im Namen des Gesetzes – auseinander!‘

Es war wirklich aufregend für mich – die blanken Stiefel, die blitzenden Säbel, die gelbbraunen Kartentaschen (…).

Das war also eine Demonstration oder gar eine Revolution, auf jeden Fall aber Politik.“

*

Wien, 1933–1937

Werner Dreher ist schnell in die Hitlerjugend hineingewachsen. Den Umweg über die bürgerlich sozialisierte bündische Jugend hat er nicht genommen. Eher ein Exot, denn direkt zur HJ kommen zu dieser Zeit vor allem Arbeiterkinder.

„Als wir im 34er Jahr verboten worden sind“, erinnert er sich, „wurde es eine wilde Zeit, eine Art ‚Horst-Wessel-Zeit‘. Ich war noch unreif, aber geistig beweglich, und habe alles sehr ernst genommen. Man befahl uns gerade in der Illegalität Selbstdisziplin, Abstinenz und Keuschheit. Ein Grundsatz war: ‚Reif werden, rein bleiben.‘

Meine Eltern waren da anders eingestellt. Sie sagten mir, als ich 14 Jahre alt war: ‚Sex gehört dazu, ist aber auch eine Gefahr.‘ Damit meinten sie die Partnerwahl, unabhängig von Krankheiten oder so etwas. ‚Wichtig ist immer der Charakter eines Menschen‘, sagten sie.

Wir trafen uns jetzt in Privatwohnungen, zum Beispiel beim arbeitslosen Sohn einer Hausmeisterin, der bei der SA war. Dort ist dann allerdings gesoffen und geraucht worden. Doch da fuhr Willi, ein Einheitsführer aus Meidling, dazwischen:

‚Weiber, Saufen, Rauchen – das entspricht nicht der deutschen Jugend.‘ Da gab es einen HJler, der zu bestimmten Zeiten in einem Park mit einem Mädel geschmust hat. Der wurde uns von Willi als negatives Beispiel vorgeführt. Es gab auch sonst einen – vielleicht übertriebenen – Kodex. Trug einer zum Beispiel einen Ring – war er schon zu bürgerlich! Wir hatten aber auch eine Konkurrenz, und die stand in keinem Organisationsbuch der NSDAP:

Die illegale SA von Wien, der man erst ab 18 beitreten durfte, hatte eine Jugend-SA, die Jungen ab 16 aufnahm. Dort rauchten sie und soffen bereits wie die Löcher. Sie erschienen zwar nicht vollkommen betrunken zum Dienst, aber nahezu …

Wir hingegen hielten uns an Abstinenz und Keuschheit. Natürlich hatte ich trotzdem eine Jugendliebe, Helga. Sie war in einer parallelen Mädchenklasse und ich hab’ sie nur angeschmachtet und heimlich kleine Botschaften mit ihr ausgetauscht. Eines Tages, im Schulhof, höre ich einen Mitschüler vor anderen prahlen: ‚Die Helga ist leiwandt, ihr könnt euch nicht vorstellen, was ich mit der gestern aufgeführt hab’!‘

Helga? *Meine* Helga? – ‚Hör einmal! Meinst du *die* Helga?‘

‚Na freilich! A Weltkatz’!‘

Ich habe ihm sofort eine Watschen gegeben. Das hat sich herumgesprochen.

Am nächsten Tag kommt die Helga auf mich zu und sagt: ‚Ich danke dir. Du darfst mich nach Hause begleiten.'

So war sie, unsere Ehre.

Natürlich mussten wir in der Illegalität um einiges konspirativer vorgehen.

Da wir nicht wussten, was über uns noch aus der Zeit vor dem Verbot bei der Vereinsbehörde auflag, mussten wir alle aus Sicherheitsgründen die Führung an andere abgeben.

Beim ersten illegalen Appell im Wienerwald wurde ein neuer Bannführer eingesetzt, den ich nicht kannte. Der ließ mich zu sich rufen. Ich melde mich zackig bei ihm. Wir gehen 50 bis 60 Meter von meiner Einheit weg. Der Bannführer fragt mich:

‚Wer ist denn der Vierte da, in der ersten Reihe?'

Ich antworte: ‚Der heißt NN, das ist ein Jud' von uns.' Es war nur einer von vieren, die wir hatten. ‚Das sind leiwandte Kerln', sagte ich noch zum Bannführer.

Der eine Jude wohnte im 6. Bezirk, ist von selbst ins Braune Haus gegangen und hat sich dort eigenständig die Propaganda-Klebepickerln geholt, die wir mit Begeisterung auf Auslagen und Fensterscheiben geklebt haben. Da war zum Beispiel ein Ochsenkopf drauf, unter dem ‚Ich bleibe Marxist' und Ähnliches zu lesen war. Unsere Juden waren da mit dabei, es war eine klasse Gemeinschaft. Politik haben wir ja in Wirklichkeit gar nicht betrieben.

Ich musste meine Einheit jedenfalls abgeben und habe dann von den Juden nie mehr etwas gehört.

Stattdessen wurde ich nun zum Streifendienstführer ZBV (= „Zur besonderen Verwendung") des neuen Bannführers ernannt, da ich organisatorisch und kommunikativ begabt war. Ich hielt den Kontakt zu anderen, natürlich ebenfalls verbotenen Parteidienststellen aufrecht und hatte neben der HJ Zutritt zum Bund deutscher Mädchen (BDM) und den Jungmädeln, zur SS und SA. Die Struktur der HJ und des BDM passten wir nun an das Blocksystem der NSDAP an, weil es für die Organisation in der Illegalität besonders wichtig zu wissen war, wer wo wohnte und wer welchen Beruf ausübte.

Der ZBV-Stoßtrupp, den ich aufbaute, hatte vielfältigste Aufgaben. Wenn eine Meldung kam, dass sich ein Spitzel bei uns eingeschlichen hatte, mussten wir dem nachgehen. Meine Leute suchte ich mir selbst aus, sie mussten bei Bedarf zur Verfügung stehen. Wir halfen den illegalen Dienststellen bei der Tarnung, und ich erfand ein Verständigungssystem mit nummerierten Treffpunkten und abhörsicheren Codes. Wenn zum Beispiel jemand einem anderen telefonisch ausrichtete: ‚Wir treffen uns freitags am Platz 27 um 17 Uhr', dann hieß das in Wirklichkeit donnerstags um 18 Uhr am Platz 28. Das hat im Großen und Ganzen funktioniert. Dieses System haben wir auch in den Bundesländern eingeführt, und auch der illegale BDM hat es übernommen.

Eine weitere Aufgabe bestand darin, in den eigenen, aber auch in den fremden Reihen führende Personen und Mitläufer zu identifizieren. Dazu schleusten wir die Jungen auch in gegnerische Organisationen ein. Im ‚Österreichischen Jungvolk', der Staatsjugend von Dollfuß und Schuschnigg, waren zum Schluss 40 Prozent getarnte HJler, wenn auch nicht in führenden Positionen.

Die roten Jugendlichen hingegen unterwanderten wir nicht, sondern zogen sie zu uns herüber.

Wenn einer von uns vom Regime verhaftet wurde und mit einem Roten in der Zelle war, hatte unserer zu argumentieren: ‚Der Marxismus ist nichts anderes als der Tritt mit dem linken Bein aufs eigene Schienbein!' Mit den Roten war's leicht, von denen bekamen wir etliche Leute, die wirklich gut waren. Mit den Schwarzen haben wir uns dagegen schwer getan. In die Oberschicht des ‚Österreichischen Jungvolks' kamen wir nie hinein. Die waren fest. Nur gewisse Informationen haben wir bekommen.

Die Jungvolk-Führung hat zum Beispiel Ende 1937 die Balilla-Jugend eingeladen, das war die Staatsjugendorganisation des faschistischen Italien. Also fabrizierten wir einen italienischen Flugzettel. Einige unserer getarnten Leute beim Jungvolk ließen sich mit zur Ehrenkompanie einteilen, die die Italiener am Westbahnhof empfangen sollte.

Als die Balilla-Führer aus dem Zug stiegen, ging einer von uns forschen Schritts nach vor, stieß die Jungvolk-Führer beiseite, grüßte die Italiener mit ‚Heil Hitler' und sagte: ‚Die illegale Hitlerjugend ersucht die Balilla-Jugend in Italien, die Wahrheit zu verbreiten!', und überreichte ihnen den Flugzettel. Darauf stand, wie viele Nazis, Rote und Kommunisten in Österreich im Gefängnis saßen und wie viele Arbeitslose es gab.

NS-Propagandazeichnung: Die Symbole des faschistischen Italien (Liktorenbündel oder auch „Fasces") und Nazi-Deutschlands (Reichsadler) eng umschlungen. Darüber als unauffälliger Dritter im Bunde der rote Punkt aus der Flagge des befreundeten Japan.

Die Folge waren natürlich sofortige Verhaftungen an Ort und Stelle, obwohl sich unsere Buben, in BDM-Mädeln eingehängt, als ganz biederbürgerliche Liebespärchen tarnten."

*

Triest/Italien, 1933

Ralf Roland Ringler und zehn andere Buben unternehmen eine Großfahrt nach Triest.

„Über Jugoslawien marschierten wir nach Italien. Kaum waren wir über der Grenze, streckte Hansl schon die rechte Hand aus und rief uns ‚Heil Hitler' zu. Wir lachten, wir kannten ja Hansl, den ‚Hajeler', den Revoluzzer. Bei uns in Österreich war der Gruß jetzt verboten, weil, wie die Roten sagten, eine faschistische Regierung herrschte. Hier in Italien, hieß es, wäre auch eine faschistische Regierung – die aber erlaubten das ‚Heil-Hitler-Grüßen'.

Bei einer Rast in einem Albergo erklärte Hansl: ‚Siamo fascisti di Austria ...' Wieso waren wir Faschisten aus Österreich, dachte ich – aber Hansl war ja immer schon ein wenig verrückt."

Beim Rückmarsch erwartet Ralf Roland Ringlers Vater die Schar in Tolmein. Feuchten Auges zeigt er ihnen die Schauplätze der Isonzo-Schlachten des Ersten Weltkriegs, an denen er teilgenommen hat. Da lagen wir in den Schützengräben und schossen auf die Italiener ...

„Ehrfürchtiges Staunen vor den Gräbern mit den Stahlhelmen und Granaten darauf, den Kanonen, den Gewehren. Das Sterben und das ‚Fallen' muss doch etwas Großes, etwas Erhabenes sein ...".

*

Wien, 1933 bis 1938

„Ich versuchte meinen Leuten Schlauheit beizubringen, denn diese Eigenschaft hat unser Volk nicht entwickelt. Also müssen wir sie uns selbst beibringen, um zu überleben", sagt Werner Dreher, der mit 15 Jahren Streifendienstführer ZBV der illegalen Wiener Hitlerjugend ist.

„Ich machte unsere Leute zu richtigen Detektiven und sagte auch dem SS-Sicherheitsdienst (SD), der damals für uns ‚offiziell' noch nicht existierte: ‚Schickt doch für geheimdienstliche Aktionen unsere Jungen aus, die sind unauffällig!'

Da kam dann zum Beispiel so ein junger Bursche zur Polizei und erbettelte Daten eines von uns Observierten. ‚Bitt' schön, Herr Wachmann, ich bin der Sohn des unehelichen Sohnes von dem Herrn Sowieso, und er rückt seine Daten nicht heraus ...'.

Die Erwachsenen waren einfach vorsichtiger als wir. Auf uns Buben hat dagegen keiner geachtet.

Wir arbeiteten bei der Verfolgung von Personen mit den von mir erfundenen Kreidezeichen auf dem Boden oder an Wänden. Das ersetzte uns das Indianer-und-Trapper-Spielen. Einmal haben wir einen Stapo-Beamten, der es besonders auf uns abgesehen hatte, beobachtet.

Ein illegaler SA-Mann, der bei der Post arbeitete, verriet uns seine geheime Telefonnummer und seine Adresse.

Wir beschlossen, ihm das Leben zu verbittern.

Er war mit einer jungen, hübschen Frau verheiratet, die, wie wir hörten, angeblich sehr eifersüchtig war. Wir ließen eine BDM-Führerin während der Amtsstunden bei ihm daheim anrufen: ‚Kann ich den Fritz sprechen?'

‚Was wollen Sie von meinem Gatten?

‚Entschuldigung, ich hab' ja nicht gewusst, dass er verheiratet ist ...'.

Wochenlang lief unser Verfolger mit betrübtem Gesicht herum."

*

Österreich, Februar bis Juli 1934

Februaraufstand der Sozialdemokraten.

Ralf Roland Ringlers Vater, Angehöriger der verbotenen NSDAP, ist nach wie vor Mitglied der Heimwehr. Mit ihr will er bewaffnet gegen die Roten vorgehen. „Es muss verhindert werden, dass die Roten an die Macht kommen. Sind wir dafür an der Front gestanden, dass die jetzt machen, was sie wollen?“

Ralf Roland Ringler erinnert sich:

„Tags darauf erschienen die Zeitungen mit Riesenüberschriften. Wer war im Recht? Natürlich war für uns die Regierung im Recht – oder? In der Schule bildeten sich zwei Fronten. Die einen waren für die ‚Hahnenschwänzler‘, die anderen für die ‚Schutzbündler‘. Die Kluft war tief, die Abneigung unüberwindlich. Bei den Debatten zeigte sich jeweils die Gesinnung der Eltern. Johanns Vater war Gendarm. Deshalb wurde er auf alle Fälle mit Misstrauen betrachtet.

Gegen uns, die ‚Clique‘, waren alle sehr argwöhnisch. Nicht schwarz, nicht rot – das war verdächtig.

Ein Professor erschien nicht mehr zum Unterricht. Man tuschelte, er hätte mit den Roten sympathisiert.“

Die österreichische NSDAP hat sich bis zum Februar 1934 vom Schock des Verbots und von der Flucht vieler Führer und Gefolgsleute nach Deutschland wieder erholt. Die tausenden österreichischen Nazis, die dort in der „Österreichischen Legion“ auf ihre Stunde warten, fehlen zwar in der Organisation, aber es haben sich in den letzten Monaten neue Parteigenossen hinzugesellt, zu denen nun, nach der Ausschaltung der Sozialdemokratie, enttäuschte Schutzbündler und jugendliche Arbeitslose kommen.

Einen anderen Teil ihres Publikums hätten die Nazis wohl, zumindest vorübergehend, verloren, wie es der Sozialdemokrat Karl Renner später in seinen „Nachgelassenen Werken“ einschätzt:

„Mit der Auflösung der Sozialdemokratischen Partei und mit der Vernichtung aller ihrer Einrichtungen hatte Dollfuß den Nationalsozialisten eine ihrer bisherigen propagandistischen Hauptwaffen aus der Hand geschlagen: Nun war es schlechterdings unmöglich, vor Groß- und Kleinbürgern, Intellektuellen und Bauern zu behaupten, die Regierung stelle sich schützend an die Seite der Kommunisten und Hitlers Eingreifen sei zur Vernichtung des Kommunismus unentbehrlich.“

Ende März 1934 richtet ein gewisser Hans Köhler, ein Parteigenosse aus Hainfeld, eine Denkschrift an Hitler, in der er den Führer bittet, eine „kraftvolle Tat zu setzen, da die Kräfte der österreichischen Nationalsozialisten im Schwinden" seien. Eine innere Durchsetzung des Nationalsozialismus sei ohne Hilfe aus dem Reich nicht möglich. Es solle deshalb „nach wiederholt bewährtem Muster aus der Geschichte" eine tapfere und verlässliche kleine Schar „durch einen überraschend geführten Handstreich die Träger und Hauptakteure des gegenwärtigen Systems unblutig beseitigen, um den Weg zu einer völkischen Erneuerung im Sinne des Nationalsozialismus und späteren Heimkehr zum großen Vaterlande freizumachen." Dafür, so fährt Köhler fort, brauche man aber die Zustimmung und Unterstützung Hitlers.

Eine Antwort Hitlers oder der deutschen Gesandtschaft in Wien, der diese Denkschrift überreicht wird, ist nicht bekannt.

*

Erst der misslungene Putschversuch vom 25. Juli 1934 und die Ermordung Dollfuß' brachten die illegale Organisation in ernste Schwierigkeiten. Dennoch erhöhte sich die Zahl der Parteimitglieder – sie war zwischen Juni 1933, also dem Verbotsmonat, bis Juli 1934 von 67.000 auf 87.000 angewachsen – stetig.

Bis zum „Berchtesgadener Abkommen" am 12. Februar 1938 kamen ab dem Juliputsch noch einmal 60.000 neue Mitglieder dazu. Der Anteil der Jugendlichen und der knapp über 20-Jährigen wurde noch größer als bisher, dazu sank parallel – wohl auch, weil sie Angst vor Repressionen durch den Ständestaat hatten – derjenige der öffentlich Bediensteten; vor allem aber auch, weil jetzt wieder mehr Selbstständige und Akademiker dazukamen. Es entstanden Nazi-Nester, zum Beispiel unter den Tiroler Industriearbeitern.

Erstmals gelang es nun auch, etwas wesentlicher bei der Landbevölkerung Fuß zu fassen – auch hier wieder sehr stark bei den Jugendlichen und den unterprivilegierten Knechten und Landarbeitern, die häufig hoch verschuldet waren.

Rasant stiegen die Mitgliederzahlen in Kärnten und der Steiermark, in Wien und Niederösterreich nahmen sie stetig zu. Tirol, Salzburg und

Vorarlberg waren Nachzügler, und auch Oberösterreich, wo die Nazis bis kurz vor dem Anschluss wenig Erfolg hatten.

Trotz des Gewinns von Anhängern auf dem flachen Land blieb der Nationalsozialismus in Österreich – im Gegensatz zu Deutschland – nach wie vor ein mehrheitlich städtisches Phänomen. Denn abgesehen von der starken Bindung der Menschen auf dem Land an die katholische Kirche und an den weithin verehrten Kanzler Dollfuß waren umgekehrt bei vielen städtischen Parteigängern der Nazis die Hungerjahre während und nach dem Ersten Weltkrieg nicht vergessen. Der Mangel an Agrarprodukten und die hohen Schwarzmarktpreise waren damals in den Städten, vor allem in Wien, der Habgier der Bauern zugeschrieben worden.

Nein, der etablierten, konservativen Bauernschaft hatten die österreichischen Nazis jener Tage wenig anzubieten, wenn man einmal von den vereinzelten protestantischen Flecken auf der konfessionellen Landkarte absieht, die schon aus genereller Opposition zu Staat und Katholizismus zunächst dem großdeutschen Landbund und dann im Ständestaat eben den Nationalsozialisten zuneigen mochten.

Nicht zuletzt Besuchern aus ländlichen Gebieten wird es auch mit zuzuschreiben sein, dass die Trauerfeier für Dollfuß am 8. August 1934 mehr Teilnehmer auf den Wiener Heldenplatz führte als dann die Kundgebung von und für Adolf Hitler am 15. März 1938.

Wenn auch die Ausführung der Aktion der 89. SS-Standarte ein weitgehender Alleingang gewesen war; trotz treuherziger Beteuerungen aus Berlin und so mancher Distanzierung vom Mord an Dollfuß von offizieller nationaler Seite aus Österreich waren die Sympathien der illegalen Nazis doch eindeutig auf der Seite der Putschisten vom Juli 1934. Allenfalls ihr stümperhaftes Vorgehen wurde ihnen zur Last gelegt. HJ-Veteran Werner Dreher bringt es auf den Punkt:

„Nach dem Juliputsch waren wir enttäuscht: ‚Die hätten uns mitmachen lassen sollen!‘, war der einhellige Tenor. Kritisiert haben wir den Putsch nicht – nur bedauert, dass er danebengegangen ist. Die Roten werden nicht anders gedacht haben."

Nur einige wenige innerhalb der österreichischen NSDAP sind entsetzt.

Einer von ihnen ist Heinz Pohl, großer bündischer Jugendführer und kleiner Blockwart einer verbotenen Partei. Nach Röhm und Strasser also nun auch Dollfuß? Wen wird Hitler als Nächstes abknallen lassen?, fragt sich der 23-Jährige.

Und Pohl tut etwas Ungewöhnliches, wie er später berichtet.

Er legt alle Funktionen zurück, tritt faktisch aus der illegalen Partei aus!

Hat er Angst vor Verfolgung durch den rachsüchtigen Ständestaat?

Im Juli 1934 ist er mit seinen Jungen gerade auf großer Fahrt in Griechenland. Er kann also gar nicht am Putsch beteiligt gewesen sein. Wie auch immer – er sitzt als kleiner, für die große Politik namenloser, parteifreier Nationalsozialist zwischen den Stühlen und wird dann knapp vier Jahre später nach dem Anschluss einiges an Ängsten auszustehen haben. So erzählt er die Geschichte zumindest Jahrzehnte danach.

Für den kleinen Ralf Roland Ringler, den 13-jährigen „ö.j.k."-Buben, ist die Ermordung Dollfuß' eine bloße Fußnote seiner eigenen Gegenwart.

„Außer dass er Bundeskanzler war, wussten wir nur, dass wir ihn nicht mochten, weil er so gar nichts darstellte. Jetzt waren die Nächsten an der Macht – Schuschnigg, Starhemberg und Fey. Wir lachten und schimpften über alle, weil die Erwachsenen auch über sie lachten und schimpften. Für uns waren sie Tyrannen. Die ‚Vaterländische Front', kurz VF genannt, die Partei der Regierung, war uns ein Dorn im Auge."

Der vaterländische Kurs wird auch im Mödlinger Realgymnasium energischer. Die Lehrer müssen das rot-weiß-rote VF-Abzeichen im Knopfloch tragen, die Schüler das Schülerabzeichen. Das erzeugt Gegendruck. Ringler und seine Kameraden wollten immer schon anders sein und zeigen ihren Protest:

„– Die ‚vaterländischen' Aufsatzthemen des Deutschunterrichts wurden geschickt mit unserem Gedankengut durchsetzt.
– Wir kleideten uns bewusst anders. Weiße Wadenstutzen, weiße Hemden – wer wollte das verbieten?
– Das Schülerabzeichen wurde verdeckt getragen und bei Beanstandungen mit einer Entschuldigung wieder an den richtigen Platz gesteckt. Für kurze Zeit.
– Die Bundeshymne sangen wir nicht laut mit ...

NS-Propagandakarikatur: Der abgebrannte Ständestaat sitzt mit altösterreichischer Amtskappe und Prälatenhut auf dem Kruckenkreuz inmitten rauchender Trümmer.

Bei einem dieser Schulhofappelle kam unbemerkt ein Professor zu unserer Reihe. Alex bemerkte es zu spät, er bewegte den Mund nur zum Schein. Nach der Meldung an den Direktor nützte ihm keine Ausrede mehr – Karzer.

Nun setzten wir uns erst recht mit noch größerem Trotz zur Wehr. In allen aufstrebenden Ländern Europas sahen wir Diktaturen. Wir waren davon überzeugt, dass nur einer befehlen kann, und die anderen zu gehorchen hätten. Nur die Diktatur in Österreich passte uns nicht, weil wir uns als Unterdrückte fühlten. Wir waren davon überzeugt, dass in Deutschland und Italien bestimmt niemand unterdrückt wurde. (...) Je stärker man uns zwingen wollte, gute Österreicher zu sein, desto stärker sträubten wir uns dagegen ... Die Überbetonung alles Österreichischen wurde zur Farce.

Wir aber wollten in einem großen, starken Staat leben – nicht in einer kleinen, komischen Diktatur."

*

Berlin, 1936

Große, starke Staaten inszenieren sich für gewöhnlich auch stark in großen Veranstaltungen.

Wie intensiv das Erlebnis der Olympischen Spiele 1936 in Berlin für die österreichischen Teilnehmer gewesen sein muss, sagt die Bemerkung eines damals der österreichischen Leichtathletik-Jugendmannschaft angehörenden Wieners, der am Gegenpol zu den Bündischen, der ständestaatstreuen, vaterländischen Jugendbewegung und dem Mittelschülerkartellverband (MKV), angesiedelt war.

„Als ich“, erzählt er Jahrzehnte später, „aus Berlin zurückgekommen bin, da war ich dann kein ‚Vaterländischer‘ mehr ...“.

Die gewaltige olympische Kulisse Hitler'scher Prägung hatte also ihre Wirkung nicht verfehlt, und der junge Mann, der so gar nicht nationalsozialistisch vorbelastet gewesen war, wurde zumindest innerlich zum Anhänger der NS-Bewegung.

Neben anderen Nationalteams wie etwa dem französischen oder dem griechischen hatten auch die österreichischen Athleten bei der Eröffnungszeremonie im Berliner Olympiastadion in Richtung Ehrentribüne mit dem „Deutschen Gruß“ gegrüßt. Dabei galt die erhobene Rechte damals ebenso als „Italienischer Gruß“ und wurde von Italiens Faschisten gleichwohl verwendet wie von den „Front Heil Österreich!“-Rufern des österreichischen Ständestaates, war also (noch) nicht ausschließlich mit Hitler und den Nazis zu identifizieren. Nicht zuletzt konnte man ihn auch als „Olympischen Gruß“ auslegen, was damals aber kaum jemandem bewusst war. Dem Führer den rechten Arm zu entbieten war jedenfalls ein starkes Zeichen – angesiedelt zwischen höflichem Respekt und offener Anhängerschaft. Die US-Athleten nahmen übrigens zum Gruß die Strohhüte ab. Wohl eine der letzten Male, dass die USA vor Hitler den Hut zogen, ehe ihn 1938 das „Time“-Magazine zum „Mann des Jahres“ wählen sollte ...

Hitler verdankte das internationale Großereignis eigentlich der Weimarer Republik, also jener Demokratie, die er so gründlich beseitigt hatte. Sie hatte 1931 vom Olympischen Komitee den Zuschlag zur Abhaltung der Spiele 1936 erhalten.

Trotz Skepsis und scharfer Proteste, vor allem aus den USA, gingen sie wie geplant über die Bühne. Der Führer konnte das „Fest der Völker“ nun zur bombastischen Darstellung eines friedliebenden, blühenden Landes nutzen, in dem sich angeblich mehr oder weniger alle frei bewegen konnten.

Über Konzentrationslager wurde nicht gesprochen, Dachau war die Bezeichnung für einen idyllischen oberbayerischen Ort und nicht mehr. Störende Faktoren wurden zeitweilig aus dem Verkehr gezogen, die „Juden unerwünscht“-Schilder vorübergehend abgehängt und das primitivste der antisemitischen Hetzblätter, „Der Stürmer“ mit seinem schreienden Layout, verschwand für drei Wochen von den Kiosken und aus dem Stadtbild. Eine taugliche Methode in einer Zeit, da die mediale Durchdringung der Welt bei Weitem noch nicht so weit fortgeschritten war wie heute und man den 1800 akkreditierten internationalen (Sport-)Journalisten vieles weismachen konnte.

Die ganze Welt sollte sehen, dass der Führer der Deutschen Nation und des Reichs neben Ordnung und Arbeit auch ein gewisses internationales Flair geschaffen hatte – gerade in der Metropole Berlin.

Zum ersten Mal wurden Olympische Spiele per Radio in alle Welt übertragen. In Fernsehstuben flimmerten die Bilder einer der ersten TV-Stationen Europas, des Senders „Paul Nipkow". Hitlers Architekt Albert Speer, Propagandaminister Joseph Goebbels und Filmemacherin Leni Riefenstahl verkauften dem In- und Ausland eine Traumwelt.

Nicht einmal die Tatsache, dass Hitler dem schwarzen US-Leichtathleten Jesse Owens nach dessen vier Siegen nicht die Hand reichte, zerstörte das Bild. Denn Hitler hatte am ersten Tag der Spiele den deutschen Olympioniken per Handschlag gratuliert und dafür vom Olympischen Komitee einen Rüffel kassiert; er als Gastgeber müsse allen Gewinnern gratulieren oder keinem. Nun, dann keinem, entschied Hitler, der allerdings sicher „not amused" war, dass bald darauf ein Schwarzer unter anderem auch die deutschen Sportler hinter sich gelassen hatte. Nach außen schien es dennoch eine saubere Lösung zu sein, und jeder konnte sie bequem interpretieren, wie er wollte.

All das und noch viel mehr sahen nun die kleinen Österreicher mit großen Augen und erzählten nach der Rückkehr ihren Verwandten von einem Wunderland, von Freudenfesten, von Zuständen, von denen das krisengeschüttelte Österreich nur träumen konnte.

*

Österreich, 1933–1938

Die illegalen Nationalsozialisten wühlen weiter. Und sie sprengen. Von der Telefonzelle bis zum Schienenstrang. Die Ermittlungsbehörden des Ständestaates sind überfordert. Mitten im aktiven Geschehen ist HJ-Führer Werner Dreher.

„Bei Sprengstoffanschlägen war ich auch dabei", sagt er später, und ist damit einer der ganz wenigen österreichischen Alt-Nazis, die im Nachhinein zugeben, dass sie am Terror der Illegalen beteiligt gewesen sind, was auch in seinen Papieren von damals lobend erwähnt wird.

„Mit deutscher Gründlichkeit angelegt, stand sogar in meinem Gauakt (einem Personalakt im Dritten Reich): ‚Beim Planen von Terroraktionen ist Dreher ausgezeichnet.'"

Freilich sprengen er und seine HJ nicht selbst, sondern bieten sich lediglich als Assistenten an. Um zu verhindern, dass Menschen zu Schaden kommen, beteuert er. „Da war eine Sitzung, bei der die SA angekündigt hat, wieder einmal Telefonzellen zu sprengen. Ich gab zu bedenken: ‚Was macht ihr, wenn sich zufällig gerade ein nichtsahnender Parteigenosse auf die Telefonzelle zu bewegt, und die geht in die Luft? Für die Sicherheit ist eindeutig die Jugend geeignet und zuständig. Ihr sagt uns den Sprengungstermin, und jeder, der auf das Telefonhäusel zusteuert, wird von uns aufgehalten. Wir fragen nach einer Gasse, die nicht existiert oder sonst was und halten den Passanten auf.'

Zunächst widerwillig hat die SA unser Angebot dann doch angenommen.

Wir haben unsere Leute geschult, wie sie so ein Gespräch anfangen und aufrechterhalten können. Wenn sich einer nicht aufhalten ließ und weiterging, rief man ihm einfach ‚Sie alter Trottel!' hinterher. Na, und wie der Passant dann stehen blieb! Als es dann krachte, war er froh, dass er nicht in der Nähe der Telefonzelle war. Wo wir eingesetzt waren, hat es keine Toten und Verletzten gegeben."

*

Weit weniger romantisch liest sich die objektive Bilanz der Terrorakte in der Datenbank der Wiener Historiker Winfried Garscha und Georg Kastner.

800 Menschen wurden in den Jahren 1933 bis 1938 Opfer des Terrors der illegalen NSDAP in Österreich. 164 Personen wurden bei Anschlägen unmittelbar zu Tode gebracht, 636 verletzt oder durch Sachbeschädigung in ihrer Existenz gefährdet.

Der Schwerpunkt des NS-Terrors lag in den Jahren 1933/34. 1934 war mit 506 Opfern (141 Tote, 365 Verletzte) das Spitzenjahr. Die größte Anzahl der Opfer fiel dabei auf die Juliputsch-Tage zwischen dem 25. und 30. Juli, danach riss die Zahl der Anschläge ab. 1935 gab es 33 Opfer (5 Tote, 28 Verletzte).

Nach dem Mord an Dollfuß wurden die Strafen empfindlich verschärft, was wohl manche abschreckte.

Erst Mitte 1937 stieg die Opferzahl wieder leicht an. Die meisten Opfer gab es in der Steiermark (198), die wenigsten in Vorarlberg (16). Wien hatte neben 123 Verletzten relativ wenige Todesopfer (12), Kärnten hingegen auffallend viele: 73 Verletzte, 47 Tote.

Der Ständestaat wehrte sich. Bis zum Jahr 1938 wurden 19 Nationalsozialisten wegen Gewalttaten hingerichtet, 86 zu lebenslänglicher Freiheitsstrafe verurteilt.

„Galgenzeichen stehen über dem Land, seind tief in den Boden gerammt, stecken in der blutigen Erde, dass d'raus die Freiheit werde ...", dichtete der Salzburger Schriftsteller und glühende Nationalsozialist Karl Springenschmid. Jener Springenschmid, der dann nach Erringung dieser von ihm geforderten „Freiheit" am 30. April 1938 auf dem Salzburger Residenzplatz die einzige große Bücherverbrennung der Ostmark initiieren sollte, bei der er nicht nur die Werke jüdischer und missliebiger Autoren den Flammen empfehlen, sondern auch die Vernichtung alles Klerikalen und Jüdischen fordern würde.

Dollfuß richtete an legaler Gerichtsbarkeit und legalem Strafvollzug vorbei sogenannte Anhaltelager ein, um „sicherheitsgefährliche Personen" ohne gerichtliches Verfahren zur „Verhaltung in einen bestimmten Ort zu verbringen." So ein Ort war rasch gefunden.

Im burgenländischen Kaisersteinbruch wurde zu Beginn des Jahres 1934 ein Lager mit 70 Häftlingen in Betrieb genommen. Im April desselben Jahres waren es dann schon 629 Gefangene, davon 516 Nationalsozialisten und 113 „Rote", also Sozialdemokraten und Kommunisten, zwischen denen nicht unterschieden wurde.

Dort gab es zwar keine Zwangsarbeit und schon gar keine Massenvernichtung wie später in den Konzentrationslagern der Nazis, aber die Häftlinge mussten ihren unfreiwilligen Aufenthalt selbst finanzieren. Die 6 Schilling pro Tag trieben viele ihrer Familien in den Ruin. Die Selbstmordrate war hoch.

Am 30. April 1934 wurde das Lager nach Niederösterreich verlegt. Der Standort Wöllersdorf wurde zum Synonym für die Verfolgung und rechtswidrige Inhaftierung politischer Gegner durch den Ständestaat. Braun und Rot kamen einander dort durch ihr gemeinsames Schicksal zwangsläufig näher. So wurde in Wöllersdorf, aber auch in regulären Gefängnissen und Zuchthäusern so mancher Kontakt über Lagergrenzen hinweg geknüpft, der bis nach dem Zweiten Weltkrieg halten sollte.

Der nachmalige österreichische Bundeskanzler und 1935 wegen Gründung der „Revolutionären Sozialistischen Jugend“ verhaftete 24-jährige Bruno Kreisky erinnerte sich später daran, dass ein kommunistischer Mithäftling immer wieder betonte, wie sehr er auf die Hilfe Stalins vertraute. Ein anderer, ein Nationalsozialist, meinte dagegen, dass es nur mehr eine Frage von Wochen sei, bis Hitler käme und Ordnung machen würde.

Der eine hofft auf Stalin, der andere auf Hitler, dachte Kreisky bei sich. Und wen haben wir? Wir Sozialdemokraten?

Die Ärztin Ella Lingens, geboren 1908 in Wien, war seit ihrem 18. Lebensjahr Sozialdemokratin. Sie versteckte nach 1938 zehn jüdische Freunde, um sie zu schützen, wurde bei der Organisation eines Fluchtversuchs von einem Spitzel verraten und überlebte nationalsozialistische Konzentrationslager von Auschwitz bis Dachau.

Vom österreichischen Ständestaat war auch sie alles andere als angetan.

„Natürlich habe ich, wie alle meine sozialdemokratischen Weggefährten, den Austrofaschismus abgelehnt“, erinnert sie sich in ihren 2003 posthum erschienenen Memoiren, „aber ich war zu keinem Zeitpunkt bereit, ihn mit dem Nationalsozialismus auch nur entfernt in einen Topf zu werfen, wie das beispielsweise Bruno Kreisky bis zuletzt nicht ganz lassen wollte: Die Konzentrationslager des Austrofaschismus, die Kreisky allen Ernstes in einem Atemzug mit den Vernichtungslagern des Dritten Reiches erwähnte, waren, an ihnen gemessen, Ferienlager. Und vor allem war Dollfuß kein Hitler und auch keine schwächliche Annäherung an ihn. Eher erschien er mir (...) als ein österreichischer Patriot, der das Gefühl hatte, das Land müsse mit fester Hand geführt werden, um nicht in eine Katastrophe abzugleiten. Nicht, dass ich den Weg, den er zu diesem Zweck beschritt, schon gar das Verbot der Sozialdemokraten, für richtig oder auch nur für effizient gehalten habe, aber ich habe ihm abgenommen, dass er dieses Land vor einem Teufel – vor Adolf Hitler – bewahren wollte.“

Trotzdem nahmen die Verfolgten des Regimes die Realität ganz anders wahr.

Nicht zuletzt die Propaganda der Nationalsozialisten stilisierte den Ständestaat als die Hölle auf Erden. „Aus Österreich, dem einst so friedvollen und fröhlichen Lande, wurde ein geistiger Kerker, eine mittelalterliche Festung grausamer Inquisitionsmethoden unter jüdischer Besatzung", schrieb der ehemalige völkische Studentenfunktionär an der Universität Wien und 1934 aus Österreich geflüchtete Nationalsozialist Robert Körber in seinem Buch „Rassesieg in Wien, der Grenzfeste des Reiches". Die Propaganda verfing. Die Sehnsucht nach dem starken Deutschland war da, Hitlers Kerker waren – noch – weit weg.

*

Niederösterreich, 1936–1938

Ralf Roland Ringler ist empört. Der 15-Jährige ist inzwischen zur klassischsten aller bündischen Bewegungen gewechselt, zum „Österreichischen Wandervogel", kurz WV.

Aus der Zeitung muss er 1936 erfahren, dass Schuschnigg den Wandervogel verboten hat, die Bündischen verpönt sind und das „Österreichische Jungvolk" die alleinige Staatsjugend ist.

„Nun hielten wir erst recht zusammen, denn das Verbotene, das Geheime reizte uns. Natürlich trafen wir uns weiterhin, mit dem Unterschied, dass es aufregender und prickelnder geworden war. Jetzt waren wir eben illegale Wandervögel. Statt unserer Kluft trugen wir weiße Hemden und Stutzen. Es war viel schöner – verboten zu sein.

Viktor sagte bei einem Heimabend: ‚Wir sind gegen die Krämer, gegen die Schule, gegen diesen Staat, gegen alle, die nicht mit uns sind. Wir wollen unseren eigenen Bund aufbauen, wir wollen siegen.'

Es musste so kommen.

Die ‚Illegalen' fanden zueinander.

Von den illegalen Hitlerjungen hörten wir bisher nur durch Skandale, Schulausschlüsse, Bestrafungen wegen Flugzettelstreuens, Schmieraktionen und ähnlichen Aktivitäten.

Wir lehnten das ab. Für unsere auserwählte Schar war es viel zu vulgär, sich mit diesen Dingen abzugeben. Herbert, ein älterer Wandervogel, redete mich eines Tages an: ‚Ich glaube, wenn wir schon verboten sind, so sollten wir uns nicht scheuen, gleich die Konsequenzen zu ziehen. Wir sollten ein illegales ‚Deutsches Jungvolk' aufstellen. Ich hätte die nötigen Beziehungen.' Das ‚Deutsche Jungvolk', das waren die 10- bis 14-Jährigen in der Hitler-Jugend. Das waren diejenigen, die man noch formen konnte.

Der Österreicher Adolf Hitler – umjubelt von seinen Landsleuten.
Für viele erfüllte sich – scheinbar – ein Traum vom Reich …

Erzherzog Karl brachte Napoleon bei Aspern 1809 die erste nennenswerte Niederlage auf dem Schlachtfeld bei und wurde dieses kurzlebigen Sieges wegen als Retter der deutschen Nation besungen. Stadions Nachfolger Metternich (rechts o.) hielt nichts von der Politik seines Vorgängers und auch nichts von einer Politik, die sich auf das Volk und nationale Euphorie stützt.

Graf Stadion, seit 1806 Chef der österreichischen Außenpolitik, wollte den Rückenwind der deutschen Nationalbewegung für den Kampf gegen Napoleon nützen – ohne Erfolg.

Der Wiener Kongress 1814/15 bescherte unter der Regie Metternichs den Deutschen nicht ein gemeinsames Reich, sondern mehr als drei Dutzend souveräne Groß-, Mittel- und Kleinstaaten.

Der Dichter Friedrich Schlegel verfasste gemeinsam mit seinem Bruder August Wilhelm flammende Gedichte und Theaterstücke gegen die napoleonische Unterdrückung …

Das Wartburgfest der deutschen Burschenschaften am 18.10.1817 markierte einen Aufbruch in der Politisierung der Studentenschaft. Dass dabei nicht nur Schwung in die Nationalbewegung kam, sondern auch Bücher missliebiger Autoren von randständigen Radikalen verbrannt wurden, war bereits ein Vorgeschmack auf das breite Spektrum der sich entwickelnden alldeutschen Idee.

... und strategische Köpfe wie der Preuße Friedrich Gentz verfassten politische Schriften im Geist der deutschen Freiheit. Die Romantik war politisch geworden.

Für den Schriftsteller Eduard von Bauernfeld (links) war Österreich nach dem Ende des Deutschen Bundes ein „Völkerstall". Anastasius Grün (rechts), eigentlich ein Graf Auersperg, wollte die Slowenen für Deutschland gewinnen.

Erzherzog Johanns Einzug in Frankfurt am 11.6.1848. Der als liberal bekannte Habsburger wurde in Frankfurt als Reichsverweser zum provisorischen Oberhaupt eines kommenden geeinten Deutschland gewählt.

Links: Zusammentritt der Deutschen Nationalversammlung in der Paulskirche in Frankfurt am Main am 18.5.1848. An diesem ersten gesamtdeutschen Parlament hingen viele Hoffnungen, die sich jedoch nicht erfüllten.

Kaiserliche Truppen unter Feldmarschall Windischgrätz besetzen Ende Oktober 1848 in einer militärischen Aktion das revolutionäre Wien. Damit ist nicht nur die bürgerliche Revolution gescheitert, sondern auch der Traum von der deutschen Einheit vorläufig ausgeträumt.

1908 überbringen die Fürsten des Zweiten Deutschen Kaiserreichs mit dem deutschen Kaiser Wilhelm II. an der Spitze Kaiser Franz Joseph I. ihre Glückwünsche zum 60. Thronjubiläum. Auch nach dem Ausscheiden Österreichs aus Deutschland bleibt die besondere Verbindung zwischen dem Deutschen Reich und Österreich-Ungarn bestehen. Franz Joseph sagt von sich: „Ich bin ein deutscher Fürst."

Georg Heinrich Ritter von Schönerer verband seine Agitation für den Anschluss der deutschen Gebiete Österreich-Ungarns an das Deutsche Reich mit einem mit allen Mitteln geführten Kampf gegen die katholische Kirche und einem radikalen Antisemitismus, und ging 1888 wegen politischen Rabaukentums für vier Monate in den Kerker. Zunächst einte und dann spaltete er die deutschnationale Bewegung. Er kann als unmittelbarer Ahnherr Hitler'scher Politik und Geisteshaltung gelten.

Oben: Der Zusammenschluss aller Deutschen in einem gemeinsamen Staat war auch Bestandteil des Programms der Sozial demokraten, obwohl sie sich in der k.u.k. Monarchie wohnlicher eingerichtet hatten als ihre Gesinnungsgenossen im deutschen Kaiserreich.
Parteitag der SDAP 1909 in Reichenberg. 1. v. r. Engelbert Pernerstorfer, 3. v. r. Victor Adler

Ministerpräsident Graf Badeni löste 1897 durch seine deutsch-tschechische Sprachenverordnung politische Unruhe aus.

Alois Hitler (1837–1903), k.u.k. Zollbeamter und Vater Adolf Hitlers, hieß bis 1876 Alois Schicklgruber. Der zeittypische Familientyrann prügelte seine Söhne windelweich und war Mitbegründer von Adolf Hitlers Abneigung gegen Beamte und das alte Österreich.

Klara Hitler, geborene Pölzl (1860–1907). Hitler liebte seine kränkliche Mutter über alles. Ihr Tod bedeutete für ihn eine der Urkatastrophen seines Lebens.

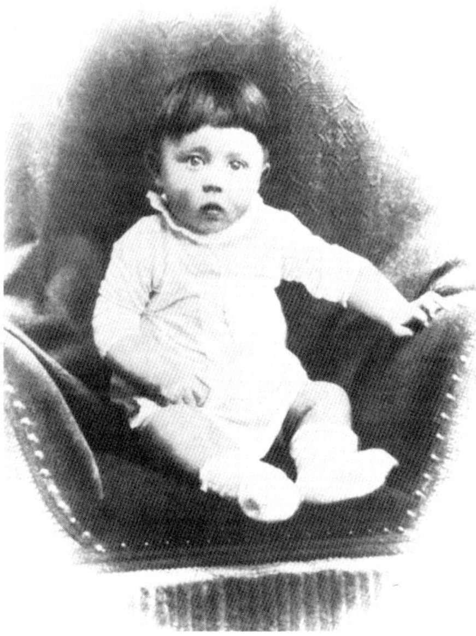

Adolf Hitler in seinem ersten Lebensjahr 1889/90.

Hitler war kein unbegabter, aber ein unkonzentrierter Schüler. Sein Scheitern in der Schule legte den Keim für manchen Komplex, der erst später richtig zum Ausbruch kam.
Ein früher (1935) und kritischer Hitler-Biograf, Konrad Heiden, nennt ihn „ein gewecktes Kind mit lebhafter Fantasie und wenig Disziplin, das sich für die bunten und leicht fasslichen Fächer interessierte und die anstrengenden vernachlässigte."

Ungeliebte Verwandtschaft.
Hitlers Halbbruder Alois jr. zeugte mit seiner englischen Frau Bridget einen Sohn namens William Patrick Hitler. Dieser Halbneffe versuchte nach 1933 in Deutschland Kapital aus seiner Verwandtschaft zu schlagen. Als dies scheiterte, trat er in alliierte Kriegsdienste.

Links: Geburtshaus Hitlers in Braunau.
Braunau am Inn/Oberösterreich prägte den jungen Hitler kaum. Viel entscheidender waren seine Schuljahre in Leonding, Linz und Steyr sowie die Zeit bei den Verwandten im Waldviertel/Niederösterreich.

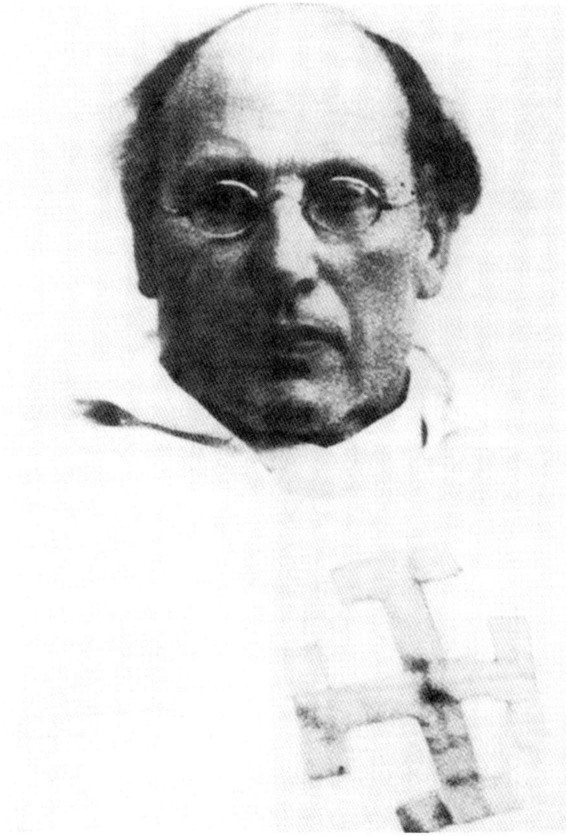

Jörg Lanz von Liebenfels (1874–1954), eigentlich Adolf Josef Lanz, obskurer Rassenideologe und Gründer des „Ordens des Neuen Tempels – Ordo Novi Templi". Seine Zeitschrift „Ostara" beeinflusste den jungen Hitler und gab ihm erste rassenideologische Ideen ein. Im Dritten Reich bekam Lanz Schreibverbot …

Karl Lueger, christlichsozialer Bürgermeister von Wien – ein Vorbild Hitlers. Neben der umsichtigen Führung der Stadt imponierte ihm Luegers Antisemitismus.

Karl Renner bei der Unterzeichnung des Friedensvertrages in St. Germain 1919. Die Entente-Mächte verboten den Anschluss an Deutschland, den damals alle Parteien wollten.

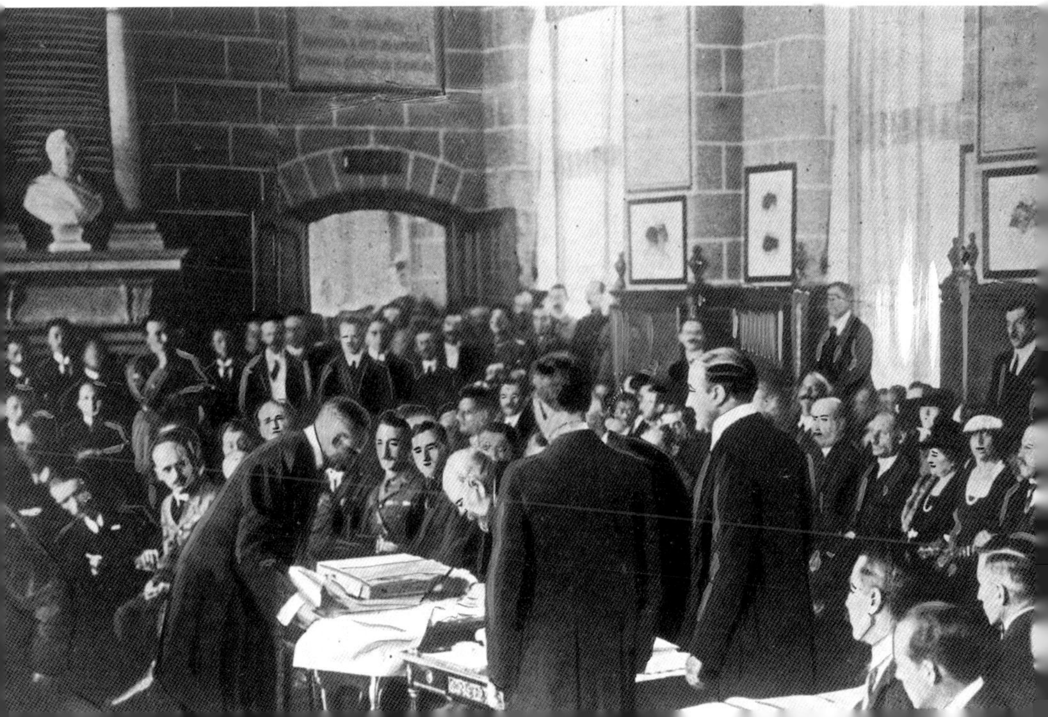

Die beiden entscheidenden Voraussetzungen für das Erstarken des Nationalsozialismus in Österreich: Der Wunsch nach Vereinigung mit Deutschland …

(oben: Pro-Anschluss-Kundgebung in Salzburg 1921)

… und die Massenarbeitslosigkeit.

(unten: 1930. Die Hoffnung stirbt zuletzt …)

Karl Renner bei seiner Festrede zur Republik-Feier 1931. Die Integrationsfigur des rechten Flügels der Sozialdemokratie und erste Staatskanzler war stets für den Anschluss an ein demokratisches Deutschland gewesen. 1938 gab er trotz Bedenken gegen die Methoden der Nazis die Empfehlung ab, mit „Ja" zu stimmen.

Otto Bauer bei einer Ansprache 1932.
Der verbalradikale Führer des linken Flügels der Sozialdemokraten war ein entschiedener Verfechter der Vereinigung mit Deutschland. 1919 trat er aus Protest gegen das Anschlussverbot als Staatssekretär des Äußeren zurück. 1934 emigrierte er nach Brünn und nach Hitlers Besetzung der Tschechoslowakei nach Paris.

Der steirische Heimwehrführer Walter Pfrimer versuchte 1931 einen Staatsstreich. Erfolglos. Aber er ging frei …

… anders als Anton Rintelen. Der ehrgeizige und intrigante Christlichsoziale war seit jeher ein Kontaktmann zu den Nationalsozialisten und von ihnen als Bundeskanzler nach dem Juli-Putsch 1934 ausersehen. Der Putsch scheiterte, und Rintelen mit ihm. Das Dritte Reich belohnte ihn nach dem Anschluss mit einem Mandat als Reichstagsabgeordneter.

Das Jahr 1932 verändert die politische Landschaft Österreichs vollkommen. Bei Wahlen in vier Bundesländern verfünffachen die Nazis ihre Stimmen. In Wien ziehen erstmals 15 Nationalsozialisten in den Gemeinderat ein.
Oben im Bild die neuen nationalsozialistischen Gemeinderäte. Ganz links: DNSAP-Veteran Walter Riehl.

Die römisch-katholische Kirche war eine entscheidende Stütze des Ständestaates. Kardinal Theodor Innitzer (4. v. l.) neben Dollfuß und Miklas inmitten von Geistlichkeit.

Rechts: Engelbert Dollfuß in Kaiserschützenuniform. Der christlichsoziale Kanzler kämpfte mithilfe des faschistischen Italien und in Koalition mit der Heimwehr gegen Kommunisten, Sozialdemokraten und Nationalsozialisten und errichtete den autoritären Ständestaat. 1934 ermordeten ihn nationalsozialistische Putschisten.

Links u.: Das Antlitz der Regierung Dollfuß bei einem Festakt 1933. links hinten Starhemberg, vorne (v. l. n. r.) Fey, Dollfuß, Bundespräsident Miklas.

Heil Dollfuß!

Stände-Regierung im Kriegerkleid: Das erste Kabinett Schuschnigg 1934. Links der Bundeskanzler in der Uniform der Ostmärkischen Sturmscharen, neben ihm Ernst Rüdiger Starhemberg in Heimwehruniform.

Festbankett der österreichischen Bundesregierung zu Ehren des deutschen Außenministers v. Neurath im Oberen Belvedere am 22.2.1937. Die Nationalsozialisten benützten den Besuch Neuraths zu spektakulären, natürlich illegalen Aktionen.
v. r.: Außen-Staatssekretär Guido Schmidt, v. Neurath, Schuschnigg und Edmund Glaise-Horstenau, Minister ohne Geschäftsbereich.

Zwei Jahre, zwei Regierungen:
1937 (oben) Bundespräsident Miklas und Kardinal Innitzer bei der Begehung der neu eröffneten Wiener Reichsbrücke mit Bundeskanzler Schuschnigg und den Mitgliedern seiner Regierung.
1938 (unten): Die kurzlebige österreichische NS-Regierung, die nur mehr die Übergangsmannschaft bis zum Anschluss darstellt.
Von links: Skubl, Wolf, Neumayer, Hueber, Seyß-Inquart, Menghin, Reinthaller, Glaise-Horstenau, Jury und Fischböck.

Mit Fahnen und Symbolen, Kruckenkreuz und Totenkult rund um Dollfuß versuchte der Ständestaat dem autoritären Zeitgeist zu entsprechen. Heraus kam eine Schmalspur-Kopie von Hitlers Nazis und Mussolinis Faschisten. 1938: Rede Schuschniggs vor dem Bundestag.

Hitlers Fahrt durch Österreich im März 1938 gleicht einem Triumphzug. Längst haben überall im Land die heimischen Nationalsozialisten die Macht übernommen, als die Deutsche Wehrmacht einmarschiert. Jubelnde Menschen in Linz (rechts oben) und am 14.3. vor dem Kloster Melk an der Donau (rechts unten). Die aus verschiedenen Gründen Daheimgebliebenen sieht man nicht ...

Linz, die Stadt seiner Jugend, wollte Hitler zu einer monumentalen Kulturmetropole ausbauen. Hier sollten nicht nur ein riesiges Führermuseum und andere Bauten entstehen, sondern auch der Alterssitz des Diktators.

Nachdem die einmarschierenden deutschen Truppen Österreich und die Welt vor vollendete Tatsachen gestellt hatten, war die Anschlussabstimmung nur mehr eine Farce.
Links: Als Kanzler begrüßt Seyß-Inquart am 12. März 1938 Hitler und dessen Stellvertreter Rudolf Heß und verlässt (unten) am 10. April bereits nur mehr als Reichsstatthalter das Abstimmungslokal.

Links: Blick auf die Masse: Abstimmung über den Anschluss Österreichs und „Wahl zum Großdeutschen Reichstag“: Adolf Hitler auf dem Balkon des Wiener Rathauses, von wo aus er am 9. April einen letzten Appell vor der Abstimmung an die Bevölkerung richtet; im Hintergrund: das Burgtheater.

Oben: Kundgebung der Hitlerjugend mit Baldur von Schirach 1938. Die Wiener HJ teilweise noch in weißen Hemden aus der Zeit des Uniformverbots.
Unten: 15. März 1938, Menschen auf dem Wiener Heldenplatz warten auf Hitler.

Oben: „Österreichische Legionäre“ auf ihrem Marsch durchs Heldentor. Wegen illegaler Aktionen von den österreichischen Behörden gesucht, sind sie nach Deutschland geflohen und haben auf eine triumphale Rückkehr ins angeschlossene Österreich gehofft. Als es soweit ist, werden sie mit Brosamen abgespeist. Einige von ihnen werden ab 1941 in den KZ des europäischen Ostens zum Einsatz kommen …
Unten: Nächtliche Freudenkundgebung vor dem Bundeskanzleramt in Wien nach der Bekanntgabe des Schuschnigg-Rücktritts am 11. März 1938.

Den Antisemitismus musste man in Österreich nicht neu erfinden. Juden jeden Alters werden zu „Reibaktionen“ geholt, gedemütigt und gequält (oben), Geschäfte und Lokale jüdischer Inhaber „gekennzeichnet“.

Massenversammlungen sind die zentralen Elemente nationalsozialistischer Massensuggestion.

Hitler traf mit seiner Demagogie die Eigenfrequenz seiner Zeit. Er war kein Hexer, aber er nützte alle verfügbaren Methoden der Gruppendynamik, Massenbeeinflussung und Gehirnwäsche. Entscheidend behilflich war ihm dabei das verhältnismäßig neue Medium Radio. Volksempfänger und Kleinempfänger sollten die Stimme des Führers in jeden Haushalt tragen.

Hitler 1938 in Graz.
Diese Bildfolge passierte nicht die Zensur. Sie zeigte ihn wohl nicht „freundlich" genug …

„Der Führer spricht", Gemälde von Paul Mathias Padua 1939.
Wer ihm nicht andächtig lauschte, war verdächtig, wenn nicht Schlimmeres …

Ausgebootet: Walter Riehl fiel ebenso in Ungnade …

… wie Josef Leopold.

Die Nazi-Führer aus Frühzeit und Illegalität wurden nicht mehr gebraucht. Stattdessen hatten Reichsdeutsche wie der Wiedervereinigungskommissar und Gauleiter Josef Bürckel – hier bei einer Parteikundgebung – das Sagen.

Hitlers Hollywood, die Wien-Film, produzierte wenige Propagandafilme (oben: Paula Wessely mit Attila Hörbiger in „Heimkehr"), dafür umso mehr Komödien. Unten: Hans Moser mit Paul Hörbiger (links) in dem Film „Wiener G'schichten" 1940.

Adolf Hitler empfängt 1940 in der Berliner Reichskanzlei die zu Reichsstatthaltern ernannten Gauleiter der „Ostmark“. v. r.: Gauleiter Rainer (Salzburg), Gauleiter Hofer (Tirol), Gauleiter Eigruber (Oberdonau), Gauleiter Bürckel (Wien); links Reichsminister Dr. Hans Heinrich Lammers.

Rechts u.: v. l. SS-Chef Heinrich Himmler, KZ-Kommandant Franz Ziereis und Ernst Kaltenbrunner besichtigen 1941 das Konzentrationslager Mauthausen. Obwohl offiziell als „Arbeitslager“ ausgewiesen, starben hier 100.000 Menschen durch Mord, Erschöpfung und Unterernährung.

Adolf Eichmanns zwei Gesichter: Der Buchhalter des Todes von Millionen Juden (rechts) hatte laut SD-Agent Wilhelm Höttl Komplexe wegen seines angeblich „jüdischen Aussehens“ (links).

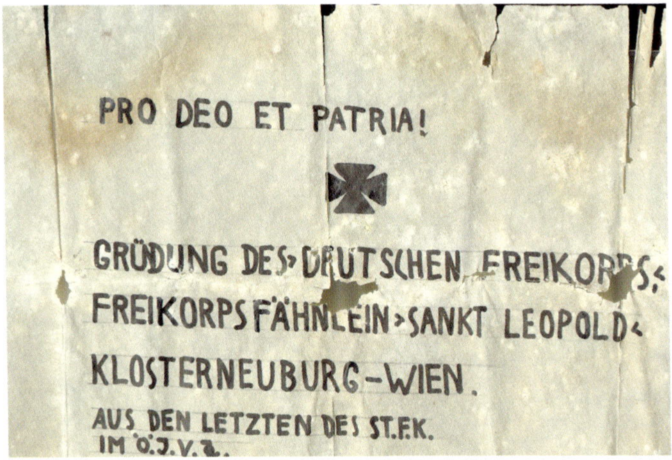

PRO DEO ET PATRIA!

GRÜNDUNG DES›DEUTSCHEN FREIKORPS‹
FREIKORPSFÄHNLEIN›SANKT LEOPOLD‹
KLOSTERNEUBURG–WIEN.
AUS DEN LETZTEN DES ST.F.K.
IM Ö.J.V.Z.

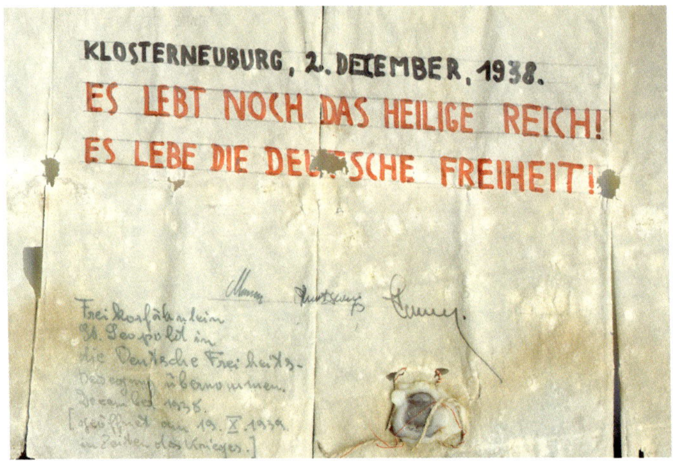

KLOSTERNEUBURG, 2. DECEMBER, 1938.
ES LEBT NOCH DAS HEILIGE REICH!
ES LEBE DIE DEUTSCHE FREIHEIT!

Freikorpsfähnlein
St. Leopold in
die Deutsche Freiheits-
bewegung übernommen.
Dezember 1938.
[geöffnet am 19. X. 1939.
in Zeiten des Krieges.]

Oben:
Erstmals veröffentlicht:
Der Treueschwur eines kleinen Fähnleins katholischer Gymnasiasten gegen das Hitler-Regime; aus Sicherheitsgründen bei Klosterneuburg vergraben. Eines ihrer Mitglieder, der Schüler Herbert Crammer (rechts), wurde Mitglied der Widerstandsgruppe um den Augustiner-Chorherrn Roman Karl Scholz …

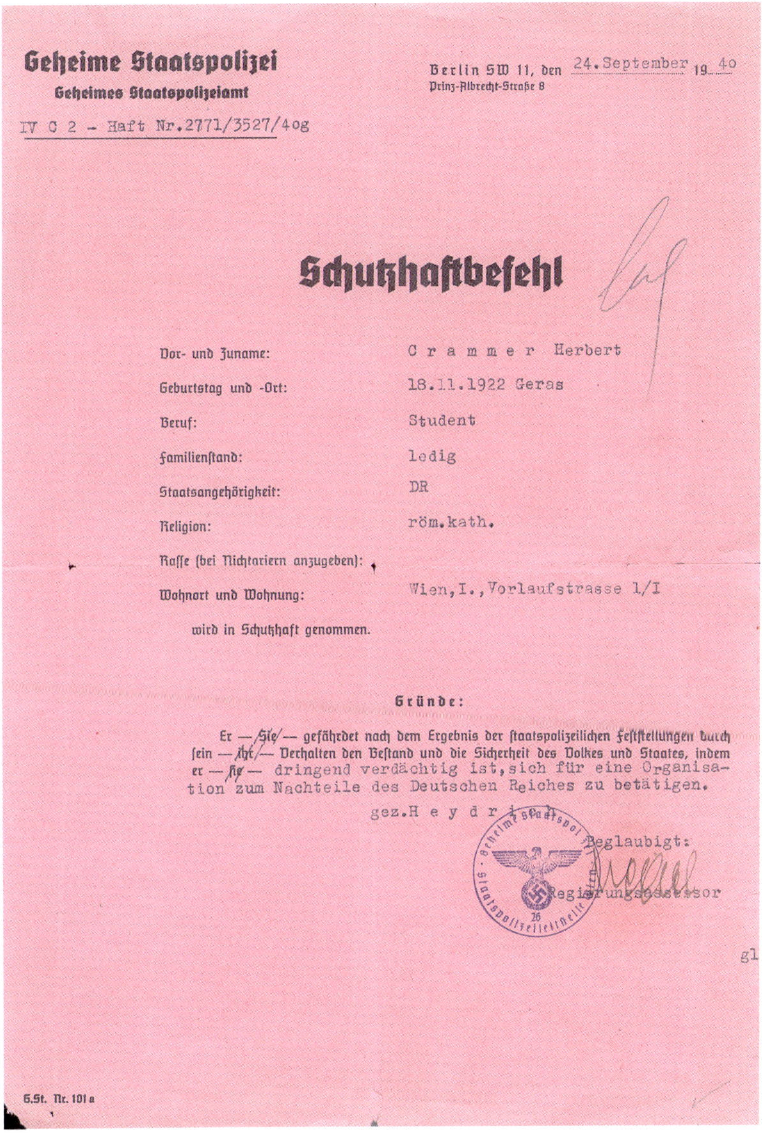

Geheime Staatspolizei
Geheimes Staatspolizeiamt

Berlin SW 11, den 24. September 1940
Prinz-Albrecht-Straße 8

IV C 2 - Haft Nr. 2771/3527/40g

Schutzhaftbefehl

Vor- und Zuname:	C r a m m e r Herbert
Geburtstag und -Ort:	18.11.1922 Geras
Beruf:	Student
Familienstand:	ledig
Staatsangehörigkeit:	DR
Religion:	röm.kath.
Rasse (bei Nichtariern anzugeben):	
Wohnort und Wohnung:	Wien, I., Vorlaufstrasse 1/I

wird in Schutzhaft genommen.

Gründe:

Er — ~~Sie~~ — gefährdet nach dem Ergebnis der staatspolizeilichen Feststellungen durch sein — ~~ihr~~ — Verhalten den Bestand und die Sicherheit des Volkes und Staates, indem er — ~~sie~~ — dringend verdächtig ist, sich für eine Organisation zum Nachteile des Deutschen Reiches zu betätigen.

gez. H e y d r i c h

Beglaubigt:
Regierungsassessor

gl

G.St. Nr. 101 a

… die 1940 durch Verrat des Burgschauspielers und Spitzels Otto Hartmann aufflog. Auch der 17-jährige Crammer wurde verhaftet, kam aber nicht ins KZ, sondern in mehrere Gefängnisse, ehe der Totale Krieg …

Geschäftszahl . Er 225/40 . . . .

B e s c h l u ß

Der am 18. II. 1941 gegen . Herbert C r a m m e r . . . .
wegen Verdachtes des Verbrechens d. Vorbereitung z. Hochverrat . .
erlassene Haftbefehl wird

a u f g e h o b e n ,

da dies von der zuständigen Anklagebehörde am . 26. III. 1943 . .
zur Zahl . 8 J. 290/41 . . . . . . beantragt wurde.

Die Enthaftung des Beschuldigten wird unter Eigenem veranlaßt. Über ~~Antrag wird er der Geheimen Staatspolizei Wien~~
zu~~r Zah~~l . . . . ~~überstellt~~.-

Der Ermittlungsrichter
des VOLKSGERICHTSHOFES beim
Landgericht Wien (als ~~Sondergericht~~)
Wien VIII., Landesgerichtsstr. 11
Wien, am . 1. April 1943 . . .

Landgerichtsdirektor.

... sogar widerständige Jugendliche als Soldaten brauchte.
Crammer wurde aus der Haft entlassen und kam an die Ostfront.
Roman Karl Scholz wurde 1944 hingerichtet.
Herbert Crammer sieht die Tatsache, dass er seine ...

Melden Geheime Staatspolizei Wien I

Morzinplatz 4 Zimmer 282 II Stock

Wohnungswechsel Oberreichsanwalt beim Volksgerichtshof

Berlin melden.

L.

Er 225/40 Ermittelungsrichter G Wien

Aktenzeichen der Strafsache: A.G. – St.A. – zu

Der Herbert Crammer (Vor- u. Zuname, Beruf) aus Wien (Wohnort oder letzter gewöhnlicher Aufenthaltsort)

geboren am 18.11.1922 zu Geras

war vom 3. DEzember 19 40 bis 5. April 19 43

in Haft.

Er wurde heute nach Wien ~~Kreis~~

entlassen — ~~beurlaubt~~ bis

Anrath, den 5. April 19 43

~~Der Vorstand des~~

I. A.

Der Vorstand des Männerstrafgefängnis und Frauenzuchthauses

Geschäftsstelle

Bemerkungen siehe umstehend!

A 51 Entlassungsschein 2 42 10000 K 0906

… Anti-Nazi-Flugblätter mit Gefängnis gebüßt hat, so: „Ich war kein Opfer, ich war ein Täter! Was habe ich denn wirklich geopfert? Dass ich mein Leben riskiert habe, ist mein Kaffee! Die Juden, ja! Die waren Opfer, die ins KZ gekommen sind …"

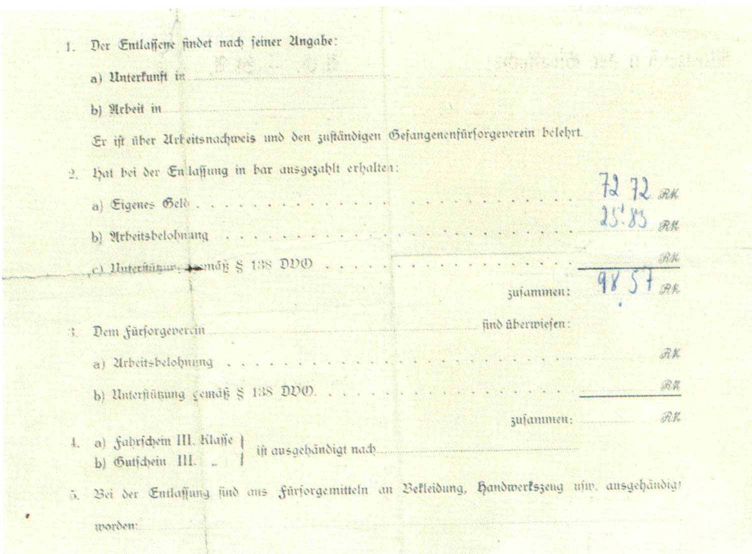
1. Der Entlassene findet nach seiner Angabe:

a) Unterkunft in

b) Arbeit in

Er ist über Arbeitsnachweis und den zuständigen Gefangenenfürsorgeverein belehrt.

2. Hat bei der Entlassung in bar ausgezahlt erhalten:

a) Eigenes Geld . . . . 72 72 RM

b) Arbeitsbelohnung . . . . 25.85 RM

c) Unterstützung gemäß § 138 DVO . . . . RM

zusammen: 98 57 RM

3. Dem Fürsorgeverein sind überwiesen:

a) Arbeitsbelohnung . . . . RM

b) Unterstützung gemäß § 138 DVO. . . . . RM

zusammen: RM

4. a) Fahrschein III. Klasse / b) Gutschein III. „ — ist ausgehändigt nach

5. Bei der Entlassung sind aus Fürsorgemitteln an Bekleidung, Handwerkszeug usw. ausgehändigt worden:

Robert Bernardis, geboren 1908 in Innsbruck, aufgewachsen in Linz, war ein wichtiger Mitverschwörer des 20. Juli 1944. Der Pionieroffizier und Sprengstoffexperte wurde am 8. August 1944 in Berlin-Plötzensee qualvoll erhängt.

Der Oberösterreicher Franz Jägerstätter gilt als eine der bekanntesten österreichischen Symbolfiguren des Widerstands gegen den Nationalsozialismus. Der unbeugsame Katholik wurde wegen Kriegsdienstverweigerung 1943 hingerichtet. 2007 sprach ihn die katholische Kirche selig.

Die Wiener Architektin („Frankfurter Küche") und kommunistische Widerstandskämpferin Margarete Schütte-Lihotzky entging nur knapp dem Fallbeil und wurde bis Kriegsende im berüchtigten Zuchthaus in Aichach/Bayern festgehalten.

Major Karl Biedermann gehörte zu jener Gruppe von Offizieren, die Wien der Roten Armee ohne Blutvergießen übergeben wollten. Am 8.4.1945 wurden er, Hauptmann Alfred Huth und Oberleutnant Rudolf Raschke von der SS gehenkt.

Unten: Insassen des Konzentrationslagers Mauthausen begrüßen am 7. Mai 1945 die einrückenden Abteilungen der 3. US-Armee.

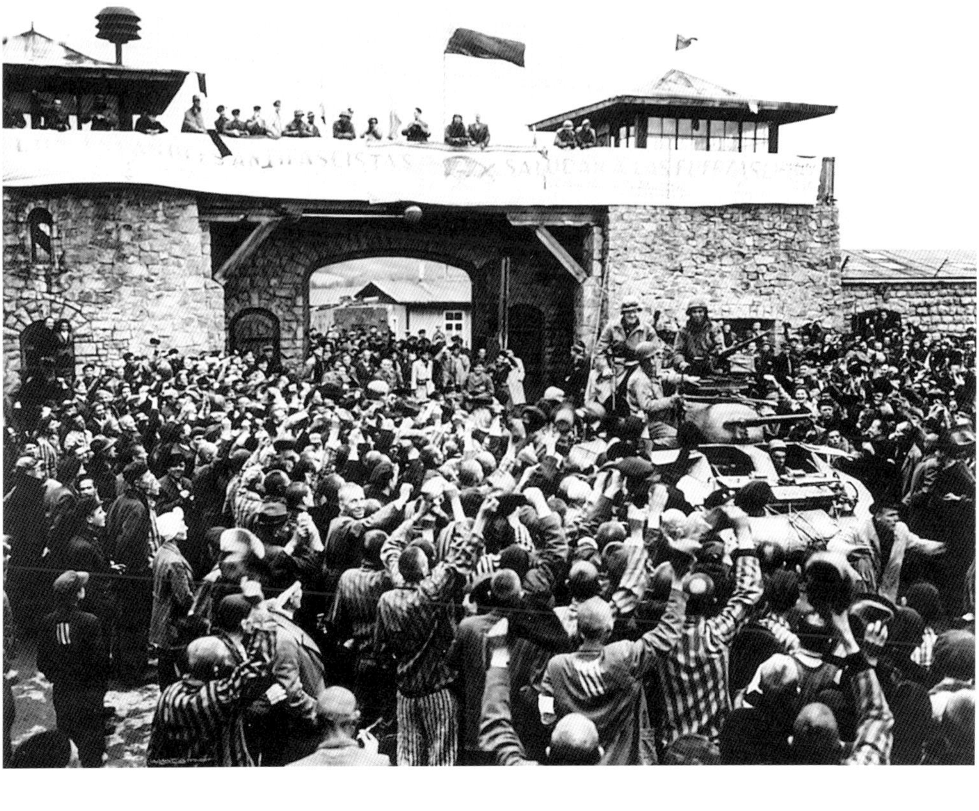

†

Zur frommen Erinnerung im Gebete an Herrn

Franz Pfeiffer

welcher am 15. Feber 1946 im Lazarett Wologda nach kurzem Leiden im 40. Lebensjahre gestorben ist.

Es ist dies schwer zu versteh'n,
Daß wir uns nicht mehr wiederseh'n,
Uns ist so untröstlich schwer,
Wenn wir sagen müssen, er lebt nicht mehr,
Du bist nicht tot, schloß auch das Auge sich,
In unserem Herzen lebst Du ewiglich.

Wir konnten Dich nicht sterben seh'n,
Auch nicht an Deinem Grabe steh'n.
Nun ruhst Du aus auf fernen Höh'n,
Wo Du stets schriebst, auf Wiederseh'n.
Fern ist Dein Grab, tief unser Schmerz,
Nun ruhe sanft, Du unser gutes Herz.

O Maria, Mutter Gottes und Mutter der Barmherzigkeit, bitte für uns und die Dahingeschiedenen!

Rosa Pfeiffer, Gattin.

Du zogst von uns, kamst
nicht mehr heim
Schicksal, wie grausam
kannst du sein!

Hart und schwer traf uns die traurige Nachricht, daß unser lieber, guter, unvergeßlicher, Sohn und Bruder

Anton Mitterer

Gefreiter in einem Grenadier-Regiment

am Dienstag, den 20. Juli 1943, im 20. Lebensjahre, im Osten den Heldentod fand.

Er wurde auf dem Heldenfriedhofe in Chochlowo unter militärischen Ehren beerdigt.

In unsagbarem Schmerz:

Uffz. Josef Mitterer
Bruder

Josef und Agnes Mitterer
Eltern

und sämtliche Anverwandte.

Wien-Eßling, am 9. August 1943.

G 0636

Hart und schwer traf uns die traurige Nachricht, daß mein lieber Gatte, unser einziger Sohn, Enkel, Schwiegersohn, Schwager, Neffe und Veter

Gefr. Friedrich Kreutzer

Flugzeugführer in einem Zerstörer-Geschwader

am 13. September 1943, im 22. Lebensjahre den Fliegertod fand.

Die Beisetzung erfolgt unter militärischen Ehren am Freitag, den 24. September 1943, um 16 Uhr am Eßlinger Friedhofe Wien XXII.

Wien, den 21. September 1943
XXII., Eßling, Kernstockgasse 1108.

In tiefer Trauer:

Leopold u. Relly Kreutzer
Eltern

Tilly Kreutzer geb. Fürtauer
Gattin

und sämtliche Anverwandte.

Wenn Liebe könnte Wunder tun
und Tränen Tote wecken,
dann würde dich bestimmt nicht dort
die fremde Erde decken.

Für seinen geliebten Führer und des Reiches Zukunft fiel am 30. Dezember 1943 mein geliebter Mann, der liebevollste Vater seiner Kinder

SS-Untersturmführer in der Waffen-SS

Pg. ALOIS SCHULTES

Meister der Schutzpolizei

im fernen Osten einer heimtückischen Krankheit zum Opfer. Er wurde am 31. Dezember 1943 am Heldenfriedhof zu Minsk zur letzten Ruhe gebettet.

In tiefer Trauer:

Anny, Wilma und **Elfi**, Kinder

Amalia Schultes, Gattin

und sämtliche Verwandte.

Geboren am 17. Oktober 1910
Gefallen am 15. August 1944

Christliches Andenken

an

Uffz. einer motor. Feldwerftabt.

Johann Koschitschek

Inhaber des Verwundetenabzeichens
in Schwarz,
des Kriegsverdienstkreuzes II. Kl.,
des Krafttahrbewährungsabzeichens,
des Aermelbandes Afrika

welcher am 15. August 1944
in Oberitalien
sein Leben für Führer,
Volk und Vaterland gab.

Im heißen Kampf im Feindeslande
Traf Dich die Todeswunde,
Die Lieben Dein im Heimatland
Traf schwer die bitt're Kunde,
Den Heldentod fürs Vaterland
Bist, Bester, Du gestorben,
Hast mutig Dir mit tapf'rer Hand
Den Himmelslohn erworben.

Die Trauerparten (Totenzettel) der Gefallenen stehen für die Bandbreite von Leben und Gesinnungen: von jung bis alt, zwischen Nazi-Ideologie über den Tod hinaus bis zu christlicher Frömmigkeit, vom „Heldentod" im Feld bis zum Krepieren in einem Lazarett nach Kriegsende. Fast jede Familie war davon betroffen. Ein Totaler Krieg ohne unbeteiligte Zivilisten.

Du zogſt von uns, kamſt
nicht mehr heim
Schickſal, wie grauſam
kannſt du ſein!

Hart und ſchwer traf uns die traurige Nachricht,
daß unſer innigſtgeliebter Sohn, Bruder, Schwager, Enkel

Rudolf Winzig

Gefreiter in einer Pionierkompanie

welcher im 22. Lebensjahre ſtand, am 20. Oktober 1942,
bei einem nächtlichen Spähtruppunternehmen im Oſten
den Heldentod fand.

Stanislaus u. **Juliana Winzig**
Eltern

Gertrude u. **Elfriede Winzig**
Marie Hupfer u. **Anna Nemetz**
Schweſtern

Joſef Winzig, dzt. im Felde
Bruder

Johann Hupfer u. **Max Nemetz**
Schwäger

Marie Winzig
Großmutter

Wien-Eßling, Gartenheimſtraße 1070.

K. RÖCKERT, G.-ENZERSDORF

Zur bleibenden Erinnerung

an unſeren innigſt-
geliebten, unvergeß-
lichen Gatten, Vater,
Sohn, Bruder und
Onkel

Anton Pollack

Uffz. in einem Grenadier-Regiment

gefallen am 11. Juni 1944, im
39. Lebensjahre bei Stanislau

Ach, es iſt ja kaum zu faſſen,
Daß du nicht mehr kehrſt zurück,
So jung mußt du dein Leben laſſen
Und zerſtört iſt unſer Glück.
Ein jeder, der dich hat gekannt,
Und auch dein treues Herz,
Der drückt uns nur noch ſtumm die Hand
In tiefem, tiefem Schmerz,
Du gutes Herz ruh' ſtill in Frieden,
Ewig beweint von deinen Lieben.

In tiefer Trauer:
Gattin u. Söhnchen
und die übrigen Verwandten

Links: Friedhof in Döllersheim/Waldviertel/Niederösterreich. Grab von Josef Zahnschirm, der mit Georg Schönerer im Schulausschuss von Zwettl saß und den Namen von Adolf Hitlers Vater Alois Schicklgruber in Alois Hitler änderte.

Unten: Der Soldatenfriedhof in Allentsteig im niederösterreichischen Waldviertel ist ein eindrückliches Mahnmal für die Verbrechen des Nationalsozialismus. Hitler ließ die Dörfer in dieser Gegend, aus der viele seiner Verwandten stammten, schleifen und in einen Truppenübungsplatz verwandeln. Noch im April und Mai 1945 wurden dort 17- und 18-Jährige in den Tod geschickt. Einige Grabsteine dokumentieren, dass der betreffende Soldat erst nach Kriegsende seinen Verwundungen erlegen ist …

Es hatte uns von Neuem gepackt – der Reiz des Verbotenen, der Reiz, Verschwörer zu sein, der Reiz, ein Geheimnis zu haben, schlauer und listiger zu sein als die anderen, als die Welt mit ihrem Zwang, mit ihren Grundsätzen, die wir nicht wollten.

Das erste illegale Treffen wurde vereinbart. Es fand sich der gleiche Kreis wie schon beim Wandervogel und wie vor Jahren beim Jungenkorps.

In der illegalen HJ und im illegalen DJ vereinigten sich bis zum März 1938 unzählige Gruppen der nationalen, bündischen und sonstigen Jugendbewegungen. Die Arbeitsweise der illegalen Hitler-Jugend hatte frappante Ähnlichkeit mit den späteren ‚Basisgruppen' der Linken: Zerstörung und Zersetzung der bestehenden Ordnung, Auflehnung gegen jede Gewalt und Bevormundung, die Gruppen straff und diszipliniert organisiert. Jeder durfte nur so viel von der Organisation wissen, als unbedingt notwendig war. Nur der unmittelbare Vorgesetzte war bekannt. Selbst in den Tagen des Umbruchs von 1938 wussten wir nicht, wer unsere höheren Führer waren, nur die Vornamen waren uns geläufig. Alle wurden zu unbedingtem Schweigen und Gehorsam verpflichtet. Der weltanschaulich und politisch geschulte Kern der illegalen HJ und die ideal-romantischen Vorstellungen der bündischen Jugend vereinigten sich zu einer echten Kampfgemeinschaft.

Ein Name war es, mit dem wir immer öfter konfrontiert wurden – Adolf Hitler. Er wurde für uns der einzige Mensch, dessen Machtwort wir uns unterwerfen wollten. Er war der einzige Politiker, Staatsmann, Reichskanzler und Führer, zu dem wir nicht in Opposition standen. So und nicht anders stellten wir uns einen Menschen vor, der imstande war, seine Ideale, die immer mehr die unseren wurden, zu verwirklichen.

Ein Erretter des Volkes aus tiefster Not nach dem verlorenen Weltkrieg, ein Heiland für die Deutschen, ein Idol, das seine größte Ausstrahlung über die Grenzen hatte."

*

„Der Adolf? Der war für uns einfach ein leiwandter Kerl, ein toller Typ." Werner Dreher erinnert sich 70 Jahre nach der Zeit in der illegalen HJ an sein Idol als politischen Kumpel.

„Wir bewunderten einfach seine Leistung, das was er in kürzester Zeit in Deutschland aufgebaut hatte. Ein leiwandter Kerl!"

*

„Also Hitlerianer war ich keiner." Heinz Pohl wird nach 1938 unter dem Hitler-Bild an der Wand das Bildnis des ermordeten Gregor Strasser verborgen halten – „in einer Art magischen Denkens" …

*

So waren aus Buben und Bündischen junge Nationalsozialisten geworden. Ob ganz bürgerlich und im Umweg über vier, fünf Jugendvereinigungen; oder sehr direkt über eine Rauferei im Park; oder in vollem, früh entwickeltem, politischem Bewusstsein.

Adolf Hitler war für viele Retter und Messias, für einige ein toller Typ und für manche eine Notlösung.

Da und dort wird sich dieses Bild im Lauf der Zeit ändern.

Wir werden diesen Jungen wieder begegnen.

Indes führten auch andere Wege zum Nationalsozialismus.

Die Elitären

Österreichs Universitäten und Hochschulen hatten seit den 1880er Jahren keinen Hitler gebraucht, um deutschvölkisch, antisemitisch und tendenziell antiklerikal zu werden. So klein im Vergleich zu heute auch die Studentenzahlen waren, so wirkmächtig waren die Absolventen, wenn sie in akademische Berufe ausschwärmten und vor allem als Lehrer an Schulen und wieder an den Universitäten den Zeitgeist mitprägten.

Nicht nur die Studentenvertretung, die „Deutsche Studentenschaft" fühlte sich ausschließlich sogenannten arischen Studenten verpflichtet, sondern auch die herkömmlichen Studentenverbindungen waren im großen Stil radikalisiert.

So gegensätzlich sich die Ausrichtung von Burschenschaften und weiteren deutschnationalen oder völkischen Verbindungen und Vereinen auf der einen und dem CV sowie sonstigen katholischen Verbindungen auf der anderen Seite gestaltete, so weitgehend einig war man sich wenigstens in der Ablehnung des „jüdischen Elements" auf den Universitäten – in verschiedenen Abstufungen freilich. Viele kamen sich dabei in diesem Punkt selbst gar nicht radikal vor, waren dabei aber blanke Rassisten.

Die jüdischen Studenten, die ihrerseits zum Teil sehr wehrhafte Verbindungen bildeten, wurden als nicht satisfaktionsfähig angesehen, das heißt, es wurde ihnen die Ehre abgesprochen. Bis auf wenige Ausnahmen hatten fast alle Verbindungen, auch katholische, den Arierparagrafen eingeführt, der lange vor den Nürnberger Rassengesetzen einen Unterschied zwischen Ariern, Juden und sogenannten jüdisch Versippten machte. Aber auch unter Studenten, die keiner Verbindung angehörten, war das „Judenholzen", das Prügeln jüdischer Kommilitonen, an der Tagesordnung, wiewohl auch Katholische und Nationale auf Hochschulboden aufeinanderprallten.

Sozialistische und andere linke Gruppen spielten dagegen eine weit geringere Rolle.

Die Stimmung in Österreich war hier ungleich schärfer als jene an den meisten Unis in Deutschland.

Obwohl auch manche der höchsten Nazi-Führer Angehörige von Studentenverbindungen waren, löste die NSDAP in den Jahren nach der Machtübernahme in Deutschland die Verbindungen Schritt für Schritt auf und überführte sie in NS-Kameradschaften. Hauptkonkurrenz war dort der NS-Studentenbund, der in Österreich vor 1938 allerdings nicht viel Bedeutung hatte. Den Nazis erschien wohl bei aller Radikalität die Weltanschauung einiger Verbindungen nicht regimekonform genug, vor allem aber störte sie die Lebensform dieser traditionellen Korporationen, deren demokratische Funktionärswahl sie in den NS-Kameradschaften durch das Führerprinzip ersetzten. Außerdem missfiel das elitäre und von Sozialdünkel geprägte Auftreten mancher großbürgerlicher oder aristokratischer Verbindungsstudenten.

„Wir haben die roten Straßen erobert, wir werden auch mit dem ‚Korpsgeist' einer feudalen Gesellschaft fertig werden", lautete ein NS-Slogan gegen Studentenverbindungen. Er wurde besonders konsequent umgesetzt, nachdem 1935 Angehörige des feudalen Corps Saxo-Borussia Heidelberg Hitler öffentlich verspottet hatten und lauthals übereingekommen waren, dass der Führer ein dermaßen großes Maul habe, dass er Spargel wohl quer essen könne. Das war natürlich Wasser auf die Mühlen von Reichsjugendführer Baldur von Schirach:

„Verlogene Altheidelberg-Romantik und arbeiterfeindliches Feudalwesen sind die Ideale dieser sogenannten Korporationen. Sie stehen außerhalb der Volksgemeinschaft und sind Feinde der sozialistischen Nation.

Die Hitlerjugend kann es mit ihrer Ehre als weltanschauliche Erziehungsgemeinschaft der schaffenden deutschen Jugend nicht vereinbaren, weiterhin solche Einrichtungen anzuerkennen, die sich immer wieder als unseres deutschen Volkes und Führers unwürdig erweisen. Besonders die Vorfälle, die sich in den letzten Tagen in Heidelberg ereigneten und zur Suspendierung des Corps Saxo-Borussia führten, geben ein furchtbares Bild der Verrohung und Zuchtlosigkeit, ja abgrundtiefen Gemeinheit einer kleinen Clique von Korporationsstudenten, die lärmt und säuft, während Deutschland arbeitet. Wenn solche Elemente in ihrer Verkommenheit nicht einmal vor der uns heiligen Person des Führers haltmachen, richten sie sich selbst. Wir aber ziehen darüber hinaus den Trennungsstrich zwischen ihnen und uns, den Trennungsstrich zwischen Reaktion und Sozialismus."

Auch Hitler selbst war für den „langsamen Tod" der Verbindungen. Doppelmitgliedschaften mit der HJ wurden für unvereinbar erklärt.

Anders in Österreich. In der Illegalität waren die traditionellen Burschenschaften und anderen alldeutschen Verbindungen für die Nazis noch sehr nützlich.

In schroffer Front gegen den Nationalsozialismus standen dagegen die Verbindungen des katholischen Cartellverbands (CV).

Bereits 1933 hatte der in Deutschland gleichgeschaltete katholische CV von seinen österreichischen Mitgliedsverbindungen den Ausschluss von Kanzler Dollfuß und einigen Ministern gefordert. Die österreichischen CV-Verbindungen taten das Gegenteil, verliehen Dollfuß samt und sonders die Ehrenmitgliedschaft, traten aus dem CV aus und gründeten den ÖCV. Ein Vorgang, den man gemäß dem technikbegeisterten Zeitgeschmack „Abschaltung" nannte. Nie wieder vorher oder nachher sollte der ÖCV in Österreich jenen Einfluss erlangen, den er im Ständestaat besaß. Er und die anderen katholischen Studenten- und Schülerverbindungen wurden nach dem Anschluss 1938 als konsequente Hauptstützen des Dollfuß-Schuschnigg-Regimes dementsprechend konsequent und hart verfolgt. Bereits am ersten Tag wurden die Häuser der katholischen Verbindungen gestürmt, das Inventar beschlagnahmt oder zerstört. Einige ihrer Angehörigen kamen gleich mit den ersten sogenannten „Prominententransporten“ ins Konzentrationslager, wie der erste Österreicher, der in Dachau zu Tode geprügelt wurde, der Professor an der Universität für Bodenkultur und Monarchist Hans Karl von Zessner-Spitzenberg.

Auch die deutschnationalen Verbindungen wurden 1938 aufgelöst, doch durften zumindest die Burschenschaften noch einen Auflösungskommers abhalten, wohl zum Dank dafür, dass sie so viele Nationalsozialisten in ihren Reihen hatten (von denen auch wieder viele der Meinung waren, dass man sich nun beruhigt auflösen könne, da das große Ziel der burschenschaftlichen Bewegung, der Zusammenschluss aller Deutschen in einem Staat, erreicht worden war). Der NS-Anteil war bei den katholischen Verbindungen weitaus geringer gewesen, wiewohl es auch dort trotz eines Unvereinbarkeitsbeschlusses seitens des ÖCV illegale Nazis gegeben hatte.

Der Einfluss der NS-nahen Völkischen und ihrer Verbindungen war im Ständestaat zurückgegangen, doch der Graubereich zwischen national-konservativ, katholisch-national, christlich-sozial und völkisch war so diffus, dass Professoren und Lehrer ihre Führungsrolle beibehalten und ausbauen konnten, solange sie sich nur innerhalb ständestaatlicher Grenzen bewegten.

Zum Beispiel Professor Othmar Spann.

Der Nationalökonom Spann wollte durch sein 1921 erschienenes Buch „Der wahre Staat“ zum Wegbereiter eines dritten Weges zwischen Marxismus und Liberalismus werden, dem Modell eines autoritären Ständestaates. Die Heimwehr griff diese Idee begeistert auf, und Spann wurde so etwas wie ihr Chefideologe. Gleichzeitig trat er allerdings geheim in die NSDAP ein, trug Hitler persönlich seine Gedanken vor und war ab 1933 Herausgeber der NS-nahen Zeitschrift „Ständisches Leben“.

1935 geriet der fest im österreichischen Regime integrierte Spann bei den Nazis zunehmend in Ungnade, wurde nach dem Anschluss zwangspensioniert, ins KZ Dachau eingeliefert, dort schwer misshandelt und verletzt.

Spann, dieser merkwürdige Gelehrte, vereinigte in sich viele typisch österreichische ideologische Facetten der Jahre zwischen 1933 bis 1938.

Ein brutaler Höhepunkt der weltanschaulichen Kämpfe war der Eifersuchtsmord an dem Professor der Philosophie an der Universität

Wien und Vertreter des „Wiener Kreises“, Moritz Schlick, durch seinen ehemaligen Studenten Hans Nelböck. Der geistig verwirrte Mann erschoss Schlick auf der Stiege der Universität.

„Der Beschuldigte, der von Natur aus religiös eingestellt ist, hat die wissenschaftliche Bekämpfung des von Prof. Schlick vertretenen Positivismus, beziehungsweise den destruktiven Tendenzen des atheistischen Positivismus entgegenzuarbeiten, für unerlässlich erachtet“, sollte es später in der Urteilsbegründung heißen. Der Attentäter wurde zu zehn Jahren Kerker verurteilt und nach dem Anschluss von den Nazis auf Bewährung entlassen.

Bezeichnend ist die Auseinandersetzung, die kurz nach der Tat in regimenahen Blättern geführt wurde, die zeigt, wie unterschiedlich die geistigen Stützen des Ständestaates dachten.

Johann Sauter, als Philosophieprofessor ein katholischer Konkurrent Schlicks, schrieb unter dem Pseudonym „Prof. Dr. Austriacus“ in der Zeitschrift „Schöne Zukunft“:

„Es ist bekannt, dass Schlick, der einen Juden (Waismann) und zwei Jüdinnen als Assistenten hatte, der Abgott der jüdischen Kreise Wiens war. Jetzt werden die jüdischen Kreise Wiens nicht müde, ihn als den bedeutendsten Denker zu feiern. Wir verstehen das sehr wohl. Denn der Jude ist der geborene Ametaphysiker, er liebt in der Philosophie den Logizismus, den Mathematizismus, den Formalismus und Positivismus, also lauter Eigenschaften, die Schlick in höchstem Maße in sich vereinigte. Wir möchten aber doch daran erinnern, dass wir Christen in einem christlich-deutschen Staate leben, und dass wir zu bestimmen haben, welche Philosophie gut und passend ist. Die Juden sollen in ihrem Kulturinstitut ihren jüdischen Philosophen haben! Aber auf die philosophischen Lehrstühle der Wiener Universität im christlich-deutschen Österreich gehören christliche Philosophen! Man hat in letzter Zeit wiederholt erklärt, dass die friedliche Regelung der Judenfrage in Österreich im Interesse der Juden selbst gelegen sei, da sonst eine gewaltsame Lösung derselben unvermeidlich sei. Hoffentlich beschleunigt der schreckliche Mordfall an der Wiener Universität eine wirklich befriedigende Lösung der Judenfrage!“

Eine Antwort ließ nicht lange auf sich warten. In dem von ihm gegründeten Wochenblatt „Der christliche Ständestaat“ konterte der scharf gegen jeden Antisemitismus und Nationalismus auftretende katholische Philosoph und Freund Engelbert Dollfuß', Dietrich von Hildebrand:

„Die anonymen Auslassungen eines gewissen ‚Professor Dr. Austriacus' über den tragischen Tod von Prof. Dr. Schlick in der ‚Schöneren Zukunft' verdienen die allerschärfste Zurückweisung. Der Geist, der aus diesen Zeilen spricht, ist weder sachlich, noch logisch, noch anständig – geschweige denn katholisch. Jeder anständige Mensch muss aufs Schärfste dagegen protestieren, dass der tragische Tod eines edlen, gütigen Gelehrten dazu benutzt wird, um gemeine antisemitische Propaganda zu treiben, die überdies völlig an den Haaren herbeigezogen ist, da Professor Schlick reiner Arier war. Wo kommt man hin, wenn man die Ermordung eines Vertreters einer wissenschaftlichen Richtung, die man für falsch hält, deshalb zu beschönigen und zu entschuldigen sucht! Ich brauche Herrn Austriacus, dem offenbar jede Kompetenz für eine sachliche Kritik der Schlickschen Philosophie abgeht, nicht zu versichern, dass ich auf einem völlig anderen philosophischen Boden stehe als der verehrte verstorbene Kollege. Aber sachliche Meinungsverschiedenheit auf philosophischem Gebiet entbindet uns nicht von gerechter Beurteilung einer Persönlichkeit und der tiefen Empörung über die furchtbare, frevelhafte Tat eines Mörders.

Der Verfasser scheint das Sprichwort ‚De mortuis nil nisi bene' so wenig zu kennen, dass er einen wehrlosen Toten fröhlich verleumdet, indem er behauptet, Professor Schlick sei in die ‚Vaterländische Front' eingetreten, um nicht abgebaut zu werden. Professor Schlick war das Gegenteil eines Konjunkturisten und ich wünschte nur, alle wären so aus innerer ehrlicher Überzeugung der Vaterländischen Front beigetreten, wie er.

Wenn der Verfasser nur ein Hundertstel von der edlen Menschlichkeit Professor Schlicks besäße, von seiner Toleranz und Gerechtigkeit, Güte und aufrechten Gesinnung, so könnte er zufrieden sein. Ich habe mich geschämt, dass jemand, der sich als Katholik bezeichnet, eine solche Gesinnung an den Tag legt. Diese Gesinnung ist von der katholischen Weltanschauung so weltenweit entfernt, dass ich Herrn ‚Austriacus' jede Befugnis abspreche, sich als Wortführer der katholischen Philosophie aufzuspielen. Dass ein führendes, katholisches Blatt solche Auslassungen aufnimmt, kann nicht genug bedauert werden. Gott schütze uns vor solchen Katholiken!"

Und ein anderer Autor setzte in der gleichen Zeitschrift unter dem Titel „Der Elefant und die jüdische Frage“ noch eins drauf:

„Es gibt eine alte Anekdote. Den Vertretern verschiedener Nationen wurde einmal aufgetragen, eine Beschreibung des Elefanten zu liefern. Der Engländer kaufte sich einen Tropenhelm, ging nach Indien und brachte ein Buch mit: ‚Wie ich meinen ersten Elefanten schoss‘. Der Franzose begab sich in den zoologischen Garten, unterhielt sich mit dem Wärter und verfasste eine Broschüre: ‚L'Eléphant et ses amours‘. Der Deutsche studierte die gesamte vorhandene Literatur und publizierte dann ein fünfbändiges Werk: ‚Einleitung in das Studium der Elephantologie‘. Der Pole aber, dessen Vaterland noch immer nicht verloren ist, schleuderte eine politische Flugschrift hinaus: ‚Der Elefant und die polnische Frage‘.

Prof. Dr. Austriacus bedarf weder einer Tropenexpedition noch einer Exkursion in Menagerien oder Bibliotheken. Er sitzt ruhig an seinem Schreibtisch (...), und es mag welcher Elefant auch immer in der Welt herumtrampeln, Prof. Dr. Austriacus weiß ganz sicher, dass er mit der Judenfrage zusammenhängt. Er braucht zu seiner Tätigkeit weder Tropenhelme, noch Notizbücher, noch Bibliothekskataloge. Sein literarisches Werkzeug hat er auch nicht bei philosophischen Vorlesungen erworben, sondern auf die Welt mitgebracht: manche Anzeichen eines delirierenden Verfolgungswahnsinns.“

*

Noch existierten auf den Hohen Schulen die überkommenen Strukturen mit ihren Selbstverwaltungen und Verbindungen, waren allerdings auf breiter Front bereits nationalsozialistisch durchtränkt.

Doch die Spitzengruppe der kommenden akademischen Elite des Nationalsozialismus interessierte sich in Wahrheit gar nicht mehr für die alten Klüngel. Sie wollte gleich mitten hinein in die moderne NS-Bewegung.

Ein besonders signifikantes Beispiel dafür ist der 1915 geborene Sohn einer Wiener deutschnationalen Bürgerfamilie, Wilhelm Höttl.

Sein Vater, ein Goldschmiedemeister, war in der Schönererbewegung aktiv gewesen, „und mein Jugendtraum war schon immer der von einem großen Deutschen Reich.“

„Gewissermaßen zwangsläufig kam man dann zu dem nationalsozialistischen Teil, der das ja weitgehend übernommen hat, diese alten Deutschnationalen. Und so sind natürlich etliche alte Beziehungen aktiviert worden, die dann durchwegs im Nationalsozialistischen mündeten."

Höttls Klassenkamerad, der spätere sozialdemokratische Publizist Paul Blau, kannte ihn in der Schulzeit als „Goebbelschen Flohgermanen", der sich erst später „zum großen, breiten, hohen SS-Lackel gemausert hatte."

Zugleich hatte der junge Höttl Freunde bei der katholischen „Neuland"-Bewegung, was er später als Zeuge beim Nürnberger Prozess gegen die NS-Hauptkriegsverbrecher dazu benützen würde, um sich vor allem vor den West-Alliierten in ein günstiges Licht zu rücken:

„Von der nationalen Katholischen Jugendbewegung kommend, stellte ich mir das Ziel, einen maßvollen politischen Kurs für meine Heimat durchzusetzen."

Im Herbst 1933 inskribierte er an der Universität Wien die Fächer Geschichte, Deutsch und Geografie, „(...) jedoch nur das, was mich interessierte. Ich hatte eigentlich nie die Absicht, Gymnasialprofessor zu werden, sondern meine Pläne waren damals schon weit hochfliegender, ich sah mich schon in der Universitätslaufbahn. Mein großes Glück war, dass ich damals mit einer Garnitur von Universitätsprofessoren rechnen konnte, die weit über dem Durchschnitt der akademischen Lehrer dieser Zeit standen. Vor allem war es mein immer noch hochverehrter Professor Dr. Heinrich Ritter von Srbik, der mit seiner ‚Deutschen Einheit', seinem dreibändigen Standardwerk, der führende deutschsprachige Historiker gewesen ist. Wie der Name seines Werkes schon beweist, war es seine Einstellung und genau auch die von uns jungen Hörern. Wir waren einfach Anhänger der deutschen Einheit, schon entsprechend vorgeschult durch die vielen Jahre im deutschen Turnerbund."

Heinrich Ritter von Srbik war der führende Kopf des Instituts für Österreichische Geschichtsforschung und wurde nach 1945 trotz seiner Verbundenheit mit dem NS-System nicht zwingend als überzeugter Nazi eingestuft, weil die Entnazifizierungsbehörden befanden, dass seine Einstellung nicht im Nationalsozialismus, sondern im Universalgedanken der Habsburgermonarchie wurzelte.

An weiteren von ihm bewunderten Professoren führte Höttl den Germanisten Josef Nadler und den Geografen Fritz Machatschek an. „Bleibt nur zu erwähnen, dass fast alle diese Herren deutschnational gesinnt waren, wobei ihnen aber der Übergang zum Nationalsozialismus nicht immer ganz leicht fiel. Mein Vater war übrigens ein ähnliches Beispiel, ihn störte am meisten der ‚Führerkult' um Hitler."

Auch in der Studentenvertretung engagierte sich der junge Mann. Als 19-Jähriger wurde Höttl 1934 Stellvertreter des nachmaligen Doyens der Wiener Zeitgeschichtsforschung Ludwig Jedlicka als Vize-Obmann der Fachschaft der Historiker.

Viel wichtiger für ihn war in diesem Jahr aber ein politisches Erweckungsereignis der besonderen Art, der Februaraufstand der Sozialdemokratie, und die Erkenntnis, „dass eine Änderung der politischen Landschaft in Österreich auf diese Weise nicht möglich wäre."

Am 1. März 1934 trat Höttl der NSDAP, Ortsgruppe Mariahilf (das ist der 6. Wiener Bezirk), und am gleichen Tag dem 2. Sturmbann der 11. SS-Standarte bei. Bereits im selben Jahr, im Mai 1934, wurde er Mitarbeiter des für Wien im Aufbau befindlichen Sicherheitsdienstes des Reichsführers SS (SD), also der Spionageorganisation der SS unter ihrem Leiter Josef Trittner.

Damit begann für Wilhelm Höttl eine jahrzehntelange Agententätigkeit.

Nebenbei betätigte er sich auch als Schulungsleiter der allgemeinen SS. Die Rekrutierung von Studenten und jungen Akademikern lag zu dieser Zeit ganz auf der Linie der SD-Führung. Im Deutschen Reich hatte der SD zunächst die Aufgabe, als Nachrichtendienst Informationen über den politischen Gegner und auch innerparteiliche Konkurrenten des Reichsführers SS zu sammeln. In einem Runderlass vom 7. Dezember 1934 hieß es: „Der SD überwacht die Feinde der nationalsozialistischen Idee und regt die Bekämpfung und Abwehr bei den staatlichen Polizeibehörden an."

Jede Polizeigewalt war dem SD verboten, womit also eindeutig eine aufklärende und keine operative Tätigkeit beschrieben war. Eine systematische Beobachtung aller gesellschaftlichen Bereiche (die sogenannte „Lebensgebietsarbeit") gewann indes erst 1935/36 an Bedeutung. Dabei wuchs auch jene Aufgabe des SD, die der Reichsstudentenführer und Leiter des SD-Oberabschnitts Südwest von 1935–39, Gustav Adolf

Scheel, der spätere Gauleiter von Salzburg, so beschrieb: Die SD-Lageberichte seien „die einzige ungeschminkte allwöchentliche Kritik an den Maßnahmen der nationalsozialistischen Regierung, die in Deutschland existiert." Das sollte auch nach dem Anschluss Österreichs so bleiben.

Im Deutschen Reich zählte der SD 1934 gerade einmal 201 Mitarbeiter, wobei unklar ist, ob in dieser Berechnung die Mitarbeiter im österreichischen Untergrund mitgezählt wurden. Auffallend ist nicht nur die Jugend der SD-Mitarbeiter (ein Drittel der zwischen 1932 und 1934 Eingetretenen war 1900 oder später geboren); auch auf einen hohen Bildungsgrad wurde offensichtlich Wert gelegt: Im gleichen Zeitraum besaßen 41 Prozent der SD-Angehörigen eine Hochschulausbildung, 14 Prozent einen Doktortitel, wobei diese Zahlen bei den SD-Führern mit 49 Prozent und 16 Prozent noch einmal höher lagen. 74 Prozent der SD-Angehörigen waren vor 1933 in die NSDAP eingetreten, 10 Prozent vor 1928 („Alte Kämpfer"). Die Identifikation mit dem Nationalsozialismus in dieser Truppe war total, Opportunismus und Mitläufertum gab es nicht.

Genau diese Voraussetzungen erfüllte Wilhelm Höttl bei seinem Eintritt in SS und SD.

Er war jung an Jahren, Student der Geschichte und seit seinem 17. Lebensjahr in NS-Organisationen verankert, daher ideologisch gefestigt. Ein ganz anderes Kaliber als die HJ-Rotznasen und Straßenjungen, oder die Stänkerer und Schläger der SA!

1938 wurde ihm parteiamtlich bestätigt: „Politische Einstellung nationalsozialistisch. Hat sich schon vor dem Umbruch für die NSDAP ausgesprochen. Verhältnis zu Staat und Partei einwandfrei."

Der einwandfreie Parteigenosse Höttl arbeitete ab 1934 am Aufbau einer nachrichtendienstlichen Organisation. Die ersten Tätigkeiten entfaltete er am Institut für Österreichische Geschichtsforschung der Universität Wien, in der Illegalität bekam er dann als ein Resident des SD sogar ein getarntes Büro im ersten Wiener Hochhaus in der Herrengasse. Direkten Kontakt mit Berlin gab es dabei angeblich nicht, er hätte nur der heimischen SS zugearbeitet. Hauptobjekte der Beobachtung seien Berichte österreichischer Gesandter im Ausland gewesen, weshalb man auch das Büro gegenüber von Innenministerium und Sicherheitsdirektion gewählt hätte, sowie Vorgänge in den Nachbarländern Italien, Jugoslawien und der Tschechoslowakei.

Das bedeutete ein Leben ohne politische Gewaltaktionen – in den Juliputsch waren Höttl und seine 89. SS-Standarte offenbar nicht verwickelt.

Die Karriere des jungen Wieners verlief diskret und unter der Haut der Gesellschaft.

Es waren die Jahre, in denen für die kommende Machtergreifung mancher Akt über Personen, die sich noch den Kopf über Metaphysik und organisatorische Fragen der ständischen Gesellschaftsordnung zerbrachen, angelegt wurde …

1937 promovierte Wilhelm Höttl und wurde im selben Jahr zum SS-Untersturmführer ernannt. Nach außen hin ein frischgebackener Doktor phil. wie viele andere auch.

*

Auch Nazigegner und erklärte Österreich-Bekenner, die dem Ständestaat kritisch gegenüberstanden, gab es an den Universitäten. Ein eindrucksvolles Beispiel dafür war Friedrich Heer.

Der linkskatholische Kulturphilosoph fiel bereits in jungen Jahren, er war 1916 geboren, durch unkonventionelles Denken auf. Einer seiner auf der politischen Gegenseite angesiedelten Studienkollegen war der ein Jahr ältere Albert Massiczek, der seit 1933 in der illegalen HJ und 1937 in der illegalen SS organisiert war. Er erinnerte sich später:

„Die Nazis an der Universität wussten voneinander, sofern sie sich kannten, welcher illegalen Gruppierung der NSDAP sie angehörten. Das Leben auf der Universität ermunterte mich nicht sehr. Behäbige Herren im dunklen Habit, das Rückgrat gesteift durch berufsimmanente Eitelkeit, waren für mich keine überzeugenden ‚Künder des Reiches'. Die Grenzen zwischen deutschnational und nationalsozialistisch waren undeutlich. Man riskierte als ‚nationaler' Professor absolut nichts, solange man sich nicht expressis verbis gegen das autoritäre Regime wandte, und manchmal selbst dann nicht, wenn man es tat. Mir jedenfalls war das, was man meiner Deutschgläubigkeit auf der Universität bot, zu wenig. Ich dürstete nach Taten.

Obwohl ich keine Aufnahmsprüfung abgelegt hatte, durfte ich als ‚provisorisches außerordentliches Mitglied' des Instituts für Österreichische Geschichtsforschung die Lehrveranstaltungen des Instituts besuchen und im Mitgliederzimmer Platz nehmen. Dort gab es eine ganze Reihe Nazis.

Gegen sie stand mit Verve Friedrich Heer.

Ich hatte auf meinem Arbeitstisch auch ‚rassenkundliche' und andere fachfremde Bücher stehen. Ich wusste, dass Heer die Rassenkunde verachtete, aber sie gehörte damals noch zu meinem ‚geistigen' Rüstzeug. Als wir darüber sprachen, begütigte er: Er sei zwar gegen die Rassenkunde, aber er anerkenne, dass sie für mich ein kleines Türl sei, das mir den Blick in eine größere Welt gestatte. Es gab auch ein, zwei sich sehr gelehrt gebende Herren im Mitgliederzimmer, die gescheit redeten und sich um eine klare Parteinahme herumdrückten. Nach dem 11. März 1938 bekundeten sie, sie seien immer schon Nazis gewesen."

Massiczek trat der „Deutschen Hochschulgilde Ernst Wurche" bei, einer der ab 1919 in Deutschland und Österreich von Offiziers-Wandervögeln gegründeten, dem herkömmlichen Verbindungswesen mit Couleur, Satisfaktions- und Lebensbundprinzip angeglichenen jungvölkischen studentischen Vereinigungen.

Bei der Gilde erfuhr Massiczek erstmals mehr von Othmar Spann, der bereits bei den Nazis in Ungnade gefallen war. „Er war weithin als katholisch und ständestaatlich orientierter Nationalsozialist bekannt. Einmal bekamen wir Besuch von zwei höheren Funktionären des – natürlich illegalen – NSDStB, des Nationalsozialistischen Deutschen Studentenbundes. Es ging heiß her, denn die beiden Apparatschiki hatten offenbar den Auftrag, uns unter Druck zu setzen, um unsere Abkehr von Spann zu bewirken."

Im Oktober 1937 trat Massiczek der illegalen SS bei. Überzeugt wurde auch er an der Universität, damals „ folgte ich der Werbung eines Professorensohns zur illegalen SS. Die Zeit zwischen dem sogenannten Berchtesgadener Abkommen vom 12. Februar 1938 und dem 11. März 1938 erlebte ich an der Seite meiner studentischen Kumpane vorwiegend ‚kaserniert', und zwar in Wohnungen von Professoren. Am Tag des Okkupationsbeginns wurden wir mit anderen Gruppen am Paukboden einer Burschenschaft zusammengezogen."

Dafür waren die Häuser und Buden der längst durchnazifizierten nationalen Studentenverbindungen gerade noch gut genug …

*

Ebenfalls über die Wiener Universität fand Reinhard Spitzy, Grazer des Jahrgangs 1912, zur SS.

Nach einer kurzen Zeit bei der Heimwehr und einem nahezu fugenlosen Umstieg in die SA schilderte Spitzy seine Anwerbung im Winter 1931:

„Eines Tages erschien bei einem SA-Appell in einem düsteren Kellerloch in der Josefstadt ein Mann aus Berlin namens Oberführer Gräschke. Dieser ließ uns der Größe nach antreten und erklärte, die Größten und Kräftigsten kämen ab sofort zur Schutz-Staffel, also zur Elitetruppe der SS, von der wir schon oft wahre Wunderdinge gehört hatten. In ihr sollte sich das beste nordisch-germanische Menschenmaterial versammeln. Aus diesen würde die neue Elite des deutschen Volkes erwachsen. Ich selber war der zweitgrößte, und wir Auserwählten – ich glaube, wir waren zehn – fühlten uns hochgeehrt! Bald musste ich nun eine schwarze Reithose tragen, und da ich bereits ein Motorrad besaß, kam ich zum ersten Wiener Motorsturm der Standarte 89. Wir waren dort alles in allem zwölf Mann. Unsere Hauptaufgabe war der Versammlungsschutz und der Schutz unserer Redner vor kommunistischen oder sozialistischen Überfällen. Allerdings war damals in dieser Hinsicht noch nicht ‚viel los' im nach wie vor gemütlichen Wien. Nicht selten vereinigten sich Rote und Nazis nach anstrengendem Dienst und wüsten Rededuellen anschließend ganz gemütlich bei einem Krügel Bier am gleichen Tisch!"

Später würde Reinhard Spitzy eben jenem Oberführer Gräschke davon berichten, dass ihn in München ein Vertreter der „Österreichischen Legion" für die Wachmannschaften im Konzentrationslager Dachau hatte anwerben wollen, was Spitzy aber abgelehnt hatte, da er gegen eine Vermengung des alten „Ordensritterideals mit Polizistenmoral" war.

Reinhard Spitzy spielte im Juli 1934 eine Rolle als Verbindungsmann in Rom zwischen den NS-Putschisten und dem als Bundeskanzler vorgesehenen Anton Rintelen. Nach der Niederschlagung des Putsches galt Spitzy als schwerbelastet und konnte nicht mehr nach Österreich zurückkehren.

*

Albert Massiczek fühlte sich in der Elitetruppe zunächst recht wohl.

„Als die SS illegal war, hatte ich mit ihr nur in Gestalt einer kleinen Gruppe zu tun gehabt. Die etwa zehn Großbürgersöhne stellten für mich mehr oder minder einen Diskutierklub dar, wobei keineswegs immer nur politische Themen abgehandelt wurden. Bemerkenswerte Aktionen gab es mit einer Ausnahme so gut wie keine."

Jahre danach machte Massiczek in mehreren Büchern glaubhaft, dass er sich noch als Illegaler innerlich von der NS-Ideologie abgewandt hat, gemeinsam etwa mit Viktor Reimann, einem künftigen Mann des Widerstandes gegen die Nazis, den er in der Fachschaft der Historiker kennengelernt hatte. Massiczeks finales Urteil:

„Die Universität Wien war in den Jahren vor und in den Monaten nach dem ‚Umbruch' die Hauptrekrutierungs- und -indoktrinationsstätte für die Nazipartei und ihre Gliederungen gewesen. Nun setzte ein Wandel ein. Der Umbruchsrausch wich allmählich einer Nüchternheit, die bei nicht wenigen Studenten, zunächst systemimmanent, zum Boden einer Kritik an den neuen Zuständen wurde."

Fazit

So vertrugen sich elitäre Ansprüche und die Ablehnung der alten Eliten unter dem Dach der NS-Bewegung also recht gut.

Es konnte gar keine Rede davon sein, dass die Nationalsozialistische Deutsche Arbeiterpartei in Österreich bis 1938 tatsächlich eine Arbeiterpartei gewesen wäre, wenn auch die Arbeiter, vor allem in Wien, eine relative Mehrheit ihrer Mitglieder stellten.

Vor dem Anschluss war sie als breitere Volkspartei konzipiert und versuchte in nahezu allen Gesellschaftsschichten Fuß zu fassen, was ihr aber trotz des Wahlerfolges 1932 noch nicht wirklich gelingen mochte. Der deutsche Sozialwissenschaftler Dirk Hänisch hat so wie die Wiener Historiker Gerhard Jagschitz und Gerhard Botz detailliert zur sozialen Herkunft der österreichischen NSDAP-Wähler gearbeitet. Er bestätigt einmal mehr, dass die österreichischen Nazis bis 1938 stärker auf die Mittelschicht konzentriert waren als etwa in der deutschen Weimarer Republik. Denn die traditionellen Lager Rot und Schwarz hatten Oberschicht, gehobenes Bürgertum, Bauern und Arbeiterschaft viel besser in der Hand als die Parteien im Deutschen Reich vor 1933. Vor allem die österreichischen Bauern bekam die NSDAP bis dahin nicht zu fassen. Bei der entscheidenden Wahl von 1932 stimmte in Teilösterreich, das heißt im gesamten Bundesgebiet außer Wien, fast jeder dritte Angestellte oder Beamte für die Nazis, doch nur jeder zehnte Arbeiter und nur jeder zwanzigste Selbstständige.

Aber das war weitgehend die Welt der Erwachsenen. Bei der Jugend verfing die Nazi-Idee, wie wir gesehen haben, anders.

Mit dem Einsickern in bündische und akademische Jugendkulturen schuf sie sich in der Illegalität eine ganze Armee junger Parteigänger. Die waren zwar von Haus aus noch keine Nazis, aber die braune Bewegung bemächtigte sich der vorhandenen, gerade aktuellen Lebenskonzeptionen und der dazugehörenden Stilmittel, um sie zu Nazis zu machen.

Den meisten Jugendlichen war damals wie heute Politik eigentlich egal, nur eine Minderheit unter ihnen war stark politisiert.

Aber juvenil verspielt waren die meisten von ihnen.

Die Selbstverwirklichung war allgemein noch kein Begriff. Die Möglichkeit virtueller Realitäten existierte nicht, das Abtauchen in andere Welten, das packende Alternativen zum tristen Alltag für die Jugendlichen versprochen hätte. Eine wuchernde Unterhaltungsindustrie, die es gerade den jungen Menschen ermöglicht hätte, vor den Problemen ihrer Umwelt die Augen zu verschließen, lag noch in weiter Ferne oder beschränkte sich auf gelegentlich konsumierte eineinhalb Stunden Kino.

Man erlebte die Realitäten in gewisser Weise wesentlicher als heute, und da war eine Gruppe, ein Jugendbund ideal, um eine eigene Welt zu schaffen.

Dazu kam, dass individuelles Glück, wie es etwa in der Verfassung der USA als Grundrecht jedes Bürgers festgeschrieben ist, in der europäischen politischen Kultur der Zwischenkriegszeit nur eine untergeordnete Rolle spielte. Stattdessen standen Werte wie Disziplin, Treue, Gehorsam und Beständigkeit hoch im Kurs – nicht nur beim Bürgertum.

Selbst die sozialistische und kommunistische Moral war, wenn auch in manch Abwandlungen, auf diesen Fundamenten gebaut.

Weder einem rot noch christlich, noch einem deutsch-völkisch eingestellten Durchschnittsmenschen wäre es eingefallen, seine politischen Ziele nach dem auszurichten, was man heute unter Pluralismus versteht.

Das Leben wurde vom Normalbürger eher als Existenzkampf gesehen denn als Zeit zur persönlichen Entfaltung. Regierungen boten keine Anreize für Persönlichkeitsentwicklung oder dergleichen.

Die Einstellung der Obrigkeiten war in etwa in das Postulat zu fassen:

„Mensch, du bist nun einmal hier auf Erden und musst dir dieses Dasein eben verdienen."

Diese gesellschaftliche Grundfrequenz war nicht auf Deutschland, Österreich oder Europa beschränkt. Zeitgleich mit Hitlers Aufstieg zum Reichskanzler war in den USA Franklin D. Roosevelt an die Staatsspitze gewählt worden und begann als „entschlossener Führer und kämpfender Präsident", wie er in einem Propagandafilm der Demokratischen Partei genannt wurde, mit seinem „New Deal" den Kampf gegen die Massenarbeitslosigkeit in den Vereinigten Staaten. Sein Rezept beinhaltete ein striktes Arbeitsprogramm, darunter einen freiwilligen Arbeitsdienst, um die Leute von der Straße weg zu holen. Das löste dort zwar auch die Probleme letztlich nicht und es führte auch nicht zur Entwicklung eines autoritären oder gar totalitären Staates.

Doch es erklärt, warum vor diesem Hintergrund von den meisten Menschen dieser Zeit nicht als bedenklich oder gar als sonderlich faschistisch empfunden wurde, was Hitler 1936 bei einer Rede im Berliner Lustgarten sagte:

„Der Nationalsozialismus ist keine Lehre der Trägheit, sondern eine Lehre des Kampfes. Der Nationalsozialismus ist keine Lehre des Glücks, des Zufalls, sondern eine Lehre der Arbeit, eine Lehre des Ringens und damit auch eine Lehre der Opfer."

Das musste man den Menschen in Österreich nicht erst einreden, und erst recht nicht den jungen.

An- und Abschluss

Martin Haidinger

Euphorie

„Kurzum – es war wie bei einem Pop-Konzert!“

Alfons Gangl trifft ungeachtet seiner mittlerweile 89 Lebensjahre einen aktuellen Vergleich.

Im März 1938 ist er 17 Jahre alt und geht im 7. Wiener Bezirk zur Schule – dort wo er auch zu Hause ist. Eine eher bürgerliche Gegend. Umso mehr fällt ihm auf, wie bewegt auf einmal das Leben auf den Straßen ist, in diesen Märztagen. „Wildfremde Menschen, die einander gar nicht kannten, rissen plötzlich den rechten Arm hoch und grüßten einander mit ‚Heil Hitler‘! Teilweise Leute, die wiederum ich kannte, und die weder vor noch nach diesem Tag als Nazis aufgefallen wären. Überall, in der ganzen Stadt, lagen aus Papier gestanzte Hakenkreuze auf dem Boden – manchmal knöcheltief!“ Propagandaflugzeuge haben sie abgeworfen. 800 Flieger sind in diesen Tagen zu Transport- und Propagandazwecken von Deutschland nach Österreich unterwegs – „die bis dahin größte Luftoperation der Geschichte“, wie der Wiener Historiker Erwin

NS-Propagandazeichnung: Für die Nazis geht die Sonne auf …

A. Schmidl bemerkt. Mehr als 300 Millionen (!) solcher Hakenkreuze und Flugblätter werden über Österreich verteilt.

Der junge Alfons Gangl ist vollkommen unpolitisch, für bündische oder andere Jugendorganisationen hat er sich nie interessiert. Im Gymnasium in der Kandlgasse wurden die Schüler während des Ständestaates nach Religionen beziehungsweise Konfessionen geordnet. In der A-Klasse saßen ausschließlich katholische Schüler, in der Parallelklasse alle anderen – vor allem Juden und Protestanten. Einmal, so erinnert sich Gangl, kam Kardinal Innitzer auf Visitation in die Schule. Besucht hat er nur die A-Klasse. Dass das einen gesellschaftspolitischen Sinn hatte, kommt Gangl damals nicht in den Sinn. So sammelt er jetzt, am 13. März 1938, auch keine politischen, sondern persönliche Eindrücke. „Judenmisshandlungen auf der Straße habe ich keine gesehen. Das gab es drüben im 2. oder 20. Bezirk, wo ja viele Juden wohnten. Bei uns im 7. Bezirk jedenfalls nicht, da war nur Jubel, keine Gewalt. Erst als im November dann die Synagogen brannten – und das haben dann wirklich alle mitbekommen –, war mir klar: Das ist ein Gewaltsystem!" Und dann sagt er noch: „Viele waren im März 1938 erleichtert, da sie dachten: Na, jetzt ist das ohne Blutvergießen abgegangen. Sie haben den Anschluss begrüßt, da sie Angst vor Hitler hatten, Angst, dass er Krieg gegen Österreich führen könnte!"

„Die Nazis sind irgendwie so gewalttätig dahergekommen, vor allem die Hitlerjugend in ihren nun erlaubten braunen Uniformen", sagt Eleonora Reiner, Jahrgang 1920, damals Gymnasiastin und in der bündischen Jugend organisiert. „Sie haben massive Gewalt ausgestrahlt. Es hat mir Angst gemacht, dass sie so gar nicht mehr jung und kindlich auftraten, sondern wie eine Macht, wie eine Gewalt, wie so ein Block." Am Tag des Anschlusses hat Eleonoras ein Jahr älterer Bruder ihr verraten, dass er schon seit Längerem bei der illegalen HJ gewesen ist.

Grund zur Furcht hat auch Heinz Pohl. Sie erinnern sich? Der bündische Jugendführer aus Wien und Anhänger des linken NSDAP-Flügels, der 1934 aus Protest gegen die Ermordung Röhms und Strassers die illegale Partei verlassen hat. Er ist nun alles andere als sicher, wie seine Haltung von den neuen Machthabern eingestuft wird. Doch es löst sich alles sehr schnell – positiv – für ihn. Pohl hat ja nie gegen die illegale Partei gearbeitet, ist bloß abgerückt und dann abseits gestanden. Im allgemeinen Anschlusstrubel wird er einfach mitgezogen, hinein ins Geschehen. Der Absolvent der Geschichte und Geografie wird Lehrer an einer der 1938/39 auch in der Ostmark gegründeten „Nationalpolitischen Erziehungsanstalten", volkstümlich NAPOLA genannt. Diese Schulen sollten die Kaderschmiede für die neuen Eliten des Reiches sein. Einen Oppositionellen kann man Heinz Pohl nach dem März 1938 nicht gerade nennen ...

„Die Informationen in der Bevölkerung waren sehr verstreut", erinnert sich die Wienerin Edith Wehle, geboren 1922, die wie viele andere ihre Erinnerungen in der Österreichischen Mediathek gespeichert hat. „Bei meinen Klassenkameradinnen hat die Begeisterung dominiert, andere hatten Angst. Es waren zwei Komponenten, die den Menschen in die Arme der Nazis getrieben haben – auf der einen Seite die Begeisterten, die alles geglaubt haben, auf der anderen Seite die Angst. "

Die Österreicher jubelten ihr Land in die Auslöschung, wie es Brook-Shepherd ausdrückt. „Das heißt nicht", so der US-amerikanische Historiker Evan Burr-Bukey, „dass sich die überwältigende Mehrheit des Volkes die Lehren des Nationalsozialismus zu eigen machte; zu wiederholen ist immer wieder, dass die meisten Menschen die Einverleibung ins Hitlerreich als das Ende einer schmerzhaften Identitätskrise betrachteten. Außerdem hatte nahezu jeder eine dunkle Ahnung von Hitlers erstaunlichen wirtschaftlichen Erfolgen und erhoffte sich eine Wende zum Wohlstand."

Die Angst der einen ist verflogen – für andere nimmt die Tragödie ihren Lauf. Bereits am 11. März beginnen sich einige jüdische und prononciert antinazistisch eingestellte Österreicher, die ahnen, was da kommt, ins Ausland abzusetzen – per Auto oder Zug. Für Eisenbahnbenützer Richtung Prag endet die Flucht an der tschechoslowakischen Grenze. Sie werden von der CSR nicht hereingelassen, da die Tschechoslowaken fürchten, gleich in einem von Hitler überrannt zu werden, wenn sie ihn durch die Aufnahme von Juden provozieren. So werden die Unglücklichen zurückgeschickt – viele von ihnen wird es das Leben kosten.

Denn SS- und Polizeichef Heinrich Himmler landet bereits im Morgengrauen des 12. März am Flugfeld Aspern bei Wien, und mit ihm nicht nur sein Büttel Reinhard Heydrich, sondern nach und nach tausende Angehörige von Polizei, Gestapo und SD, die sofort mit einer Verhaftungswelle beginnen. Mehr als 20.000 werden festgenommen, eingeschüchtert und durchleuchtet. Eine Blitzmaßnahme – 1500 von ihnen werden am Jahresende noch in Haft sein, darunter auch Kanzler Schuschnigg, der nicht geflohen ist und die Zeit des Dritten Reichs in verschiedenen

Lagern verbringt. Als er zunächst im Hotel Bristol unter Arrest gestellt wird, erfolgt das durch denselben Sicherheitsmann, der wenige Wochen zuvor noch vor ihm salutierte, als Schuschnigg Hitler zu jenem schicksalhaften Gespräch in Berchtesgaden aufgesucht hat …

Ehern geglaubte ideologische Grenzen zerbersten – vor allem bei den weniger gefestigten Parteigängern der unterlegenen Seite. „Was machen wir denn jetzt?“, fragt der Kärntner Franz Müller, Jahrgang 1924, seinen Führer bei der Katholischen Jugend. „Keine Sorge“, sagt der, „du bist bereits befreit, bist schon bei der Hitlerjugend, und du wirst nicht bestraft dafür. Wir sind kollektiv der HJ beigetreten …“. – „Von einem Tag auf den anderen sangen wir Lieder wie ‚Hängt die Pfaffen und die Juden an die Wand!‘. Den Inhalt haben wir nie begriffen – ein Schrei aus dem Mund heraus, ohne zu bedenken, was das war. (…) Ich musste nicht mehr zur Kirche gehen. Als Pimpfenführer begleitete ich meine Mutter noch zur Kirche. Sie sagte: ‚Komm doch mit herein‘, doch ich sagte: ‚Nein, ich warte lieber, bist du wieder herauskommst.‘ Das war ein radikaler Schnitt zwischen unserer strengen katholischen Erziehung und der ‚verzauberten Freiheit‘ für die Jugend – wo wir von den anderen Nazi-Sachen noch keine Ahnung hatten und immer noch unter einer Glasglocke saßen. (…) Wir bekamen Fußbälle, Zelte und Luftdruckgewehre geschenkt – was sich Buben zwischen 10 und 14 Jahren nur erträumen konnten! Wir spielten mit den Mädchen Völkerball – das hatten wir vorher auch getan, aber jetzt wurden wir belobigt: ‚Du bist ein guter Führer, dich werden wir zum Lehrer machen!‘ Na, wo war da unser schlechtes Gefühl von früher! Wie haben wir über unsere Großmutter gelacht, die beim Anschluss gesagt hatte: ‚Jetzt wird's Krieg geben!‘ Ein Jahr später war er da, der Krieg. Aber was war er für uns Lausbuben? Unsere Lehrer hatten uns vom Ersten Weltkrieg erzählt, dass das so spannend war, das Schießen in den Bergen. (…) Und wie spannend auch der neue Krieg war mit Sondermeldungen und so weiter. Aber wir armen 14-Jährigen werden nicht mehr Soldaten werden können, weil die Polen eh schon nach wenigen Wochen erledigt sind. (…) Von der eigentlichen nationalsozialistischen Ideologie war in mir keine Spur (…).“

Zurück zu den Anschlusstagen.

Am 11. März hatte Schuschnigg in seiner Radioansprache an das österreichische Volk und „vor der Welt“ festgestellt, der „Gewalt zu weichen". Er habe „unserer Wehrmacht den Auftrag gegeben, für den Fall, dass der Einmarsch durchgeführt wird, ohne wesentlichen Widerstand ... ohne Widerstand sich zurückzuziehen, und die Entscheidungen der nächsten Stunden abzuwarten." Dass der weichende Kanzler seine letzte Chance, zu ganz Österreich zu sprechen, mit einer Geheimbotschaft versehen hätte, wollten einige wissen. Denn die etwas stockende Korrektur von „ohne wesentlichen Widerstand" in „ohne Widerstand" war vielen aufgefallen, wird aber wohl doch mehr als Ausdruck des inneren Ringens Schuschniggs mit sich selbst zu werten sein. Folge geleistet hat einer solchen etwaigen „ Anregung" in Österreich jedenfalls niemand. Dass Schuschnigg dem österreichischen Bundesheer keinen Schießbefehl gab, führt bis heute zu wilden Diskussionen. „Jeder andere Entschluss hätte sinnlose Opfer bedeutet, die, wie die Dinge lagen, weder im März 1938 noch 1945 und später irgendetwas hätten ändern können", rechtfertigt sich Schuschnigg später. Zwar hatte der österreichische Generalstabschef Alfred Jansa 1935 einen tauglichen Plan zur Abwehr einer Invasion ausgearbeitet, der einen Kampf an den Flüssen Traun und Enns vorsah; doch war Jansa 1938 bereits Rentner und waren Teile des Bundesheeres mit den lokalen NS-Aufständen beschäftigt.

Der militärische Widerstand wäre wohl letztlich gescheitert und hätte einen hohen Blutzoll gefordert, womöglich einen kurzen Bürgerkrieg entfacht.

Und wer hätte dann für den „symbolischen" Tod von hunderten österreichischen Soldaten die Verantwortung übernommen?

Von den 2555 Offizieren des Bundesheeres seien zwar nur wenige nationalsozialistisch organisiert gewesen, heißt es (Schmidl nennt fünf Prozent organisierte Militärs im illegalen NS-Soldatenring), und auch Pläne für eine „Alpenfestung" im Dachsteingebiet gab es, doch waren das angesichts der internationalen Lage und der Isolierung Österreichs nicht mehr als Hirngespinste. Viele dieser Pläne wurden nach 1945 in der Absicht überinterpretiert, einen österreichischen Widerstand gegen den Nationalsozialismus gleich im März 1938 anzusetzen.

Schuschniggs Radioansprache vom 11. März 1938 gehört jedenfalls zu den nachhaltigsten Eindrücken vieler Österreicher dieser Zeit. Es ist eine jener akustischen Zäsuren der Geschichte, an die sich sogar diejenigen erinnern mochten, die sie in Wirklichkeit gar nicht selbst gehört hatten ...

In den Morgenstunden des 12. März überschritten die ersten von 117.000 Soldaten der deutschen 8. Armee, der SS-Verfügungstruppe (wie die Waffen-SS damals noch hieß) und Polizisten die Grenze. Vorläufig angehalten wurden sie nur kurz im westlichsten Bundesland Vorarlberg, da der Befehl zum Verzicht auf Gegenwehr noch nicht bis dorthin gedrungen war. Insgesamt waren beim „Einsatz Österreich", so der offizielle Name der Aktion, mehr als 125.000 Mann eingesetzt. Dabei gab es einige Pannen durch schadhaftes Gerät. Hitler erinnert sich später: „1938 im Frühjahr sind wir in Österreich eingerückt. Auf der Strecke von Linz nach Wien haben wir doch mindestens 80 Panzer liegen sehen an einer wunderschönen Straße. So wenig konnten wir damit umgehen!" Tatsächlich blieben 17 Prozent der 229 Panzer und 8 Prozent der Panzerspähwagen auf der Strecke – angesichts der Eile des Einmarsches kein großer Ausfall, wie Militärhistoriker Schmidl anmerkt. Dennoch kostete vor allem der Gang über verschneite Alpenpässe Richtung Steiermark 27 deutsche Soldaten das Leben, vier starben bei Flugzeugabstürzen.

Nachdem der auf die Österreich-Frage angesetzte Hermann Göring anfangs Bedenken hatte, dass der Einmarsch doch noch auf Gegenwehr stoßen würde, war selbst Hitler vom frenetischen Jubel überrascht, mit dem er allerorts empfangen wurde. Größer als der Zweifel daran war nur die Rest-Furcht gewesen, dass Mussolini den Einmarsch nicht dulden würde, aber der Wind hatte sich längst gedreht, der Duce brauchte Hitler und hielt still. Er werde ihm das nie vergessen, ließ der deutsche dem italienischen Diktator ausrichten. Dafür garantierte Hitler die Brennergrenze und überließ damit das deutsch besiedelte Südtirol endgültig den Italienern. 1939 sollte das in einem Vertrag besiegelt werden. Bis 1943 wanderten 75.000 Südtiroler als sogenannte „Optanten" (an die 90 Prozent hatten für die deutsche Staatsbürgerschaft optiert) mehr oder weniger mittellos aus. Sie sollten neben anderen Volksgruppen den neu zu erobernden „Lebensraum im Osten" kolonisieren.

Umfangreiche historische Darstellungen widmen sich der Chronologie und den Details dieses Anschlusses, der für Hitler zu einem Triumphzug wurde, der am 15. März auf dem Wiener Heldenplatz seinen Höhepunkt finden sollte. Hier mag nur so viel festgehalten werden:

Als der Diktator am 12. März um 15.50 Uhr inmitten einer Kolonne von Mercedes-G4 die deutsch-österreichische Grenze bei seinem Geburtsort Braunau am Inn überschritt, waren weiteste Teile Österreichs nach Stimmung und Machtverteilung bereits in den Händen der österreichischen Nazis und deren Sympathisanten. Innerhalb weniger Stunden waren die Vaterländischen Propagandakommandos, die noch für ein freies Österreich demonstriert hatten, verschwunden.

Wie gründlich die Überrumpelung gelang, zeigt sich darin, dass die populäre Illustrierte „Wiener Bilder" noch am darauffolgenden Tag, dem 13. März, mit einem selbstbewusst in Innsbruck auftretenden Kanzler Schuschnigg auf der Titelseite erschien und denselben auf Seite drei beim Besuch der Österreichischen Presseausstellung zeigt. Im daneben stehenden Bild ist Kardinal Innitzer zu sehen, der mit der 102 Jahre alten Wienerin Josefa Korinek mit einem Gläschen Wein auf ihren Geburtstag anstößt. Es sind die letzten Bildberichte ständestaatlichen Regierungsalltags, die streckenweise geradezu idyllisch anmuten. Am 20. März erschien das Wochenblatt dann mit der Schlagzeile „Ein Volk – ein Reich – ein Führer". „Das ‚System' ist nicht mehr", heißt es in dem dazugehörenden Artikel. „System" war die Bezeichnung für den Ständestaat. Und weiter:

„In einigen knappen Stunden wurde es durch die disziplinierten mächtigen Kundgebungen des deutschen Volkes in Österreich, und die Tatkraft der nationalsozialistischen Idee, die in fünfjährigem harten Kampfe nicht gebrochen werden konnte, hinweggefegt. Seit dem 12. März braust der Jubel durch das Land. Adolf Hitler ist heimgekehrt in seine Heimat!"

Gleich darunter gibt die Redaktion der „Wiener Bilder" folgende Erklärung ab:

„So wie die ‚Wiener Bilder' seit 43 Jahren ihre Aufgabe immer darin sahen, dem Vaterland zu dienen, so werden sie auch heute ihre ganze Kraft aufwenden, sich in den Dienst des nationalsozialistischen deutschen Österreich zu stellen. Die Redakteure, Beamten und Arbeiter haben den einstimmigen Beschluss gefasst, sich in einvernehmlichem Zusammenwirken der Mitarbeit an dem nationalsozialistischen Aufbau voll und ganz zu widmen."

„Wohl selten", schreibt die Wiener „Neue Freie Presse" am 13. März, „ist ein so vollkommener Wandel mit solcher atemraubender Schnelligkeit vor sich gegangen. Nach der Machtübernahme durch den Nationalsozialismus sind kaum dreißig Stunden verstrichen, und schon hat der Führer und Reichskanzler österreichischen Boden betreten ...".

Die dichte Reihenfolge der Ereignisse wird deutlich:

1.) Rücktritt Schuschniggs und Machtübernahme der österreichischen Nationalsozialisten
2.) ein nationalsozialistisches Österreich unter Kanzler Seyß-Inquart
3.) Einmarsch deutscher Truppen und Adolf Hitlers Einzug in ein bereits NS-regiertes Österreich
4.) während 3.) erfolgte: formaler Anschluss Österreichs an das Deutsche Reich

Wer immer auch gegen Einmarsch und Anschluss war oder sein mochte, hat sich, während all dies geschah, nicht dagegen gewehrt. Die Machtverhältnisse hatten sich schon vorher gewandelt, Österreich war bereits nationalsozialistisch geführt, als die Deutschen einmarschierten. Ohne Druck von außen hätten es die österreichischen Nazis allerdings nie geschafft. Aber der Sieg war ihrer, und daran war nicht zu rütteln.

Neben den überzeugten Nationalsozialisten hatten nun die „Märzveilchen" Saison, also jene, die plötzlich mit NS-Parteiabzeichen oder Hakenkreuzarmbinden auftauchten, Beamte, Polizisten, Lehrer, Zivilisten, die „immer schon" dabei gewesen sein wollten. Die umjubelten reichsdeutschen Soldaten brachten Gulaschkanonen mit, die öffentlichen Ausspeisungen der folgenden Stunden gerieten zu Volksfesten. Carl Merz und Helmut Qualtinger ließen 1961 ihre Kunstfigur, den „Herrn Karl", über diese Mahlzeit erzählen, es wären bloß Kartoffeln gewesen, die man da bekommen hätte: „Die haben so Gulaschkanonen gehabt, wie man sagt ... Gulasch war kans drin ... Erdäpfel, Kartoffeln ... Uns is ja schlecht gangen ... aber sowas hab'n mir nie gessen." Und dann der Ausverkauf: „Na ... die haben uns g'holfen ... wie die Heischrecken haben s' uns g'holfen ... Auf amal war nixmehr da ... in die G'schäfter und so ... Aber Schwamm drüber – es waren deitsche Brüder".

Die bange Stimmung unter den deutschen Soldaten, die die Reaktionen der Österreicher nicht einschätzen konnten, wich großer Erleichterung, und die Bewunderung für Hitler, den Oberbefehlshaber der Wehrmacht, stieg sprunghaft an. „Das Vertrauen in diesen Mann ist ins Grenzenlose gesteigert", notierte ein deutscher Offizier in sein Tagebuch. Hitlers gewaltloser Marsch quer durch Österreich baute seine Aura aus, und das auch im Altreich – eine eigene Form eines „Österreich-Mythos" von außen. Dass die Furcht vor Widerständen oder gar einem Attentat noch nicht vollständig verschwunden war, wird darin deutlich, dass der Wiener Radiosender drauf aufmerksam machte, dass das „Werfen von Blumen auf das Auto des Reichskanzlers strengstens verboten ist."

Endlich in Linz! Vom Balkon des Rathauses am Hauptplatz aus tut Hitler den Linzern kund:

„Wenn die Vorsehung mich einst aus dieser Stadt heraus zur Führung des Reiches berief, dann muss sie mir damit einen Auftrag erteilt haben und es kann nur ein Auftrag gewesen sein, meine teure Heimat dem Deutschen Reich wiederzugeben."

Linz sollte nicht nur das monumentale Führermuseum, sondern auch ein zwei Kilometer langes Verwaltungszentrum samt Hitler'schem Alterssitz erhalten. Daraus wurde nichts (wie aus den meisten anderen Bauvorhaben Hitlers, der etwa das Wahrzeichen der Stadt Graz, den Uhrturm auf dem Schlossberg, als „zu mickrig" abreißen und durch einen monumentalen „Südostturm" ersetzen wollte), aber die Bevölkerung von Linz verdoppelte sich zwischen 1938 und 1945 – groß waren die Erwartungen an die Segnungen des Dritten Reichs für die Stadt an der Donau.

Während die Karawane auf Wien zurollte, beschloss der Ministerrat der Regierung des Kurzzeitkanzlers Seyß-Inquart das „Gesetz über die Wiedervereinigung Österreichs mit dem Deutschen Reich". Da schrieb man den 13. März, der seitdem als offizieller Termin des Anschlusses gilt.

Am 15. März legt ganz Wien um 10 Uhr die Arbeit nieder, um die Möglichkeit zu bekommen, Hitler zu hören. Vor rund einer halben Million jubelnder und schaulustiger Menschen am Heldenplatz der Wiener Hofburg hält er eine Ansprache:

„Deutsche! Männer und Frauen!

In wenigen Tagen hat sich innerhalb der deutschen Volksgemeinschaft eine Umwälzung vollzogen, die wir heute wohl in ihrem Umfange sehen, deren Bedeutung aber erst spätere Geschlechter ganz ermessen werden.

Es ist in den letzten Jahren von den Machthabern des nunmehr beseitigten Regimes oft von der besonderen ‚Mission' gesprochen worden, die in ihren Augen dieses Land zu erfüllen hätte. Ein Führer der Legitimisten hat sie in einer Denkschrift genau umrissen. Nach ihr war es die Aufgabe dieser sogenannten Selbstständigkeit des Landes Österreich, die in den Friedensverträgen fundiert und von der Gnade des Auslandes abhängig war, die Bildung eines wahrhaft großen Deutschen Reiches zu verhindern und damit den Weg in die Zukunft des deutschen Volkes zu verriegeln.

Ich proklamiere nunmehr für dieses Land seine neue Mission. Sie entspricht dem Gebote, das einst die deutschen Siedler aus allen Gauen des Altreiches hierher berufen hat: Die älteste Ostmark des deutschen Volkes soll von jetzt ab das jüngste Bollwerk der deutschen Nation und damit des Deutschen Reiches sein.

Jahrhundertelang haben sich in den unruhevollen Zeiten der Vergangenheit die Stürme des Ostens an den Grenzen der alten Mark gebrochen. Jahrhundertelang, für alle Zukunft soll sie nunmehr ein eiserner Garant sein für die Sicherheit und Freiheit des Deutschen Reiches und damit ein Unterpfand für das Glück und für den Frieden unseres großen Volkes.

Und ich weiß: Die alte Ostmark des Deutschen Reiches wird ihrer neuen Aufgabe genauso gerecht werden, wie sie die alte einst gelöst und gemeistert hat.

Ich spreche im Namen der Millionen dieses wunderschönen deutschen Landes, im Namen der Steirer, der Nieder- und Oberösterreicher, der Kärntner, der Salzburger, der Tiroler und vor allem im Namen der Stadt Wien, wenn ich es den in diesem Augenblick zuhörenden 68 Millionen übrigen deutschen Volksgenossen in unserem weiten Reich versichere:

Dies Land ist deutsch, es hat seine Mission begriffen, es wird diese erfüllen, und es soll an Treue zur großen deutschen Volksgemeinschaft von niemandem jemals überboten werden.

Unsere Aufgabe aber wird es nun sein, durch Arbeit, Fleiß und gemeinsames Einstehen und Zusammenstehen die großen sozialen, kulturellen und wirtschaftlichen Aufgaben zu lösen, vor allem aber Österreich immer mehr zu einer Trutzburg nationalsozialistischer Gesinnung und nationalsozialistischer Willenskraft zu entwickeln und auszubauen.

Ich kann diesen Appell an Sie aber nicht schließen, ohne nun der Männer zu gedenken, die es mir mit ermöglicht haben, die große Wende in so kurzer Zeit mit Gottes Hilfe herbeizuführen.

Ich danke den nationalsozialistischen Mitgliedern der Regierung, an ihrer Spitze dem neuen Reichsstatthalter Seyß-Inquart. Ich danke den zahllosen Parteifunktionären, ich danke aber vor allem den ungezählten namenlosen Idealisten, den Kämpfern unserer Formationen, die in den langen Jahren der Verfolgung bewiesen haben, dass der Deutsche, unter Druck gesetzt, nur noch härter wird.

Diese Jahre der Leidenszeit haben mich in meiner Überzeugung vom Wert des deutschösterreichischen Menschen im Rahmen unserer großen Volksgemeinschaft nur bestärkt. Die wunderbare Ordnung und Disziplin dieses gewaltigen Geschehens ist aber auch ein Beweis für die Kraft der diese Menschen beseelenden Idee. Ich kann somit in dieser Stunde dem deutschen Volke die größte Vollzugsmeldung meines Lebens abstatten:

Als Führer und Kanzler der deutschen Nation und des Reiches melde ich vor der Geschichte nunmehr den Eintritt meiner Heimat in das Deutsche Reich!

Deutschland und sein neues Glied, die Nationalsozialistische Partei und die Wehrmacht unseres Reiches – Sieg Heil!"

Leopold Graf Rothkirch, Sohn des preußischen Generals Edwin Graf Rothkirch, ist als „Pimpf", also als Angehöriger des Jungvolks, beim Einmarsch in Wien mit dabei. Pimpf Poldi erlebt ausschließlich Euphorie: „Wie ich in Wien also so in meiner Jungvolk-Uniform auf der Straße von den Österreichern entdeckt wurde, da stellten die sich also um mich und wollten sich mit dem Pimpfen fotografieren lassen, und waren begeistert und sagten: ‚So sehen unsere Kinder demnächst auch alle aus!' Und es war wunderschön. Die waren ja weg und hingerissen vor Freude, dass sie nun den Anschluss ans Deutsche Reich haben. So war das damals. Alles andere stimmt nicht."

Der englische Journalist G. E. R. Gedye beobachtet das Geschehen:

„Wenn man sagt, dass die Massen auf der Ringstraße vor Begeisterung wie wahnsinnig waren, als sie Hitler begrüßten, so ist dies alles eher als eine Übertreibung. Trotz der Gewaltakte und Schreckensszenen, die – wie ich wusste – dem Einzug folgen würden, fand ich etwas Pathetisches an der begeisterten Überzeugung dieser Vertreter des kleinen Mittelstandes, die, durch ihren Fanatismus aus der gewohnten Behäbigkeit gerissen, fest glaubten, dass für sie das Tausendjährige Reich angebrochen war – mit der Ankunft des kleinen Mannes in der braunen Uniform, der, in dem riesigen Militärauto aufrecht stehend, nun rasch an der Hofburg vorbei zum Hotel Imperial fuhr, dessen Gäste ihm hatten weichen müssen. Unmittelbar vor und hinter Hitlers Wagen folgten in knappem Abstand dreizehn Polizeiautos, von denen SS-Männer der Gestapo scharfen Ausblick hielten und die Menschenmenge auf irgendein Anzeichen von Gefahr prüften. Ein dreifacher Kordon von Berliner Polizisten in hellgrünen Uniformen trennte die Massen von ihrem geliebten Führer. Die Polizisten standen schussbereit – das Gesicht der Menge zugewendet."

Selbst Hitler war die Euphorie unheimlich und er fürchtete bereits wenige Tage später, am 1. April, dass die „Anschlussfreude" in „Reichsüberdruss" umschlagen könnte. In mancherlei Weise sollte er mit dieser Einschätzung auch recht behalten.

Zwei Wochen dauerte es, bis alle einmarschierenden Soldaten an ihren Zielorten waren, und um der ganzen Wahrheit die Ehre zu geben, stießen sie da und dort auch auf „dumpfe Ablehnung", wie der Historiker Erwin A. Schmidl es bezeichnet, „vor allem in den ländlichen, katholisch geprägten Gebieten Niederösterreichs und Tirols, aber auch in manchen Arbeitergemeinden." Ein Mythos ist auch, dass vor allem Frauen, die dem Faszinosum Hitler erlegen waren, ihn geradezu nach Österreich „hereingebetet" hätten – ein Eindruck, der angesichts kreischender Mädchen und Frauen, die seinen Weg säumten, entstehen konnte. Schon bei den letzten freien Wahlen waren es aber gerade in Österreich weitaus mehr Männer, die den Nazis ihre Stimme gaben, wie die Historikerin Annemarie Tröger herausfand. Die Frauen wählten da überwiegend christlichsozial.

Es war nun keineswegs so, dass Hitler mit Österreich ein Klotz ans Bein gebunden worden wäre. Er brauchte die österreichischen Devisenreserven von 230 Millionen und Goldvorräte von 148 Millionen Reichsmark, die dreimal so hoch wie die deutschen Rücklagen waren! Denn Hitler hatte die Deutsche Reichsbank für seine wirtschaftliche Aufrüstung ausgeplündert, und die Rückzahlung deutscher Anleihen in den USA wurde fällig. In Schilling betrug der Wert des Goldes rund 540 Millionen, derjenige der Valuten und Devisen um die 60 Millionen Schilling. Deckungsgrad: etwa 45 Prozent. Ein Beweis für die wirtschaftliche Lebensfähigkeit Österreichs. An das Deutsche Reich fielen 1909 Lokomotiven, 249 elektrische Triebfahrzeuge und alle österreichischen Staatsbetriebe. „Göring sagte oft, dass die deutsche Aufrüstung ohne Österreichs ‚Beitrag' nicht so reibungslos gelungen wäre", schreibt 2008 der Journalist Hans Werner Scheidl in seiner Artikelserie „Die Welt bis gestern" in der Wiener Tageszeitung „Die Presse".

Bereits am 17. März 1938 befand sich das Gold der Österreichischen Nationalbank in Berlin.

Davon war natürlich dem einfachen Volksgenossen nichts bekannt. Gerade in wirtschaftlicher Hinsicht war dagegen vordergründig Eindrucksvolles zu beobachten. Österreich wurde sofort in den deutschen Vierjahresplan eingebaut, der voll und ganz auf einen kommenden Krieg ausgerichtet war (was wiederum den einfachen Deutschen und Österreichern kaum bewusst gewesen sein mochte), und große Betriebe fast gänzlich eingedeutscht. Dass die Chefs wechselten, war den meisten kleinen Leuten vor dem Hintergrund prestigeträchtiger Großprojekte zunächst egal. Der Zeitgeschichtler Gerhard Jagschitz hat die Profiteure des Systems genau verorten können, und das waren nicht nur Wiener Nazis, die sich jüdische Geschäfte und Wohnungen aneigneten, oder ländliche lokale Parteigrößen, die wie Feudalherren auf einmal Posten zu vergeben hatten und vor allem in Oberdonau, wie Oberösterreich nun hieß, und in der Steiermark mithilfe massiver deutscher Investitionen Betriebe errichten konnten.

Die Schiffswerft Linz wurde so wie die Österreichische Alpine-Montangesellschaft und die Steyr-Werke in die „Reichswerke Hermann Göring“ übernommen – der Beginn der Rüstungsbetriebe auf österreichischem Boden. Das in den 1920er Jahren aus Geldmangel eingestellte Wasserkraftwerksprojekt in Kaprun im Land Salzburg wurde wieder belebt und ebenso wie der Bau der Reichsautobahn propagandistisch groß ausgeschlachtet. Beim Spatenstich der Autobahn Salzburg–Wien in Salzburg-Wals durch Hitler persönlich lautete der schwülstige Kommentar des gleichgeschalteten örtlichen Radiosenders:

„Österreichs Erde, ausgehoben von dem treuesten und größten Sohn des deutschen Volkes, fällt in die Loren.“

Der Verkehrsexperte Walter Brummer bemerkt dazu in seiner Internet-Autobahnchronik:

„Der Bau der Strecke Salzburg–Wien wurde am 7. April 1938 mit einer pompösen Spatenstichfeier unter Beisein Hitlers bei Salzburg begonnen. 5 Wochen nach dem ‚Anschluss‘ Österreichs an Hitler-Deutschland war dies nur möglich, weil schon vor 1938 von österreichischen Baufachleuten Trassenstudien für Fernstraßen erstellt wurden. Die Trassenführung stand somit auf weiten Strecken bald fest. Die Grundablösen gingen mit entsprechendem Druck schnell vor sich. Bereits im

Sommer 1938 waren von den 150 km zwischen dem Attersee und Melk über 60 km in Bau, wobei 4.000 Arbeiter eingesetzt waren.

In Wien und Linz wurde je eine ‚Oberste Bauleitung' eingerichtet. In Villach wurde eine ‚einfache' Bauleitung für die Tauernstrecke geschaffen. Detaillierte Pläne dürfte es aber 1939 nur von der Strecke Salzburg–Wien gegeben haben, sodass sich die Bauarbeiten auf diese Strecke konzentrierten.

Am 13. September 1941 erfolgte die Freigabe der ersten beiden Autobahnabschnitte in der ‚Ostmark': Von der Behelfs-Anschlussstelle Schwarzbach etwa 0,7 km westlich der Grenze am Walserberg bis Salzburg-Mitte sowie vom Knoten Salzburg bis Salzburg-Süd.

Der Weiterbau bereits begonnener Abschnitte gestaltete sich sehr schwierig, da infolge des Kriegseinsatzes immer mehr Arbeitskräfte abgezogen werden mussten. 1942 wurden schließlich alle Bauarbeiten eingestellt. Bis dahin konnten in Österreich nur die zwei zuvor genannten kurzen Teilstücke bei Salzburg mit einer Gesamtlänge von 16,8 km fertiggestellt werden."

Kurz nach dem Spatenstich für die Reichsautobahn ließ Hitler am 10. April 1938 nachträglich in einer Volksabstimmung den Anschluss von den Wählern absegnen, nachdem er Schuschniggs für den 13. März geplant gewesenem Plebiszit mit seinem Einmarsch zuvorgekommen war. Auch die Vaterländischen hatten vorgehabt, bei ihrer Pro-Österreich-Abstimmung zu mogeln, keine „Nein"-Stimmzettel in den Wahllokalen aufzulegen, leere Zettel und solche, auf denen „Ja" durchgestrichen und handschriftlich „Nein" hinzugefügt worden war, als „Ja"-Stimmen zu zählen; doch was die Nazis nun einen Monat danach abzogen, war damit nicht zu vergleichen. Allein Wien wurde mit nahezu einer Viertelmillion Hitler-Porträts zugepflastert, alle Medien trommelten für das „Ja" zum ohnehin schon vollzogenen Anschluss. Die Wahlaufrufe Kardinal Innitzers und Karl Renners, mit „Ja" zu stimmen, entfalteten zusätzlich eine enorme propagandistische Wirkung auf schwarze und rote Parteigänger. Allerdings waren acht Prozent der Wahlberechtigten von der Stimmabgabe ausgeschlossen, rund 200.000 Juden, als „Mischlinge" ersten Grades Eingestufte, also Menschen mit einem jüdischen Elternteil, und die zahlreich verhafteten Regimegegner, insgesamt an die 360.000 Menschen. Erwartet wurde allgemein, dass man seine (natürlich „Ja"-)Stimme öffentlich außerhalb der Wahlzelle demonstrativ zelebrierte. Was Wunder, dass 99,73 Prozent Zustimmung (bei einer Wahlbeteiligung von 99,71 der nach den neuen Verhältnissen Berechtigten) herauskamen? Im deutschen Altreich hatten „nur" 99,08 zugestimmt. Kleine Details am Rande: Im Burgenland, wo es prozentuell zur Bevölkerungszahl die meisten NS-Mitglieder gab, stimmten 99,93 Prozent zu, im katholischen Tirol stimmten 0,70 Prozent gegen den Anschluss, und im ehemals roten Wien immerhin noch 0,59 Prozent.

So manche wurden jetzt überflüssig in der Ostmark, nicht zuletzt Arthur Seyß-Inquart. Bis zum 30. April 1939 blieb er noch als Reichsstatthalter im Amt, als Erbmasseverwalter der österreichischen Behörden, deren Auflösung und Eingliederung in die deutsche Verwaltung er zu koordinieren hatte. Dabei erwarb sich der südmährische Jurist so viel Spezialwissen, dass er Hitler bald für andere, ähnliche Aufgaben geeignet schien. Tatsächlich das Sagen in der Ostmark hatte der ursprünglich dem linken NSDAP-Flügel um die Brüder Strasser angehörende Pfälzer Josef Bürckel, der „Reichskommissar für die Wiedervereinigung Österreichs mit dem Reich". Dieser vierschrötige alte Kämpfer (NSDAP-Mitglied seit 1925) leitete nicht nur die Volksabstimmung, sondern war dazu ausersehen, im annektierten Österreich Ordnung nach preußischem Geschmack zu schaffen. Bis 1940 war er auch Reichsstatthalter der Ostmark und Gauleiter von Wien, um dann in dieser Funktion Baldur von Schirach Platz zu machen. Im österreichischen Volksmund ging das Wort vom „Bierleiter Gauckel" um, was auf die Vorliebe des Gauleiters für den Gerstensaft schließen lässt, aber vor allem ein lautmalerisches Bild von dem Gefühl abgibt, das gestandene Wiener angesichts des reichsdeutschen Personalimports beschlich. Sein Nachfolger, der aus Berlin stammende dandyhafte Reichsjugendführer Baldur von Schirach, war in Art und Auftreten vollkommen anders, doch um nichts weniger unösterreichisch als Bürckel. Die anderen Gauleiterposten wurden allerdings nach und nach bis auf wenige Ausnahmen mit Österreichern besetzt, wobei das Spektrum vom radikalen August Eigruber (Oberdonau) bis zum vergleichsweise gemäßigten Hugo Jury (Niederdonau) reichte.

Die „Ostmark" bestand nun aus sieben Gauen, die ab 1942 nur noch „Donau- und Alpengaue" hießen, um auch noch den letzten Rest an österreichischer Zusammengehörigkeit zu verwischen: Wien wurde samt Umlandgemeinden zu einem „Groß-Wien" umgestaltet, Tirol und Vorarlberg zu einem Gau zusammengefasst, ebenso Osttirol und Kärnten.

Das Burgenland wurde zwischen Niederdonau (vormals Niederösterreich) und der Steiermark aufgeteilt. Zu Nieder- und Oberdonau sollten dann noch die angegliederten Gebiete des Sudetenlandes kommen.

Binnen einem Jahr nach dem Anschluss war die Arbeitslosigkeit faktisch verschwunden, wobei zehntausende Österreicher nun im Altreich arbeiteten. Der sechsmonatige verpflichtende Reichsarbeitsdienst für alle jungen Männer vor ihrer Militärzeit (im Deutschen Reich herrschte seit 1935 Wehrpflicht) tat ein Übriges, um kaum mehr Beschäftigungslose zurückzulassen. Die NSDAP hatte bis auf einige wenige untergründig-marxistische Resteliten die Arbeiter für sich gewonnen! Arbeitslosengeld, Ausbau der Volkswohlfahrt, das für die Österreicher völlig neuartige Reise- und Freizeitprogramm „Kraft durch Freude" (KdF) und vor allem die Trennung von Staat und Kirche nach der Beseitigung des klerikal orientierten Ständestaates – das alles wurde von den vormals deklassierten Arbeitern als Wohltat empfunden. Und eine von den medienschlauen Nazis gleich am ersten Anschlusstag gleichgeschaltete Presse verkaufte das alles noch so gut! Raffinierterweise behielten jene Blätter, die nicht verboten wurden, vorerst ihr Layout bei, bedienten alte Lesergewohnheiten und suggerierten Medienvielfalt. Allerdings waren die Köpfe in den Redaktionen – zumindest teilweise – ausgetauscht worden. Viele nationalsozialistisch eingestellte Journalisten waren schon vor 1938 am Werk gewesen, zahlreiche Zeitungen mit deutschem Kapital auf NS-Linie gehalten worden.

Über die Medien versuchten die lokalen und regionalen Parteigrößen die Anschluss-Euphorie bis in die Kriegszeit hinüberzuretten. Bei seiner Weihnachtsansprache im Radio am 26. Dezember 1940 sagte der Gauleiter von Oberdonau, August Eigruber: „[Des Führers] engere Heimat grüßt ihn aus tiefster Dankbarkeit und mit größter Liebe. Nicht nur, dass er uns heimholte in das Großdeutsche Reich, sondern auch dafür, dass er seiner Heimat eine neue Gestalt gibt."

Und noch immer wurde das Dollfuß-Schuschnigg-Regime als bittere „Systemzeit", wie es genannt wurde, ins Bewusstsein gerufen. Anlässlich des zweiten Jahrestages des Anschlusses bezeichnete Hanns Blaschke, zuerst Vizebürgermeister von Wien, dann 1943–45 Wiener Bürgermeister, den Ständestaat als eine „sogenannte Volksbewegung, die in ihren äußeren Umrissen eine groteske Formalkopie der NSDAP war." Und auch an den Februar 1934 erinnerte Blaschke: „Groß war die Verlockung, dem verhassten Gegner durch Zweckverbindung mit dem Marxismus den Garaus zu machen. Die Reinhaltung der Grundsätze und die Notwendigkeit der klaren Kampfesfronten schloss aber diesen Zweckverband im Innern des Landes aus."

Die Nazis hatten die Arbeiter von ihren ehemaligen roten Führern wegdividiert.

Auch die Bauern verstanden sie nun zu gewinnen, obwohl die Skepsis auf dem Land erheblich größer war als in den Städten. Trotz der Anti-Kirchenkampagne der Nazis (die vor allem in Tirol da und dort zu einer trotzigen, widerständigen Haltung führte), der sofortigen Beaufsichtigung der landwirtschaftlichen Produktion und eines Abzuges von Arbeitskräften wurde die allgemeine Entschuldung der vom Ausverkauf bedrohten Bauernhöfe weithin erleichtert aufgenommen. Davon profitierten vor allem Mittel- und Großbauern sowie die mit ihnen verbundenen Handwerker, Gastwirte und Händler. Am meisten gewannen die Armen, die Knechte, Melkerinnen, Holzfäller und Landarbeiter, die auf einmal bis zu 40 Prozent besser bezahlt wurden. Verlierer waren die kleineren Landbesitzer, die diese Löhne nun aufzubringen hatten. Trotz prinzipieller ländlicher Gleichgültigkeit der Hitler'schen Ideologie und Außenpolitik gegenüber überwog die Dankbarkeit. Gerade in dem so katholischen Gau Tirol-Vorarlberg traten 14,4 Prozent der Menschen der NSDAP bei – das lag weit über dem großdeutschen Durchschnitt. Zu der Entschuldung kam noch der sprunghafte Anstieg des Tourismus. An die drei Millionen Urlauber aus ganz Deutschland stürmten im Sommer 1939 die Gasthöfe in Tirol, Salzburg und dem Salzkammergut. Allein im Salzburger Pinzgau gaben die Schitouristen im Winter 1938/39 rekordverdächtige 140.000 Reichsmark aus. In der Sommersaison 1939 mussten tausende motorisiert nach Kärnten angereiste deutsche Touristen sogar zum Teil in ihren Autos übernachten, da alle Quartiere belegt waren. Das wirtschaftlich ausgehungerte Kärnten jubelte.

Entäußerung

Und da ging plötzlich etwas vor in den Menschen in Österreich. Hatten sie die Erfüllung kühnster Wunschträume bisher von außen ersehnt und auf konkrete Ziele bezogen, kam nun etwas Besonderes über sie, dem sich die wenigsten vollends entziehen konnten. Der Wiener Psychiater und Schriftsteller Hans-Otto Thomashoff hat in seinem Buch „Versuchung des Bösen. So entkommen wir der Aggressionsspirale“ unter anderem auch die Massenpsychologie des Dritten Reichs analysiert. Deren Kern- und Angelfigur ist ein traumatisierter, in sich gespaltener Mensch wie Hitler, der niemals eine integrierte und facettenreiche Sicht der Welt entwickelt hat.

„Besitzt ein Mensch“, schreibt Thomashoff, „der während seiner psychischen Entwicklung wiederholt traumatisiert wurde, zugleich eine besondere Begabung (real oder fantasiert), so kann eine verfestigte Spaltung dazu führen, dass er alles Gute sich selbst, und alles Schlechte der Welt da draußen zuschreibt. Statt eines einigermaßen an der Realität orientierten Selbstbilds mit einer angemessenen Vorstellung von den eigenen Fähigkeiten und deren Grenzen kommt es zu massiven Verzerrungen.“ Da ist sie wieder, die Frustrations-Intoleranz des Adolf Hitler, der jetzt auf eine „gekränkte Masse“ trifft, mit der er zu interagieren beginnt!

Im Fall Österreichs zunächst einmal punktuell, innerhalb weniger Tage und dafür umso intensiver – man bedenke, dass erst kurze Zeit davor erstmals eine Hitler-Rede voll umfänglich im österreichischen Radio ausgestrahlt worden war – ein Bestandteil der Übereinkunft zwischen Hitler und Schuschnigg. Nun hatte Hitler Österreicher vor sich, die in ihrer Identitätskrise eine geradezu klassische „gekränkte Masse“ darstellten. „Es verwundert nicht“, sagt Thomashoff, „dass Massenveranstaltungen ein zentrales Propagandamittel der Nazis waren. Sie zwangen jeden Teilnehmer in ihren Bann, (...) unabhängig davon, wie reif oder klug die Gruppenmitglieder auch sein mochten. Gezielt war stundenlanges Warten Teil der Inszenierung und dauerten die Veranstaltungen übermäßig lang, um so die unbewusste Massendynamik so richtig in Gang zu bringen, um im Dauerstress den Einzelnen komplett aus seinen üblichen Denkmustern herauszulösen (...).“

Mag der Nationalsozialismus auch seine Wurzeln irgendwo im alten Österreich gehabt haben; spätestens ab den Märztagen des Jahres 1938 kommen wir mit logisch aufgebauten ideologischen Erklärungsmustern und Genealogien von der alten Partei hin zur Massenbewegung nicht mehr aus. Es ist dies nicht mehr eine Geschichte der NSDAP oder der Österreicher, sondern die Realität eines totalitären Staates, der wie zuvor kein anderer seine Untertanen in jenem emotionalen Dauerstress hielt, den der Psychiater beschreibt. Ein in jeder Hinsicht spannender Alltag war Kennzeichen dieses Systems, das im Gegensatz zu der ihm vorangegangenen mühsam zusammengehaltenen Schmalspurdiktatur eines Dollfuß oder Schuschnigg die Menschen bis in ihren intimsten Lebensbereich beschnüffelte und zu steuern suchte; auch wenn es vielen, vor allem sehr einfach gestrickten Menschen nicht auffiel, da sie gerne bereit waren, alles zu glauben und anzunehmen, was diese in bunten Farben schimmernde Obrigkeit ihnen befahl oder suggerierte, vom menschlichen Wertekatalog bis zur korrekten Beflaggung der öffentlichen Gebäude, vom Hass auf die Juden bis zum richtigen Absingen von Liedern beim morgendlichen Schulappell, vom Bespitzeln der eigenen Verwandten auf Gesinnungsabweichungen bis zum Einüben vorgeschriebener Grußformeln samt dazugehörigem Armwinkel beim Hitlergruß. Wichtig dabei war, eine gewisse Grund-Aggression aufrechtzuerhalten, meint Psychiater Thomashoff, vor allem auch im Alltag fernab von Aufmärschen und Versammlungen.

„Das so geschaffene konstante Angstniveau ließ die regressiven Massenprozesse niemals zum Stillstand kommen. Die als ‚anders' Entwerteten wurden für jeden sichtbar stigmatisiert und schließlich in die systematische Vernichtung getrieben. Der Sog, der ‚richtigen' Seite anzugehören, wurde zu einer Frage des Überlebens. Zugleich ersetzte Willkür das Recht, wurde die Privatsphäre durch Bespitzelung eliminiert und sozialer Status zum Spielball der Launen anderer – auch all das sind Parallelen zur emotionalen Situation innerhalb der Masse."

Wir sind an einem kritischen Punkt angelangt.

Denn wir haben die Frage zu stellen: Wie weit beeinflusste die Hitler'sche Massensuggestion das Denken und Tun der Menschen? Konnte die Spannung, die Grund-Aggression durch Psycho-Tricks so gesteigert werden, dass normale Menschen allein dadurch zu Gewalttaten, gar zu Verbrechen angestiftet wurden?

Thomashoff: „Je größer unsere Unsicherheit ist, desto eher sind wir gerade in Angstsituationen besonders gehorsam. Zugleich zwingt uns Angst in die Nähe der anderen und damit in die Gruppe und in ihre Regeln hinein. (…) Unsere Psyche neigt dazu, von sich selbst auf andere zu schließen (weil unser Denken ja aus unserer bestehenden Hirnstruktur heraus erfolgt). Eigene Gefühle werden so in andere hineinprojiziert.

Meine Wahrnehmung des anderen ist damit stets eine Mischung aus dessen realem Verhalten und meiner eigenen Projektion auf ihn. In einer Menschenmenge ist das verwirrend, weil einfach zu viele da sind. Deshalb entsteht Unsicherheit. Stress kommt auf, der unser Denken einengt. Wir sind latent gereizt, übernehmen dann gerne die Einschätzungen anderer und suchen zu vereinfachen. Dadurch werden wir für Spaltungen empfänglich. Wir sind die Guten, draußen ist der Feind. Das erklärt, warum der Mensch in der Masse leicht manipulierbar ist, sich unter Umständen sogar bis in den ‚totalen Krieg' treiben lässt, besonders dann, wenn das Aggressionspotenzial der Masse aufgrund von Frustrationen bereits massiv angeheizt ist."

Für diese Art der Manipulation braucht es keine außerirdischen Zutaten. Hitler war ein geschickter Demagoge, aber er war nicht das Wesen vom anderen Stern, wie es ihm Teile der esoterischen Literatur zuschreiben. Er hatte keine Zauberkräfte, und er war auch nicht mit höheren beziehungsweise tieferen Mächten im Bunde, er brauchte keine Hilfe von Aliens, tibetanischen Gurus, Fabelwesen aus dem sagenhaften Atlantis oder anderen brodelnden Unterwelten, um die Menschen an sich zu binden und zu mobilisieren.

Denn wenn das so gewesen wäre, dann müssten wir die Menschen der damaligen Zeit samt und sonders als verhext betrachten, die – einmal aus der Hypnose aufgewacht – vollkommen exkulpiert wären, denn sie waren ja in Trance und damit für sich selbst, ihr eigenes Tun nicht verantwortlich gewesen.

So war es aber nicht.

Hitler nützte das, was an Grundhaltungen bereits vorhanden war, um die Menschen um seiner selbst willen in starke Bewegung zu versetzen.

„Die Stunden, die wir unseren heiß geliebten Führer Adolf Hitler und seinen Stab als Gäste in unserem Hause beherbergen durften, waren so überwältigend, und der Dank, den wir ihm und dem deutschen Volke schuldig sind, ist so unermesslich, dass es uns unmöglich ist, für unsere geringe Leistung Geld zu verlangen", schrieb am 31. März 1938 die St. Pöltener Gastwirtin Karoline Pittner an den Führer.

Wieder was gespart.

Hitler war da übrigens schon Reichsmark-Multimillionär. Die Tantiemen aus seinem in viele Sprachen übersetzten Buch „Mein

Kampf“ flossen reichlich – 1939 betrug die Gesamtauflage 5,45 Millionen Stück.

Doch es traf auch unliebsame Post von Verehrern ein, derer man sich erst einmal erwehren musste. „Der Führer, dem ich die Angelegenheit vorgetragen habe“, schreibt ein Hitler-Sekretär an den Reichspostminister, „lässt ersuchen, den für die Stadt Döllersheim beantragten Poststempel mit dem Zusatz ‚Vaterheimat des Führers‘ nicht zu genehmigen.“ Auch das Ansinnen des Gastwirts Hans Leingartner aus Lambach in Oberösterreich auf eine Gedenktafel zur Erinnerung an einen Aufenthalt des Führers in den Jahren 1897/98 (also im Alter von acht Jahren!) wurde abschlägig beschieden.

Richtig ungehalten dürfte Hitler dann gewesen sein, als er erfuhr, dass in Parteidienststellen und Wirtshäusern in Niederdonau falsche Ahnentafeln aufgehängt wurden, in denen, wie es in einem Schreiben der Gauleitung heißt, „Ahnengleichheit mit dem Führer abgeleitet“ wurde. Hitler hatte schon 1933 jede Form von Gedenktafeln, die an ihn oder seine Verwandten erinnerten, untersagt, woran die Gauleitung von Niederdonau noch einmal erinnert: „Der Führer hat erneut bestimmt, dass keinerlei Hitlerdenkmäler, Gedenktafeln und dergleichen zu seinen Lebzeiten angebracht werden dürfen“; und auch keine „Hitler-Glocke“, die in einer protestantischen Kirche hätte eingeweiht werden sollen …

Ehrenbürgerschaften nahm er immerhin an, doch die Ärgernisse mit den sich so frenetisch entäußernden Ostmärkern schienen kein Ende zu nehmen. In einer Aktennotiz der Reichspropagandaabteilung heißt es 1941:

„Aus Linz wird berichtet, dass anlässlich des Urfahrer Jahrmarktes im Frühjahr 1940 die Beobachtung gemacht werden konnte, dass in einer vollkommen marktschreierischen Weise Karten mit dem Bild des Führers und von führenden Persönlichkeiten der Partei zum Verkauf angepriesen wurden. Die Art dieser Anpreisung geschah etwa in der Form: ‚Hier ist der Führer preiswert zu haben‘ – ‚Der Führer für nur 20 Pfennig‘ und wurde von der Bevölkerung stark kritisiert.“

Außerdem haben brave Volksgenossen zur Anzeige gebracht, dass in Klagenfurt und Villach in Kärnten „der Führer und Reichsmarschall Göring in schlechtester Wiedergabe mitten unter anderem Spielkram zur Schau aufgestellt oder zum Verkauf angeboten werde. Man könne sich nicht vorstellen, dass der Führer oder Reichsmarschall Göring auf irgendeiner Pappschachtel von ungezogenen Kindern in eine Ecke geworfen und zerrissen werde."

Sorgen eines totalitären Systems.

Nach dem gescheiterten Attentat Georg Elsers auf Hitler im Münchner Bürgerbräukeller am 8. November 1939 schrieb eine Frau aus der Steiermark an Hitler:

„Teurer Führer mein und aller Deutschen! Wieder haben Gottes Engel den Erwählten der Deutschen Seele behütet. Dank sei Gott und Ihnen, o Führer mein! Denn allen geschieht ja doch, was sie sind! Ihnen geschieht nach Ihrem Wesen, nach Ihrer Bestimmung: Ihr Wesen ist eins mit dem Deutschen Geist; er hat Sie herausgeführt aus der Verborgenheit Ihrer Ahnengeschlechter und zu unserem Herzen und Haupte gemacht! Möge Ihr starker Stern ewig über Ihnen stehen bleiben! Mögen Freund und Feinde sehen, dass Sie unbesieglich wie der deutsche Geist, unverwundbarer als Siegfried sind!"

Bei der Autorin handelte es sich um die Schriftstellerin Erika Spann-Rheinsch, die Ehefrau des in Ungnade gefallenen und misshandelten Professors Othmar Spann, dem Philosophen der Heimwehr, dem wir ja schon begegnet sind. Ihre von der Universität Graz erfasste biografische Notiz weiß über die 1880 in Bayern Geborene zu berichten:

„Seit Mai 1933 Mitglied der NSDAP; ihr Ansuchen um Wiedereintritt im Jänner 1939 wurde wegen ihres Ehemannes abgelehnt. Im Mai 1933 trat sie dem 1931 gegründeten ‚Kampfbund für Deutsche Kultur. Ortsgruppe Wien' bei. 1933 bis 1934 Mitarbeit an der nationalsozialistischen, von ihren Söhnen herausgegebenen Zeitschrift ‚Österreichischer Beobachter' in Wien und Redakteurin dessen Sonntagsbeilage ‚Der Bleikristall'. Ihr Ansuchen um Mitgliedschaft in der Reichsschrifttumskammer wurde abgelehnt. Erst nach 1945 wieder öffentlich als Dichterin tätig."

So war das bisweilen mit der NSDAP-Mitgliedschaft in Österreich. Nach dem Anschluss wurde die illegale in die legale übergeführt, und manche Mitläufer bekamen sie nach einer Überprüfung ohne viele Umstände, wogegen andere enttäuschte Begierde-Nazis draußen blieben.

Psychiater Hans-Otto Thomashoff:

„Da den gutartigen und bösartigen Ausdrucksformen von Aggression die gleiche Wurzel – der uns allen zu eigene Drang nach Expansion – zugrunde liegt, lässt sich grundsätzlich die eine in die andere umwandeln."

Euphorische Zuneigung lässt sich also unter bestimmten Umständen zur gewalttätigen Raserei ummodeln – ein beunruhigender Gedanke, und trotzdem wissenschaftlich nachvollziehbar. Ganz ohne Magie.

Erniedrigung

„Es ist früh, kein Mensch auf der Straße", notiert die 1920 in Wien geborene Jüdin Ruth Maier 1938 in ihr Tagebuch. „Ein Jude, jung, gut gekleidet, kommt um die Ecke. Zwei SS-Männer tauchen auf. Der eine und auch der andere geben dem Juden eine Ohrfeige, der taumelt (…) hält sich den Kopf (…) geht weiter. Ich, Ruth Maier, 18 Jahre alt, frage nun als Mensch, frage die Welt, ob dies sein darf (…). Ich frage, warum dies erlaubt ist, warum ein Germane, ein Deutscher einen Juden ohrfeigen darf, aus dem einfachen Grund, weil der eine Deutscher, der andere Jude ist! Ich rede nicht von Pogromen, von Ausschreitungen gegen Juden. Vom Fenster-Einhauen, Wohnung-Plündern (…). Es kommt darin die bodenlose Gemeinheit nicht so zum Ausdruck. Aber hier, in dieser Ohrfeige (…). Sämtliche Österreicher jubelten und taumelten vor Begeisterung. Fahnen wurden gehisst, man fiel sich gegenseitig vor Freude in die Arme und küsste sich."

Schläge und Küsse zur gleichen Zeit. Der Psychiater hat also recht.

„Eines wird nun klar", schreibt die „New York Times" am 23. März 1938. „Während in Deutschland die ersten Opfer der Nazis die Linksparteien waren – Sozialisten und Kommunisten –, sind es in Wien die Juden, die in erster Linie unter dem revolutionären Angriff der Nazis zu leiden haben. In 14 Tagen ist es gelungen, die Juden einem unendlich härteren Regime zu unterwerfen, als es in Deutschland in einem Jahr erreicht wurde."

Gnadenlos treibt der Mob Juden, aber auch bekannte Anhänger des gestürzten Ständestaats für sogenannte „Reibaktionen" auf den Straßen zusammen. Unter Spott und Gelächter müssen sie die auf den Straßen, Gehsteigen und Hausmauern zurückgebliebenen Propagandaparolen der Schuschnigg'schen Volksabstimmungskampagne abwaschen. Man holt jüdische Männer, Frauen, Kinder, Gebrechliche, Greise, reißt ihnen die Haare büschelweise aus, schlägt sie blutig, fügt ihnen ernsthafte Verletzungen zu, tritt sie in den Kot. „Jeder, der sich eine Hakenkreuz-Armbinde über den Arm streifte oder sich als Gestapo-Beamter ausgab, konnte Gewalt über die zu Freiwild gewordenen Juden Wiens ausüben. Es war für die Opfer meist nicht zu unterscheiden, ob sie einer Partei- beziehungsweise Amtsperson oder einem Räuber und Erpresser gegenüberstanden; die Unterschiede waren unwesentlich, Nachfragen oder Beschwerden bei Behörden so gut wie nutzlos", schreiben die Historiker Hans Safrian und Hans Witek in ihrer beklemmenden Darstellung „Und keiner war dabei. Dokumente des alltäglichen Antisemitismus in Wien 1938".

Der durch Wien streifende britische Journalist G. E. R. Gedye erfährt von zwei Misshandelten, dass SS-Männer die Armenausspeisung der Wiener Hauptsynagoge in der Seitenstettengasse geschlossen und die Lebensmittelvorräte gestohlen haben. Stattdessen werden die dort erscheinenden Juden nun zu entwürdigenden Übungen gezwungen und danach zusammengeschlagen. Was Gedyes Gesprächspartner, junge kräftige Männer, mehr als jede körperliche Züchtigung geradezu gebrochen hat, ist der sich an die Schläge anschließende Religionsfrevel. „Man hatte sie gezwungen, die heiligen Tefillins, die Gebetsstreifen mit den Zehn Geboten Gottes, an ihren Handgelenken zu befestigen und so den Fußboden und die Klosettmuscheln zu reinigen."

Gedye geht selbst zur Synagoge, um sich von der Wahrheit zu überzeugen. Und er sieht sie mit eigenen Augen.

„Ich sah, wie man zur Belustigung der Menge Juden herausführte, die man gezwungen hatte, die Gewänder anzuziehen, die die Rabbiner beim Gottesdienst trugen. So mussten sie die Straße von dem Schmutz reinigen, den grinsende SA-Leute aus den Fenstern warfen."

In der ganzen Ostmark sind in diesen Wochen um die 25.000 sogenannte „wilde Kommissare" auf Raubzug, selbst ernannte „Ariseure". Erst im Juli bringt Gauleiter Bürckel diese zuvor nur halbherzig hintangehaltenen Raubaktionen in Wien unter Kontrolle, deren viele rückwirkend noch für legitim erklärt werden.

Das Buch „Unser Wien. ‚Arisierung' auf Österreichisch" von Stephan Templ und Tina Walter aus dem Jahr 2001 gibt tiefere Einblicke in das grausige Geschehen.

Das Denunziantentum blüht, Gauleitung und andere Parteidienststellen können sich kaum vor – anonymen oder offen unterzeichneten – Zuschriften retten, in denen Nachbarn oder andere Missliebige als Juden, Ständestaatler oder Rote denunziert werden. Manch offene Rechnung wird beglichen, manch altes Hühnchen gerupft.

Die Misshandlung der Juden geht sogar dem einen oder anderen Nazi zu weit.

„(...) begegnete ich einem Trupp S.A.-Leuten, die mehrere zusammengefangene Juden in ihrer Mitte führten. Auf mein Befragen erhielt ich die Antwort, dass diese Juden für verschiedene Reibarbeiten verwendet werden. Ist das Nationalsozialismus?", fragt ein verstörter Parteigenosse am 27. April bei Gauleiter Bürckel an. „(...) mussten sie die Hände vorstrecken und bekamen jeder einzeln mit den von der nationalsozialistischen Partei so verurteilten Gummiknütteln, einige Schläge auf dieselben. Ist das Nationalsozialismus? (...) Ich kann Ihnen versichern, sehr geehrter Herr Gauleiter, dass ein derart zügelloses Treiben unserer Bewegung keine neuen Anhänger bringen wird, sondern ganz im Gegenteil bedeutend schadet (...). Mit deutschem Gruß, Otto Kunz."

Welch ein Trugschluss ...

Viele halten es nicht mehr aus. 1358 Selbstmorde werden 1938 allein in Wien registriert, mehr als die Hälfte werden von Juden begangen. Der bekannte Publizist Egon Friedell ist einer von ihnen. Als ihn die Gestapo abholen will, springt er aus dem Fenster seiner Wohnung auf die Straße in den Tod – nicht ohne Warnruf für die Passanten ... Andere – wie der ehemalige Vizekanzler und Heimwehrführer Emil Fey – begehen Selbstmord, weil sie nach einem Verhör durch die Gestapo merken, dass es für sie im Dritten Reich keine Zukunft geben kann. Er erschießt in seiner Wohnung zuerst seine Frau, seinen Sohn, dann richtet er die Waffe gegen sich selbst. Herbert Fey, der Sohn, ist erst 20 Jahre alt. Er hat mit den Nazis sympathisiert, seine Schulkameraden meinen, er sei sogar Illegaler gewesen.

Allein in der Nacht vom 9. auf den 10. November begehen 680 österreichische Juden Selbstmord. Es ist eine der „Reichskristallnächte", das konzertiert im ganzen Reich organisierte Novemberpogrom mit Zerstörung und Mord, das als „Rache des Volkes" am Judentum für den Mord inszeniert wird, den ein junger polnischer Jude in Paris an einem deutschen Diplomaten verübt hat – natürlich ein Vorwand.

Was im Altreich seit 1933 über Jahre von der Diskriminierung über Schikanierung zur Verfolgung angewachsen ist, entlädt sich in der

Ostmark einmal mehr im Zeitraffer und mit grausamer Wucht. Allenfalls in Franken, dem Gau des rabiatesten aller Antisemiten, Julius Streicher, so erzählt man sich, läuft das Pogrom so grausam ab wie hier, vor allem in Wien.

Der Wiener Radiosender bringt eine Reportage, die in ihrer Niedertracht kaum mehr zu überbieten und als Tondokument bis heute erhalten ist. In ihrer apokalyptischen Bosheit gleicht sie den schlimmsten Szenen, die Karl Kraus in seinem Drama „Die Letzten Tage der Menschheit" über die menschlichen Abgründe während des Ersten Weltkriegs festgehalten hat, weshalb sie hier auch in einem ähnlichen Stil wiedergegeben sein soll:

„(Wien, 10. November 1938. Straße vor einer ausgebrannten Synagoge im zweiten Bezirk. SA-Männer, Feuerwehr, Schaulustige. In ihrer Mitte der Reporter des Reichssenders Wien, Eldon Walli. Walli, geboren in New York, aufgewachsen in Niederösterreich, SS-Mann der ersten Stunde, ist damit beschäftigt, in einem stockenden, wienerisch gefärbten Hochdeutsch die ihn umgebende Situation in das vor ihm aufgebaute Mikrofon hinein zu schildern.)

Walli: Zehnter November ... Wir stehen mit unserem Mikrofon vor dem Leopoldstädter Judentempel. Ihn heute noch so zu bezeichnen, ist eigentlich schon etwas geschmeichelt. Denn die erbitterten Einwohner, arischen Einwohner dieses Bezirkes, haben nach dieser ruchlosen Tat von Paris es sich nicht nehmen lassen, um auch hier ihren abgrundtiefen Hass gegen das Judentum zu bezeigen. Der Judentempel war in wenigen Minuten ein Raub der Flammen.

Und wenn wir uns jetzt hier in diesem orientalischen Kuppelbau umsehen, dann ist von dem eigentlichen Tempel, von diesem prunkvollen und mit viel Geld erbauten Gebäude, nur mehr das Gerippe, das alte Gerüst übrig geblieben. Und dieses Gerüst ist schon so baufällig, dass das Wahrzeichen des Judentums, auf das sie besonders in Wien so stolz waren, hoffentlich in wenigenTagen zur Gänze dem Erdboden gleichgemacht wird und zur Gänze hier in Wien verschwinden wird. Die Wiener Bevölkerung, die immer mit erbittertem Grimm in der Tempelgasse an diesem Prunkbau vorbeigegangen ist, steht jetzt auf der Straße und jeder möchte gerne hereinsehen, möchte sich überzeugen, wie es hier aussieht und ob tatsächlich alles so ist, wie's ihm ums Herz ist – nämlich so, dass man es nicht wieder aufbauen kann.

Bei uns sind die Männer der Feuerwehr, die Männer der SA und der Kreisleitung. Hier muss man es wieder der Partei zuschreiben, dass das Judentum vor dem größten Unglück bewahrt wurde. Wenn auch die Volksmeinung und die Massen der Bevölkerung erbittert gegen die Juden auftreten, so ist es immer wieder die Partei, die ihnen wenigstens noch das Leben rettet und sie vor dem gänzlichen Untergang bewahrt. Denn hier hat die Partei Verständnis, die Partei zeigt, dass ein kultiviertes Volk der Deutsche ist und nicht, wie der Jude behauptet, der Deutsche sei ein Volk der Barbaren. Die Juden können es sich nur selbst zuschreiben, dass es so weit gekommen ist. Und das werden mir alle, die hier um mich herumstehen, bestätigen können. Bei uns ist der Tempeldiener, das heißt nicht der Tempeldiener – ist vielleicht schlecht ausgedrückt –, sondern der ...

Der Portier: Portier.

Walli: ... der Tempelportier, der bisher die Aufgabe hatte, über dieses Gebäude zu wachen. Bezeichnenderweise hat man wieder einen Arier zu diesem schönen Geschäft genommen, denn ein Jude wäre für diese tiefe und einfache Arbeit – das ist nämlich neben dem elektrischen ...

(Unverständliches Murmeln des Portiers)

Walli: ... äh Arbeiten, die hier im Hause notwendig waren, Heizer, wie Sie sagen – da ist ein Jude nämlich zu schade, wissen Sie. Juden haben nur Interesse, Arbeiten zu verrichten und zu vollbringen, die möglichst wenig beschmutzte Hände verschaffen und möglichst viel Geld in den Sack bringen. Bei Ihnen wird das ja nicht so der Fall gewesen sein. Und Sie sind jetzt froh, dass Sie von hier loskommen, was?

Der Portier: Von hier loskomme.

Walli: Wie lange waren Sie denn schon hier?

Der Portier: 14 Jahre.

Walli: 14 Jahre?

Der Portier: 14 Jahre.

Walli (sich schnell abwendend): Und die Männer der SA, die hier ihre Absperrdienste vollbringen, die können vielleicht auch etwas erzählen, wie das Ganze vor sich gegangen ist ...

SA-Mann (im nasalen Ton des Wiener Bürgertums): Ja, ich bin erst kurze Zeit hier. Wir räumten den Platz jetzt, und weil Einsturzgefahr beim Tempel ist. Es befindet sich sonst niemand hier in der Gegend.

Walli: Na, es ist jetzt alles weg. Leute stehen nicht mehr auf der Straße und wir werden auch gleich verschwinden. Also, ich glaube, der

Tempel kann ohne Weiteres einstürzen. Wir haben alle nichts dagegen, was?

Die Menge: Na, na, nein, nein! (Gelächter)

Eine Stimme: Wenn er nur schon eing'stürzt war! (zustimmendes Gemurmel der Menge)

Walli: Nur noch ein Mann von der Feuerwehr, der uns hier bestätigen wird, dass der letzte Feuerschein bereits gelöscht wurde, und dass jetzt eigentlich die Leute ihre Amtes walten, die mit dem Abräumen beginnen, net?

Feuerwehrmann (mit steirischem Akzent, lebhaft): Ja, es stehn bereits ... nur mehr die Grundmauern sind übrig geblieben. Das Feuer ist – ah – so gelöscht, dann san mir aussigangen, nachdem keine Nahrungsmittel mehr vorhanden waren. Als wir, äh, hergekommen sind, da hatten wir nur mehr, äh, das Ganze in Flammen gesehen ... wir konnten auch die Rettungsaktionen nicht durchführen, da wir bis zum Brandherd nicht vorgegangen sind, und wir uns eigentlich nur die Hände gewärmt haben, net? Wir haben g'wart', bis sich die Grundmauern von selbst niederlegen, net?

Walli: Und die Juden haben sich alle rechtzeitig aus dem Staub gemacht ...

Feuerwehrmann (Walli ins Wort fallend): Und die Juden haben sich rechtzeitig in Sicherheit gebracht, net. Und teilweise waren sie noch als Zuseher verkleidet mit einem Parteiabzeichen, und sind auch von der Polizei abgeführt worden.

(Murren in der Menge)

Walli: Sogar das, diese Frechheit erlauben sie sich noch. Na, aber das ist ja jetzt vorbei."

*

Am 14. November 1938 werden für Juden die Hochschulen und Universitäten gesperrt und bereits am 27. April in den Schulen der Ostmark jüdische von arischen Schülern getrennt unterrichtet, ab 1939 dürfen Juden überhaupt keine Mittelschulen mehr besuchen.

„Uns wurde gesagt", erzählt ein Österreicher, der damals die Oberstufe eines Wiener Gymnasiums besucht, „dass die jüdischen Mitschüler und ihre Eltern nach Amerika ausgewandert sind. ‚Na, die Juden haben's gut', sagten wir zueinander, ‚die haben sich's wieder einmal gerichtet.'"

Ernüchterung

„Der beste Witz aus dieser Zeit“, lacht der 90 Jahre alte Werner Dreher: „Treffen sich zwei alte Illegale kurz nach dem Anschluss. Sagt der eine: ‚Weshalb schaust du denn so traurig drein? Wir haben doch gewonnen!‘ Sagt der andere: ‚Ich hab’ halt geglaubt, der Nationalsozialismus ist eine Idee – dabei ist er eine Arbeit!‘“

Werner Dreher, dessen Werdegang bei der Hitlerjugend wir seit seinem 15. Lebensjahr verfolgt haben, verspürt sehr bald, dass das Zusammengehen mit den Brüdern aus dem Reich nicht so eitel Wonne wird, wie sich die österreichischen Nazis das vorgestellt haben:

„Ein Obergebietsführer aus dem Altreich hatte Streifendienst in der Reichsjugendführung und machte sich über unsere Sprache lustig. Er wunderte sich, dass man das als Deutsch bezeichnet. Na, ich konnte meinen Mund nicht halten und schnauzte zurück: ‚Ihr seid noch auf den Bäumen gesessen, als wir schon Kultur hatten.‘“

Die Österreicher als die besseren Deutschen?

„Na ja, die tüchtigeren Deutschen, das waren die anderen, organisatorisch und so weiter ...“.

Und dann legt Dreher das aus heutiger Sicht paradoxe Bekenntnis ab: „Patrioten waren wir zusätzlich. Die Piefke-Aussprache ‚Mensch, was zeigt die Uhr?‘ wurde von uns Wienern mit ‚I sag’ dir gleich, wie spät’s is‘ quittiert. Aber es gab eben sympathische und unsympathische Piefke.“

Werner Dreher ist nach wie vor das, was er in der Illegalität gewesen ist, nämlich HJ-Streifendienstführer ZBV („Zur besonderen Verwendung“).

„Nun wurde ich zwei Tage nach dem Anschluss in die Gauleitung befohlen“, schildert er jene Erlebnisse, die der ersten Euphorie folgten.

„Dort waren Spitzen oder Halbspitzen aller Parteigliederungen versammelt. Der Wortführer war ein Gestapo-Beamter aus dem Altreich, ein Piefke. ‚Die gegnerischen Politiker, die Spitzenleute‘, sagte er, ‚sind zu 94 Prozent bereits geschnappt. Und die paar, die noch fehlen, werden wir auch noch kriegen. Wer aber aus einer gegnerischen Jugendbewegung kommt, ist ein Idealist, und der Idealismus ist nicht zu brechen. Die müssen ins Gefängnis! Die Vertreter der mittleren Hierarchie der politischen Gegner müssen in einer Art und Weise einvernommen werden, dass sie sich bis zum Pensionsalter anscheißen und keine Widerstandsideen entwickeln!‘

Ich verließ das Gebäude mit einem befreundeten SS-Mann. Im Hinausgehen sagt er zu mir: ‚Du solltest deine Augen ein bisschen besser unter Kontrolle halten. Man hat ganz genau bemerkt, dass du mit dem nicht einverstanden warst, was der Gestapist gesagt hat.‘

‚Na ja‘, antwortete ich, ‚du hast es nur bemerkt, weil du mich kennst. Ich habe aus der Illegalenzeit gelernt. Wenn ein an sich harmloser HJler verhaftet worden und 14 Tage gesessen ist, war er erst ein richtiger Bursch, da ist er sich gut vorgekommen. Wenn wir die gegnerischen Jungen jetzt verhaften und einsperren, wird mit ihnen genau dasselbe passieren. Sie werden noch fester und widerständiger, als sie es jetzt schon sind.‘“

Den Reichsjugendführer Baldur von Schirach, „den Herrn mit der dicken Zigarre“, lehnten die jungen Gefolgschaftsführer der HJ, die noch aus der illegalen Zeit stammten, instinktiv ab.

„Wir waren radikal bündisch eingestellt“, schildert Dreher, „Schirach dagegen war für die Staatsjugend. Und wir waren ihm dabei im Weg. Er betrachtete uns als alt-bündisch. Nun hatte er aus dem Reich Vorzugsschüler von Reichsführerschulen mitgebracht, feine Kerln, aber auch einen unguten Typen, einen gewissen Gebietsführer Busch. Er war ein Vorzugsschüler von der Reichsführerschule, aber ein tausendprozentiger Gefolgsmann von Schirach, und wollte unsere bestehenden Strukturen zerschlagen.

Die illegalen HJ-Führer und -Führerinnen waren mit der Methodik des Gebietsführers Busch alles andere als einverstanden. Von unserer Mentalität hat der nichts verstanden! Der hat uns so schnoddrig herumkommandiert. Ein Norddeutscher halt.

Und nun bekam ich einen Auftrag, und zwar vom illegalen Bannführer, der wegen eines Neuankömmlings aus dem Altreich auf ein Nebengeleis gestellt worden war.

Er sagte zu mir: ‚Der Busch muss weg, und du als Streifendienst ZBV bist dafür zuständig.‘

Ich erklärte mich bereit, und wir druckten Flugzettel, aber anonym, denn wir wollten keine Widerstandstätigkeit an sich üben, wir waren ja keine Anti-Nazi! Auf den Flugzetteln war ein HJ-Abzeichen gemalt, und darüber stand:

‚Bürckel, befreie uns vom Busch!‘

Erstmals veröffentlicht: Flugblatt der aufbegehrenden Wiener HJ.

Wir organisierten zwei Motorräder und streuten die Flugblätter zeitig in der Früh vor Parteidienststellen und Wachzimmern. Fünf Minuten später riefen wir dort überall an und wiesen auf die Flugzettel hin, denn wir wollten ja keinen offiziellen Krach machen. Trotzdem gab's einen Riesenwirbel.

Na, die Gestapo hatte die Aktion gleich richtig beurteilt: Eine HJ-interne Angelegenheit, hieß es. Nun gab Busch pikanterweise ausgerechnet mir, dem HJ-Detektiv, den Auftrag, die Täter auszuforschen."

Dreher lacht noch heute darüber und feixt: „Ich bemühte mich, hatte aber – leider – keinen Erfolg ... Busch wurde jedenfalls ausgewechselt.

Der Nächste war schon ein bisschen schlauer. Wir rieten ihm, die alten illegalen HJ-Führer beratend einzubinden. Der ehemalige illegale Gebietsführer Karl Kowarik, der inzwischen Kreisleiter von Ottakring war, wurde so wieder hinzugezogen, und der Busch-Nachfolger tat nichts mehr, ohne es vorher mit Kowarik zu besprechen. So bekamen wir wieder Einfluss."

Dreher, er ist gerade 20 Jahre alt, erlebt die Arisierung von Geschäften aus einer ganz anderen Perspektive als jene, denen sie weggenommen werden. Und er berichtet von regelrechten Verteilungskämpfen unter den Nazis:

„Ein deutscher Partei-Ehrenzeichenträger kam 1938 nach Wien und wollte ein Schuhgeschäft in der Josefstädterstraße arisieren. Der damalige Gebietsführer hieß ‚Halisi' Halatschek, auch ‚Stoffglatze' genannt. Er stammte aus armen Verhältnissen.

Halisi sagte zu mir: ‚Du, hör einmal, da kommt ein Piefke. Die HJ hat den Auftrag, das Geschäft für ihn zu bewachen, damit dort nichts

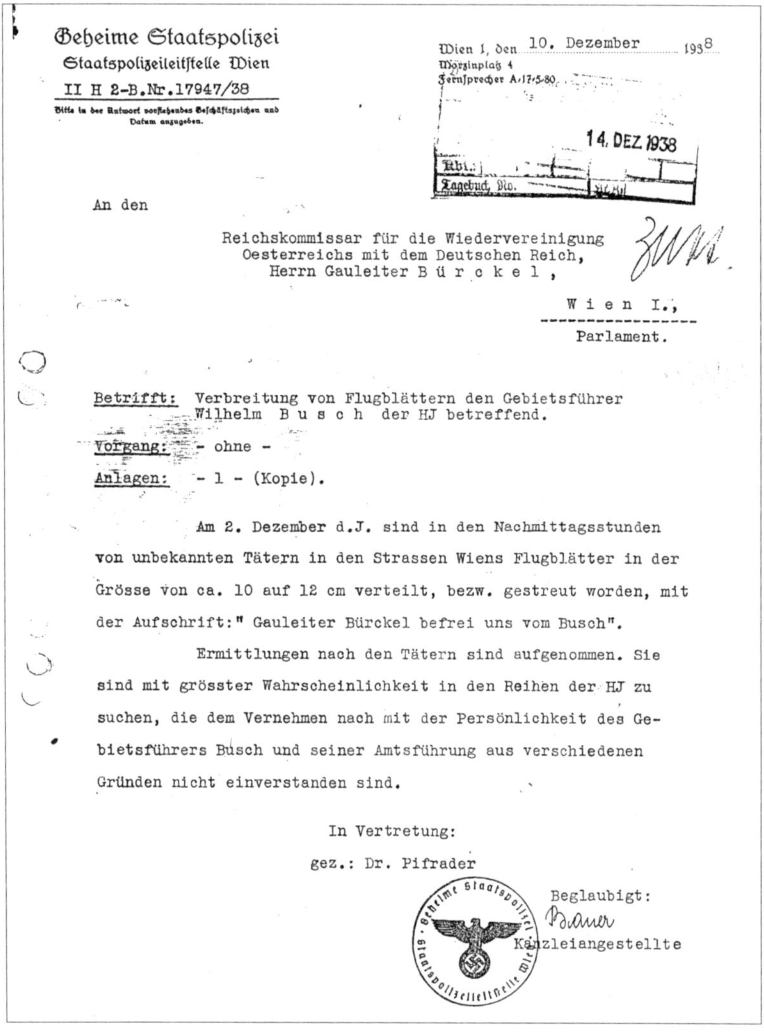

Geheime Staatspolizei
Staatspolizeileitstelle Wien
II H 2-B.Nr.17947/38
Bitte in der Antwort vorstehendes Geschäftszeichen und Datum anzugeben.

Wien 1, den 10. Dezember 1938
Morzinplatz 4
Fernsprecher A-17-5-80

14. DEZ 1938
Abt.:
Tagebuch Nr.

An den

Reichskommissar für die Wiedervereinigung
Oesterreichs mit dem Deutschen Reich,
Herrn Gauleiter B ü r c k e l ,

W i e n I.,
Parlament.

Betrifft: Verbreitung von Flugblättern den Gebietsführer Wilhelm B u s c h der HJ betreffend.

Vorgang: - ohne -

Anlagen: - 1 - (Kopie).

Am 2. Dezember d.J. sind in den Nachmittagsstunden von unbekannten Tätern in den Strassen Wiens Flugblätter in der Grösse von ca. 10 auf 12 cm verteilt, bezw. gestreut worden, mit der Aufschrift:" Gauleiter Bürckel befrei uns vom Busch".

Ermittlungen nach den Tätern sind aufgenommen. Sie sind mit grösster Wahrscheinlichkeit in den Reihen der HJ zu suchen, die dem Vernehmen nach mit der Persönlichkeit des Gebietsführers Busch und seiner Amtsführung aus verschiedenen Gründen nicht einverstanden sind.

In Vertretung:
gez.: Dr. Pifrader

Beglaubigt:
Bauer
Kanzleiangestellte

Geheime Staatspolizei Staatspolizeileitstelle Wien

wegkommt. Das will ich nicht, schon rein prinzipiell nicht!‘ Halisi bastelte also Bezugsscheine und ließ von den HJ ärmlich aussehende Menschen auf der Straße ansprechen: ‚Haben Sie Kinder? Welche Schuhgrößen haben die? Gehen Sie in das Schuhgeschäft auf der Josefstädterstraße und holen sie sich die passenden Schuhe ab …‘.

Bis zum Abend desselben Tages waren von einem vollen Lager vielleicht noch 20 Paar Schuhe übrig …“.

Es sei angemerkt, dass der 90 Jahre alte Werner Dreher zum ersten Mal seit 1945 öffentlich über seine Erlebnisse und Ansichten spricht:

„In Wirklichkeit waren wir ja eine Demokratie! Eine Partei hat SA geheißen, eine andere SS, dann die politischen Leiter. Die haben genauso gestritten wie Parteien."

*

Auch bei Ralf Roland Ringler, dem 17-jährigen Hitlerjungen aus der Bürgerfamilie in Baden bei Wien, der besonders für den Führer schwärmt, schwinden allmählich die Illusionen auf die Verwirklichung des erträumten „Bubenstaats" voll Reinheit, Natur und Heldenmut. „Saarländer und Sachsen übernahmen das Regiment. (...) Zum ersten Mal sahen wir rauchende HJ-Führer, flirtende BDM-Maiden und betrunkene Jugendführer. Langsam begann die Entglorifizierung der Altreichsdeutschen. (...) Wir gingen ins ‚Wiener Werkel', delektierten uns zusammen mit anderen Parteiführern an den ironischen Selbstpersiflagen mit den ‚Banzei-, Banzei'-Rufen der ‚Tokioten'. Wir verstanden und lachten mit über unsere ‚Götter' aus dem Reich."

Das „Wiener Werkel" war das einzige Kabarett, das in Wien noch Satire auf die Bühne bringen durfte, unter anderem auch Programme von jüdischen beziehungsweise „halbjüdischen" Autoren, die im Untergrund leben mussten und unter dem Namen arischer Künstler aufführten, zum Beispiel Fritz Eckhardt („Jetzt kommt mir der auch nach Österreich nach. Ich weiß nicht, was der Kerl an mir findet", kommentierte der nach der NS-Machtübernahme in Deutschland von Berlin nach Wien remigrierte Eckhardt den Einmarsch Hitlers) oder Kurt Nachmann. Bis zur allgemeinen Theatersperre 1944 brachte das Werkel zehn Programme heraus, die sich allgemein großer Beliebtheit erfreuten, waren sie doch die einzigen ihrer Art in jener Zeit. Oft genug wurden Stücke zensiert, Sketches gestrichen. Doch das Programm, das Ralf Roland Ringler und seine Kameraden so genießen, „Das chinesische Wunder oder der wandernde Zopf", bleibt von der Zensur verschont. Aus einer Kritik der „Wiener Neuesten Nachrichten" aus dem Jahr 1939, aus der wir beinahe so viel über das Stück erfahren, als hätten wir es selbst gesehen:

„‚Das chinesische Wunder oder der wandernde Zopf', ein Spiel um den Chinesen, der net untergeht (...). Der Grundeinfall – die Chinesen haben sich an Japan angeschlossen – gibt für Witz und Satire natürlich Gelegenheiten und Möglichkeiten in Fülle. Die Scherze über Butterknappheit, über Reis und Orangen sind freilich schon reichlich abgenützt, auch die Gegenüberstellung der Stammeseigenschaften erscheint nicht immer glücklich, und dass die einen in ständiger Duliöh- und Heurigenstimmung sich von der Arbeit drücken und die anderen durchwegs großschnäuzig und anmaßend sich benehmen, ist wohl von vornherein aus falscher Perspektive gesehen. Der Schlusschor von der eisernen Gemeinsamkeit klingt dann zwar musikalisch ausgezeichnet, wirkt aber nach den vorausgegangenen Szenen und der verblüffend raschen Bekehrung des alten Mandarin und Meckerers Ho-Hen-Wang nicht gerade überzeugend."

Das „Neue Wiener Tagblatt" ist da schon etwas euphorischer: „Das Wiener Werkel (...) bringt genug Humor auf, um etwaigen Kühnheiten die Spitze der Bosheit abzubrechen, und hängt jedem Sarkasmus das happy end einer tieferen Einsicht an. Das Publikum, das ein wenig in Selbsterkenntnis erzogen, zumindest aber reich mit Erkenntnissen über irgendeinen lieben Nächsten versorgt wird, findet an der Wiener Werkel-Kunst hellstes Vergnügen. Mehrfach bekannte Sentenzen des täglichen Lebens ziehen in bunten Reigen über die Szene, die sich etwa in Altchina verwandelt und einem japanisch-chinesischem Anschluss in wienerischem Idiom märchenhaften aktuellen Ausdruck verleiht."

Bis in die Kriegszeit hinein stand „der Preuße" im „Wiener Werkel" auf der Schaufel, und auch die Partei kam vor:

„Karli (eintretend): Heil Hitler, Mutti! Gu'n Abend, Papa!

Frau Kampel: Heil Hitler, Karli!

Herr Kampel: Was is'? Zu dir sagt der Bua ‚Heil Hitler' und zu mir sagt er ‚Gu'n Abend'? Ich komm' ma ja direkt ausg'stoßn vor. Schaut's ihr mich vielleicht als Staatsfeind Nr. 1 an?"

Das „Heil Hitler" klang auch jenseits der Kabarettbühne bei vielen längst nicht mehr so enthusiastisch wie einst im März. In den Wochen nach der Volksabstimmung vom 10. April 1938 sackte die Wirtschaft plötzlich in die Knie, ausgelöst durch eine Krise in der Landwirtschaft, neue Steuern und gestiegene Lebenshaltungskosten. Es gab Störungen auf den Märkten, Proteststreiks in Fabriken, Arbeitsniederlegungen und andere öffentliche Zwischenfälle. Immer öfter wurde der Hitlergruß umgangen und – wie Gestapo und SD registrierten – auf einmal wieder mit

„Grüß Gott“ und „Guten Tag“ gegrüßt – oder gar mit dem zutiefst österreichischen „Mahlzeit!“.

*

„Eines Nachts – ich konnte nicht einschlafen –“, so Ralf Roland Ringler, „begann ich zu grübeln und unsere Situation zu überdenken. Was war aus uns geworden? Aus Revolutionären waren Spießbürger geworden. Wo war unsere große Idee geblieben – wo waren unsere hohen Ideale? Wofür waren wir angetreten? Für die Freiheit. Die hatten wir jetzt. Aber war es noch Freiheit, dass jetzt nach dem Gesetz auch die zu uns kommen mussten, die nicht wollten, dass alle gezwungen wurden, unsere Uniformen zu tragen?“ Nun ging es nicht mehr um die Ehre, da die zur verpflichtenden Staatsjugend gewordene HJ mehr Mitgliedsbeiträge und Spenden sammelte als Ehrenpunkte. „Treu waren wir – der Partei, der Idee, dem Führer. Aber wir wollten doch immer Revolutionäre sein, immer gegen das Alte, das Reaktionäre, das Morsche sein – gegen die Kapitalisten. Wir zerschlugen das Alte – was jetzt?“

*

Gertrude Wawrosch ist erstaunt. „BDM“? Was soll denn das sein?

Die 16-jährige Tochter eines so katholischen wie deutschnational und antisemitisch eingestellten Finanzbeamten aus dem Sudetenland ist ein belesenes Mädchen. Sie wohnt in Eßling bei Wien, dort wo einst die berühmte Napoleonsschlacht bei Aspern und Eßling stattgefunden hat, und besucht das Gymnasium in Floridsdorf, einem Arbeiterbezirk im Norden Wiens. Wenn Gertrude von etwas keine Ahnung hat, dann ist es Politik.

„Mein Vater wollte, dass wir unpolitisch aufwachsen, meine zwei Jahre jüngere Schwester und der um neun Jahre jüngere Bruder. Wir hatten keine Zeitung und kein Radio daheim. Ich bin immer zum Zeitunglesen zu meiner Tante geschlichen. Dabei haben mich ehrlich gesagt nur die Seiten mit den Morden interessiert. Wir wurden strikt katholisch erzogen und gingen jeden Sonntag in die Kirche. Tatsächlich war ich vollkommen unpolitisch und hatte keine Ahnung, was Rote oder Schwarze sind. Im Februar 1934, während des Februaraufstandes der Sozialdemokraten, waren gerade ein paar Tage Ferien. Meine Tante und meine Mutter sind nach Wien auf Besuch zu einer anderen Tante gefahren und kamen nicht zurück. Dann kamen sie zu Fuß in der Nacht zurück – es war Generalstreik der Verkehrsmittel – und erzählten meinem Vater, dass in Wien geschossen worden ist. Wir Kinder wussten nicht, wer da auf wen geschossen hat. Das Einzige, was ich wusste, war, dass mein Vater bei uns in Eßling die ‚Frohe Kindheit' gegründet hatte, eine Organisation der katholischen Caritas …

… Kurz nach dem Anschluss, drei Tage nachdem der Unterricht wieder begonnen hatte, fragt mich meine Freundin Erika in der Straßenbahn:

‚Gell, du kommst auch zum BDM?'

Ich fragte zurück: ‚Was ist denn das?'

‚Was? Du kennst den Bund Deutscher Mädchen nicht?'

So hörte ich aus dem Mund dieser Freundin, deren Vater ein sehr nationalsozialistisch eingestellter Lehrer war, zum ersten Mal etwas vom BDM."

Damit war für Gertrude der unpolitische März 1938 vorbei …

*

7. Oktober 1938, ein Freitag

Kardinal Innitzer hat die katholischen Jugendlichen der Stadt zu einer besonderen Feierstunde in den Stephansdom geladen. Seit dem 16. Jahrhundert feiert die Kirche am sogenannten „Rosenkranzfest" den Sieg der christlichen Flotte bei Lepanto über die Türken. Ein Sieg der heiligen Religion über die Feinde des Glaubens … Seit Jahren wird dieser Anlass mit einer Jugendandacht begangen, für die diesmal nur in den Diözesanblättern geworben werden kann. Dennoch kommen so viele wie nie zuvor – 7000, meist junge Leute! Sie hören, wie der Kardinal in einer ursprünglich gar nicht so geplanten Predigt angesichts des kürzlich ausgesprochenen Verbots von kirchlicher Jugendarbeit außerhalb der Pfarrgebäude ausruft:

„Meine liebe katholische Jugend Wiens, wir wollen gerade jetzt in dieser Zeit umso fester und standhafter unseren Glauben bekennen, uns zu Christus bekennen, unserem Führer, unserem König und zu seiner Kirche."

Unter den katholischen Jugendlichen in der Kirche entsteht eine Art von ekstatischem Zustand. Sie ziehen auf den Platz vor dem Dom, verdreschen einige eingeschleuste HJ-Spitzel und rufen unter den Fenstern des Erzbischöflichen Palais abgewandelte beziehungsweise umgedrehte NS-Sprüche: „Wir wollen unsern Bischof sehn!“, „Ein Volk, ein Reich, ein Bischof“ und „Lieber Bischof, sei so nett, zeige dich am Fensterbrett“. Das Rosenkranzfest 1938 ist zur größten Demonstration im Deutschen Reich gegen die NS-Herrschaft geworden.

Die 16-jährige Trude Wawrosch, das naive Mädel aus Eßling, weiß mittlerweile, was BDM bedeutet – beigetreten ist sie ihm aber noch nicht. An jenem 7. Oktober ist sie nach wie vor das, was sie immer schon gewesen ist: katholisch.

„Meine Schwester war schon bei den Jungmädeln, also bei der Kinderabteilung des BDM. Eines Tages kam sie von der Schule nach Hause und sagte knapp angebunden und etwas vage: ‚Ich muss heute nach Wien fahren.‘ Am selben Tag lud mich in der Straßenbahn eine Schulkollegin, die Hansi – eine Bauerntochter, deren Onkel Prälat war –, ein, mit ihr zum Stephansdom zu fahren. Na ja, es war eine Möglichkeit, dem häuslichen Regiment zu entkommen. Meine Schwester sah ich da schon nicht mehr, wahrscheinlich war sie schon auf dem Weg nach Wien. Also fuhr auch ich mit meiner Freundin Hansi in die Stadt. Ganz brav ging ich hinter ihr in den Dom. Ich kann mich nur erinnern, dass wir das Lied ‚Auf zum Schwure Volk und Land, hebt zum Himmel Herz und Hand. Was dem Heiland wir gelobt, sei in ew’ger Treu erprobt‘ gesungen haben. Die ganzen Predigten gingen an uns vorbei, daran waren wir nicht interessiert, sondern an dem Event. Ich erlebte zum ersten Mal, wie es ist, wenn hinter einem eine Gruppe steht und man von einer Stimmung mitgetragen wird. Ich war dort unheimlich begeistert und habe laut mitgesungen, ging dann aber gleich nach Hause. Von einer anschließenden Kundgebung bekam ich Naivling nichts mit. In der Straßenbahn traf ich wieder auf meine Schwester. ‚Was hast denn du in der Stadt gemacht?‘, fragte ich sie. ‚Die haben uns gleich nach Hause geschickt, weil wir noch so kleine Mädchen sind.‘ Stellte sich heraus, dass meine Schwester mit BDM und HJ vor die Kirche bestellt worden war!

Na, wir kommen nach Hause, und ich erzähle meinem Vater begeistert von der Stimmung im Dom. Aber dann merkte ich noch an: ‚*Wir kennen nur einen Führer, und das ist Jesus Christus* hätte der Kardinal

Innitzer aber nicht sagen müssen.' Auf einmal habe ich rechts und links zwei mächtige Ohrfeigen von meinem Vater bekommen – die letzten meines Lebens! Da war dann beim Nachdenken über all das so viel, das nicht aus dem Kopf, sondern aus dem Bauch gekommen ist. Selbst wenn ich Zugang zu Informationen über die Vorgänge gehabt hätte, hätten sie mich nicht interessiert."

Das Rosenkranzfest bleibt nicht ohne Folgen. Zirka 24 Stunden später stürmen Angehörige der Wiener Hitlerjugend das Erzbischöfliche Palais und das sogenannte Churhaus beim Stephansdom. Sie verwüsten und plündern die Räume und suchen erfolglos nach Kardinal Innitzer. Dabei gibt es einen Schwerverletzten: Der Priester Johannes Krawarik wird aus dem ersten Stock des Churhauses in den Hof geworfen und bricht sich beide Oberschenkel. Ein zufällig für Bauarbeiten aufgeschütteter Sandhaufen bewahrt ihn vor tödlichen Verletzungen.

Von den dramatischen Stunden zeugt heute noch ein Kreuzigungsbild im Konsistorialsaal des Erzbischöflichen Palais, das bei der Erstürmung von der nationalsozialistischen Jugend mit Dolchen beschädigt wurde. Zur Mahnung wurde das Bild so belassen ...

Es ist nie vollständig geklärt worden, wer der HJ den Befehl zu dieser Racheaktion gegeben hat.

Nun, mehr als 70 Jahre danach, bricht erstmals einer der darin Verwickelten der Täterseite sein Schweigen!

Der 90-jährige Werner Dreher schildert seine Version, die wir mit allen gebotenen Vorbehalten wiedergeben:

„Das Ganze war ja eine angemeldete Veranstaltung. Alle Einheiten der SS und SA wurden in der Gauleitung zusammengerufen. Ich musste als HJ-Streifendienst ZBV ebenfalls in die Gauleitung. Die ganze Veranstaltung in der Kirche war ohnehin von unseren Leuten durchsetzt (ich selbst war nicht dort), aber nicht nur von der HJ, auch von der SA und der SS. Innitzer hat ja dann gut geredet. Und die katholischen Jugendlichen waren aufgeheizt, als sie aus der Kirche kamen. Ich hatte fünf meiner Leute hingeschickt, und die meldeten, dass die jungen Katholiken unsere NS-Sprüche umdrehten und statt ‚Wir wollen unsern Führer sehen' ‚Wir wollen unsern Bischof sehn!' riefen oder ‚Christus, unser Führer!'. Sofort nach der Veranstaltung fand in der Gauleitung eine Sitzung statt. Dabei wurde beschlossen, eine Agenturmeldung herauszugeben, in der ungefähr die doppelte Zahl an Teilnehmern am Gottesdienst angegeben werden sollte, als wirklich dort gewesen sind. Es darf keine Gegendemonstration geben, keine Ausschreitungen, nichts, nichts, nichts.

Am nächsten Tag war ich bei einer Streifendienstschulung im Bann 506, das waren die Bezirke Meidling und Hietzing. Auf einmal kommt ein Anruf: ‚Riesenwirbel am Stephansplatz! Die HJ stürmt angeblich das Erzbischöfliche Palais! Das ist gegen jeden Befehl!' Na, ich und einige andere springen in einen Dienstwagen. Als wir am Stephansplatz ankommen, brennt links vom Eingang des Stephansdoms bereits ein Scheiterhaufen mit Mobiliar aus dem Erzbischöflichen Palais. Im Churhaus haben sie gerade einen Pfarrer aus dem Fenster geworfen gehabt, der Gott sei Dank nicht tot war, aber mit gebrochenen Beinen von der Rettung abgeholt wurde. Krawarik hat er geheißen. Ich aktivierte den ZBV-Stoßtrupp und gab den Befehl, in die HJ-Kolonnen hineinzumarschieren, sie aufzulösen und heimzuschicken. Die entsprachen zwar dem Befehl, aber viele andere Mitmarschierenden gingen einfach aus Neugier weiter, die Demonstration kochte weiter. Es waren meiner Schätzung nach 70 bis 80 Beteiligte, aber nicht nur HJler, es waren die meisten nicht in Uniform.

Nun folgte ein Anschiss. Karl Kowarik war auch mit uns, denn der Nachfolger von Busch war ja schlauer als jener und hat Kowarik als alten Gebietsführer aus der Illegalität in HJ-Sachen immer konsultiert.

Na, das war ein Anschiss: ‚Befehlsverweigerung! Ausdrücklicher Befehl war doch, nichts zu unternehmen! Und dann das! Das zerstört die ganze Politik vom Adolf, reine Sabotage. Da werden ein paar Leute ins KZ kommen!'

Kowarik ließ noch in der Nacht alle verfügbaren Glasermeister kommen, die die kaputten Fenster reparieren sollten.

Ich fing sofort an zu ermitteln, auf wessen Mist die Aktion gewachsen war. Als Erstes ging ich zu dem Mann beim Scheiterhaufen und fragte ihn: ‚Wie habt ihr denn das ganze Zeug hier zum Brennen gebracht?', denn das Wetter war nicht danach.

Sagte der darauf: ‚Na, da haben wir Glück gehabt. Da war einer, und der hat uns eine Flasche Brennstoff gegeben, Benzin oder Petroleum.' – ‚Wie sah der Mann aus?' – ‚Schätzungsweise 26 Jahre alt, ganz durchschnittlich. Auffallend war sein breiter sächsischer Dialekt.' Ich befragte dann die Burschen von der HJ, hauptsächlich Jungen aus dem 20. und 2. Bezirk und ein paar aus dem Bann 501: ‚Wie habt ihr das Tor vom Palais aufgebracht?‘ – ‚Ach, da war ein Älterer, der uns auf einen daliegenden Balken hingewiesen hat. Er hat dann auch bei den ersten drei, vier Stößen mit dem Rammbock mitgeholfen.‘ – ‚Wie sah der Mann aus?‘ Die Personenbeschreibung war ganz anders als die von dem Mann beim Scheiterhaufen, allerdings stimmte ein Merkmal überein: sächsischer Dialekt!

Unser Stoßtrupp klapperte daraufhin alle Hotels und Pensionen ab. Und tatsächlich kamen wir auf eine Pension, in der sich schon Tage vor der Veranstaltung sechs Sachsen einquartiert hatten, die allerdings bereits wieder abgereist waren. Die Namen hatten wir allerdings – wer weiß, ob sie echt waren. Nach dem Anschluss waren deutsche Dialekte in Wien keine Seltenheit.

Ich baute daraufhin in jede HJ-Einheit Leute von mir ein, um endgültig aufzuklären, wer den Befehl zum Sturm auf das Erzbischöfliche Palais gegeben hat.

Ich gab ihnen den Auftrag, einmal eine ganze Zeit lang nicht zu fragen. ‚Wenn ihr nach ein paar Wochen nichts gehört habt, gebt ihr einen kleinen Anstoß und lasst Sprüche los wie: Leiwandt war's, die Aktion! Spätestens dann fangen die Leute zu reden an.‘ Nun, keiner sagte etwas. So fingen meine Leute zu fragen an. Das Ergebnis: Null! Wenn bei dem Fenstersturz des Priesters ein HJler beteiligt gewesen wäre, hätte er sich sicher dessen gerühmt. Krawarik ist deshalb definitiv nicht von der HJ aus dem Fenster geworfen worden.

Für mich ergab das dann insgesamt folgendes Bild:

Bannführer Pfoser vom Bann 501, der alle Bezirke innerhalb des Gürtels und des Donaukanals umfasste, war am 8. Oktober gerade zum Mittagessen. Sein Adjutant, ein alter illegaler HJler, vertrat ihn in dieser Zeit. Genau der bekommt nun einen Anruf eines Unbekannten, der in sächsischem Dialekt sagt:

‚Alle Befehle von gestern sind hinfällig, wir lassen uns die Provokation der Klerikalen nicht gefallen, heute Abend Gegendemonstration!‘

Dieser Adjutant verständigte nun die Banner. Nun, drängen musste man die Wiener HJ zu dieser Aktion nicht! Sie gingen also hin und stürmten. Mit voller Überzeugung, aber trotzdem wurden sie irgendwie missbraucht. Das gelang deshalb, weil der Adjutant von Bannführer Pfoser den Befehl mit dem alten Verständigungscode aus der Illegalenzeit weitergegeben hat. Wer aber waren diese Sachsen? Ich suchte Rat bei einem der schon damals legendären Alten Kämpfer, bei Otto Skorzeny, der später zur soldatischen Legende werden sollte.

‚Sachsen in Wien, die befehlen, den Kardinal zu überfallen?‘, fragte Skorzeny. ‚Das müssen die Deutschen Christen sein!‘

Die ‚Deutschen Christen‘ waren eine Gruppe radikaler nationalsozialistischer Protestanten, die uns in Wien noch nicht aufgefallen waren.

Ich machte aus all dem einen zusammenfassenden Bericht, der an die HJ-Führung und auch an SA und SS ging.

Zwei Tage später kam der SS-Sicherheitsdienst (SD) und beschlagnahmte unsere gesamten Unterlagen. Eine knappe Weisung erging: In diesem Fall darf nichts unternommen werden!

Es blieb noch ein Jahr lang Gesprächsthema. Die Meinung der Wiener HJ-Führung war, dass es ein Wahnsinn war, so etwas zu tun. Es hat aber sicher HJler gegeben, die gemeint haben, dass das eine leiwandte Aktion gewesen ist.“

Die Schilderung Werner Drehers gibt nicht nur Einblick in die verwickelte Kommandostruktur der Hitlerjugend, sondern bringt erstmals den Aspekt eines Befehls von außen in die Geschichte des Sturms auf das Bischofshaus. Selbst wenn es so gewesen ist, exkulpiert es die beteiligten Gruppen der Wiener HJ in keiner Weise, denn dass sie die ausführenden Täter waren, steht außer Frage.

Es ist kein Zufall, dass diese Ausschreitungen gerade im Herbst 1938 tobten, denn die Stimmung war ein halbes Jahr nach dem Anschluss allseits im Keller. Die Kirchenführung hatte gemerkt, dass ihre Anpassung an die Nationalsozialisten, ein Besuch Innitzers bei Hitler und alle „Heil Hitler“-Floskeln erfolglos geblieben waren. Hitler setzte das Konkordat, also den Staatsvertrag mit dem Vatikan, außer Kraft, führte die obligatorische Zivilehe ein, legalisierte die Scheidung und ließ zahllose Schikanen gegen Priester zu. Allerorts wurden von den Braunhemden Kruzifixe und religiöse Standbilder geschändet. Wenn das auch in der Bevölkerung nachgewiesenermaßen Abscheu hervorrief, griff die Dechristianisierung doch so weit, dass 303.163 Österreicher aus der katholischen Kirche austraten.

Gauleiter Bürckel selbst organisierte noch im Herbst 1938 eine antiklerikale Demonstration, deren Teilnehmer Transparente mit Parolen wie „Innitzer und Jud – eine Brut“ und „Pfaffen an den Galgen“ mitführten.

Von all dem bekommt Gertrude Wawrosch nichts mit.

„Zu Weihnachten 1938 gab es dann ein Weihnachtskonzert im Stephansdom, das ganz normal katholisch verlief. Nur dass anstelle von ‚Stille Nacht' das Lied ‚Hohe Nacht der klaren Sterne' gesungen wurde."

Hans Baumann, der Dichter des NS-Kampfliedes „Es zittern die morschen Knochen", hatte es 1936 als Gegenstück zu dem christlichen „Stille Nacht" veröffentlicht. Von der DDR über den westdeutschen Gewerkschaftsbund bis zu neuheidnisch-rechtskonservativ eingestellten Bevölkerungsschichten erfreut(e) sich dieses Lied in antiklerikalen Kreisen großer Beliebtheit.

Gertrude Wawrosch tritt schließlich dem BDM bei. Für sie ist das kein politischer, sondern ein persönlicher Befreiungsschlag.

„Es war eine gewisse Freiheit, die da lockte, denn wir durften bis dahin ja nicht ausgehen. Ich fragte also meinen Vater, ohne zu wissen, dass er als Staatsbeamter bereits unterschrieben hatte, seine Kinder zu HJ und BDM zu geben. Ich habe mir dabei nichts gedacht. In der Schule waren zwei Mädchen, die wesentlich älter waren als ich 16-Jährige, so 22, 23 Jahre alt, die uns fragten, wofür wir Mädchen uns so interessieren. Ich war immer eine von den Geschwätzigen, die alles einfach so hinausplauderten.

Noch dazu war ich als Gymnasiastin für den BDM besonders interessant. Von 50 Volksschülerinnen und Volksschülern der 4. Klasse waren nur zwei Buben und ich ins Gymnasium übergetreten. Die zwei Mädchen fragten mich: ‚Möchtest du nicht eine Führerin werden?' Führerin! Das klang gut! ‚Was muss ich denn da tun?', fragte ich. ‚Komm einfach hin, und du wirst hören, was zu tun ist.' Schließlich wurde ich für die Betreuung der Jungmädel, also der 10- bis 14-Jährigen, eingeteilt. Das gefiel mir sehr, da ich immer gerne mit Kindern zu tun hatte. Außerdem mussten sie mir folgen – auch das gefiel mir! Wir sangen, tanzten Reigen und erzählten Geschichten. Mit der Zeit wurden es immer mehr Jungmädel. Politisch hätte ich ihnen gar nichts erzählen können, ich wusste ja nichts. Horst Wessel und wie diese Vorbild-Gestalten alle hießen, sagten mir ja nichts. Mit Begeisterung widmete ich mich den jungen Mädchen, und bald wurde ich in die umliegenden Ortschaften nach Niederösterreich ausgeschickt, um auch dort Jungmädelschaften aufzubauen – ‚Jugend soll von Jugend geführt werden', hieß es. Ich als 16-Jährige war über diese Führungsrolle sehr geschmeichelt. Wir trieben viel Sport, feierten Feste, das Organisatorische machte mir Freude. Als Berta, meine Schwester, die ja schon länger als ich dabei war, nachwuchs, stieg auch sie in das Ganze ein. Sie war für die Jugendarbeit noch viel talentierter als ich, hatte ein absolutes Gehör, spielte Ziehharmonika, konnte tanzen und war gut im Sport. Mit 14 organisierte sie in Groß-Enzersdorf bei Wien ein Sportfest für die Jugend. Und das funktionierte so hervorragend, dass sich sogar die HJ erkundigte, wer denn diese perfekte Organisation hingelegt hatte. Zwei Burschen von der HJ kamen zu uns nach Hause und lobten Berta. Da sagte der eine von beiden zum anderen: ‚Die ist richtig! Schade nur, dass sie ins Kloster gehen wird.' Diese etwas spitze Bemerkung zeigte, dass die HJ genau über unsere Herkunft aus einem schwarzen Elternhaus informiert war. Wir Schwestern blieben jedenfalls mit Leib und Seele begeisterte Jugendführerinnen, und auch den Kindern gefiel das alles, denn es gab ja keine anderen Vereine. An Ideologie beim BDM kann ich mich dagegen überhaupt nicht erinnern. Immer wieder wurde der Name Horst Wessel genannt, und man wusste, dem ist irgendetwas zugestoßen, aber was das genau war, wussten wir nicht.

Katholisch und nationalsozialistisch waren für mich keine widersprüchlichen Prinzipien. Ich kann mich nicht erinnern, dass ich mit meinen Jungmädeln je über so etwas geredet hätte. Wir hatten zum Beispiel eine Sonnwendfeier, aber die dort rezitierten Gedichte haben wir vom Inhalt genauso wenig in uns aufgenommen wie die Nazilieder, die wir sangen. Wichtig war das Gruppenerlebnis.

1940 machte ich dann die Matura und kam in die Lehrerbildungsanstalt. Erst dort kam dann Ideologie dazu. Da kam eines Tages einer daher und erzählte uns: ‚Ein deutsches Mädel geht nicht in die Kirche.' Nun, das kam für mich natürlich nicht in Frage. Mein Vater hätte mich hochkantig hinausgeschmissen, wenn ich den Kirchgang verweigert hätte. Ich ging dann zu dem Vortragenden und sagte ihm: ‚Sie, ich bin katholisch und ich trete sicher nicht aus. Das würde schon mein Vater nicht erlauben.' Da schaute er mich an und sagte: ‚Na, ich an Ihrer Stelle würde mir das noch einmal überlegen.' Dabei blieb es dann auch. Nie wieder wurde ich danach darauf angesprochen, ich sollte mich nicht so katholisch gebärden.

So naiv wie ich war, so freimütig äußerte ich auch Kritik, etwa an bestimmten Exkursionen ins Kino – warum weiß ich nicht mehr. Ich wunderte mich trotzdem ein wenig, dass diese Kritik so locker genommen wurde. ‚Schau her', sagte mir eine Freundin, die aus sehr nationalem Elternhaus kam und auch gerne kritisierte, ‚die denken sich, dass wir ohnehin sehr gute BDMsen sind und lassen uns eben reden.'

Einmal wurde ich eingeteilt, mit zu beurteilen, wie gut die Neuzugänge im Tanzen und Singen sind. Meine Schwester war von 105 Mädchen die Fünftbeste. Aus Platzgründen könnte sie aber nicht in einer Führungsfunktion im Wiener BDM unterkommen. Sie sollte nach Innsbruck. ‚Kommt ja gar nicht in Frage!', sagte mein Vater, ‚ich lass' doch eine 14-Jährige nicht so weit weg!' Stattdessen kam sie in Wien ins Gymnasium. Uns war lange Jahre lang schleierhaft, warum meine Schwester als Fünftbeste nicht in Wien untergekommen ist. Erst später haben wir erfahren, dass einer unserer politisch zuverlässigen Nachbarn gefragt worden ist, ob in unserer Familie für meine Schwester eine nationalsozialistische Erziehung garantiert werden kann. Der Nachbar antwortete: ‚Nein, das sind Schwarze.' Das entnahmen wir erst nach 1945 einem Gauakt. In dem Akt stand auch zu lesen, dass wir jeden Sonntag in die Kirche gehen, und dass wir Mädeln zwar im BDM verwurzelt, aber keine echten Nationalsozialisten sind. Und es stimmte auch, denn mein Vater war ein deklarierter Christlichsozialer. Er wurde auch noch mit 60 Jahren zum Kriegsdienst eingezogen, obwohl er so schlecht sah, dass er nicht schießen konnte, und kam bald in englische Kriegsgefangenschaft nach Westfalen. Er war 1,70 groß und wog am Ende der Gefangenschaft noch 36 Kilo. Da er Österreicher war, wurde er in ein Lazarett in Osttirol gebracht. Erst nach einem halben Jahr konnte er wieder richtig gehen."

Es war eben ein Kreuz mit der Kirche ...

Erleuchtung?

„Eine Kirche, die nicht den konkreten Zeitbedürfnissen dient, dient zu nichts."

Ehe hier ein Missverständnis entsteht, sei verraten, dass dieses Zitat aus dem Jahr 2009 stammt. Formuliert hat es der Dompfarrer des Stephansdoms in Wien, Anton Faber. Es bezieht sich auf die Ernennung eines wegen seiner konservativen Haltung umstrittenen Bischofs in einer österreichischen Diözese durch den Papst.

Ließen wir dieses Diktum in all seiner schlichten Allumfassendheit so stehen, könnten wir das Kapitel Kirche und Nationalsozialismus gleich wieder schließen und der Meinung sein, dass Kirche(n) sich eben prinzipiell dem jeweiligen Zeitgeist unterzuordnen pflegen, um bestmöglich zu überleben. Wenn sie dagegen widerständig wären, spalteten sie sich meistens oder zerbrächen in kleinere Einzelteile.

Ist nicht Russland das beste Beispiel dafür?

Die russische Exilkirche spaltete sich nach der Oktoberrevolution von 1917 ab, erhielt sich von der atheistischen Diktatur rein, verlor allerdings in der Emigration die Fühlung mit dem überwältigenden Teil der Gläubigen im Mutterland. Die große russische Orthodoxie aber blieb bei ihren Gläubigen, um den Preis von Anpassung, Repressalien und Durchdringung mit Bütteln und Spitzeln des Systems – so lange, bis sie im Munde der Spötter die „kommunistisch-orthodoxe" Kirche wurde. Dafür verließ sie ihr Volk nicht und ermöglichte den Christen die Religionsausübung selbst unter widrigen äußeren Umständen.

So leicht dürfen wir es uns im Fall Österreichs im Jahr 1938 nicht machen.

Die römisch-katholische Kirche in Österreich hatte in jenem Jahr keine realistische Chance, zwischen allzu vielen Optionen zu wählen. Von der machtvollen Stütze des Ständestaats lief sie buchstäblich über Nacht Gefahr, überrannt zu werden; und zwar nicht von den einmarschierenden deutschen Truppen, sondern von den schon im Land befindlichen, den österreichischen Nationalsozialisten, die ihren Kampfschrei „Pfaffen an den Galgen!" mithilfe von Helfern anderer Gesinnungen womöglich in die Tat umsetzen wollten. Ist daher das handschriftliche „(...) und Heil Hitler" Kardinal Innitzers an Gauleiter Bürckel mithin als Hilferuf zu betrachten? An jenen Bürckel, der von Berlin offiziell unter anderem deshalb geschickt worden war, um die wildesten Ausschreitungen unter Kontrolle zu halten? Die österreichischen Bischöfe gaben einhellig eine Ja-Empfehlung für den Anschluss ab. All diese Ergebenheitsgesten blieben ungehört. Innitzer und seine Mit-Bischöfe blieben trotzdem. Wohl fühlten sie sich dabei nicht in ihrer Haut.

Theodor Innitzer, ein 1875 in Nordböhmen geborener Universitätsprofessor, war zwar ein gebildeter und energischer Mann, aber auch gutgläubig. Obwohl in der Ersten Republik zeitweilig Unterrichtsminister, mangelte es ihm entschieden an politischem Talent. Als er erkannte, dass ihn die Nazis trotz aller versuchten Anpassung hinters Licht geführt hatten, wandelte er sich zu einem überzeugten Hitler-Gegner, der dann während des Krieges hunderten verzweifelten Juden die Flucht ermöglichte und Geldbeträge zusteckte, der den Vatikan um Hilfe anflehte und letztlich bereit war, sein Leben zu riskieren. „Mehr als erschlagen können sie mich nicht", meinte er zu seiner Umgebung. Für seine anpasslerische Haltung im März 1938 wird er vom Papst persönlich gerügt. Pius XI. wäscht dem Wiener Erzbischof gründlich den Kopf. „Der Hl. Vater war ein strenger Mann", erinnert sich Innitzer später. „Als ich ihm mein Verhalten in den Märztagen 1938 erklären wollte, fuhr er auf und sagte unwillig: ‚Eminenz! Haben Sie auch schon rosarote Brillen auf?'" Der Papst war sich über den wahren Charakter des Nationalsozialismus im Klaren. Deprimiert kehrte Innitzer heim. Er hatte seiner Kirche ebenso schweren Schaden zugefügt wie der österreichische evangelische Oberkirchenratspräsident Robert Kauer der seinen, als er Hitler offen schrieb: „(...) Gott segne Ihren Weg durch dieses deutsche Land und Ihre Heimat!"

Bei Bürckels Demonstration am 13. Oktober forderte eine 200.000-köpfige Menge: „Innitzer nach Dachau!" Der Gauleiter hetzte über die Pfaffen als Staatsfeinde, und immer wieder erschollen Rufe: „Zwei, drei, vier – Innitzer krepier!"

Da zog Hitler einen gewissen Schlussstrich. Er wollte die Christen noch nicht zu sehr aufbringen, wollte keinen Widerstand erzeugen, denn sie waren einfach zu viele und er würde sie noch brauchen, an den Fronten und im Hinterland. Der Terror gegen die Kirche wurde hintergründiger, aber um nichts weniger effektiv fortgesetzt.

Freilich gab es auch eine eigene Vereinigung von katholischen Priestern, die sich dem Zeitgeist ergaben und mit der NSDAP sympathisierten, die „Arbeitsgemeinschaft für den religiösen Frieden" unter der Leitung von Johann Pircher. Sie wurde im Oktober 1938 von der Kirchenführung verboten und umfasste zu diesem Zeitpunkt 525 geistliche Mitglieder und 1844 sympathisierende Priester. Und da war dann noch der österreichische Kurienkardinal in Rom Alois Hudal, der eine Symbiose von Katholizismus und NS-Ideologie für möglich hielt und 1936 ein Buch mit dem Titel „Die Grundlagen des Nationalsozialismus" verfasst hatte. Das machte ihn allerdings sowohl für die neuheidnische NS-Elite als auch für die Führung der katholischen Kirche verdächtig – er saß zwischen den Stühlen.

Theodor Innitzer organisiert unterdessen Religionsunterricht auf privater Basis. In seinem Palais richtet er eine Hilfsstelle ein, die bedrängten Juden Schiffspassagen in die USA vermittelt und Hinterbliebenen von KZ-Toten hilft. Dafür braucht er viel Geld, das er heimlich von privaten Spendern bekommt, von Industriellen wie von kleinen Gewerbetreibenden. 7000 Reichsmark gehen monatlich bis Kriegsende durch seine Hände. Er selbst zieht sommers keine Socken an, um sparen zu helfen. Die Küche des Palais kann täglich 70 Familien notdürftig ernähren.

Auch in der Auseinandersetzung der Nazis mit der Kirche fehlt es nicht an Skurrilitäten. So erreicht den Reichsstatthalter Franz Ritter von Epp in München am 12. April 1938 ein Schreiben, in dem ein wahrhaft bestürzendes Ereignis geschildert wird, das sich im bayerischen „Jacht-Klub Starnberg" zugetragen hat: „(...) erzählte einer der Herren, er habe Sie im Radio sprechen hören, und zwar bei Ihrer Rückreise aus Italien. Sie haben, so erzählte der betreffende Herr, die Tiroler wie folgt begrüßt: ‚ein Grüß Gott und Heil Hitler meinen Tirolern'. Das Klubmitglied Parteigenosse Hel. Fentzloff, München, Altersheimerstraße 4/0, äußerte darüber sehr empört, dass dieser Jesus Christusgeneral dadurch in der Partei unmöglich geworden sei. Gemeint waren außer Zweifel Sie, Herr General, weil ja nur von Ihnen die Rede war."

Am 13. März 1940 (!) wurde Parteigenosse Fentzloff von Ritter von Epp zur Entgegennahme eines Entschuldigungsschreibens empfangen ...

Der von Gauleiter Bürckel für die Ostmark ausgerufene Kirchenkampf geht weiter. Gerhard Jagschitz fasst ihn so zusammen:

„26 große Stifte und Klöster sowie 188 andere Männer- und Frauenklöster wurden aufgehoben, 1.400 katholische Privatschulen, Heime und Bildungseinrichtungen geschlossen, etwa 6.000 kirchliche Vereine, Werke und Stiftungen verboten und ihre Vermögen beschlagnahmt. Von den Priestern waren zwischen 1938 und 1945 724 im Gefängnis, 110 im Konzentrationslager (20 davon starben oder wurden ermordet), 15 wurden zum Tode verurteilt und hingerichtet, über 200 Priester waren gau- oder landesverwiesen, über mehr als 1.500 wurde ein Predigt- oder Schulverbot verhängt, die öffentliche Religionsausübung erschwert. Der Klerus steht mit den Eisenbahnern an der Spitze der vom Nationalsozialismus verfolgten Berufsgruppen. Die Kirche wurde dadurch faktisch in die Diaspora getrieben und versuchte den Weg einer inneren Erneuerung.

Dennoch war die Kirche in einem massiven Dilemma. Lange Zeit hindurch gab es gewisse ideologische Parallelen – etwa im Antijudaismus und Antibolschewismus –, und auch die öffentliche Unterstützung der Bischöfe im März 1938 für den ‚Anschluss' war nicht vergessen. Darüber hinaus gab es zahlreiche Priester als Parteimitglieder und in weiten Teilen des Klerus nicht unwesentliche Sympathien für den Nationalsozialismus. Mitte 1938 entschied das für Parteiangelegenheiten der NSDAP zuständige Reichsschatzministerium, dass auch in Österreich, analog zum ‚Altreich', kein Angehöriger des Klerus Parteimitglied werden dürfe, lediglich diejenigen Priester, die schon Mitglieder waren, wurden nicht ausgeschlossen.

Die kirchliche Führung glaubte jedoch, trotz des Terrors und der Verfolgungen, durch eine Politik des Ausgleichs und der Anpassung an die Forderungen des nationalsozialistischen Regimes noch am ehesten als Ganzes überleben und eine Grundorganisation aufrechterhalten zu können. Aus diesem Grunde akzeptierte das Episkopat die Trennung von Kirche und Staat und rief dazu auf, sich der Staatsautorität unterzuordnen. An den Klerus erging die Weisung, sich jeglicher politischer Tätigkeit zu enthalten. Wieweit damit eine bewusste Billigung des nationalsozialistischen Unrechtsregimes und des Terrors in Kauf genommen, eine – letztlich erfolgreiche – Strategie des Überwinterns entwickelt wurde oder das Schweigen zu einer Mitschuld führte, wird noch Gegenstand historischer Forschung sein müssen. Jedenfalls könnte hier eine kirchliche Historikerkommission – die schon seit Jahren vergeblich angeregt wird – Klarheiten bringen. Der gleichzeitige – und oft auch autonome – Widerstand der katholischen Basis bewirkte ein Auseinanderfallen von Amtskirche und Kirchenvolk. Man wird also nicht vom Begriff ‚der' Kirche im Nationalsozialismus, vielmehr von einer inhomogenen, von Interaktionen und einem nur losen Zusammenwirken verschiedener Teile bestimmten Struktur ausgehen können, die nach dem Zweiten Weltkrieg dramatische Auswirkungen zeitigte.

Bei der Bewertung der Lage der katholischen Kirche wird meist vergessen, dass der Nationalsozialismus – trotz aller Schalmeienklänge – nie einen Zweifel daran gelassen hat, mit dem großen ideologischen Gegner einen Machtkampf mit dem Ziel der Zurückdrängung des religiösen und spirituellen Einflusses bis zum endgültigen Sieg des Nationalsozialismus zu führen. Dem weltanschaulichen Machtkampf entsprach jedoch auch ein politischer und materieller mit dem Ziel der Schwächung und schließlich Beseitigung der ökonomischen Basis der Kirchen und Aufhebung der weltkirchlichen und klösterlichen Strukturen. Dies erfolgte jedoch nicht geradlinig, was mehrere Ursachen hatte. Zum einen die verwirrende Herrschaftsstruktur des nationalsozialistischen Systems, die immer auch die Gleichzeitigkeit von Gegensätzen oder zumindest unterschiedlicher Vorgangsweisen und Interessen beinhaltete (...), dann die politische Taktik, sich nicht gleichzeitig und radikal mit dem mächtigsten Gegner anzulegen und schließlich der Zweite Weltkrieg, der immer mehr die Unterordnung unter kriegspolitische und kriegswirtschaftliche Interessen erforderte, sodass die Lösung von immer mehr Problemen auf die Zeit nach dem ‚Endsieg' verschoben wurde."

Jedenfalls stieg die Zahl der Kirchenbesucher wieder an, je mehr Todesnachrichten von den Fronten eintrafen. Wer nicht in sich ging, wen der Glaube nicht erleuchtete, der versuchte sich zumindest abzulenken ...

Erbauung

„Ich habe es allerdings leicht, da ich als Österreicher seit 12 Jahren in Deutschland lebe, und weiß daher aus eigener Erfahrung: im Deutschland Adolf Hitlers leben heute nur glückliche und frohe Volksgenossen. Mein Wunsch ist, dass es in meiner Heimat, die ich über alles liebe, recht bald auch so sein möge. Deshalb am 10. April: Ja!"

Wer in Österreich 1938 nicht auf Hitler, Renner oder Innitzer hörte, ließ sich vielleicht von dem Mann beeinflussen, der dieses Zitat vom Stapel gelassen hat: Der Filmstar Paul Hörbiger, Bruder des ebenso berühmten Schauspielers Attila Hörbiger und Sohn des Forschers Hanns Hörbiger, dessen „Welteis-Lehre" in ihrer grimmigen Welterklärung die Nazis faszinierte. Die beiden Söhne sorgten sich indes wenig darum, ob die ganze Welt und das All gleich dazu aus Eis bestünden oder nicht. Sie hatten schon vor dem Dritten Reich glänzende Bühnen- und Filmkarrieren gemacht, und Attila war gemeinsam mit seiner Frau, der Schauspielerin Paula Wessely, zum Traumpaar der ostmärkischen Filmwelt avanciert.

Dass sie 1941 auch in „Heimkehr", einem der vier großen NS-Propagandafilme der Wien-Film, maßgebliche Rollen verkörperten, kam ihrem Ruf nach dem Ende des Dritten Reiches nicht gerade zugute, änderte aber nichts am künstlerischen Erfolg Attilas und „der Wessely" im Nachkriegsösterreich. „Heimkehr", in dem Hitlers Angriffskrieg gegen Polen gerechtfertigt wird, war wohl der tendenziöseste Propagandafilm der Wiener Produktion. Neben „Leinen aus Irland", einem Verschnitt des „Jud Süß"-Stoffes, und „Liebe ist zollfrei" verdient der 1941 gedrehte Film „Wien 1910" besondere Beachtung. Rudolf Forster spielt darin unter der Regie von E. W. Emo den todkranken Wiener Bürgermeister Karl Lueger, um den sich der Führer der Alldeutschen Georg Schönerer, dargestellt von Heinrich George, und der Sozialdemokrat Victor Adler, von Herbert Hübner als „typischer Jude" angelegt, als Figuren gruppieren. Der Streifen verzerrte den realen historischen Hintergrund des Stoffes gründlich und wurde mehrmals umgeschnitten. Schließlich befand die Berliner Zensur, dass Lueger darin zu gut wegkäme und Schönerer zu blass gezeichnet sei. Sie verbot die Aufführung von „Wien 1910" auf dem Gebiet der Alpen- und Donaugaue, also des ehemaligen Österreich!

Neben Romanzen wie zum Beispiel dem Mozart-Film „Wen die Götter lieben" (1942) mit Hans Holt in der Hauptrolle oder Willi Forsts Musik- und Starfilmen wie „Bel Ami" oder „Operette", waren es vor allem Komödien, die bevorzugt in den Wiener Rosenhügel-Studios gedreht wurden.

Der Aderlass durch die Verfolgung der jüdischen oder ideologisch verdächtigen Künstler war unvorstellbar groß: „Zum ersten Mal in der Geschichte des österreichischen Films gelang es den Machthabern, einen großen Teil der Künstlerschaft auszuschalten oder zu vertreiben", schreibt der Filmhistoriker Walter Fritz.

Wien nennt er „Hitlers Hollywood", und ein bisschen was ist davon schon wahr:

Die Wien-Film, vormals nach ihrem Gründer, dem Filmpionier Sascha Kolowrat „Sascha"-Film genannt, war von Propagandaminister Joseph Goebbels innerhalb der Reichsfilmkammer dazu ausersehen, reichsweit mit Unterhaltungsstreifen für Erbauung und vor allem Ablenkung zu sorgen. Wie wichtig das für die Stimmung im Land war, sollte sich bald zeigen. Waren auch die Wochenschauen von Jahr zu Jahr, von Monat zu Monat von den Kriegsereignissen bestimmt, so blieb doch das Kino eines der tauglichsten Mittel, zumindest für eine kurze Zeit dem Kriegsalltag zu entrinnen. Eine zentrale Rolle dabei spielte nicht nur der umtriebige Schauspieler und Regisseur Willi Forst, sondern vor allem der geniale Wiener

Komiker Hans Moser, der in Wahrheit Julier hieß. Er war nicht nur Hitlers Lieblings-Filmschauspieler, sondern auch einer der populärsten Filmstars seiner Zeit. Das bewahrte ihn nicht vor den Maßnahmen des Regimes, wie folgender Brief Mosers an Hitler beweist:

„Mein Führer!

Ich lebe mit meiner Frau seit 25 Jahren in glücklichster Ehe. Ich bin vollkommen arischer Abstammung, während meine Frau Jüdin ist. Die für Juden geltenden Ausnahmegesetze behindern mich außerordentlich, insbesondere zermürben sie mich seelisch, wenn ich ansehen muss, wie meine Frau, die so viel Gutes für mich getan hat, dauernd abseits stehen muss.

Ich würde mir nicht erlaubt haben dieses Gnadengesuch einzubringen, aber ich habe so viel Kummer (jetzt wieder durch die neuen Reisebestimmungen).

Ich bitte Sie deshalb inständigst, meiner Gattin die für Juden geltenden Sonderbestimmungen gnadenweise zu erlassen, insbesonders von der Eintragung des ‚J' in ihrem Pass und von der Führung des ihr auferlegten jüdischen Vornamen zu befreien.

Heil mein Führer!
Hans Moser recte Julier
Schauspieler
Wien XIII Auhofstraße 76"

Es half alles nichts. Frau Moser musste 1939 nach Ungarn emigrieren und überlebte mit Müh und Not Krieg und Verfolgung. Nur seiner übergroßen Popularität wegen durfte Hans Moser weiterhin in deutschen Filmen spielen. In nicht weniger als 33 Filmen verkörperte er von 1938 bis 1944 den ihm eigenen Typ des grantigen Wieners. So oft erschien er auf der Leinwand, dass es vor allem den Kritikern aus dem Altreich schon etwas zu viel wurde, die von „Verschleißerscheinungen" wissen wollten und empfahlen, dass man mit diesem Künstler „haushälterischer" umgehen solle. Und im Norden stieß man angesichts von Mosers nuschelnder Sprechweise auf Grenzen: „So mag man Hans Moser auf der Bühne in Wien sprechen lassen", schrieb der Kritiker Georg Herzberg. „Ein Film aber soll überall gezeigt und verstanden werden, in Flensburg wie in Königsberg, in Düsseldorf wie in Berlin."

Am 24. Mai 1944 erging ein Anti-Dialekt-Erlass. „Unsere Filme", so hieß es darin, sollten „dem deutschen Publikum aller Stämme verständlich bleiben." Zum Tragen kam er de facto nicht mehr, und es ist auch mehr als unwahrscheinlich, dass sich die Moser'sche Sprechweise durch einen Erlass dieser Art geändert hätte.

Gelegentlich bauten Willi Forst und Paul Hörbiger kleine Spitzen in ihre Filme ein, die als leichte Österreich-Separatismen durchgehen konnten und dennoch die Zensur passierten. Gegen Ende des NS-Systems wetterte Joseph Goebbels über das „süßliche Wienertum" dieser Spielfilme, dem er viel zu breiten Raum gelassen und das zur Verweichlichung des kriegführenden Volkes beigetragen hätte. Der letzte Streifen dieser Art, „Wiener Mädeln" (Drehbeginn 1944), zeigt Hans Moser als Mitglied einer Deutschmeisterkapelle vor einer rot-weiß-roten Fahne. „Wiener Mädeln" wurde allerdings erst 1949 fertig gestellt und kam dann in die Nachkriegskinos. Tatsächlich dürfte eine kleine Gruppe um den Schauspieler Paul Hörbiger in den letzten Kriegsmonaten Kontakt zu einer Widerstandsgruppe aufgenommen haben. Aktiver Widerstand aus den Kreisen der österreichischen Film-Künstler ist aber nicht nachweisbar. Sie waren privilegiert und streckten sich nach der Decke – nicht immer nur aus Ehrgeiz, auch aus Angst ...

Dazu schreibt Biograf Gregor Ball in seinem Buch „Heinz Rühmann – sein Leben, seine Filme": „Wie Heinz Rühmann war sich auch Hans Moser nie ganz sicher, ob der Führer ihm wohlgesonnen war. Deshalb war bei Begegnungen mit Nazigrößen, bei denen oft auch Kollegen wie Theo Lingen, Paul Verhoeven, Paul Bildt, Paul Henckels, Gustaf Gründgens oder andere dabei waren, die Devise: Lächeln und Schweigen oder ein wenig Nuscheln, so wie es eben Hans Moser tat."

Moser musste sich wenigstens nicht von seiner jüdischen Frau scheiden lassen. Anderswo im Kulturbetrieb ging es weit rauer zu.

„Die Direktion sieht sich veranlasst Ihnen mitzuteilen, dass Sie mit sofortiger Wirksamkeit von Ihrer Tätigkeit als Ballettschullehrerin enthoben sind".

Nur Tage nach dem Anschluss wurde in der Wiener Staatsoper mit der Vertreibung jüdischen Personals begonnen. So wie Rosa Dirtl, an die das obige Schreiben gerichtet war, mussten noch rund 90 weitere Mitarbeiter faktisch von heute auf morgen das Haus am Ring verlassen.

Das größte Opernhaus des Landes war ebenso wenig ein Refugium inmitten der Verfolgung wie das Burgtheater und andere Bühnen. Die

Anbiederung an die Nazis begann sofort – viele der Entlassungen hatten direkte und indirekte Nutznießer.

Derart rasch und umfassend waren die Entlassungen, dass sowohl Chor als auch Orchester ihre Arbeit teilweise nicht mehr aufrechterhalten konnten. So wurden Extra-Ansuchen gestellt, um entlassene Künstler vorübergehend wieder beschäftigen zu können – teilweise auch ohne Wissen der Nazis, wie im Falle des mit einer Jüdin verheirateten Schlagwerkers Arthur Schurig. Werke wurden verboten, heitere Opern in den Vordergrund gestellt, aufwendige Werke wegen Sängermangels hintangestellt – was ausgerechnet auch Hitlers so geliebte Wagner-Musikdramen betraf.

So mancher war nicht nur anpasslerisch, sondern geradezu übereifrig: Licht in die Mechanismen der Nazi-Herrschaft und der Nachkriegszeit bringen etwa zwei Briefe des Dirigenten Karl Böhm: 1935 suchte er um ein Dirigat in Wien an, um „den Anhängern der nationalsozialistischen Idee neue Anregungen zu geben". 1946 wollte er laut einer Erklärung dann „nach besten Kräften für die freie, unabhängige und demokratische Republik Österreich" eintreten.

Andere österreichische Künstler begründeten ihre Karriere überhaupt erst im Dritten Reich, wie etwa der Dirigent Herbert von Karajan, dessen Rolle in der NS-Zeit bis heute umstritten ist.

Der Durchbruch in Deutschland gelang Karajan 1938 mit Wagners „Tristan und Isolde" in der Berliner Staatsoper. Es war vom „Wunder Karajan" die Rede.

Ob er schon 1933 oder erst 1935 Mitglied der NSDAP war, darüber streiten die Historiker noch heute. 1934 schaffte er es jedenfalls zum ersten Kapellmeister in Aachen und ein Jahr später wurde er zum jüngsten deutschen Generalmusikdirektor befördert. Zweieinhalb Jahre lang war er mit der Operettendiva Elmy Holgerloef verheiratet, die mit der späteren Frau von Hermann Göring befreundet war. Ob er ihr sein erstes Berliner Engagement zu verdanken hat, ist nicht bekannt.

Zum „Wunder Karajan" machten ihn die Feinde seines älteren Konkurrenten Wilhelm Furtwängler. Hitler ernannte den, wie er sagte, eitlen und arroganten Karajan zum Staatskapellmeister. Eine Zeit lang hat Karajan von den Nazis profitiert. Oliver Rathkolb, der seit Jahren die Biografie Karajans erforscht, ordnet die NSDAP-Mitgliedschaft des Künstlers als Sprungbrett ein: „Die Parteimitgliedschaft war ihm wichtig, um eine Position zu erreichen. Er hat auch gar keine Probleme damit gehabt, dorthin zu gehen. Für ihn war das eher eine Nebensächlichkeit."

Nach dem Krieg wurde Karajan von den Besatzungsmächten mit einem Dirigierverbot belegt, das allerdings schon 1947 wieder aufgehoben wurde.

Erschöpfung

„Der Rundfunksender Wien schaltet nun ab ...".

„Und dann ist immer der Kuckuck im Radio gekommen. Die Angst werde ich mein Leben lang nicht vergessen." Erna S., damals ein kleines Mädchen in Wiener Neustadt, erschauert noch heute, wenn sie sich an das Radio-Signal erinnert, das wie ein Kuckuck klang und den Angriff britischer oder US-amerikanischer Bomber ankündigte. „(...) und danach die Sirenen des Luftschutzes. Entsetzlich!"

Zwei ihrer Freundinnen, mehrere Mitschüler und eine Tante sind damals in den Trümmern ihrer Häuser verschüttet worden. Doch der „Kuckuck" bedeutet mehr als eine schaurige Erinnerung der Erna S., wie Oliver Rathkolb analysiert:

„Der Kuckuck im damaligen Reichssender Wien sollte ein Signal darstellen, dass alle Wiener und Wienerinnen, aber auch darüber hinaus in anderen Städten Betroffene in die einzelnen Luftschutzbunker flüchten. Er wurde auch zu einem Synonym für die alliierten Bombenangriffe über Österreich. Gleichzeitig ist, glaube ich, auch wichtig festzuhalten, dass der Kuckuck natürlich auch indirekt das Signal für den Beginn der österreichischen Opferdoktrin ist. Das heißt, im Zuge der alliierten Bombenangriffe wandelte sich zunehmend, auch vor dem Hintergrund der Verluste der Deutschen Wehrmacht im Frontverlauf, die kollektive Einstellung der Österreicher und Österreicherinnen – also vom Bestandteil des Deutschen Reiches hin zu den Opfern des Nationalsozialismus und des Zweiten Weltkrieges."

Der Krieg war ins Haus gekommen, und die Menschen litten Todesangst.

Am 6. April 1941 hatte die jugoslawische Luftwaffe den Grazer Frachtenbahnhof aus der Luft bombardiert – nur ein Vorgeschmack auf das, was noch folgen sollte.

Am 13. August 1943 beginnt die „Operation Juggler“ der 9. US-Luftflotte. Von Tunesien aus starten 61 Bomber Richtung Wiener Neustadt. Ihr Ziel: die Messerschmitt-Werke, ein bedeutender Rüstungsbetrieb. 185 Tote fordert dieser erste bedeutende Luftangriff auf österreichischem Boden. Wiener Neustadt büßt bitter für seine Rüstungsindustrie. In 29 Luftangriffen wird es bis Kriegsende von 55.000 Bomben zu fast 90 Prozent zerstört. 800 Menschen kommen dabei ums Leben. Wiener Neustadt – eine der am stärksten zerstörten Städte Österreichs.

Der Februar 1944 bringt massierte britische und US-amerikanische Luftverbände, die „big week“ erreicht Wien am 17. März 1944. Das Ziel sind die Hafenanlagen und die Raffinerie in der Lobau im Südosten der Stadt. Am 12. März 1945 wird Wien so heftig und opferreich bombardiert, dass die Liste der Toten entgegen sonstigen Gepflogenheiten nicht veröffentlicht wird. Ein schicksalsträchtiges Datum – genau sieben Jahre nach dem Anschluss. Auch die in Wien errichteten riesigen Bunkeranlagen für die Fliegerabwehr, die sechs um das Stadtzentrum herum errichteten Flaktürme, bleiben angesichts des Flächenbombardements nutzlos.

Bei 55 Luftangriffen starben in Wien 8769 Menschen, zehntausende Gebäude wurden zerstört oder beschädigt, die meisten davon waren nichtmilitärische Ziele. Die Staatsoper etwa, die völlig ausbrannte, hätte die US-Luftwaffe irrtümlich für die Floridsdorfer Raffinerie gehalten, wird es später heißen. Stark zerstört wurde auch Graz (fast 2000 Tote in 56 Angriffen). Klagenfurt erlebte 48 Luftangriffe, Villach 37, Innsbruck 22, ebenso wie Linz. Salzburg kam verhältnismäßig spät an die Reihe und musste 16 Bombardements und die Zerstörung der Domkuppel hinnehmen. Zielgerichtet wurden die Industriegebiete in der Mur-Mürz-Furche, in Schwechat und Zwölfaxing bombardiert sowie die zum Teil aus dem Altreich in die Donau- und Alpengaue verlegten Betriebe in Steyr (Panzer), Schwechat, Zwölfaxing und Hallein (Flugzeuge), Wien und Moosbierbaum (Treibstoff).

Am 29. April 1945 betraten sowjetische Truppen der „Dritten Ukrainischen Front“ im Burgenland bei Klostermarienberg österreichischen Boden. Das Kräfteverhältnis der heranrückenden Roten Armee zu den deutschen Verteidigern des nahen Wien war zirka zehn zu eins zugunsten der Sowjets. Wie auch anderswo war Hitlers Befehl ausgegeben worden, die Stadt um jeden Preis zu halten. Generäle kamen und vor allem gingen sie auch schnell wieder, der Oberbefehl wechselte rasch, Gauleiter Schirach verzog sich in seinen Bunker im Wienerwald, um mit seinem Stab in einer Art Weltuntergangsstimmung die letzten Reserven an Luxus-Lebensmitteln zu konsumieren.

Die Verteidigung der Stadt liegt nun unter anderem in den Händen von jungen Männern wie Ralf Roland Ringler. 24 Jahre ist er jetzt alt und soll mit seinem „HJ-Volkssturm", dem letzten Aufgebot von Kindern, die Russen aufhalten – eine Illusion, jedoch ist die Entschlossenheit zum Kampf groß, sagt Ringler.

„Die Bolschewiken sind für uns noch immer der Inbegriff des Schreckens, des Terrors, der Unfreiheit, des Blutbades und der Grausamkeit. Die Bolschewiken in Europa, das klingt wie die Mongolen in Deutschland, die Türken vor Wien oder die Hunnen im Abendland."

Und die Perspektive, von den Sowjets befreit zu werden, schien objektiv gesehen auch nicht gerade rosig.

Denn mochten die Nazi-Parolen gegen den Bolschewismus auch Propaganda sein, so war es – wie der Historiker Werner Maser anmerkt – keine deutsche Propagandalüge, dass Soldaten der Roten Armee zum Beispiel am 20. Oktober 1944 im ostpreußischen Dorf Nemmersdorf Kinder, junge Mädchen und Frauen jeden Alters vergewaltigten, ihnen die Brüste abschnitten und mit ausgebreiteten Armen nackt an Scheunentore nagelten.

Sie folgten dem Postulat des kommunistischen Polit-Predigers Ilja Ehrenburg, der 1942 in der „Krasnaja Swesda" geschrieben hatte:

„Die Deutschen sind keine Menschen. Von nun an ist das Wort ‚Deutscher' für uns wie ein entsetzlicher Fluch. Von jetzt an lässt das Wort ‚Deutscher' das Gewehr von allein losgehen. Wir werden nichts sagen. Wir werden uns nicht empören. Wir werden töten. Wenn du nicht pro Tag wenigstens einen Deutschen getötet hast, war es ein verlorener Tag. (...) Wenn du den Deutschen nicht tötest, tötet er dich. Er nimmt deine Nächsten und quält sie in seinem verfluchten Deutschland. (...) Wenn du den Deutschen leben lässt, hängt er den russischen Mann auf und schändet die russische Frau. Wenn du einen Deutschen getötet hast, töte einen zweiten – nichts stimmt uns froher als deutsche Leichen. Zähle nicht die Tage. Zähle nicht die Werste [altes russisches Längenmaß, Anm. d. Verf.]. Zähle nur eins: die von dir getöteten Deutschen. Töte den Deutschen!, bittet dich die alte Mutter. Töte den Deutschen!, fleht dich das Kind an. Töte den Deutschen!, schreit die Heimaterde. Ziel nicht vorbei. Triff nicht daneben. Töte!"

Mag sich dieser berüchtigte Aufruf auch explizit auf das Töten von Soldaten beziehen, so war doch klar, wie er sich auch auf die Zivilbevölkerung auswirken würde.

Der spätere Dissident Lew Kopelew, der selbst an solchen Gräueln beteiligt war, schrieb 1976 in seinem Buch „Aufbewahren für alle Zeit": „(...) wir alle (...) Generäle und Offiziere verhalten uns nach Ehrenburgs Rezept ‚Tötet, tötet' nehmt die deutschen Frauen, eure Beute (...). Welche Rache lehren wir: deutsche Weiber aufs Kreuz legen (...) und stell dir vor, was wird später aus unseren Soldaten, die zu Dutzenden über eine Frau herfielen? Die Schulmädchen vergewaltigten, alte Frauen ermordeten? (...) Das sind Hunderttausende von Verbrechern, grausame und dreiste mit den Ansprüchen von Helden (...). So vollzog sich die Rache für die deutsche Invasion und die blutigen Gräuel, die die Bevölkerung der Sowjetunion zuvor zu dulden gehabt hatte, in furchtbarer Weise an Frauen und Kindern."

In dieser Form handelten wiederum nur Teile der Sowjetarmee, sicher nicht die Mehrheit. Und dass Wehrmachts- und SS-Angehörige ebenfalls grauenvolle Verbrechen begingen, vor allem im Rahmen des sogenannten „Kommissarbefehls", der vorsah, sowjetische Polit-Funktionäre sofort zu töten, oder bei der Liquidierung ganzer Dörfer als Vergeltung für Partisanenangriffe, war für die Deutschen daheim – so sie davon wussten – angesichts der eigenen Angst keine wirkliche Kategorie.

Wie bei den Nazis fing auch bei den Sowjets der Fisch am Kopf zu stinken an.

Als Milovan Djilas, damals Verbindungsmann des jugoslawischen Kommunistenführers Tito in Moskau, Stalin auf besagte Zustände ansprach, meinte dieser nur lakonisch: „Sie haben sich die Rote Armee ideal vorgestellt. Und sie ist nicht ideal und kann es auch nicht sein, selbst wenn sie nicht einen gewissen Prozentsatz von Verbrechern enthielte (...) wir haben die Tore unserer Strafanstalten aufgemacht und alle in die Armee gesteckt. Die Rote Armee ist nicht ideal. Wichtig ist, dass sie die Deutschen bekämpft, und sie kämpft gut, alles andere spielt keine Rolle."

Dass angesichts dieser Umstände die allermeisten Deutschen, so sie nicht Unterdrückte und Verfolgte des NS-Regimes waren, ob im Gebiet des ehemaligen Österreich oder anderswo, diese Form der Befreiung nicht gerade herbeisehnten, lag auf der Hand. Die Menschen hatten – egal wo sie politisch standen – vor allem eines: Angst.

*

Die BDM-Maid Gertrude Wawrosch ist in „kriegswichtigem Einsatz" – so gläubig wie naiv.

„Ich fühlte mich, ohne politisch großartig nachzudenken, als Nationalsozialistin. 1941 wurde ich in die Untersteiermark versetzt. Von Partisanenkämpfen habe ich dort vorerst nichts mitbekommen, da ich mich mit den slowenischen Einheimischen nicht verständigen konnte. Vor allem wollten die nicht mit uns reden. Im Herbst 1943 hatte ich mich mit einer Weinhauerstochter angefreundet. Die kannte alle Bauern und nahm mich auf ein Fest mit.

Mitten im Feiern gibt es auf einmal einen lauten Knall, irgendwo in der Nähe. Meine Freundin packt mich und wir machen uns auf unseren Fahrrädern davon. ‚Was war denn das?', frage ich. ‚Frag nicht …', antwortet sie.

Am nächsten Tag in der Früh gehe ich in Richtung Schule, bei der Kirche. Da sehe ich zwei Autos und viele Menschen auf der Straße. Alle brüllen auf Slowenisch durcheinander. Auf einmal sehe ich SA-Männer, die slowenische Männer auf die Ladefläche der Autos bugsieren. Ihre Frauen klammern sich an die Männer, die Kinder schreien. Ich kann mir darauf keinen Reim machen. Dann frage ich meine Freundin, die Weinhauerstochter, was da eben passiert sei. Und da erzählt sie mir, dass am Abend zuvor während des Festes eine deutsche Frau durch ein Astloch hindurch von einem Partisanen erschossen worden ist. Und wenn die Partisanen einen Menschen umgebracht haben, haben die Deutschen dafür 25 Männer abgeholt … Da wusste ich dann, was los war. Wenn ich heute darüber nachdenke, wundere ich mich, dass man das alles so hingenommen hat, genauer gesagt, dass wir junge Leute das so hingenommen haben. Wir hatten ja nicht einmal einen Zorn auf die Partisanen. Es war eine unwirkliche Zeit. Wirklich unwirklich.

Adolf Hitler hat für mich eine sehr untergeordnete Rolle gespielt. Ich habe mich immer gewundert, wie sehr sich einige Kolleginnen für ihn so begeistern konnten. Er kam mir immer wie ein Schreihals vor. Was er gesagt hat, ist beim einen Ohr hinein- und beim anderen wieder hinausgegangen. Man hat ja so viele Leute kennengelernt, Kreisleiter und so weiter.

Hitler war einer von vielen – sozusagen der oberste Kreisleiter. Ich kann mich gar nicht erinnern, dass man sich im Alltag auf ihn berufen hätte. Wir haben ein eigenes Leben gelebt.

In Radkersburg im Lazarett lernte ich einen SS-Offizier kennen. Wir brachten den Patienten immer Bücher und Süßigkeiten. Er hat sich für mich zu interessieren begonnen, und wir gingen zwei- oder dreimal essen.

Da begriff ich das erste Mal, was SS überhaupt bedeutet. Er wollte mich bekehren, mit so einer Art Bibel, einem roten Buch, ähnlich wie die Mao-Bibel der Chinesen. Er redete auf mich ein und drängte mich, ich müsse meinen Vater anzeigen, weil ich erzählt hatte, dass er gegen den Nationalsozialismus eingestellt war. Das war mir vollkommen unverständlich.

Der Offizier ist dann wieder zurück an die Front. Wir haben uns dann noch Briefe geschrieben. 14 Briefe waren es. Ich schrieb ihm immer, was mir nicht passte, er schickte mir die Briefe zurück und hatte die Stellen, die ihm nicht genehm waren, rot unterstrichen und mit Gegenbemerkungen ergänzt. Seine Argumente drangen nicht bis an mein Inneres.

Wenn ich jetzt darüber nachdenke, ist es mir unverständlich, wie man so dahinleben konnte.

Vor Weihnachten haben wir Spielzeug gebastelt und fürs Winterhilfswerk gestrickt. Dabei sangen wir alle die Nazi-Lieder durch. Aber was sie bedeuteten, haben wir nicht registriert, das ging uns nicht unter die Haut.

Am 1. Jänner 1945 kehrte ich nach Wien zurück, nachdem wir in Radkersburg noch einen Schutzwall gegraben hatten. Mein Vater war eingerückt, mein Bruder 13 Jahre alt. Der Bub hatte mehr politisches Verständnis als ich mit meinen 22, 23 Jahren. ‚Wie kannst du so blöd sein?', machte er mir Vorwürfe. ‚Jeder weiß doch, dass der Krieg verloren ist.' Und ich habe immer noch an die Wunderwaffe geglaubt …

Ich war unpolitisch, habe aber geglaubt, ich bin eine gute Nazi. Ich hätte aber nie jemanden angezeigt, weil er politisch anders gedacht hat. Das war mir eigentlich wurscht."

*

2. April 1945

Die Rote Armee rückt mit 400.000 Mann näher. Wien wird zum „Verteidigungsbereich" erklärt. Dagegen hält die Wehrmacht mit Resten der 6. SS-Panzerarmee, mit lächerlichen 52 Panzern und Sturmgeschützen. Da hilft auch nicht, dass die „Führer-Grenadier-Division" noch dazukommt, denn deren Fanatismus kann nichts daran ändern, dass zur Verteidigung von Wien nur 28.000 Soldaten zur Verfügung stehen.

Ralf Roland Ringler sammelt seine Hitlerjungen, requiriert Fahrräder, da jetzt Mobilität gefragt ist. Denn „Verteidigungsbereich" ist das Gegenteil von „Festung" – es wird einen mörderischen Kampf quer durch die Stadt geben. Dazu sind die Jungen auch bereit:

„Überall wo ich hinkomme, herrscht noch fester Glaube.

‚Der Führer weiß, was er will.'

‚Es sollen ganz tolle Sachen in Vorbereitung sein ...'.

Die unglaublichsten Gerüchte tauchen auf. Sie werden durch den Umstand genährt, dass man ab und zu ein kleines Jagdflugzeug mit unglaublicher Geschwindigkeit hoch am Himmel dahinrasen sieht. Da unsere Flak nicht darauf schießt, wird angenommen, dass es sich um eine deutsche Wunderwaffe handelt. Hoffentlich kommen alle diese ‚tollen Sachen' nicht zu spät."

Die Schlacht um Wien und ganz generell der Krieg in Österreich ist von Militärhistorikern wie Manfried Rauchensteiner genau erforscht und dokumentiert worden.

20 Tage, vom 3. bis zum 23. April, dauert die blutige Schlacht um Wien und den Wienerwald zwischen Roter Armee auf der einen und abgekämpften deutschen Soldaten, rasch angelernten Zivilisten vom Volkssturm (meist Alte und Versehrte) und Hitlerjungen auf der anderen Seite.

Die Moral ist auf dem Tiefstpunkt angelangt, doch einzelne Fanatiker gibt es immer noch.

„In der Langegasse, dem ‚Gefechtsstand'", erzählt Ralf Roland Ringler, „erwarten mich zwei Väter, die unbedingt ihre Söhne – sie sind erst 14 Jahre alt – bringen wollen. Ich kann sie nicht nehmen. Die Väter sind mit meiner Entscheidung nicht zufrieden und bestürmen mich hartnäckig (...)."

Ringler beschließt, seine Truppe aus Wien, dem nicht zu haltenden „Verteidigungsbereich", hinauszuführen ...

Er will sie möglichst bald entlassen, erfolgreich auf Bauernhöfe auf dem flachen Land verteilen. Sie rücken weit nach Westen ab. Dort ist noch nicht Oberösterreich, sondern noch der Gau Oberdonau. Ein Landser wird ihm vorgeführt: Er soll einen anderen Soldaten überredet haben, zu desertieren. „Der rotgesichtige, gut genährte Bäckergeselle (…) ist erst wenige Wochen Soldat. Er steht dem Geschehen völlig verständnislos gegenüber. Alle gehen nach Hause, alle laufen weg, wollen Schluss machen – warum nicht auch er? Die Soldaten ziehen Zivil an, werfen die Waffe weg, keiner will mehr kämpfen – warum soll er es nicht dürfen? Es ist schwer, mehr als diese einfachen und alles verständlich machenden Argumente aus ihm herauszubringen. Aus ihm wird bestimmt kein Soldat, kein Kämpfer oder gar Held mehr werden …". Ringler kommandiert ihn als Bäcker zu dem Tross ab, der weiter nach Westen zieht – nur weg von den Russen … Ringler und seine Jungen wollen nicht gegen die Amerikaner kämpfen, und auch die Bildung einer „Werwolf"-Gruppe, also einer HJ-Partisanenabteilung, wird schlussendlich abgelehnt. Ralf Roland Ringler bekommt ein russisches Flugblatt in die Hand. Darin ist in deutscher Sprache die Rede von der „Moskauer Deklaration": Es soll wieder ein freies und unabhängiges Österreich geben.

„Das erste Mal hörte ich von einer Moskauer Deklaration, das erste Mal, dass Österreich wieder selbstständig werden soll. Es ist für uns unfassbar, dass es überhaupt solche Gedankengänge gibt. Es ist auch das erste Mal, dass ich die Sprache des Feindes höre. Da ich aber glaube, dass unsere Flugblätter für die Gegenseite wohl ähnlich lauten, nehme ich diesen Aufruf nicht ernst. Zu viel wurden wir in letzter Zeit schon angelogen."

*

8. Mai, Kriegsende

Ralf Roland Ringler hat sich Zivilkleidung verschafft.

„Es ist der Tag und die Stunde null. Es ist die Stunde, die wir in den letzten Wochen und Monaten kommen sahen, die wir gefürchtet haben, die wir glaubten, nie erleben zu müssen und die mit der Unerbittlichkeit des Schicksals dann doch geschlagen hat. Hier stehen wir nun, wir, die wir nie Materialisten waren, die wir nur Ideale kannten, für diese Ideale eingetreten sind und gekämpft haben, die wir erzogen wurden und eine Jugend erzogen haben im Glauben an eine Weltanschauung, von der wir zutiefst überzeugt waren. Hier stehen wir, verlassen, verurteilt und verdammt. Nun, ihr Gerechten, ihr Selbstgerechten oder Ungerechten, wenn es euch gefällt – verdammt, verurteilt und richtet uns."

*

„Wozu haben wir diese großen schlaksigen Ami-Burschen mit ihren fetten Hintern gebraucht? Warum konnten wir uns nicht selber aus dieser hysterischen und nur schwer erklärbaren Situation befreien, in die uns Hitler und der Krieg gebracht hatten?"

Heinz Pohl hat die Kriegsjahre als Lehrer für Geografie und Geschichte an der NS-Eliteschule NAPOLA in Wien-Breitensee verbracht. Dort hat er im Rang eines SS-Zugführers vor allem untere Klassen unterrichtet, also die 11- bis 12-Jährigen. 1945 sei er dem letzten Befehl aus Berlin gefolgt, die Schüler nicht zu bewaffnen und nicht in den Kampf um Wien zu führen, weiß er zu berichten.

*

Gertrude Wawrosch ist wie vor den Kopf gestoßen.

„Das Kriegsende war ein großer Schock.

Nach dem Krieg ließ man mich mit als Nazi registrieren. Ich galt als belastet, da ich beim BDM eine Führungsrolle innegehabt hatte – immerhin hatte ich in Radkersburg 300 10- bis 14-jährige Mädchen unter mir gehabt. Ich hatte Sühnefolgen zu tragen, verlor meinen Beruf und durfte nicht studieren. Am 28. Juni 1945 wurde ich von der Schule in Groß-Enzersdorf entlassen. Der Schulinspektor lud mich zu einem Gespräch ein. Ich war sehr redselig und er war von den Socken, als er merkte, dass ich immer noch eine Nazi war.

Das mit den KZs haben wir zunächst für Feindpropaganda gehalten. Wenn ich heute so darüber nachdenke, ist es eigentlich unverzeihlich, dass wir uns nicht rechtzeitig mehr für das alles interessiert haben."

*

Am Ende waren 35.000 österreichische Zivilisten bei Kampfhandlungen oder in den Bombentrümmern zu Tode gekommen und 57.000 verletzt worden.

Irgendwer musste an all dem schuld sein. Wer wohl?

Exorzismus

Schon während einer Theaterwoche im Juni 1939 war es in Wiener Theatern, der Oper und in Kinos zu antideutschen Gesten gekommen. Österreichische Schauspieler wurden ausgiebigst beklatscht, während bei den Auftritten von Deutschen eisiges Schweigen herrschte. Propaganda- und Kulturminister Goebbels war darüber so empört, dass er auf rosaroten Beiblättern in den Programmheften das Klatschen auf offener Bühne untersagen ließ.

Sechs Jahre später schob die erste österreichische Nachkriegsregierung alle Personen, die vor dem 13. März 1938 deutsche Staatsbürger gewesen waren, nach Deutschland ab. Hunderttausende Reichsdeutsche wurden ohne Ansehen der Person oder ihrer Weltanschauung ausgewiesen. Häufig wurden damit Familien zerrissen.

„Glauben Sie, dass das ganze österreichische Volk am Krieg mitschuldig ist, weil es eine Regierung an die Macht kommen ließ, welche die Welt in einen Krieg stürzen wollte?“ Auf diese Frage eines US-Meinungsforschungsinstituts antworteten im Dezember 1946 in Österreich 4 Prozent mit „Ja“, 15 Prozent mit „teilweise Ja“. 71 Prozent sahen „überhaupt keine“ Mitschuld, 10 Prozent enthielten sich der Meinungsäußerung.

Täter, Opfer – und der Rest …

Martin Haidinger

Malen nach Zahlen

Eine Zahl geht um.

Die Zahl von zehn Prozent. Zehn Prozent der Österreicher beziehungsweise Ostmärker seien nach 1938 Mitglieder der NSDAP gewesen, heißt eine gängige These. Dagegen hätten sich reichsweit nur sieben bis acht Prozent der Menschen in der Partei organisiert. Mit diesen zwei, drei Prozent Unterschied lässt sich für manche ein treffliches Bild malen, das die Österreicher als besonders fanatische Nationalsozialisten zeigt.

Betrachtet man diese Ziffern näher, bleiben indes viele Unklarheiten.

Hitler hatte die Weisung ausgegeben, dass nicht mehr als 20 Prozent der Reichsbevölkerung der Partei beitreten dürften. Das hatte mannigfaltige Gründe, einer davon war die Vermeidung allzu vieler Mitläufer. Auch ist zu sagen, dass man der NSDAP nicht einfach von sich aus ohne Weiteres beitreten konnte, sondern erst nach einem Antrag, der genau geprüft wurde. Politisch Unzuverlässige wurden so ausgeschieden. Außerdem wurde die Parteimitgliedschaft von aktiven Wehrmachtsangehörigen ruhend gestellt, was die Statistik weiter verzerrt. Im November 1938 waren bereits mehr als 207.000 Österreicher als Parteimitglieder registriert und viele warteten noch auf die positive Erledigung ihres Aufnahmeantrags. In den sieben Reichsgauen, die die Bundesländer ersetzten, war die Zahl unterschiedlich stark angestiegen. In Oberdonau, Salzburg und Tirol, die wirtschaftlich vorerst am meisten vom Anschluss profitierten, am deutlichsten; im vernachlässigten und wirtschaftlich rückständigen Kärnten am wenigsten, es lag mit 45.000 Parteimitgliedern an letzter Stelle – was sich gerade in diesem südlichsten Gau dann sehr schnell änderte. Schlussendlich kamen dann mehr als 15 Prozent der NSDAP-Mitglieder der Ostmark aus Kärnten, obwohl es nur geschätzte sechs Prozent der Gesamtbevölkerung des ehemaligen Österreich ausmachte, wobei bei dieser Schätzung mit berücksichtigt werden muss, dass Osttirol und Oberkrain zu Kärnten kamen.

Gordon Brook-Shepherd will berechnet haben, dass zusammen mit den Familienmitgliedern der Parteigenossen etwa ein Viertel der Bevölkerung des ehemaligen Österreich „in die Arme der Partei“ gelaufen wäre.

Gerhard Jagschitz listet die genauen Mitgliedszahlen, die für den Zeitraum vom 30. Juni 1937 bis zum Mai 1943 vorliegen, wie folgt auf:
Juni 1937 75.572
Dezember 1937 105.035
März 1939 221.017
März 1943 693.007 (höchster Mitgliederstand – einschließlich der ruhenden Mitgliedschaften für Angehörige der Wehrmacht und der Hilfsdienste)

Außerdem sind die Mitgliederzahlen für die SS von 1938 bis 1944 nachweisbar:
1938 11.560
1941 20.272
1944 20.309
Andere Historiker sprechen wiederum von einem Höchststand von 850.000 Parteigängern, weil sie die Zahl der Parteianwärter anhand von Indizien hoch- und mit einberechnen.

Bei so vielen Schätzungen stellt sich die Frage, was das Köpfezählen überhaupt bringt.

„Ich würde es mir nie einfallen lassen, jemanden nur deshalb zu verfolgen, weil er einfaches Mitglied der NSDAP gewesen ist“, sagte der greise Nazi-Jäger Simon Wiesenthal einmal Ende der 1990er Jahre zu einem der Autoren. Die Frage nach NS-Tätern muss sich also an anderen Kriterien als der simplen Parteimitgliedschaft orientieren.

Der sprichwörtliche Fisch, der am Kopf zu stinken beginnt, ist auch für die österreichischen nationalsozialistischen Täter nach 1938 ein treffendes Bild. Sehen wir diesem Tier also in die Augen …

Galerie der Täter

Was den Bürgern auffallen musste, und das vor allem in den Städten, waren die Arisierungen von Wohnungen, Geschäften und anderen Einrichtungen sowie die Austreibung der Juden aus vielen Berufsgruppen. Auf die wilden Arisierungen folgten die „geregelten", die auf dem Boden des ehemaligen Österreich 44.000 Wohnungen in den Besitz „arischer" Volksgenossen brachten. Im Auktionshaus Dorotheum wurden Kunst- und Einrichtungsgegenstände versteigert, flüchtenden Juden wurde zynisch eine so genannte „Reichsfluchtsteuer" von 25 Prozent des privaten Vermögens abverlangt oder im Rahmen der „Auswandererabgabe" und der „Sozialausgleichsabgabe" der Besitz gleich ganz entzogen.

1938 waren in Österreich 25.440 Unternehmen im Besitz von Juden. Bis 1940 waren 18.800 davon liquidiert. Von zirka 100 Privatbanken mit jüdischen Eigentümern wurden bis auf acht, die man „arisierte", alle aufgelöst.

Die Vermögen flossen direkt dem NS-Staat oder ihm nahestehenden Unternehmen zu.

SS-Chef Heinrich Himmlers erste Amtshandlung nach seinem Eintreffen in Wien im März 1938 war es gewesen, den Schuschnigg-treuen Sicherheits-Staatssekretar Michael Skubl zu entlassen und durch Ernst Kaltenbrunner zu ersetzen. Dieser kam aus Ried im Innkreis, Oberösterreich, hatte in Graz Rechtswissenschaften studiert, war dort einer Burschenschaft beigetreten, entstammte also dem traditionellen völkischen Milieu.1930 wechselte er von der Heimwehr zur NSDAP, da sich der oberösterreichische Heimatschutz unter Starhemberg zusehends vom Anschlussgedanken entfernte. 1931 trat er der SS bei und wurde 1935 deren österreichischer Führer in der Illegalität. Nach dem Anschluss häufte er mehrere Ämter im Sicherheitsapparat an, bis er 1943 anstelle des ermordeten Reinhard Heydrich die Leitung des Reichssicherheitshauptamtes (RSHA) übernahm. Dieses RSHA war genauso monströs wie das Wort, das es bezeichnete. Kaltenbrunner war nach Heinrich Himmler der höchste Chef von SS, Sicherheitsdienst, Polizei und Gestapo. Die Schätzungen sind so grausig wie vage. Mindestens eine Million ermordeter Menschen in Osteuropa soll auf direkte Befehle von ihm zurückzuführen sein. Ernst Kaltenbrunner umgab sich gerne mit Österreichern oder zumindest in Österreich sozialisierten

Mitkämpfern. Neben Adolf Eichmann, den er aus der gemeinsamen Schulzeit in Linz kannte, holte er 1943 auch den jungen Wiener Wilhelm Höttl in die SD-Zentrale und wies ihm eine Aufgabe in dessen Balkanreferat zu. Wir erinnern uns: Höttl hatte in Wien als illegaler SDer Karriere gemacht. Nach dem Anschluss fiel er zwischenzeitlich wegen finanzieller Unregelmäßigkeiten bei höheren Stellen in Ungnade und wurde als Kriegsberichterstatter zur Waffen-SS versetzt. Nun holte ihn Kaltenbrunner also zu sich.

Höttls Verhältnis zu dem brutalen, aber kumpelhaften RSHA-Chef gestaltete sich eng, der um einiges ältere Rechtsanwalt Kaltenbrunner war nur wenig früher als Höttl illegales NSDAP-Mitglied und Angehöriger der SS geworden; zwei Altgediente also, denen eine gewisse Verbitterung über die Kolonialmethoden der Reichsdeutschen gegenüber den Ostmärkern gemeinsam war. Dennoch sei die Arbeit mit ihm schwierig gewesen, wie sich Höttl im Gespräch mit einem der Autoren knapp vor seinem Tod 1999 erinnert:

„Kaltenbrunner war ein Lebemann, der große Liebhaber und vor allem der große Säufer, und hat sich durch den Alkohol eigentlich jede Chance verdorben, eine Position, die wir ihm zugedacht hätten, zu erreichen. [Höttl spielt hier auf eine mögliche Sonderposition Österreichs im NS-Staat unter Führung Kaltenbrunners an, Anm. d. Verf.] Es war schwierig, mit ihm ernsthafte Gespräche zu führen, da man schon beim Alkohol landete, ehe es dazu kam. Der schwere Trinker hat das auch für jeden vorausgesetzt, der näher mit ihm zu tun hatte. Auch als Anwalt hätte ich ihn mir nie genommen – ein ausgesprochener Versager."

Eine interessante Meinung über einen der mächtigsten Polizei- und Geheimdienstchefs dieser Zeit.

Als 1945 alles schon praktisch zu Ende war, zog sich der RSHA-Chef samt Anhang in eine der groteskesten Chimären des Dritten Reiches zurück, in die „Alpenfestung". Dort, in den Bergen des Salzkammerguts im Länderdreieck von Oberösterreich, Salzburg und Steiermark, aber auch Tirols, sollte sich die im Süden befindliche militärische und politische Elite einbunkern, um nachhaltigen Widerstand gegen die Alliierten zu leisten. Tatsächlich existierten so gut wie keine Befestigungen, die auch nur annähernd an eine Festung heranreichten. Trotzdem erfuhren die Alliierten davon und nahmen die Warnung vor der Alpenfestung ernst, die doch nichts weiter war als eine Luftburg. Im Salzkammergut sammelten sich nun all jene Potentaten und Truppenteile, die gen Westen wollten, auf der Flucht vor der Roten Armee, darunter eben auch Kaltenbrunner.

Er machte sich, seinem Chef Heinrich Himmler darin nicht unähnlich, offensichtlich Hoffnungen, nach einem Zusammengehen mit Amerikanern und Briten die Deutschen im Kampf gegen die Sowjetunion und den Kommunismus zu führen oder zumindest eine Art Regierungschef eines neuen Österreich zu werden. Und er erstellte bereits eine Liste von Ministern für eine neue Regierung aus möglichst vielen politischen Richtungen, darunter den nationalkonservativen Glaise-Horstenau und die Christlichsozialen beziehungsweise die dem ehemaligen Heimwehrlager zuzurechnenden Heinrich Gleißner und Julius Raab, was nach 1945 im neuen Österreich zu der Einsetzung eines peinlichen, indes ergebnislosen, parlamentarischen Untersuchungsausschusses gegen die beiden Letztgenannten führen sollte. Kaltenbrunner schickte Wilhelm Höttl im Februar 1945 in die Schweiz, um mit dem „Office of Strategic Services" (OSS), dem zentralen strategischen und taktischen Geheimdienst der USA, Gespräche zu führen. Die Mission misslang – Höttl wurde von OSS-Chef Dulles gar nicht erst vorgelassen, wie dessen späterer Schwiegersohn, der österreichische Widerstandskämpfer Fritz Molden, bestätigt.

Höttl schilderte die letzten Salzkammergut-Tage Kaltenbrunners in Freiheit in Aussee. Er hätte Kaltenbrunner und dessen Adjutanten noch ein Stück hinauf zu seinem Versteck, zur Hütte auf der Wildensee-Alm, begleitet. Kaltenbrunner sei nach wie vor überzeugt gewesen, von den USA „gebraucht" zu werden: „Er sagte zu mir: ‚Es wird nicht lang dauern, und sie holen mich.'" Auch als Angeklagter beim Nürnberger Prozess „dauerte es noch lange, bis er begriff, dass sein Kopf locker saß", beobachtete Wilhelm Höttl.

1946 wurde Kaltenbrunner als einer der Hauptkriegsverbrecher hingerichtet, ebenso wie sein engerer Landsmann Arthur Seyß-Inquart, der sich ab 1940 als Reichskommissar der besetzen Niederlande unter anderem der Deportation von 100.000 niederländischen Juden in Vernichtungslager schuldig gemacht hatte, als „wissender und freiwilliger Teilnehmer an Kriegsverbrechen und Verbrechen gegen die Menschlichkeit, die während der Besetzung der Niederlande begangen wurden", wie es im Urteil von Nürnberg heißt.

Beim Anschluss 1938 hatten die Ereignisse den Kurzzeitkanzler Seyß-Inquart noch überrollt. Nicht er, sondern SS-Chef Heinrich Himmler nahm die Besetzung der wichtigen Stellen im Sicherheitsapparat vor. Zum Polizeichef von Wien wurde Otto Steinhäusl ernannt, einer der führenden Beteiligten am Juliputsch 1934. Vollkommen leer gingen die österreichischen Nazis also bei der Postenvergabe nicht aus.

Dennoch, und das wusste kaum jemand im angeschlossenen Österreich, blieben gerade in der Polizei viele alte Parteigänger des Ständestaates im Amt – die Nazis polten ihre ehemaligen Verfolger um!

Steinhäusl hatte sich mit zwei hohen SS-Führern, dem wie er am Juliputsch beteiligt gewesenen Fridolin Glass und Josef Fitzthum, darauf geeinigt, die bestehende Machtstruktur der österreichischen Polizei beizubehalten, wie der Historiker Burr-Bukey nachweist. Die drei Herren wollten einer Umorganisation zuvorkommen, da zu viele importierte Reichsdeutsche auch ihre Stellung gefährdet hätten und sie sich des Opportunismus der österreichischen Sicherheitsbeamten sicher zu sein glaubten, die ihre Existenz nicht verlieren wollten. Steinhäusl überredete den Chef der deutschen Ordnungspolizei Kurt Daluege, auf eine Säuberung zu verzichten. Als Begründung lieferten sie eine freche Behauptung, dass vom Kriminalbeamten bis zum Verkehrspolizisten die meisten Exekutivbeamten illegale Nazis gewesen seien! Steinhäusl ließ Dokumente fälschen und Mitgliedsausweise rückdatieren, bis am Ende 1000 Polizisten als amtlich ausgewiesene illegale Kämpfer herauskamen, darunter 700 SS-Mitglieder. Da und dort erkannten Wiener Nationalsozialisten die ehemaligen Schuschnigg-Beamten, die nun in SS-Uniformen steckten oder Gestapo-Haftbefehle ausstellten, und trauten ihren Augen nicht ...

Doch es gab in der Polizei auch Personalimporte aus dem Altreich. Allmächtiger Leiter der Staatspolizeistelle Wien wurde der Münchner Franz Josef Huber, der damit bis 1944 die größte Gestapoleitstelle des Deutschen Reiches befehligte. Der SS-Brigadeführer und Generalmajor der Polizei war ein Ämtermulti und herrschte über Gestapo, SD, Sicherheitspolizei in Wien, Nieder- und Oberdonau. Als Inspekteur der Zentralstelle für jüdische Auswanderung war er gemeinsam mit seinem Stellvertreter und Leiter des Judenreferates Karl Ebner für die Massendeportationen verantwortlich. So sehr in sich verfilzt war Hubers Macht, dass er praktisch nur mehr sich selbst als Vorgesetzten hatte. Eine „Ämterfülle, für die es im gesamten Deutschen Reich keine Parallele gab", sagt sein Biograf, der Historiker Thomas Mang.

Mit Freuden übernahmen die Deutschen das österreichische Bundesheer, Ende der 1930er Jahre immerhin sieben Infanteriedivisionen und über 100 andere Einheiten samt technischen und mobilen Formationen. Das deutsche Heer zählte im März 1938 nur 40 Divisionen – da war das Bundesheer eine willkommene Aufstockung. Amputiert wurde es allerdings an Haupt und einigen Gliedern. 55 Prozent aller Generäle und 40 Prozent der Obersten des Bundesheeres entließen die neuen Machthaber noch während des ersten Jahres nach dem Anschluss – teils aus Altersgründen, aber doch auch etliche aus politischen Motiven. Bereits am 15. März wurden 67 österreichische Offiziere entfernt, und das in dieser Eile sicher nicht wegen ihres hohen Alters. 30 Offiziere wurden im Lauf der Zeit ins Gefängnis geworfen oder ins KZ deportiert, sechs von ihnen starben. Im Ausgleich dazu kamen mehr als 50 nationalsozialistische Offiziere zurück, die von Schuschnigg aus dem Bundesheer entfernt worden waren. Ihnen gestattete man eine sehr kurze Zeit lang sogar eine Art von Traditionspflege, wie die, bei gewissen Gelegenheiten ihre alten österreichischen Uniformen zu tragen – eine merkwürdige, ja die einzige erlaubte Enklave des Österreichertums in jener Armee, die bald schon in einen Angriffskrieg im Namen Großdeutschlands geschickt werden sollte. Und es lag gar nicht an diesen Nazi-Offizieren, viele junge österreichische Berufssoldaten davon zu überzeugen, dass ihnen die deutsche Armee mehr an Aufstiegschancen bieten konnte als das kleine österreichische Bundesheer. Der britische Historiker Gordon Brook-Shepherd überliefert den Ausspruch eines damals jungen österreichischen Bundesheer-Offiziers, der meinte: „Immerhin war eine Abkommandierung nach Dresden viel aufregender als der Garnisonsdienst in Pinkafeld." Wer da so salopp die sächsische Metropole gegen den kleinen Ort im Burgenland ausspielte, war niemand Geringerer als Carl Szokoll, der später einer der Beteiligten am Putsch des 20. Juli 1944 wurde.

Viele Österreicher arbeiteten sich in Hitlers Armee bis in hohe und höchste Ränge hinauf. Zu ihnen gehörten Generäle wie Alexander Löhr, der vor dem März 1938 Kommandant der österreichischen Luftstreitkräfte war und auf dem Balkan nicht nur die Luftflotte 4 beim Angriff auf Jugoslawien führte, sondern zeitweilig Wehrmachtsbefehlshaber Südost, und als solcher der Truppenchef für Serbien, Kroatien und Griechenland war. Löhr wurde 1947 von Jugoslawien wegen Kriegsverbrechen hingerichtet.

Oder Lothar Rendulic, der 1936 wegen illegaler NS-Mitgliedschaft aus dem österreichischen Bundesheer zwangsweise in den Ruhestand versetzt, 1938 reaktiviert und ebenfalls am Balkan stationiert wurde. Wir finden ihn dort 1943/44 als Chef der 2. Panzerarmee in Jugoslawien. Auch ihm wurde nach dem Krieg der Prozess gemacht und wegen Verbrechen gegen die Menschlichkeit eine Strafe von 20 Jahren Gefängnis auferlegt, die dann aber herabgesetzt wurde.

Franz Böhme war als kommandierender General in Serbien 1941 für Massaker an der Zivilbevölkerung verantwortlich. Er hatte auf Befehl Hitlers angesichts des hartnäckigen und brutalen Partisanenkrieges angeordnet, um den Widerstand der Partisanen zu brechen, sämtliche männliche Kommunisten, Juden und Zigeuner und noch eine ganze Anzahl anderer Serben als Geiseln festzuhalten und im Verhältnis von 1 zu 1000 für jeden deutschen Gefallenen und 1 zu 50 für jeden deutschen Verwundeten zu erschießen. Die Bilanz: zwischen 20.000 und 30.000 erschossene Geiseln in nur zweieinhalb Monaten, von Mitte September bis Anfang Dezember 1941! Allein in den Städten Kraljevo und Kragujevac massakrierten die Wehrmachtskommandos mehr als 4000 Menschen. Der dafür verantwortliche General Franz Böhme beging 1947 Selbstmord, um sich der Verurteilung durch die Nürnberger alliierte Justiz zu entziehen.

Die an den Massakern beteiligten Wehrmachtsangehörigen waren umso fanatischer am Werk, da die erbitterten Partisanen, wie es irreguläre Kämpfer zu tun pflegen, meist aus dem Hinterhalt angriffen und den Deutschen ausgesucht qualvolle Todesarten angedeihen ließen.

Wie zynisch Hitler dieses Massenschlachten am Balkan, aber auch an der russischen Front sah, geht aus einer Bemerkung hervor, die er 1941 Martin Bormann gegenüber machte:

„Die Russen haben jetzt einen Befehl zum Partisanenkrieg hinter unserer Front gegeben. Dieser Partisanenkrieg hat auch wieder seinen Vorteil: Er gibt uns die Möglichkeit, auszurotten, was sich gegen uns stellt."

So hat Hitler bewusst die Kämpfer beider Seiten zur gezielten Ausrottung ganzer Gegnergruppen und Völkerschaften genutzt. Das stand freilich nicht in den offiziellen Tagesbefehlen. Nur in ganz konkreten Fällen gab es direkte schriftliche Anweisungen, die nach Bekanntmachung zu vernichten waren; wie etwa jene von Böhme an die Offiziere und Mannschaften der 342. Infanteriedivision:

„Eure Aufgabe ist in einem Landstreifen durchzuführen, in dem 1914 Ströme deutschen Blutes durch die Hinterlist der Serben, Männer und Frauen, geflossen sind. Ihr seid Rächer dieser Toten. Es muss ein abschreckendes Beispiel für ganz Serbien geschaffen werden, das die gesamte Bevölkerung auf das Schwerste treffen muss. Jeder, der Milde walten lässt, versündigt sich am Leben seiner Kameraden. Er wird ohne Rücksicht auf die Person zur Verantwortung gezogen und vor ein Kriegsgericht gestellt."

Die Soldaten verstanden die Anspielung des ehemaligen k. u. k. Offiziers Böhme auf den Ersten Weltkrieg ganz genau, waren doch die meisten dieser Division Österreicher von Geburt.

Nun war die Wehrmacht mit nahezu 20 Millionen Angehörigen die zahlenmäßig größte Organisation im Großdeutschen Reich, und wenn auch Historiker wie Walter Manoschek und Hans Safrian angesichts solcher Taten auf den Krieg im Osten als keinen regulären militärischen Krieg, sondern einen rassistisch motivierten Vernichtungskrieg hinweisen, so ist doch ebenso klar, dass nur die wenigsten Wehrmachtssoldaten bewusst an einem solchen teilnahmen.

„Bei Weitem nicht jeder Soldat identifizierte sich mit diesen Zielen oder trug gar als Einzelner zur Verwirklichung dieser Absichten aktiv bei", schreiben Manoschek und Safrian.

Der einfache Soldat überblickte als Kleinstfigur in dem blutigen Spiel meistens nur seinen höchsteigenen engen Bereich, was ja in der Absicht der Führung lag und ganz generell in einer militärischen Struktur auch leicht zu erreichen ist.

Es gab zwar keine rein österreichischen Divisionen in der Wehrmacht, aber aus regionalen Verhältnissen heraus dienten die meisten Ostmärker in den Wehrkreisen XVII und XVIII. Mehr als 200 von ihnen stiegen in den Generalsrang auf. 49 von ihnen fielen, fünf wurden nach dem Krieg als Kriegsverbrecher hingerichtet. 326 Österreicher wurden mit der höchsten militärischen Auszeichnung bedacht, die das Dritte Reich zu bieten hatte, dem Ritterkreuz. Gleich der erste Wehrmachtssoldat, der diesen Orden 1939 für seinen Einsatz in Polen bekam, Leutnant Josef Stolz, stammte aus Österreich. Er hatte mit Teilen der 18. Infanterie-Division das Fort II am Westrand von Warschau eingenommen. Ein

Drittel der österreichischen Ritterkreuzträger fielen oder starben an den Folgen ihrer Verletzungen – ein überaus hoher Anteil, was Hitler 1940 in einer Rede extra hervorhob.

Waren sie nun besonders verwegen, fanatisch oder leichtsinnig? Oder wurden die Österreicher in Wehrmacht und Waffen-SS gar, wie Gerüchte schon während des Krieges wissen wollten, an ausgesucht schwierigen Stellen ins Feuer geschickt, um „wertvollere" reichsdeutsche Soldaten zurücknehmen zu können? Diese Behauptung machte vor allem in Ostösterreich die Runde, und hier vor allem nach der Schlacht bei Stalingrad, bei der besonders viele Österreicher fielen oder in Gefangenschaft starben – überproportional mehr als andere Deutsche. Geplant „verheizt" wurden sie aber nicht, sondern es waren schlicht drei der 20 in der Schlacht vernichteten Wehrmachtsdivisionen in den beiden österreichischen Wehrkreisen aufgestellt worden. Deshalb saß der Stalingrad-Schock bei den Österreichern besonders tief.

Bewusst wurden Österreicher als Gebirgsjäger in alpinen Gebieten eingesetzt, etwa in Norwegen und Finnland, bemerkt der Historiker und Leiter des Ludwig-Boltzmann-Instituts für Kriegsfolgenforschung, Stefan Karner. „Es gab aber keine österreichischen Schrebergärten in der Deutschen Wehrmacht. Es wurde versucht, alles Österreichische auszuradieren. Das ging bis zum altösterreichischen ‚Du'-Wort unter Offizieren, das vollkommen verschwand. Im kameradschaftlichen Gespräch mag es da und dort durchgebrochen sein, aber die Linie war es nicht."

Grosso modo betrachtet stellten die Österreicher in Hitlers Reich, das 1938 78.800 Millionen Einwohner zählte, nach dem Anschluss etwa acht bis zehn Prozent der Bevölkerung. Von den zwischen 1939 bis 1945 in Wehrmacht und Waffen-SS dienenden 18 Millionen Männern stammten nur 1,2 Millionen aus Österreich, also gesamtanteilig eher wenig. 3,5 Millionen deutsche Soldaten überlebten den Krieg nicht, also jeder fünfte. Zählt man daraus nur die Österreicher, sind es 250.000 militärische Todesopfer – das wäre jeder sechste.

Alle diese makaberen Ziffern basieren oft auf Zufällen der Aushebung und Stationierung. Schon gar nichts sagen die Zahlen von Österreichern in der Wehrmacht über ihre politische Gesinnung aus.

Interessanter sind da schon ihr Anteil und ihre Rolle innerhalb der SS beziehungsweise der Waffen-SS.

1925, als in Deutschland noch die NS-internen Machtkämpfe zwischen einzelnen Richtungen und Formationen tobten, als persönliche Leibwache Hitlers gegründet, war die SS („Schutzstaffel") unter ihrem Reichsführer Heinrich Himmler als „Orden unter dem Totenkopf" zur wichtigsten NS-Elitetruppe geworden – gewissermaßen ein Drittes Reich im Dritten Reich, ein harter Kern. War Politik in der Wehrmacht verpönt und die Betätigung in der Partei für Militärangehörige sogar zu weiten Teilen untersagt, sahen sich die SS-Männer ganz im Gegensatz dazu als „politische Soldaten". Die SS sollte darüber hinaus Polizeifunktionen im Landesinneren ausüben, was sich im Krieg noch verschärfte. Himmler selbst formulierte die Aufgaben der SS am 25. Mail 1944 vor Offizieren:

„(...) eine Organisation, die im Krieg im Inneren der Heimat unter allen Umständen die Ruhe aufrechterhalten muss, die in der Lage sein muss, und in die Lage kommen kann, wenn wirklich irgendwo in Deutschland (...) ein Feuerchen aufglimmen sollte (...) wenn es aufglimmt, und wenn es notwendig ist, werden wir es im Blut ersticken! Denn es ist besser, es sterben an einer Stelle hundert, oder tausend, oder ein paar tausend Deutsche, und das deutsche Volk hat seinen sicheren Rücken, und gewinnt den Krieg, als es verlöre den Krieg."

Das war Himmler, das war die SS.

Die SS sollte eine Wiederholung des als gegeben angenommenen „Dolchstoßes" des Ersten Weltkriegs verhindern.

Eine ihrer Gruppierungen, die Waffen-SS, war eine an der Front kämpfende Truppe, die immer wieder dort eingriff, wo es die Wehrmacht an Elan fehlen ließ, ins Stocken geriet oder zurückwich. Ein nüchterner Satz, wenn man ihn rein militärisch auffasst. Das ist aber zu wenig. Viel zu wenig. Die Waffen-SS verübte an und hinter den Linien, oft im Verein mit Wehrmachtsangehörigen, bis zum allerletzten Moment des Krieges abscheuliche Verbrechen. Ihre Taten und Untaten füllen Bände.

Exemplarisch sei hier das Massaker von Oradour erwähnt. Am 10. Juni 1944 löschten Angehörige der 3. Kompanie des 1. Bataillons des Panzergrenadierregiments „Der Führer" im Zuge der Partisanenbekämpfung den Ort Oradur-sur-Glane bei Bordeaux aus und ermordeten bestialisch 642 Menschen, nahezu die ganze Bevölkerung. Das SS-Regiment „Der Führer" wurde 1938 nach dem Anschluss Österreichs mit Bataillonen in Wien, Graz und Klagenfurt errichtet. Zunächst rekrutierte es sich zu einem guten Teil aus Österreichern, was aber während der 1940er Jahre zusehends nicht mehr so blieb. Vom Einmarsch ins Sudetenland und in die Tschechoslowakei über den Polenfeldzug bis zum Krieg gegen Frankreich war es faktisch an allen Kriegsschauplätzen im Einsatz, nahm dann als Panzergrenadierregiment 4 der SS-Division „Das Reich" an der Kesselschlacht um Kiew teil und wurde beim Vormarsch auf Moskau 1941/42 fast vollends vernichtet – nur 35 Mann überlebten. Nachdem es bei Kursk noch einmal aufgerieben worden war, wurde es 1944 in den Westen verlegt, um nach der Invasion der Alliierten deren Vormarsch aufzuhalten. Und dort, bei Bordeaux, löschten 120 Mann binnen einem Tag das Dorf Oradour aus. Der Anteil an Österreichern war da schon gering, ein Drittel der neu aufgefüllten Truppe bestand aus Elsässern. Das Regiment „Der Führer" wurde dann noch zweimal, bei Falaise und in den Ardennen, aufgerieben und 1945 wieder gen Osten, nach Ungarn verlegt. Als die Rote Armee vordrang, zogen sich die Reste des Regiments nach Westen zurück, nahmen noch an der Schlacht um Wien teil, um sich dann den US-Truppen zu ergeben. Die Geschichte von „Der Führer" zeigt – neben dem kriegsverbrecherischen Aspekt – recht deutlich die Sprunghaftigkeit von Hitlers Kriegsführung und den enormen Verlust an Soldaten, den die Kämpfe forderten. Es ist nicht anzunehmen, dass 1945 noch ein einziger Mann übrig war, der 1938 in das Regiment eingetreten war. So änderte sich bei vielen Einheiten die Zusammensetzung oft grundlegend.

Manche Persönlichkeiten aber blieben den ganzen Krieg über – zumindest in einem eingeschränkten Kreis – präsent.

Eine der schillerndsten SS-Figuren war zum Beispiel der Österreicher Otto Skorzeny.

Der 1908 in Wien geborene Offizierssohn durchlief neben seinem Technikstudium die üblichen Stationen bürgerlicher deutschvölkischer Sozialisation: Burschenschafter, 1932 Mitglied von NSDAP und SA, 1938 aktiver Helfer beim Anschluss, 1940 Eintritt in die SS-Leibstandarte „Adolf Hitler". Im Amt VI, dem Auslandsnachrichtendienst, erwarb er sich gewisse geheimdienstliche Kenntnisse. Ab 1943 leitete SS-Hauptsturmführer (das war der SS-Hauptmannsrang) Otto Skorzeny eine Reihe von sogenannten „Kommandounternehmen", deren berühmtestes die Befreiung des von italienischen Partisanen im Gebirgszug Gran Sasso festgehaltenen gestürzten italienischen Diktators Benito Mussolini wurde. Gezwängt in einen „Fieseler Storch“, ein kleines wendiges Flugzeug, das durch das Gewicht des Zweimetermannes Skorzeny beinahe zum Absturz kam, konnte Mussolini am 12. April 1943 aus den Abruzzen nach Deutschland ausgeflogen werden. Obwohl Skorzeny Mussolini lediglich aufgespürt und die Entführungsaktion nicht befehligt hatte, galt er fortan als „toller Hecht“, und den Westalliierten war er überhaupt der „gefährlichste Mann Europas“, als das Gerücht umging, er wolle, nachdem er mit einem weiteren Sonderkommando den Sohn des von Hitler wegschwenkenden ungarischen Regierungschefs Horthy entführt hatte, den amerikanischen Oberbefehlshaber Eisenhower töten! Skorzeny war Hitlers Liebling, konnte aus einem Pool von hunderten Elitekräften aus Wehrmacht und SS wählen. Ihm standen sogar noch in Zeiten der Treibstoffknappheit unbegrenzte Ressourcen zur Verfügung. Zuletzt trainierte er den „Werwolf“, eine von Himmler im September 1944 ins Leben gerufene Truppe besonders fanatischer, meist sehr junger Nazis aus allen Teilen von Partei, HJ und SS, die als nationalsozialistische Guerilla Sabotageaktionen an den Alliierten verüben und einen Partisanenkrieg gegen deutsche „Verräter“ führen sollten. Dies geschah zum Glück nur in Ansätzen, doch die Alliierten nahmen die „Werwolf“-Gefahr sehr ernst, was noch zusätzlich zur Mythenbildung rund um Skorzeny beitrug. Ein Geheimbericht der US-Streitkräfte vom 9. Juli 1945 charakterisiert Skorzeny als „rather primitive type“, der weder außerordentliche Talente noch besondere politische Erfahrung oder Ideale mitbrächte. Er sei ein todesmutiger Soldat mit ebensolcher Gefolgschaft, die absolut loyal zu ihm stehe.

Das letzte Sonderkommando unternahm „Scarface“ Skorzeny, wie ihn die Amerikaner wegen seiner Mensurnarben im Gesicht nannten, in eigener Sache.

Wegen des von ihm initiierten „Unternehmens Greif“, bei dem deutsche Soldaten in US-Uniformen hinter den Linien hätten kämpfen sollen, wurde er als Kriegsverbrecher angeklagt. 1948 gelang ihm die Flucht aus dem Gefängnis in Darmstadt und er floh über Frankreich nach Spanien und Argentinien. Zur österreichischen Erde, und zwar jener am Döblinger Friedhof in Wien, kehrte Otto Skorzeny unter den zum Hitlergruß erhobenen Armen seiner alten Kameraden erst 1975 in einer Urne heim. Die letzten 30 Jahre hatte der „gefährlichste Mann Europas“, dessen SS-Männer noch in den letzten Tagen des Zweiten Weltkriegs den Bürgermeister einer Kleinstadt in Vorpommern ermordet hatten, der sich den Russen hatte ergeben wollen, als Berater der Staatspräsidenten Argentiniens und Ägyptens, Perón und Nasser, sowie von PLO-Chef Arafat gedient. Der Österreicher und unbelehrbare Nazi Otto Skorzeny hat Geschichte geschrieben – wenn auch eine so grausame wie gruselige. Allen Ernstes hatte er noch 1945 an die Ausbildung deutscher Piloten zu Selbstmordkommandos à la japanischer Kamikaze gedacht, was das Image des „tollen Hechts“ wohl zunichtemachen sollte …

Etwa ein Zehntel der Angehörigen der Waffen-SS, die bei Kriegsende zirka eine Million Mann umfasste, dürften Österreicher gewesen sein, was ein wenig über dem Anteil an der Gesamtbevölkerung lag. Hier wurden bisweilen aber auch jene mit einberechnet, die als Volksdeutsche in österreicherlastige Kontingente gesteckt worden waren, was das Bild wieder undeutlicher macht. Deutsche aus den gestreuten Siedlungsgebieten in Osteuropa und dem Balkan wurden nicht zur Wehrmacht, sondern kurzerhand zur SS eingezogen und von verbündeten Regimes wie Antonescus Rumänien Hitler quasi zum Geschenk gemacht. Sie sollten die zahlreichen Gefallenen der Waffen-SS ersetzen. Einer der Autoren hat selbst noch in den 1990er Jahren mit einem altösterreichischen Herrn in Siebenbürgen, also einem Rumäniendeutschen gesprochen, der berichtete, dass er mit 18 Jahren in eine SS-Uniform gesteckt worden war, als er in seinem entlegenen Bergdorf in den Karpaten noch nicht einmal wusste, wie Hitler genau aussah, geschweige denn je seine Stimme übers Radio gehört hatte!

Selbst wenn man das alles bedenkt, bleibt der Anteil der Österreicher an der Waffen-SS weitgehend im Rahmen ihrer Gesamtbedeutung im Dritten Reich.

Wo sie hingegen schon allein ihrer großen Zahl wegen auffielen, war die grausigste Hervorbringung der Nazis: die Konzentrations- und Vernichtungslager.

Erfüller der Apokalypse

Bereits im März 1938 verkündete der Gauleiter von Oberdonau August Eigruber freudestrahlend: „Wir Oberösterreicher erhalten (…) besondere Auszeichnung für unsere Leistungen während der Kampfzeit. Nach Oberösterreich kommt das Konzentrationslager für die Volksverräter von ganz Österreich.“

Tatsächlich nahm schon ein halbes Jahr später das Doppel-KZ Mauthausen/Gusen seinen schaurigen Betrieb auf. Im Lauf der Zeit kamen noch 49 Nebenlager dazu, darunter in Ebensee, Linz und Redl-Zipf. Die Häftlinge hatten für die Deutsche Erd- und Steinwerke GmbH schwerste Arbeiten im Steinbruch zu erbringen. Die von ihnen bearbeiteten Steine sollten der Renovierung deutscher Städte dienen, darunter vor allem Linz, aber auch Wien. Der Stadt Wien hatten die oberösterreichischen Steinbrüche auch gehört, deren Rathausverwaltung nun in langwierigen Verhandlungen mit der SS nicht etwa die Situation der dort fronenden Häftlinge sicherstellen wollte, sondern sich um die altgewohnte Qualität der Wiener Pflastersteine sorgte. Würden die neuen „Hilfskräfte“ auch die nötige Fachkenntnis aufbringen ...?

Als im ersten Kriegswinter 1939/40 die Arbeitskräfte ausgingen, setzte die NS-Beschäftigungspolitik zusehends „Fremdarbeiter“ aus der Slowakei, Italien und Jugoslawien ein. Sie sind nicht mit den Zwangsarbeitern in einen Topf zu werfen, die zunächst polnische Kriegsgefangene waren, von denen sich 1941 97.000 auf dem Gebiet des ehemaligen Österreich aufhielten. Zunehmend wurden dann auch Jugendliche und Frauen ab 15 Jahren in den besetzten Gebieten aufgegriffen und zur Zwangsarbeit in Landwirtschaft und Industrie nach Deutschland deportiert. SS-Chef Himmler sagte 1943 in einer Rede vor Offizieren überdeutlich:

„Wie es den Russen geht, wie es den Tschechen geht, ist mir total gleichgültig. Ob die anderen Völker in Wohlstand leben oder ob sie verrecken vor Hunger, das interessiert mich nur so weit, als wir sie als Sklaven für unsere Kultur brauchen.“

In Perfektion wurde diese Mordidee in den Konzentrationslagern umgesetzt. Zweifellos war der Komplex Mauthausen/Gusen mit seiner Todesstiege, der Ermordung von Häftlingen wegen Läusebefalls, der mangelnden Ernährung, der sadistischen Quälerei in jeder denkbaren Form ein Arbeitslager und gleichzeitig eine Vernichtungsanstalt. Mehr als 197.000 Menschen, die über 30 Nationalitäten angehörten, wurden hier im Lauf der Jahre gefangen gehalten, 100.000 von ihnen wurden ermordet oder starben an den Folgen der Zwangsarbeit. In den offiziellen Totenbüchern sind „nur“ 35.318 als „verstorben“ eingetragen, aber sogar das sind mehr als in Buchenwald, wie Gordon Brook-Shepherd anmerkt. Zwischen 1938 und der Befreiung des Lagers am 5. Mai 1945 betrug die durchschnittliche Lebenserwartung eines Häftlings zwischen 15 und gegen Ende nur mehr sechs Monaten.

Dem zu entkommen versuchten am 2. Februar 1945 500 Häftlinge, die meisten von ihnen sowjetrussische Offiziere. Ihr Fluchtversuch misslang, die meisten wurden von Wachmannschaften erschossen. 150 schafften es, sich in den Wäldern der Umgebung zu verstecken. Drei Wochen lang suchte die SS im Rahmen dieser berüchtigten „Mühlviertler Hasenjagd“ zusammen mit allen verfügbaren Armee-, SA-, HJ- und Parteiangehörigen nach den Flüchtigen. Großteils wurden sie auch erwischt und sofort erschossen oder erschlagen. Daran beteiligten sich sogar Teile der Zivilbevölkerung! Nur elf der flüchtigen russischen Offiziere erfuhren Hilfe und überlebten dank mitleidiger wie couragierter Mühlviertler.

Daneben existierte noch das sogenannte „Zigeuner-Anhaltelager Lackenbach“, eine direkte Durchgangsschleuse in die Vernichtungslager, in dem 3000 von 4000 Häftlingen den Tod fanden.

Wer waren nun die Menschen, die in diesen Lagern Dienst taten und so zu den Erfüllern der Apokalypse wurden?

Reinhard Spitzy, der forsche Wiener SS-Angehörige, den wir schon im Jahr 1931 kennengelernt haben und der danach im Außenamt Joachim von Ribbentrops Karriere gemacht hatte, war einmal darauf angesprochen worden, ob er nicht in eine KZ-Wachmannschaft eintreten wollte, doch er hätte mit der Begründung abgewinkt, er wolle die SS-Ordensmoral nicht mit Polizistenmentalität vermischen. Das war allerdings vor Kriegsausbruch.

Danach war es nicht mehr so leicht, Nein zu sagen, aber es sei nach wie vor möglich gewesen. „Manche haben es auf Befehl getan“, sagte Spitzy einmal in einem Interview. „Ich hatte einen Freund, dem es befohlen wurde. Er weigerte sich und wurde an die Front versetzt – sofort. Das war immer ein Ausweg. Deshalb ist es keine Entschuldigung, wenn sie heute sagen: Wir hatten es auf Befehl zu tun! Sie hätten als einfache Soldaten an die Front gehen und dort ihre Pflicht erfüllen können. Alle. Und natürlich waren die Leute von den Einsatzgruppen Schlächter. Sie waren die schlimmsten der SS. Natürlich hatte die SS eine sehr hohe Zahl von Schurken und Schlächtern, und die hatten ein besseres Leben. Sie konnten stehlen, sie bekamen gutes Essen. Sie lebten wie Könige. An der Front musstest du hingegen kämpfen und leiden. Es war eine Negativauslese, die zu den Einsatzgruppen ging. Die Positivauslese war an der Front. Dort waren die besseren Leute."

Für den Wiener Historiker Bertrand Perz, der hervorragende Forschung auf diesem Gebiet betreibt, ergibt sich – vor allem auch in Hinblick auf die sogenannten Volksdeutschen – folgender Effekt:

„Der Anteil von Angehörigen südosteuropäischer deutschsprachiger Minderheiten in den KZ-Wachmannschaften nahm zwischen 1942 und 1944 rasant zu. Wenn man daraus jetzt den Schluss ziehen würde, diese im NS-Sprachgebrauch als ‚Volksdeutsche' bezeichnete Personengruppe hätte sich für den Wachdienst besonders gut geeignet oder wäre aus einer ideologischen Affinität heraus in diese Position gekommen, geht man einigermaßen an der historischen Realität vorbei. Voraussetzung für die Rekrutierung der sogenannten ‚Volksdeutschen' war das Rekrutierungsmonopol, das die SS bei den deutschsprachigen Minderheiten durchsetzen konnte, während die Wehrmacht und sukzessive auch die jeweiligen von Deutschland abhängigen Staaten, in denen diese Minderheiten lebten, hier keinen Zugriff hatten. Für die männlichen Angehörigen der deutschsprachigen Minderheit bedeutete damit Wehrpflicht Einziehung zur SS nach dem Prinzip der ‚völkischen Wehrpflicht'. Die SS nutzte diese Gruppe nicht zuletzt als Ersatz für die zu den kämpfenden Truppen versetzten SS-Angehörigen. Dies sollte sowohl der Personalknappheit der SS entgegenwirken wie den SS-Angehörigen die Chance zur militärischen Bewährung ermöglichen. Dass die deutschen Minderheiten in Südosteuropa politisch im Sinne des Nationalsozialismus gleichgeschaltet waren, erleichterte zwar die Rekrutierung für die SS, war aber nicht der Grund für Rekrutierung."

Jene, die nach dem Anschluss so bitter enttäuscht wurden, scharrten nach Kriegsbeginn noch immer in den Startlöchern. Es waren um die 10.000 Angehörigen der „Österreichischen Legion", die sich vor 1938 in Deutschland auf Führungspositionen vorbereitet hatten und dann mit kleinen Posten abgespeist wurden. Hitler sah sie zwar als eine Art von Elite, aber eine alte.

Und er wollte doch eine neue schaffen. Letztlich hatte er mit diesen alten Kämpfern andere Pläne. SS-Chef Heinrich Himmler hielt die Österreicher insgesamt für eine rassisch minderwertige, da mit slawischen und anderen Elementen durchmischte, aber auch vertraute Variante des Deutschtums und deshalb für Einsätze am Balkan und in Osteuropa insgesamt am besten geeignet. Hitler hatte da einen bedeutend pragmatischeren Zugang, der allerdings auf dasselbe Ergebnis hinauslief. So wie ihn in Skandinavien nicht die nordische Blutsverwandtschaft und in Rumänien nicht die Rumäniendeutschen, sondern die Rohstoffe dieser Länder interessierten, kalkulierte er eiskalt den Ehrgeiz der ehemaligen österreichischen Legionäre und anderer bislang zu kurz gekommener österreichischer Nationalsozialisten ein. „Meine These ist“, so der Historiker Stefan Karner, „dass ein großer Teil von ihnen erst nach 1941 drankommt, als der Krieg gegen Russland vom Zaun gebrochen wird. Ab dann finden wir vermehrt ehemalige Österreichische Legionäre an zentralen Schaltstellen der SS und in den Konzentrationslagern, aber auch bei der Polizei in Krakau und Lublin, in Polen, in Weißrussland und in der Ukraine.“ Stefan Karner und sein Team beginnen gerade, die Beweise dafür zu vervollständigen, aber die einschlägige Tendenz zeichnet sich schon jetzt ab. „Ich glaube, Hitler wollte sie nicht schon 1938 bewusst für die Drecksarbeit in den Vernichtungslagern im Osten aufbewahren“, sagt Karner, „sondern das hat sich dann so ergeben. Er wollte hier 1938 eine Elite austauschen; ein Bestandteil der Umstrukturierung der NS-Elite in Permanenz. Das geschah im Kommunismus ständig, bei den Nationalsozialisten seltener, etwa beim Röhm-Putsch, und eben auch hier. Hitler wollte den Alten etwas vor den Latz knallen und ihnen zeigen: Es geht auch ohne euch, ich kann das alles auch mit neuen Leuten.“

„Aber auch das ‚Flüchtlings-Hilfswerk‘ oder die ‚Mitglieder-Sammelstelle‘ in Berlin spielt hier eine Rolle“, sagt Karner-Mitarbeiter Harald Knoll. „Die Legion war nur der militärische Zweig. Hier kamen vor allem jene unter, die mangels Qualifikation für andere NS-Organisationen im Reich nicht genügend hergaben. Geflüchtete illegale österreichische Gauleiter waren jedenfalls keine darunter. Viele landeten im Polizeidienst, und nicht bei der Legion. Wer gute Karriere machte, hatte gar keine Absicht, nach dem Anschluss nach Österreich zurückzukehren.“

Die so lange in der zweiten Reihe hingehaltenen Legionäre und andere zu kurz gekommene seinerzeit aus Österreich Geflohene könnten dann wie ausgehungerte Raubtiere auf die Menschen in den besetzten Gebieten Osteuropas losgelassen worden sein, zumal die bequemeren Posten im Reich längst vergeben waren. Noch sucht Karner nach Beweisen für seine These. Sie ist nur eine von vielen in der nach wie vor nicht beendeten Diskussion über den Anteil der Österreicher an den NS-Kriegsverbrechen. Bertrand Perz hat die Positionen nüchtern festgehalten, darunter auch jene, die Nazi-Jäger Simon Wiesenthal bereits 1965 bezogen hat. Perz zitiert Wiesenthal:

„Hier kann man sich nicht nach dem seinerzeitigen Prozentsatz Österreichs innerhalb des Großdeutschen Reiches richten. (…) Durch eine unglückliche Verquickung des historischen Geschehens wurden viele Österreicher in den Osten und Südosten geschickt, also gerade in Gebiete, in denen die meisten Verbrechen begangen wurden. Daher kommt es, dass auf der jugoslawischen Kriegsverbrecherliste nach dem Kriege ein Drittel Österreicher waren. Das hat aber nichts damit zu tun gehabt, dass man speziell Österreicher geschickt hat, damit sie Verbrechen begehen. Der Südosten und ein Teil des Ostens, Galizien, Bosnien und ein Teil Jugoslawiens usw., waren einmal ein Teil der Österreichisch-Ungarischen Monarchie. Nun, verwaltungsmäßig hat man absichtlich Österreicher dorthin geschickt, weil die Österreicher als Deutsche dort einen guten Namen hatten. Gerade dorthin, wo dann die großen Verbrechen geschahen, wurden etwa tausend Wiener Polizisten geschickt. Das ist die Ursache, dass der Prozentsatz der Österreicher, die an diesen Verbrechen beteiligt waren, bedeutend höher war als der Prozentsatz der österreichischen Bevölkerung innerhalb des Großdeutschen Reiches.

Dazu kommt eine zweite Ursache: Globocnik, der „Chef der Ausrottung", war Österreicher so wie Eichmann. Er war der Wiener Gauleiter und später der Chef der Vernichtungslager Lublin und Umgebung. Dieser holte sich in seinen Stab vornehmlich Österreicher, da er sie kannte. Auch Eichmann, der zwar in Solingen geboren wurde und als kleines Kind nach Österreich gekommen ist, berief eine große Anzahl Österreicher in seinen Stab. Aus diesen Gründen ergibt sich, dass die Anzahl der Österreicher, die an den Verbrechen beteiligt waren, viel größer ist als z. B. die Zahl der Bayern oder der Preußen."

Nach wie vor gehen die Schätzungen weit auseinander: Sie reichen von einer Unterrepräsentanz der Österreicher in der Vernichtungsmaschine bis zu den Berechnungen, dass 40 Prozent der KZ-Mannschaften gebürtige Österreicher gewesen seien, in Eichmanns Stab gar 70 bis 80 Prozent. Von 14 Prozent Anteil an führenden SS-Posten gehen einige österreichische wie britische und US-amerikanische Historiker aus, die aber einer eingehenden Nachprüfung nicht standhalten, da sie sich teilweise solange wechselseitig zitieren, bis manche Zahlen einzementiert sind. Fehler und Ungenauigkeiten verzerren das Bild noch zusätzlich. So unterscheiden einige Quellen nicht zwischen der allgemeinen und der Waffen-SS oder beziehen sich punktuell auf das Jahr 1945. Auch wird bei vor 1918 Geborenen nicht immer berücksichtigt, ob sie auf dem Boden der Republik Österreich zur Welt gekommen sind oder aus einem anderen Teil der Monarchie stammten. Andere, wie Eichmann, werden häufig als Österreicher gezählt, sind aber dort nicht geboren.

Bertrand Perz resümiert:

„Um es auf den Punkt zu bringen: Die Frage der Überrepräsentation oder der Unterrepräsentation von Personen mit österreichischen Wurzeln bei NS-Verbrechen, sei es in Zusammenhang mit der Wehrmacht, mit Besatzungsinstitutionen oder mit Tötungseinrichtungen, lässt sich nicht primär über das Kriterium der Herkunft erklären. Als vollwertige Angehörige des Deutschen Reiches wurden Österreicher nach denselben Regeln rekrutiert, wie das sonst im Deutschen Reich üblich war. Wurden SS- und NSDAP-Angehörige in derselben Weise für Aufgaben der Besatzungspolitik von Frankreich bis in die Ukraine, von Norwegen bis Griechenland rekrutiert, waren Österreicher in derselben Weise in NS-Verbrechen involviert. Gewiss haben Rekrutierungsphänomene zu bestimmten Schwerpunktbildungen geführt, wie etwa die hohe Präsenz von Österreichern in der Besatzungspolitik am Balkan. Auch konnten spezifische Kenntnisse und Erfahrungen von Österreichern diese für bestimmte Rollen besonders geeignet erscheinen lassen. Man könnte das an der Bestellung von Seyß-Inquart für die Niederlande zeigen, der Hitler wegen seiner Erfahrungen in Anschlussfragen besonders geeignet schien, aber auch an jenen Österreichern, die sich beim Entzug jüdischen Vermögens in Österreich Expertenwissen angeeignet hatten und nun mit Seyß-Inquart in die Niederlande wechselten, um dort ihr Wissen beim Raub jüdischen Vermögens anzuwenden.

Ebenso konnte die Frage der Karrierechancen und Karriereerwartungen österreichischer Nationalsozialisten eine Rolle spielen. Wenn österreichische Nationalsozialisten aus herrschaftstechnischen Überlegungen zum Teil nicht allzu gute Chancen hatten, auf österreichischem Gebiet die erhoffte Karriere zu machen, konnte das ihr Bedürfnis nach Karriereverwirklichung in den besetzten Gebieten Europas erhöhen. Dass Österreicher aber durchaus auch Chancen hatten, in den zentralen Schaltstellen des nationalsozialistischen Deutschlands ganz nach oben zu gelangen, zeigt nicht zuletzt das Beispiel von Ernst Kaltenbrunner.

Dass Österreicher auch Karriere in besetzten Gebieten machen konnten, weil sie sich für die NS-Politik in Österreich selbst als ungeeignet erwiesen hatten, zeigt das Beispiel des schon erwähnten SS- und Polizeiführers Odilo Globocnik in Lublin, der zuvor als Gauleiter in Wien spektakulär gescheitert war. Dass seine Karriere überhaupt weiter ging, hatte wohl nicht zuletzt mit der Dankbarkeit Himmlers für Globocniks Verdienste um den Anschluss Österreichs zu tun. Die große Zahl von ÖsterreicherInnen, die in der Dienststelle des SSPF (SS- und Polizeiführer) Lublin dann tätig waren, geht auf die spezifische Rekrutierungspolitik Globocniks zurück."

Dazu kommt noch die arbeitsteilige Organisation der Massenvernichtung. Wo nicht einmal die genauen Verantwortlichkeiten für bestimmte Verbrechen festgestellt werden können, ist es noch schwieriger, den Anteil österreichischer Täter zu ermitteln. Beim Dokumentationsarchiv des Österreichischen Widerstandes (DÖW) bezieht man sich auf die Arbeit von Stefan Kupsa, der 2001 eine Zählung von French MacLean („The Camp Men. The SS Officers Who Ran the Nazi Concentration Camp System") überprüft hat. Ein bezeichnender Satz aus Kupsas Schlussfolgerung:

„Aus der vorliegenden Analyse geht allerdings als bewiesen hervor, dass österreichische Offiziere nicht wesentlich unterbeteiligt waren an der Etablierung und der Aufrechterhaltung des Konzentrationslagersystems."

Kupsa rechnet immerhin an konkreten Zahlen vor:

„Wenn acht (...) von insgesamt 75 Kommandanten Österreicher waren, dann ergibt das einen vergleichsweise sehr hohen Prozentsatz von 9,64 % (...). Verglichen mit dem Prozentsatz der Gesamtbevölkerungszahl (8,81 %) ergibt das einen überdurchschnittlich hohen Anteil der Österreicher an den Lagerkommandanten."

Somit wäre der Anteil der Österreicher unter den KZ-Kommandanten 0,83 Prozent über dem Bevölkerungsanteil der Österreicher im gesamten deutschen Reichsgebiet gelegen. Ein mageres Ergebnis im Ringen um die Wahrheit über die Beteiligung von Österreichern an NS-Verbrechen.

Aussagekräftiger ist da schon die Tatsache, dass die drei berüchtigten Kommandanten des KZ Theresienstadt Siegfried Seidl, Anton Burger und Karl Rahm sowie der Kommandant des Lagers Treblinka Franz

Stangl Österreicher waren; und die Einzelberichte über exemplarische Grausamkeiten von Männern wie Amon Göth.

1943 wird Göth im Rahmen von Odilo Globocniks (dessen engere Mitarbeiter gar zu 90 Prozent Österreicher waren!) „Aktion Reinhardt" zum Kommandanten des Zwangsarbeitslagers Plaszow bei Krakau. Der Wiener des Jahrgangs 1908 ist seit 1931 Mitglied der NSDAP, der SS, in Sprengstoff-Attentate verwickelt, flieht 1933 nach Deutschland und ist einer jener, die 1938 im Triumph nach Wien zurückkehren. Der körperlich große, schwere Mann kommt in den Vernichtungslagern Belzec, Sobibor und Treblinka zum Einsatz, ehe er 1943 an der Liquidierung des Krakauer Ghettos beteiligt ist und danach im Lager Plaszow wahre Blutorgien verübt. Der sadistische Schlächter ermordet aus Lust und Laune eigenhändig mehr als 500 Menschen, zum Teil mit einem Gewehr mit Zielfernrohr von seinem Balkon aus oder er hetzt seine Doggen auf sie. Steven Spielberg hat Amon Göth in dem Film „Schindlers Liste" porträtiert, und der Historiker Johannes Sachslehner nennt seine Göth-Biografie nicht umsonst „Der Tod ist ein Meister aus Wien". Denn der grausame Herr über Leben und Tod wird im Lager als typischer arroganter Wiener wahrgenommen und sogar von Teilen seiner SS-Wachmannschaften gehasst, die ihn dann schließlich noch vor Ende des Dritten Reiches wegen Bereicherung und krummer Geschäfte zu Fall bringen werden. Spekulationen unter den Häftlingen setzen ein, wie Sachslehner beschreibt. „Irgendwer hat das unsinnige Gerücht ausgestreut, dass Göth ein Baron aus Wien sei; niemand glaubt so recht daran, aber es muss etwas Besonderes um diesen hünenhaften SS-Führer mit den kalten, stahlblauen Augen sein, der wie kein anderer von der immerwährenden Drohung des Todes umgeben ist. Alle auf dem Platz wissen: Wer Göth in die Hände fällt, kann mit seinem Leben abschließen." Der Sadismus Göths zählt zum Grausamsten, was aus den NS-Konzentrationslagern überliefert ist. Im Mai 1944 lässt er die Kinder des Lagers vor den Augen ihrer schreienden und weinenden Eltern zum Abtransport auf Lastwagen verladen. Dazu ertönt aus Lautsprechern ein Walzer: „Mama, komm zurück ...".

Im August 1944 wird Amon Göth von der SS aus dem Verkehr gezogen und verhaftet, aber nicht etwa wegen seiner Grausamkeiten, sondern wegen Unterschlagung von Reichseigentum (nichts anderes als dem Eigentum der im KZ ermordeten Juden) und Schwarzmarktgeschäften.

1946 kommt er vor ein polnisches Gericht. 8000 Menschen hat er allein im Lager Plaszow auf dem Gewissen, 2000 im Krakauer Ghetto. Als er die Zeugenliste der Anklage liest und darauf ehemalige Häftlinge findet, ruft er aus: „Was? So viele Juden? Uns hat man immer gesagt, da wird kein Schwanz übrig bleiben!“ Am 13. September 1946 wird er in Krakau gehängt. Seine letzten Worte sind „Heil Hitler!“.

Da arbeiten dann auch in Österreich bereits die sogenannten Volksgerichte (nicht mit dem NS-Volksgerichtshof Roland Freislers zu verwechseln), die in 607 Fällen Prozesse wegen NS-Verbrechen eröffnen und 43 Todesurteile fällen, von denen 30 auch vollstreckt werden.

Die Untaten des „Henkers von Theresienstadt“ Stefan Rojko, eines Steirers, wurden um einiges später geahndet. Des Mordes an 200 Menschen schuldig befunden, konnte er nach einem Verfahrensfehler in einem ersten Prozess erst 1963 in Graz zu einer lebenslänglichen Freiheitsstrafe verurteilt werden.

Wien war im Dritten Reich ein Zentrum des NS-Euthanasieprogramms, der Tötung sogenannten „lebensunwerten Lebens“. In der zweitgrößten Kinderklinik des Reiches, am Wiener „Spiegelgrund“, wurden insgesamt an die 800 geistig behinderte Kinder ermordet, der federführende Leiter der Abteilung Heinrich Gross wurde erst im Jahr 2000 vor Gericht gestellt, aber aufgrund seiner angeblichen Demenz als nicht verhandlungsfähig eingestuft.

In anderen Mordanstalten wie jener im Schloss Hartheim starben rund 30.000 Menschen mit Behinderung, ob geistig oder körperlich.

Die Geschichten der NS-Verbrecher österreichischer Herkunft, die sich dank Hilfe von unterschiedlichster Seite auf andere Kontinente absetzten, füllen viele Bände, Übersichts- und Einzeldarstellungen. Die berüchtigtsten und meistgesuchten unter ihnen waren zuletzt der 1992 in Kairo verstorbene Steirer Aribert Heim, der als Lagerarzt in den Konzentrationslagern Sachsenhausen, Buchenwald und Mauthausen an Häftlingen Operationen ohne Narkose vornahm und Hunderte von ihnen durch Phenol-Injektionen direkt ins Herz ermordete. Ihm gelang ebenso die Flucht wie Alois Brunner, der mithalf, hunderttausende Juden aus Wien, Berlin und Saloniki in die Vernichtungslager zu deportieren. Seine Spur verliert sich in Syrien, wo er, 1912 in Rohrbrunn, damals Ungarn, nachmals Burgenland geboren, theoretisch noch immer leben könnte.

Bleibt noch zu erwähnen, dass Typen wie Stangl, Göth und Brunner den durchschnittlichen Untertanen Hitlers nicht bekannt waren. Sie bevölkern erst die Nachkriegsprojektionen und Bespiegelungen der Zeit.

Eine der schlimmsten unter ihnen war Adolf Eichmann, der Bürokrat der Vernichtung, dessen perfiden Charakter einer seiner engsten Vertrauten, Wilhelm Höttl, zu beschreiben weiß.

Sechs Millionen ermordete Juden – eine Sache unter Österreichern?

„Obwohl Eichmann an Kaltenbrunners Rang nicht herankommt und einem Stangl oder Göth in psychopathischer Rage nicht das Wasser reichen kann, bleibt er der kaltblütigste österreichische Nazi von allen. Im Gegensatz zu den anderen agierte er wie ein Roboter", charakterisiert Gordon Brook-Shepherd den 1906 in Solingen geborenen und in Linz aufgewachsenen Adolf Eichmann, der als zuständiger Referent im Reichssicherheitshauptamt als mitverantwortlich für die Deportation und Ermordung von schätzungsweise sechs Millionen Menschen im NS-besetzten Europa gilt. 1961 wurde ihm dafür in Israel der Prozess gemacht, ein Jahr darauf wurde er hingerichtet.

Eichmanns Werdegang war geradezu symptomatisch für die Karriere eines österreichischen Nazis: Abbruch der Realschule ohne Abschluss, abgebrochene Mechanikerlehre, Vertreter bei einer Tochterfirma der Standard Oil, im Juni 1933 wegen Zugehörigkeit zur NSDAP gekündigt, Übersiedlung nach Deutschland. 1934 finden wir ihn bei der „österr[eichischen] SS im Lager Dachau", wie er selbst in einem handschriftlichen Lebenslauf bemerkt.

„Adolf Eichmann war zweifellos eine der am meisten überschätzten Persönlichkeiten des Dritten Reiches. Nur weil man niemanden mehr aus der obersten Garnitur hatte, verfiel man auf Eichmann", meint wiederum SS-Geheimdienstmann Wilhelm Höttl über seinen alten Freund Adolf, gesteht aber immerhin zu, dass Eichmann als Abteilungsleiter im Amt IV (Gestapo) des Reichssicherheitshauptamts „mit weit mehr Macht ausgestattet war als ein Beamter seiner Stellung und seines Ranges."

Höttl selbst ist freilich auch kein wirklich sauberer Gewährsmann und alles andere als ein Unschuldslamm, ist doch seine Verwicklung in die Deportation ungarischer Juden nach Auschwitz mehr als undurchsichtig. Der SS-Sturmbannführer und hohe SD-Nachrichtendienstler war zu diesem Zeitpunkt in Budapest stationiert; nach den Deportationszügen gen Osten soll sich in die entgegengesetzte Richtung ein „Goldzug" mit geraubtem Gut in Bewegung gesetzt haben. Das Ziel soll Bad Aussee gewesen sein, wo Höttl sich nach dem Krieg niederlassen würde, ganz in der Nähe eines gut verschlossenen Bergwerks, dessen Inhalt nie untersucht wurde …

… was alles der Selbstinszenator SS-Sturmbannführer Wilhelm Höttl weit von sich weist und stattdessen beteuert, dass „die meisten Männer in Stellungen meiner Größenordnung" Kommandoführer bei Einsatzkommandos zur Judenvernichtung geworden seien und ihm selbst dies glücklicherweise erspart geblieben sei, da er zum in Frage kommenden Zeitpunkt strafweise zur Waffen-SS in Jugoslawien versetzt gewesen sei. Höttl zog sich nach dem Krieg auf seine Rolle als eine Art teilnehmender Beobachter und historischer Berichterstatter zurück.

Der Historiker Szabolcs Szita über jenen Tag, den 19. März 1944, als die Deutschen den unsicher gewordenen Verbündeten Ungarn „kassierten" – und mit ihm die ungarischen Juden:

„SS-Sturmbannführer Dr. Wilhelm Höttl, der Kommandant des politischen (geheimen) Sicherheitsdienstes in Ungarn, schrieb in seinen Memoiren, dass SS-Reichsführer Heinrich Himmler bereits am Tag der Okkupation einen Bericht über die Lage in Ungarn sowie über die ersten Anordnungen der Besatzungsmacht abverlangte. Sein Telefonanruf um die Mittagszeit, speziell seine drängende Nachfrage um die genaue Anzahl der bislang verhafteten Juden, versetzte Dr. Hans-Ulrich Geschke, den Befehlshaber der Sicherheitspolizei und des Sicherheitsdienstes, in Staunen. Rasch ließ er nun ein Budapester Telefonbuch holen und darin 200 ‚judenverdächtig' klingende Namen möglichst mit Doktortitel aussuchen. Diese – meist Ärzte und Anwälte – wurden sofort inhaftiert, und am Abend konnte der Standartenführer schon die Festnahme von 2000 führenden Funktionären des ungarischen Judentums stolz nach Berlin melden."

Wilhelm Höttl hat laut eigenen Angaben erst im Sommer 1944 in Budapest aus dem Munde von ungarischen Abwehroffizieren etwas über das Massenmorden an den Juden erfahren, schränkt aber angesichts der heute bekannten Allwissenheit des SS-Sicherheitsdienstes selbst ein: „Es ist vielleicht ein bisschen unglaubwürdig, wenn ich in meiner Position das sage." Schon 1944 sei zur Sprache gekommen, dass sechs Millionen Juden vernichtet worden seien. Die Ungarn, auch Staatssekretär Baky seien überrascht gewesen, dass Höttl davon nichts gewusst habe. Dann seien ihm, dem plötzlich Erleuchteten, aber die Augen aufgegangen, er hätte Fußmärsche von Gefangenen gesehen, die deshalb stattgefunden hätten, da es keine Waggons mehr gab; ohnehin hätten sich die Ungarn bitter über Eichmanns extensive Rekrutierung von Eisenbahnzügen beschwert. Nur ein Viertel der 800.000 ungarischen Juden überlebte die Shoa.

„Es erscheint mir allerdings keine Empfehlung zu sein, mit Eichmann so eng befreundet gewesen zu sein", bemerkte Höttl im Gespräch mit einem der Autoren, „aber ursprünglich war es tatsächlich so, wobei er, der weitaus Ältere, sich an mich, den Jüngeren, anschloss."

Dabei war Eichmann 1938 als Referent II/111 (Juden und Freimaurerangelegenheiten) im SD-Oberabschnitt Ostmark in Wien eigentlich Höttls Vorgesetzter geworden, da Höttl zu dieser Zeit Referent II/111 im Unterabschnitt Wien war. Praktisch seien aber nur einige der Berichte an Berlin über den Oberabschnitt gelaufen, was immerhin zur näheren Bekanntschaft der beiden Herren führte.

Eichmann suchte Höttls Freundschaft, da er wegen seiner geringen Schulbildung, seiner angeblichen und vielleicht nur fantasierten jüdischen Abstammung und seiner Ehe mit einer Tschechin von seinen Kameraden gemieden worden sei.

Tatsächlich machte sich Adolf Eichmann Sorgen wegen seines angeblich „jüdischen Aussehens"! So weit war die Paranoia bei dem Spezialisten der Austreibung und Auslöschung gediehen, dass er seinen Verfolgungswahn sogar nach innen, gegen sich selbst richtete!

Sogar Kaltenbrunner, der ihn 1932 immerhin in die illegale SS gebracht hatte, behandelte ihn herablassend, obwohl schon ihre Väter in Linz gut befreundet gewesen waren.

Eichmanns „Leistungen" bei der systematischen Errichtung von „Zentralstellen für jüdische Auswanderung" in Wien, Prag und Berlin wurden von Hitler, dem Eichmann übrigens zeitlebens nie begegnet ist, mit der Ernennung zum Obersturmbannführer honoriert. Mangels Matura war ihm indes die höhere Beamtenkarriere verschlossen. Eichmann blieb Referatsleiter – eine Kränkung. Dennoch sei seine Macht groß gewesen, da er sich mit seinem Chef Heinrich Müller, dem „Gestapo-Müller", sehr gut verstanden hätte, meint Höttl. Als beide nach Berlin versetzt worden waren, hätte Höttl weiterhin Kontakt zu Eichmann gehalten, da er immer wieder Gefälligkeiten von Eichmann gebraucht hätte.

Höttl lässt insgesamt keinen Zweifel daran, dass auch er Eichmann für schuldig an der „Beihilfe zum Mord in Millionen Fällen" hält, betont aber, dass die „Endlösung", die „physische Vernichtung des jüdischen Volkes, einzig und allein von Hitler befohlen" wurde. Einen Beleg für den diesbezüglichen Befehl kann aber auch Höttl nicht vorlegen. Immerhin meint er, dass Eichmann wie andere SS-Größen, etwa Höß, zur Übertreibung der Opferzahlen tendierte, „(...) wobei es doch zu zynisch wäre, hier von ‚Jägerlatein' zu sprechen."

Auch Hannah Arendt resümiert den Charakter Eichmanns: „Wichtigtuerei war das Laster, das Eichmann zugrunde richtete." Höttl erzählt, er habe die meisten Leiter der betreffenden Einsatzgruppen oder Einsatzkommandos persönlich gekannt, könne sich bis heute nicht erklären, wie diese denkfähigen „Vollakademiker" zu Massenmördern werden konnten und dementsprechend einen „Knacks" bekommen hätten, „wobei wir, denen dieses Schicksal erspart blieb, damals ja nicht einmal ahnen konnten, was da an Massenmord begangen wurde."

Wiedergetroffen hätte Höttl Eichmann in Budapest, wohin Höttl am 19. März 1944 als Vertreter des Auslandsnachrichtendienstes versetzt wurde. In Berlin hätte er Eichmann nur getroffen, um Juden eine Ausreise ins Ausland zu ermöglichen. Nun, in Budapest „hatte ich es leichter mit Eichmann". So sei es Höttl auch gelungen, auf Fürbitte der Schauspielerin Marthe Harell die jüdische Frau des Schauspielers Hans Moser von der Deportationsliste streichen zu lassen. Höttl hätte Eichmann einfach auf gut Glück weisgemacht, Moser sei ein Lieblingsschauspieler Hitlers, was Höttl erst nach Kriegsende von Hitler-Adjutant Julius Schaub bestätigt bekommen habe.

Nicht ohne Koketterie bemerkt Höttl: „Es scheint so, dass ich nicht lügen könnte."

Gerne und ausgiebig sprach Eichmann dem Alkohol zu, „worauf er erst richtig ‚warm' wurde und aus sich mehr herausging", sagt Höttl.

Ende August 1944 saßen die beiden Freunde in Budapest wieder einmal zusammen. Eichmann war pessimistisch gestimmt. Der Krieg sei nicht mehr zu gewinnen, meinte er. Beide hatten verbotenerweise die Deutschlandsendungen des englischen Rundfunks gehört, darunter auch

Gerüchte über die deutsche Massenvernichtung der Juden. Höttl hätte dem ursprünglich aber keinen Glauben geschenkt, da er dachte, dass es sich um Propaganda handelte. Mittlerweile wusste er von den Ungarn, dass es stimmte und Eichmann im Massenmord mitmischte. Der sei an diesem Augusttag sehr deprimiert gewesen, da er erfahren hätte, dass er als einer der Hauptkriegsverbrecher von den Alliierten gesucht würde und damit rechnen müsste, bei seinem nächsten „heiklen Auftrag in dem abgefallenen Rumänien“ in die Hände der Feinde zu fallen.

Höttl hörte sich das Gejammer eine Zeit lang an.

„Ich nutzte jedenfalls diesen eklatanten Schwächezustand Eichmanns aus, um ihn zu fragen, wie viele Juden denn tatsächlich ermordet worden wären, worauf er mir diese, inzwischen magisch gewordene Zahl von sechs Millionen nannte.“

Hannah Arendt, die akribische, aber heiß umfehdete Chronistin und Interpretin des Eichmann-Prozesses, hat eine eigene Variante dieses Geschehens und kommt dabei zu folgendem Urteil: „Es war reine Angeberei, wenn Eichmann seinen Leuten in den letzten Kriegstagen erzählte: ‚Ich werde freudig in die Grube springen, denn das Bewusstsein, fünf Millionen Juden (er selbst behauptete stets, ‚Reichsfeinde‘ gesagt zu haben) auf dem Gewissen zu haben, verleiht mir ein Gefühl großer Zufriedenheit.‘“

Höttl begegnete Eichmann zum letzten Mal, als der gesuchte Kriegsverbrecher auf der Flucht nach Westen in Altaussee vorbeikam, wo sich ein regelrechter Flucht-Pulk mittlerer und höherer Nazi-Größen gebildet hatte. Eichmann sei voll von Illusionen gewesen und hatte gedacht, er könne mit den Amerikanern ins Gespräch kommen.

Höttl hätte ihm geraten: „Adolf, dräng dich nicht vor, du hast so viel schwarze Punkte.“

Eichmann hätte daraufhin konsterniert gefragt: „Wieso?“

Höttl erwähnt, dass Eichmann Jahre zuvor wegen Misshandlung eines Juden Selbstanzeige erstattet hatte, und fragt: „Wie soll man den Mann jemals verstehen?“

Mit eigenen Händen habe Eichmann nie einen Juden umgebracht, doch auf die sechs Millionen, die in den „Feindsendern erwähnt wurden, ist er regelrecht stolz gewesen, nach dem Motto: Sogar die Feinde anerkennen das, was er hier geleistet hat: Millionen zu vernichten.“

Wilhelm Höttl wird das alles beim Nürnberger Prozess aussagen, dann noch einmal beim Prozess gegen Eichmann – er gilt als Kronzeuge für die Zahl von sechs Millionen ermordeter Juden. Höttl machte seine Zeugenaussage aber lieber in Österreich. Zum Prozess nach Israel einzureisen schien ihm zu riskant. So ging die heiße Kartoffel zwischen Höttl und Eichmann also per Fernprotokoll hin und her – eine Sache unter Österreichern.

*

Berchtesgaden, Berghof, 1943

Henriette, die Ehefrau des Wiener Gauleiters Baldur von Schirach, ist mit ihrem Mann wie so oft zu Gast in Hitlers Feriendomizil. Sie erzählt Hitler, dass sie in Wien abfahrbereite Eisenbahnwaggons gesehen hat, in die Juden wie Vieh hineingepresst waren. Ob er wohl von dieser menschenunwürdigen Behandlung wisse? Hitler gibt ihr keine Antwort und geht schweigend ab. Nie wieder wird er Schirach oder dessen Frau auf den Berghof einladen.

Galerie der Opfer

Am 12. März 1938, kurz nach 1.30 Uhr früh, läutet es an der Tür des jungen Gewerkschaftsfunktionärs Franz Olah in Wien-Hernals.

Verschlafen öffnet der 28 Jahre alte Sozialdemokrat.

„Ah, Sie sind schon auf?“, fragt einer der beiden Kriminalbeamten ironisch. Dann nehmen sie Olah mit. Am 1. April wird er mit dem ersten Transport politischer Gefangener aus Österreich, dem sogenannten „Prominententransport“, ins Konzentrationslager Dachau überstellt. Im selben Zug sitzen noch 150 weitere Österreicher, auch politische Gegner Franz Ohlas, ehemalige Funktionäre des Ständestaats wie der Wiener Bürgermeister Richard Schmitz, der spätere ÖVP-Außenminister und Bundeskanzler Leopold Figl, aber auch weitere Sozialdemokraten, Kommunisten und Monarchisten und nicht zuletzt missliebige Künstler wie der Librettist Friedrich Beda-Löhner. Ein Drittel der Insassen dieses ersten Transports ist jüdischer Abstammung. Es war nur der Anfang. Im Mai und Juni gingen zwei weitere Züge nach Dachau. Nach dem Novemberpogrom kamen noch einmal 3700 jüdische Österreicher dazu. Bis 1939 wurden viele entlassen, wenn sie Einreisepapiere für andere

Länder vorlegen konnten. Nach Kriegsbeginn setzte dann die Vernichtung ein …

Bis 1945 starben 110.000 Österreicher in den NS-Konzentrationslagern (davon mindestens 65.000 jüdischer Abstammung), 130.000 Verfolgten gelang die Flucht, darunter 100.000 Juden.

Prominentester Vertriebener war wohl der Schöpfer der Psychoanalyse, Sigmund Freud, der am 4. Juni 1938 nach London flüchten konnte. Der Historiker Friedrich Stadler hat in seinem Werk „Vertriebene Vernunft. Emigration und Exil österreichischer Wissenschaft" penibel die Wege der exilierten Forschung verfolgt, darunter jene von vielen Nobelpreisträgern. Sie waren entweder jüdischer Abstammung wie der Pharmakologe Otto Loewi, der sich mit dem Preisgeld des Nobelpreises freikaufen konnte, den er 1936 erhalten hatte, oder politisch unzuverlässig, wie etwa der Physiker Erwin Schrödinger. Ein Drittel der Wiener wissenschaftlichen Mediziner wurde in die Emigration getrieben, drei begingen Selbstmord und zumindest einer starb im KZ Theresienstadt: Viktor Hammerschlag, der nicht nur Professor für Hals-Nasen-Ohrenkunde war, sondern auch ein führender Vertreter der Freimaurerei, was Letzteres als Grund für Verfolgung schon ausreichte.

Anders der Verhaltensforscher Konrad Lorenz, der 1973 den Nobelpreis erhalten sollte. „Er hat mit der Übernahme des Lehrstuhls in Königsberg in den 1940er Jahren Artikel veröffentlicht, die eindeutig in den eugenischen Diskurs der damaligen Zeit passen", sagt Friedrich Stadler. „Seine Publikationen der damaligen Zeit passen natürlich in das Ideologem des Nationalsozialismus, auch seine Diktion. Und vor diesem Hintergrund war es nicht überraschend, dass Simon Wiesenthal Konrad Lorenz aufgefordert hatte, 1973 von der Annahme des Nobelpreises Abstand zu nehmen."

Lorenz-Biograf Klaus Taschwer skizziert den Charakter des Forschers etwas differenzierter:

„Konrad Lorenz war sicher ein Opportunist. Er trat auch der Partei bei, allerdings mit einem Schreiben, in dem er seine politischen Überzeugungen maßlos übertrieben hat und auch seine Tätigkeiten zugunsten des Nationalsozialismus. Er war insofern Ideologe, als er von einer fixen Idee zeit seines Lebens überzeugt war; das war die, dass die Großstadt beziehungsweise die Zivilisation beim Menschen dieses ‚survival oft the fittest' bei den Tieren quasi außer Kraft setzt; dass es – Zitat Lorenz – zu einer ‚Verhausschweinung' des Menschen kommt. Da gab's bestimmte Überschneidungen mit der nationalsozialistischen Rassentheorie. Lorenz war aber sicher nicht jemand, der gerade heraus rassistische Ideen vertreten hätte (...) eher sogar zum Teil im Gegenteil."

Bei der Verleihung des Nobelpreises nahm Lorenz selbst dazu Stellung:

„Zu den negativen Kritiken und v. a. zur Inkriminierung jener ominösen Arbeit über domestikationsbedingte Störungen im arteigenen Verhalten: Alles, was sachlich in dieser Arbeit steht, glaube ich auch heute noch. Dass ich versucht habe, das zu jenen Leuten zu sagen und noch dazu in deren Sprache, bedaure ich zutiefst."

*

Wie verschlungen die Wege der Flucht, aber auch des „Durchtauchens" sein konnten, zeigen die Beispiele von Familien, die zwischen verschiedenen Welten regelrecht zerrieben wurden.

Etwa das Schicksal der Friederike Okladek, die 1921 in Wien als blondes, blauäugiges Mädchen zur Welt kommt. Ihr Vater ist Bankkassier, deutschnational, Mitglied einer schlagenden Studentenverbindung. Er ist ebenso Jude wie seine Frau, die aus Lemberg stammt. „Uns kann nichts passieren", sagen sie im März 1938. „Wir sind brave Wiener, und deutschnational sind wir darüber hinaus auch!" Welch ein Trugschluss ... Friederike entkommt nach Holland und singt dort unter falschem Namen im Wehrmachtschor! Sie entweicht nach Paris, dann über die Pyrenäen nach Spanien und schließlich nach Israel. Ihre Erinnerungen hat sie gemeinsam mit dem Soziologen Roland Girtler in dem Buch „Eine Wiener Jüdin im Chor der Deutschen Wehrmacht" niedergelegt.

*

Oder Margarete Reinhold, geborene Raab. Ihre Mutter war Jüdin, die wegen der Heirat mit einem Christen zum katholischen Glauben konvertierte. Margarete heiratete als „Halbjüdin" den „Arier" Friedrich Reinhold. Da sie damit gegen die Nürnberger Rassengesetze verstießen, die solche Eheschließungen verboten, wurden sie 1943 zu zwei Monaten Gefängnis verurteilt. Doch wenn zwei dasselbe tun, ist es offenbar nicht das Gleiche.

Denn Margaretes Schwester Amalie – und damit ebenfalls Tochter einer jüdischen Mutter – war mit einem NSDAP-Funktionär namens Kurt Dolinek verheiratet: dieselbe „rassische“ Konstellation also, aber kein Gefängnis – offensichtlich von der Partei gedeckt oder geduldet. Kurt Dolinek deckte in Folge wahrscheinlich auch Margarete und ihren Mann, womit die kurze Haftdauer und die Einstellung der Verfolgung erklärbar wären.

Gesprochen wurde in den Familien Reinhold und Dolinek über all das nie, und Margaretes direkte Nachfahren erfuhren erst nach ihrem Tod, lange nach dem Krieg, dass sie jüdischer Abstammung waren!

Da war auch Margaretes Mann Friedrich Reinhold längst gestorben. Er hatte 1948 in russischer Kriegsgefangenschaft Selbstmord begangen. Das Motiv ist unbekannt.

*

Oder man liest im Personalakt von Frau Asta Georgi, geboren 1905 in Wien, die als Tochter evangelischer Eltern 1929 den jüdischen Sozialdemokraten Oskar Fischel heiratete, dem sie zwei Kinder – Brigitte, 1931 und Hans Thomas, 1937 – gebar.

Von 1929 bis 1939 arbeitete sie als Pflegerin der Gemeinde Wien im Krankenhaus Lainz und wurde 1939 wegen ihrer Ehe mit dem „Volljuden“ Oskar Fischel entlassen.

„(...) weil ich am Tag der Übernahme mit einem Juden verheiratet war. Die Ehe ist aufgehoben“, schreibt sie auf einem der Befragungsbögen, denn sie hatte sich noch 1939 scheiden lassen.

Aus der Urteilsbegründung: „(...) behauptet, dass ihr Gatte ihr im Zeitpunkte der Eheschließung verschwiegen habe, dass er Volljude sei, (...) hat sich immer als Halbjude ausgegeben, (...) behauptet, er habe die Klägerin im September 1938 verlassen und sei nach Australien ausgewandert, ohne für sie und den Unterhalt der beiden Minderjährigen zu sorgen (...).“

1940 trat Asta Georgi erneut in den Dienst der Gemeinde Wien als „Aushilfsangestellte auf Kriegsdauer“ ein. Auf dem Aufnahmepapier der „Gemeindeverwaltung des Reichsgaues Wien“ findet sich ein handschriftlicher Vermerk:

„War mit einem Volljuden verheiratet. Die Ehe wurde jedoch aufgehoben. Laut fernmündlicher Weisung (…) ist Asta Georgi trotzdem einzustellen".

Ab 1943 arbeitete sie als Sekretärin beim Leiter des Kulturamtes, Stadtrat Hanns Blaschke, einem alten NS-Kämpfer. Im Dezember 1943 wurde er Bürgermeister von Wien und hatte schon bald darauf gröbere Probleme mit der Wiener Gauleitung. Grund des Ärgernisses: seine Mitarbeiterin Asta Georgi, deren Kinder schließlich Halbjuden waren!

Blaschke schreibt am 8. Mai 1944 an die Gauleitung, lobt seine Mitarbeiterin, hebt die Scheidung von Fischel hervor und merkt an, dass sie nur als Aushilfsangestellte tätig ist.

Gaupersonalamtsleiter Volkmer gibt sich damit allerdings nicht zufrieden und antwortet dem Bürgermeister schon in schärferem Ton: „(…) ist die jüdische Versippung der Genannten bereits bekannt geworden und es wäre daher schon aus optischen Gründen angezeigt, Obengenannte aus dem Kulturamt zu entfernen."

Blaschke antwortet ausweichend: „(…) ich werde nicht ermangeln, sobald die Geschäfts- und Personallage es zulässt, einen Austausch vorzunehmen".

Faktum ist, dass der NS-Bürgermeister Blaschke Asta Georgi bis 1945 deckte und als Sekretärin behielt. Nach dem Krieg wurde sie in den ordentlichen Beamtenstatus übernommen und ging bis zu ihrer Pensionierung den ganzen Karriereweg bis zum Oberamtsrat.

Doch die Geschichte Asta Georgis birgt noch viel mehr komplizierte Zusammenhänge und doppelte Böden!

Bis zum 9. März 1939 wohnten Asta und Oskar Fischel im 13. Wiener Bezirk, in der Siedlung Flötzersteig in einem Genossenschaftshaus, das arisiert wurde. Während des Krieges wurde ihr dann eine Wohnung in der Schönlaterngasse 9 zugeteilt. Zunächst wohnte sie in Untermiete bei einem Herrn Vlach, einem tschechischen Halbjuden, der aus dem Fenster sprang, als Uniformierte kamen, um ihn abzuholen.

Das Haus wurde gegen Kriegsende zerbombt, Asta Georgi und ihre beiden Kinder zogen zur Untermiete in die Reisnerstraße im 3. Bezirk. Dort lernten sie einen rumäniendeutschen Halbjuden kennen – Rudolf Wacks. Am 5. September 1946 heiratete Asta Georgi Rudolf Wacks. In einem der auf uns gekommenen Dokumente steht: „Rudolf Wacks war während der nationalsozialistischen Herrschaft an seiner beruflichen

Ausübung gehindert." Er war auch nicht zum Militär eingezogen. Die genauen Umstände kannte und kennt niemand.

Allesamt Überlebenskünstler in einem totalitären System!

Und was war mit Astas erstem Mann, dem Vater ihrer Kinder, geschehen?

Oskar Fischel floh über Frankreich nach Australien und bemühte sich dann – wie aus persönlichen Briefen hervorgeht – sehr darum, dass ihm Asta mit den Kindern nach Australien folgen sollte. Da sie das aber nicht wollte, konnte aufgrund der australischen Gesetzeslage auch der Rest seiner Familie nicht nachkommen und wurde zur Gänze von den Nazis ermordet!

Oskar Fischel ging in Australien erneut eine Ehe ein, der drei Söhne entsprossen. Er war mit Otto Binder, dem Schwiegervater des nachmaligen österreichischen Bundespräsidenten Heinz Fischer, befreundet. In seinem Buch „Wien – retour" widmet ihm Binder ein paar Zeilen ...

*

Laut dem Historiker Ernst Hanisch waren es zwei Drittel der österreichischen Juden, die wenigstens das nackte Leben retten konnten. Von den Roma und Sinti, den sogenannten „Zigeunern", starben 75 Prozent, um die 8000. Weitere 8000 Menschen aus Österreich wurden aus anderen Motiven in den KZ ermordet, aus politischen oder religiösen, weil sie homosexuell waren (in der Ostmark wurden aufgrund der bereits vor 1938 geltenden Rechtslage anders als im Altreich auch lesbische Frauen inhaftiert) oder „asozial", wie man das damals nannte. Damit gemeint waren Arbeitsverweigerer, Obdachlose, Landstreicher, Dirnen und Zuhälter, ganz allgemein all jene, die als unfähig angesehen wurden, sich in die Volksgemeinschaft zu integrieren.

Andere Opfergruppen waren die als „Bibelforscher" verfolgten Zeugen Jehovas, von denen rund 500 ins KZ kamen und 154 ermordet wurden.

Und 2700 Österreicher wurden hingerichtet, da sie das schlimmste aller Verbrechen begangen hatten, die ein totalitäres Regime kennt – sie hatten Widerstand geleistet!

Der österreichische Widerstand

„Für mich als 13-Jährigen war die Verhaftung meines Bruders und meines Vaters und das brutale Zusammenschlagen meiner Mutter durch einen HJ-Trupp eine unglaubliche Lehre“, sagt Fritz Molden, Jahrgang 1924, dessen Vater, der Herausgeber der bürgerlichen „Neuen Freien Presse“, am 13. März von Hitlerjungen abgeholt wurde, die kurzerhand die Mutter blutig schlugen. Die so Verletzte war niemand andere als Paula von Preradović, die spätere Text-Autorin der Bundeshymne der Zweiten Österreichischen Republik. Welch eine symbolische wie reale Misshandlung ...

„Ich war geschockt und wollte sehen, wer diese Menschen waren, die uns das angetan haben. Da bin ich am 15. März auf den Heldenplatz gelaufen. Gehört habe ich kaum etwas, weil alle so geschrien haben. Auch Hitler war zu weit weg, um ihn zu erkennen. Ich habe aber gelernt, dass man mit Nazis nicht reden kann. So begann ein langer Weg, der sieben Jahre gedauert und mich in den Widerstand geführt hat.“ Fritz Molden wird zu einer der jugendlichen Stützen der „O5“.

Die im Jänner 1944 gebildete „O5“ war die einzige Widerstandsgruppe von Bedeutung, die überparteilich organisiert war und als mehr oder weniger einzige gemeinsame Ideologie den Kampf gegen Hitler und sein Regime sowie die Wiedererrichtung eines freien Österreich kannte. Die ursprünglich treibenden Kräfte waren bürgerlich-konservativ, die Mehrheit ihrer Angehörigen entstammte dem Großbürgertum wie Fritz Molden oder der Aristokratie wie Prinz Willi Thurn und Taxis. Doch es gab auch einen sozialdemokratischen Flügel, dem etwa Adolf Schärf angehörte. Noch heute ist der Schriftzug „O5“ (Neben O steht die 5 für den fünften Buchstaben des Alphabets, also das E = OEsterreich) an die Fassade des Stephansdoms gemalt beziehungsweise eingraviert. Über den Widerstand gibt es eine Fülle von Literatur. Das konziseste und eindrucksvollste Werk ist das Buch „Der österreichische Widerstand 1938 bis 1945“ von Wolfgang Neugebauer, dem Doyen der Wiener Widerstandsforschung und langjährigen Chef des „Dokumentationsarchivs des Österreichischen Widerstands“ (DÖW).

Der österreichische Widerstand gegen den Nationalsozialismus war denkbar uneinheitlich – das Spektrum reichte von vergleichsweise wohlorganisierten kommunistischen Gruppen, die auch die größten Opfer brachten, über den in konspirativen Praktiken weniger geschulten katholischen Widerstand bis hin zu Aktionen Einzelner. Dort spannte sich der Bogen von hartnäckigen Individualisten wie dem frommen Kriegsdienstverweigerer Franz Jägerstätter bis – ganz anders gelagert – zur untergründig revoltierenden Swing-Jugend.

In Neugebauers Buch ist von Randgruppen wie der „Tschechischen Sektion“ der KPÖ genauso die Rede wie von slowenischen Partisanen, religiösem Widerstand und eindrucksvollen Persönlichkeiten wie den Offizieren um Carl Szokoll, der nicht nur an der Operation „Walküre“, also dem Attentat vom 20. Juli 1944 beteiligt war, sondern auch gemeinsam mit anderen Offizieren in der „Operation Radetzky“ die Schlacht um Wien abkürzen und die Rote Armee nach Wien führen wollte. Wie durch ein Wunder überlebte Szokoll das alles. Andere nicht. Der Pionieroffizier Robert Bernardis etwa, der zusammen mit anderen Stauffenberg-Attentätern in Berlin qualvoll erdrosselt wurde. Hitler ließ sich die mitgefilmten Szenen dieser Hinrichtungen wieder und wieder vorführen ...

Von außen kam nicht viel Hilfe, die im Exil befindlichen österreichischen Politiker konnten keine gemeinsame Linie finden, sondern trugen untereinander ideologische Rivalitäten aus.

Und auch sonst war der Widerstand isoliert, eine sinnvolle Kontaktaufnahme mit den Alliierten gelang eigentlich nur den Kommunisten. 51,8 Prozent der österreichischen Angeklagten vor dem NS-Volksgerichtshof waren Kommunisten. Zu 85 Prozent waren sie vor 1934 Sozialdemokraten gewesen und hatten sich im Widerstand gegen den Ständestaat der KPÖ zugewandt. Von den insgesamt 3136 vor dem Volksgerichtshof oder den Oberlandesgerichten in Wien und Graz verurteilten kommunistischen Widerständlern hatten nur 13 Prozent schon vor 1934 der KPÖ angehört. „Zugespitzt kann man formulieren“, resümiert Wolfgang Neugebauer: „Die überwältigende Mehrheit der österreichischen WiderstandskämpferInnen waren ehemalige SozialdemokratInnen, die nach 1938 in kommunistischen Organisationen tätig wurden.“

Kaum einen Monat nach der Verhaftung des letzten Mitglieds der Gruppe um den Christlichsozialen Jacob Kastelic, der „Großösterreichischen Freiheitsbewegung“, hieß es in einem Bericht des britischen Generalstabschefs vom 4. September 1940:

„Alles deutet darauf hin, dass Österreich nun die deutsche Herrschaft anerkannt hat. Es wird nicht angenommen, dass die Österreicher bereit oder imstande sind, sich gegen Deutschland zu erheben.“

Wofür ist man eigentlich, wenn man dagegen ist?

Der österreichische Widerstand ist gut dokumentiert, und Wolfgang Neugebauer problematisiert die Rückschau auf die Wertesysteme der Widerständler, wenn er sagt:

„Es würde vom Österreichischen Widerstand nicht viel übrig bleiben, wenn man nur jene Gruppen und Menschen gelten ließe, deren Vorstellungen mit unseren heutigen Wertvorstellungen vollständig übereinstimmten."

Das mag manche Irritation und Ratlosigkeit erträglicher machen, die einen bisweilen befällt, wenn man den Wertekanon jener betrachtet, die todesmutig gegen das NS-Regime kämpften.

Eines wurde während des Kriegs immer klarer: Der großdeutsche Gedanke war – zumindest auf der linken Seite – tot! Der aus Tirol stammende Angehörige der „Revolutionären Sozialisten" und Veteran des Spanischen Bürgerkriegs Hubert Mayr kämpfte in der britischen Armee und schrieb 1944 an Oskar Pollak, den Vertreter des Londoner Büros der österreichischen Sozialisten, der eine großdeutsche Haltung eingenommen hatte. „So wie jeder Soldat, der an der Front steht, habe auch ich des Öfteren Gelegenheit, mit (...) österreichischen Kriegsgefangenen zu sprechen und ihre Meinungen zu hören, und ich kann dir nur versichern, dass ich, mit Ausnahme vereinzelter Nazis, noch keinen Österreicher getroffen habe, der für einen Zusammenschluss mit Deutschland zu haben gewesen wäre (...). Nachdem du einer der Hauptvertreter der großdeutschen Idee bist oder warst, richtet sich mein Angriff in erster Linie gegen dich. Ich möchte jetzt wirklich einmal wissen, was du an den verfluchten Piefkes gefressen hast, mit denen wir außer der Sprache doch wirklich nichts gemein haben, sondern im Gegenteil. Man kann die Sache drehen wie man will: Ein Anschluss Österreichs an Deutschland ist ein unmögliches Monstrum, das für uns nie in Frage kommen kann, solange wir nur einen Funken von Freiheitsgefühl in uns haben, ganz egal welche politische Struktur Deutschland hat."

Deutlicher als Mayr, der seit Jänner 1945 nach einem Fallschirmeinsatz vermisst wird, kann man es wohl nicht formulieren.

Der Kommunist Alfred Klahr hatte bereits vor dem Anschluss eine Version einer österreichischen Nation erfunden. Wie sich der Patriotismus von Teilen der KPÖ nach 1945 entwickelte, zeigen neu aufgetauchte sowjetische Dokumente, die bezeugen, dass deren Führung eine Teilung Österreichs nach BRD-DDR-Muster anstrebte. Am 13. Februar 1948 erhielten die beiden KPÖ-Spitzenfunktionäre Johann Koplenig und Friedl Fürnberg beim Rapport in Moskau dafür eine Kopfwäsche, wie Oliver Rathkolb in seinem Buch „Die paradoxe Republik“ beschreibt. Denn die Sowjetunion hatte ganz andere strategische Ziele, wollte vor allem die Westalliierten aus Österreich herausbringen und auch selbst nicht mehr im Land bleiben.

Nach Abschluss des Staatsvertrages 1955 wanderten viele österreichische Kommunisten in die DDR aus, vor allem Polizei- und sonstige Exekutivbeamte, aber auch andere Enttäuschte, die in einem neutralen Österreich westlicher Prägung keine befriedigende Zukunft für sich sahen.

*

Neugebauers Wort von den differierenden Wertvorstellungen gilt natürlich mindestens genauso für den rechten Widerstand, die Konservativen.

Wie groß auch auf der rechten Seite des politischen Widerstands das Spektrum von Haltungen war, zeigt das Umfeld von Herbert Crammer, geboren 1922 als zweiter Sohn eines Richters am Bezirksgericht in Geras im nördlichen Waldviertel, also jener Gegend, aus der auch Hitlers Verwandtschaft stammte.

„Die Prägung des Waldviertels gab mir ein starkes Heimatgefühl“, erzählt Crammer. „Ich neige zum Einzelgängerischen und war bei den Ballspielen am Teich im Sommer eher nicht beteiligt, sondern saß eher abseits und hab’ mir alles eher nur mit Interesse angesehen. Sportlich wurde ich erst später, als die anderen schon damit aufgehört haben.

Wir waren schon als Kinder für heutige Verhältnisse sehr stark politisiert. Vor allem durch meinen Vater, der die christlichsoziale ‚Reichspost‘ gelesen hat. Das wurde dann noch verstärkt durch unsere Mitgliedschaften in den diversen Vereinen, was übrigens unser Vater gar nicht so gern gesehen hat. Vor allem, weil er die Heimwehr und ihre Kinderorganisation ‚Jung-Vaterland‘ mit Distanz gesehen hat. Er war ein richtiger Christlichsozialer. Uns dagegen hat mit 14 Jahren das Exerzieren in Uniformen und Stiefeln imponiert. Hitler hingegen war der Nationalsozialismus, und den lehnten wir nun einmal ab.

Mein Vater war konservativ, er war österreichischer Reserveoffizier im Ersten Weltkrieg. Er war zu intelligent, um nach 1918 noch ein ausgeprägter Monarchist zu sein, aber er war doch der Krone gegenüber positiv eingestellt. Da war aber noch der österreichische Reichsgedanke, und den hat er uns schon sehr nahegebracht, diesen Vielvölkergedanken. Er sah das als idealen Wirtschaftsraum, die Nationalitätenproblematik nahm er nicht so zur Kenntnis. Sehr oft sprach er auch von Erzherzog Franz Ferdinand als dem Einzigen, der noch imstande gewesen wäre, aus dem versteinerten Staat etwas zu machen, eine Donauföderation. Mein Vater war dann Jugendrichter in Klosterneuburg und blieb es auch nach 1938, wobei er sich dabei nicht wohl gefühlt hat. 1939 ist er von einem rabiaten Entmündigten bei Gericht niedergeschossen und getötet worden.

In der Mittelschule war ich in Klosterneuburg.

Als ich in der 6. Klasse Gymnasium war, lernte ich dort als Religionslehrer Roman Scholz kennen. Er war Kaplan in Heiligenstadt und wurde vom Stift zurückgerufen, da er als Nazi galt, was ja auch gestimmt hat. Man hat ihn als eine Art Hitzeschild ins Gymnasium geschickt. Sein Vorgänger ist sofort im März 1938 verhaftet worden, da er noch dazu homosexuell war. So ist Scholz dann im Frühjahr 1938 zu uns gekommen. Ich sah ihn dann auch ein einziges Mal mit dem Parteiabzeichen mit dem Hakenkreuz nach der Studentenmesse in St. Gertrud. Er war ein gut aussehender sportlicher junger Typ, der uns, aber auch den Nazi-Buben imponiert hat. Auch mit seiner intellektuellen Ausstrahlung. Er verstand es, uns Religion richtig zu erklären. Davor war Religion so eine Art Gesetzesunterricht, aber die innere Dimension des Religiösen, die letztlich die entscheidende ist, war erst bei ihm ein Thema. Ich dachte mir: ‚Das gibt es doch nicht, dass der ein Nazi ist!‘ Politisch ist er erst im Zusammenhang mit Rosenbergs ‚Mythus des 20. Jahrhunderts‘ geworden.“

Tatsächlich lehnte Scholz den neuheidnischen „Mythus“ des NS-Chefideologen Rosenberg ab – mit ein Grund, warum der junge Priester sich ab 1936 vom Nationalsozialismus abgewandt hat. Und er tat etwas im NS-Staat sehr Gefährliches: Er gab Schülern wie Herbert Crammer Oppositionsliteratur zu lesen!

Crammer schildert:

„Scholz empfahl mir damals ein Buch eines evangelischen Theologen, das die ‚Antwort auf den Mythus‘ hieß, und zwar von dem Erlanger Walter Künneth, der seit Ende 1937 Schreibverbot hatte. Er veranstaltete zusätzlich Bibelstunden, aber auch Kriegsspiele, an denen ich nie teilgenommen habe, aber eher die Nazi-Buben unter uns, die auch so um die 15 und 16 Jahre alt waren. Wir waren davor schon bei der marianischen Studentenkongregation ‚Virgo Fidelis' gewesen, die uns natürlich schon auch beeinflusst hat. Scholz war ein idealer Priester, sehr gläubig, aber in der Welt stehend. Ich war seit 1936 in der katholischen Mittelschülerverbindung ‚Arminia' aktiv und war gemeinsam mit zwei Bundesbrüdern, einem gewissen Schleiffer und einem gewissen Mraz, in dem sogenannten Studentenfreikorps des Österreichischen Jungvolks. Leitfigur war in Klosterneuburg ein Helmut Jörg, der aus dem Christlich-Deutschen Studentenbund kam und auch ‚Neuländer' gewesen ist und dementsprechend eine bündische Ideologie vertreten hat, also weg aus der bürgerlichen Enge und hinaus in die Natur. Er ist 1938 sofort ins KZ gekommen. Das Korps setzte sich aus Angehörigen des ‚Jung-Vaterland' zusammen, das 1936 mit der Auflösung der Heimwehr und des Heimatschutzes ebenfalls aufgelöst und ins Österreichische Jungvolk überführt wurde, natürlich freiwillig. Unser Fähnlein hieß ‚Konradin'. Die Tradition von ‚Jung-Vaterland' war noch zu spüren, also eine schroffe Abwehrhaltung gegen links, aber noch viel stärker gegen die Nazis.

In kindlicher Naivität sagten wir nach dem Anschluss, mit 16, 17 Jahren, ‚also mit den Nazis werden wir nie mitmachen'. Mit Schleiffer und Mraz habe ich ein ‚Freikorpsfähnlein St. Leopold' gegründet und darüber eine Urkunde verfasst [s. Abb. im Bildteil].

Daraus ist unsere Reichsmythologie erkennbar. Die Frage ‚deutsch' oder ‚Anschluss' hat kaum eine Rolle gespielt, sondern die Gegnerschaft zum Nationalsozialismus. Datiert ist die Urkunde mit ‚Klosterneuburg, 2. Dezember 1938'. Darin heißt es unter anderem:

‚Es lebt noch das heilige Reich! Es lebt noch die deutsche Freiheit! Freikorpsfähnlein St. Leopold, in die deutsche Freiheitsbewegung übernommen, Dezember 1938. Geöffnet am 9.10.1939, in Zeiten des Krieges.'

Wir haben die Urkunde zweimal in Klosterneuburg vergraben. Man sieht, dass das Wort Österreich hier gar nicht vorkommt. Wir haben damals, 1938, das Deutsche noch zur Kenntnis genommen. Wir hatten daheim im Frühjahr einen reichsdeutschen Soldaten einquartiert gehabt – er sprach unsere Sprache. Unsere gesamte Bildung war auf ‚die deutsche Kultur' ausgerichtet. Aber gegen den Nationalsozialismus waren wir absolut. Dagegen setzten wir die alte deutsche Reichsidee, die zuletzt ihren

Ausklang in der Österreichisch-Ungarischen Monarchie gefunden hatte und eigentlich die römische Reichsidee war.

Wir planten keine Terroranschläge, das wäre Wahnsinn gewesen, aber es wurde schon so geredet: ‚Wir brauchen keine militärische Ausbildung, weil wir die eh beim deutschen Militär kriegen.' Also war uns schon klar, dass wir einmal vielleicht nicht nur mit des Geistes Waffen vorgehen werden. Man hat mit einem Umbruch gerechnet, da der Krieg aus unserer Sicht nicht gewonnen werden konnte. Und dann werden wohl die Bolschewiken da sein. Das hat man schon gesehen. Und da dürften wir das Feld den Bolschewiken nicht überlassen."

Als die Gruppe dann ausgehoben wurde, stand im Gestapo-Bericht etwas von Waffenfunden und geplanten Terroranschlägen zu lesen, welches Vorhaben von den Scholz-Leuten bis zuletzt auch unter der Folter geleugnet wurde. Möglicherweise war die Radikalisierung auch das Werk eines Agents Provocateurs namens Otto Hartmann. Doch davon später. 1938 sind der junge Herbert Crammer und seine Mitstreiter noch sehr selbstbewusst.

„Dabei muss man sagen, dass Scholz uns nicht geholt hat, sondern umgekehrt: Wir Jungen dachten uns: ‚Der ist nicht nur kein Nazi, sondern der ist ein Anti-Nazi – den werden wir noch einmal brauchen können.' Wir wussten gar nicht, was wir eigentlich machen werden oder sollen. Wir dachten nur, wir sammeln die Leute, die der Sache treu geblieben sind, und dann wird man weitersehen. Ich wurde ja im November 1938 erst 16 Jahre alt. Eine Aktion, die wir setzten, war, dass wir Fläuse, also Teile der Wichs unserer natürlich verbotenen katholischen Mittelschülerverbindung ‚Arminia' aus dem HJ-Heim retteten, in das wir nächtens einstiegen. Wir wollten die Situation einfach nicht zur Kenntnis nehmen, wir sind auch nicht zur HJ gegangen, da wäre nicht daran zu denken gewesen. Eines Tages, im Herbst 1938, sagte mein Sitznachbar in der Schule, ein begeisterter Nazi: ‚Du, ihr müsst jetzt einmal zur HJ kommen.' Ich und meine Freunde ignorierten ihn.

Man muss schon betonen, dass Scholz dagegen war, so junge Leute in seine Aktivitäten hineinzuziehen. Bis er erfahren hat, dass wir ja ohnehin schon hilflos herumfuhrwerken. Und so hat er sich dann gesagt: ‚Na dann …'. Wir wussten allerdings nichts von ihm, oder besser gesagt, wir *sollten* nichts wissen."

Trotzdem lernten sie nach und nach andere, ältere widerständige Mitstreiter kennen, etwa Viktor Reimann, einen Mitgründer der Gruppe, oder den Augustinerpater Pius Barsch.

„Ich erinnere mich, dass uns Viktor Reimann in der Gertrudkapelle, in der an sich Pius Barsch seine Versammlungen und Messen hatte, eines Abends in der Sakristei auf die Freiheitsbewegung, die da schön ‚österreichisch' hieß, vereidigt hat. Ein höchst romantisches Ritual. Wir schwuren auf das Kreuz:

‚Ich schwöre meinen heiligsten Eid, der alle anderen Eide bricht, dass ich der Sache der Österreichischen Freiheitsbewegung mit dem Einsatz aller meiner Kräfte dienen, ihrer Führung unbedingten Gehorsam leisten und ihr Geheimnis jederzeit und vor jedermann wahren werde. Gott ist der Zeuge und Rächer meines Eides.'

Die Formulierung hat sicher der Scholz erfunden. Ich bin der Überzeugung, dass der Roman Karl Scholz im tiefsten Inneren seines Herzens ein Dichter war, ein Künstler."

Davon zeugt auch das Werk, das Scholz hinterlassen hat, eine ganze Zahl berührender Gedichte, die er zum Teil in der Gefangenschaft verfasst hat:

„Der Sinn

Wenn ich nach dem Sinne meines
sinnberaubten und zerstörten
Lebens suche,
keinen finde, und mich hadernd
in das Labyrinth des Irrsinns
dann verirre
dieser Zeit und dieses Krieges –
der Geschichte – allen Daseins,
und verzweifle,
keimt mit wider jedes Wissen
eine Frage, wird zur Antwort.
…en Mundes
…egreifend, halb schon betend)
…as Wort der Wörter

…tt"

Zunächst ging es aber weniger um Poesie als um Organisation, erzählt Herbert Crammer:

„Wir erhielten dann genauere Informationen, wie das Ganze projektiert ist. Da gab es so Dreiergruppen, zehn Dreiergruppen sind dann eine Reihe, aber mehr als die drei einer Gruppe sollen voneinander nichts wissen. Das war schön theoretisch konspirativ gedacht, wurde in der Praxis nur nie eingehalten. Denn ich habe über kurz oder lang gewusst, dass der Scholz hier eine Rolle spielt. Ich wusste zwar nicht, dass er der Gottsöberste ist und dass er das erfunden hat. Ich weiß nicht einmal, ob ich das vor meiner Verhaftung überhaupt gewusst habe, denn er war sehr viel in Wien, wo sich ja dann die wesentlichen Dinge abgespielt haben. Er hat mich persönlich geschätzt und ich war im Gegensatz zu den anderen Jungen oft bei ihm im Stift. Nicht einmal da hat er über die Freiheitsbewegung gesprochen, sondern über seine politischen Ideen, die er aus dem Abhören des englischen Senders gespeist hat. Da bin ich dann darauf gekommen, dass er sehr anglophil ist und das Zweiparteiensystem im Prinzip befürwortet.

Wir haben dann im Krieg begonnen, mit primitivsten Mitteln Flugblätter herzustellen. Im Spielwarengeschäft Kober am Graben habe ich mir so einen Kindersetzkasten gekauft, und da haben wir dann so ganz kleine Zettel mit allerlei Sprüchen bedruckt wie: ‚Wir wollen keinen Krieg, wir wollen keinen Sieg, wir woll'n a schöne Hitlerleich' und ein freies Österreich.'

In der ersten Zeit konfrontierte uns Viktor Reimann mit der Frage eines künftigen Süddeutschlands unter Einschluss Österreichs. Oder die mögliche Wiederhereinnahme der Länder der alten Monarchie. Das wurde ernsthaft diskutiert. Erst nach Kriegsausbruch war für alle die absolute Trennung Österreichs von Deutschland klar, und auch die Umbenennung in ‚Österreichische Freiheitsbewegung'. Und ich glaube, dass das letztlich Scholz ja auch den Kopf gekostet hat.

Meine Haupttätigkeit war dann, dass ich alle möglichen Leute geworben habe, auch schon ältere. Einmal war ich dabei, als Scholz eine Vereidigung an zwei Studenten, die ich gebracht hatte, in einem Zimmer in Wien-Währing, in Gersthof vorgenommen hat. Der eine war ein gewisser Tannhofer, ein Bruder eines Augustiner-Chorherrn in Geras. Den hatte ich bei der Primiz seines Bruders in Hadersdorf kennengelernt.

Wir waren so voll von unseren Gedanken und Ideen und vor allem von Gegnerschaft zum Nationalsozialismus, dass uns gar nicht bewusst war, welche weitreichenden Folgen unser Tun haben konnte.

Was Scholz letztlich das Leben gekostet hat, waren Dinge, an denen ich gar nicht mehr beteiligt gewesen bin, da ich 1940 schon beim Deutschen Arbeitsdienst war. Da hat er Verbindung mit der französischen Botschaft in Budapest aufgenommen, um dort unseren Kameraden eine gewisse Bevorzugung im Fall einer Gefangennahme zu sichern. Sie sollten englisch- und französischsprachige Legitimationen als Widerstandskämpfer in ihre Uniformen einnähen. Das wurde dann vom Dritten Reich weitaus ernster genommen als unsere Flugblätter.

Ich persönlich hatte nie einen Prozess, wurde nie verurteilt. Verhaftet wurde ich unmittelbar nach meiner Rückkehr vom Arbeitsdienst, am 27. August 1940."

Der eingeschleuste Schauspieler und Nazi-Spitzel Otto Hartmann hatte die Gruppe verraten. Herbert Crammer war wie erschlagen.

„Meine Verhaftung traf mich aus heiterem Himmel, denn als ich vom Arbeitsdienst zurückkehrte, sagte mir meine Mutter zwar, dass mein Bruder Walter und auch Scholz nebst einigen anderen schon im Juli 1940 verhaftet worden waren, aber ich dachte mir: ‚Vielleicht haben's auf mich vergessen oder mich übersehen …'. Otto Hartmann hat allerdings doch sehr viele Namen verraten."

Festgenommen. Alles aus. Oder doch nicht?

„Ich war immerhin bis April 1943 zuerst in Gestapo-Haft und dann in regulärer Untersuchungshaft des Volksgerichts Berlin, ab 1941 im Rheinland, da die Gefängnisse in Österreich überfüllt waren. Wobei ja keine Untersuchungen mehr stattfanden, auch bei den anderen Verhafteten unserer Gruppe nicht. Das Gericht hat nur die Informationen der Gestapo zur Kenntnis genommen und sonst überhaupt nichts mehr getan. Ich sah in der Haft nach Langem auch Scholz wieder und auch ei-
ge andere, die dann hingerichtet wurden. Ich wusste da noch immer
recht, was eigentlich los war. Einige von uns waren schon beim Mi-
wurden erst im Winter 1940 verhaftet, da es für die Gestapo
leicht war, sie von der Wehrmacht herauszubekommen.
haben die Verhandlungen gegen die anderen erst Ende
war ich bereits Soldat. Die Zeit als Soldat war für
qualvoller als die im Gefängnis. Dort war es zwar

alles andere als lustig, vor allem in den ersten Tagen im Keller. Ich wurde sofort an den russischen Kriegsschauplatz geschickt, was allerdings mit meiner Vergangenheit überhaupt nichts zu tun hatte. Wir kamen über Tschechisch-Krumau sofort zu einem Feldausbildungsregiment nach Russland.

Eines Tages kommt der Spieß, also der Hauptfeldwebel, zu mir und sagt: ‚Sie sind Abiturient und sind für den ROB (Reserveoffiziersbewerber)-Lehrgang vorgesehen. Ich antwortete: ‚Ich glaub', das geht net.' – ‚Warum?' – ‚Ich war immerhin über zweieinhalb Jahre eingesperrt.' – „Weshalb?' – ‚Ich war da bei einer Widerstandsgruppe der österreichischen Freiheitsbewegung.' – ‚Das interessiert uns nicht. Das ist doch politisch.'

Trotzdem war die Zeit in der Wehrmacht psychisch und seelisch ungleich belastender als zuvor die Haft. Ich kam mir vor wie ein an der Ruderbank festgeketteter Galeerensklave, der will, dass das Schiff untergeht. Im Gefängnis wusste ich: ‚Ja, da gehöre ich her.' Und in den Krieg musste ich auch nicht. Mein Bruder, ein sehr vitaler, impulsiver Bursche, hat unter der Haft viel mehr gelitten, ein echter Gefühlsmensch. Vor allem die Bombenangriffe haben ihm sehr zu schaffen gemacht, denn auch er war in verschiedenen Gefängnissen im Rheinland inhaftiert und die Häftlinge wurden nicht in die Schutzräume geführt. Ich selbst habe im Gefängnis in Mönchengladbach auch einmal einen solchen Angriff erlebt. Ich dachte, das Haus fällt auseinander (...).

Die Ärmste in der ganzen Sache war meine Mutter. Ich schrieb ihr immer: ‚Ich bin gesund, es geht mir den Umständen entsprechend gut.'"

Und dann legt der 87 Jahre alte Herbert Crammer, der eiserne Anti-Nazi und Hitler-Gegner, ein erstaunliches Bekenntnis ab:

„Ich war kein Opfer, ich war ein Täter! Dass man mich als Täter anders angefasst hat, als man das vielleicht heute bei einem so jungen Buben machen würde, ist eine andere Sache. Aber ich bin immerhin regulär wegen Verdachts auf Vorbereitung zum Hochverrat festgenommen worden. Das war strafrechtlich relevant. Im Gegensatz zu den Festnahmen von Leuten des Schuschnigg-Systems, die nichts angestellt hatten und nach Dachau gekommen sind. Wäre ich ins KZ gekommen, wäre ich ein Opfer gewesen. Es ist mir gänzlich unbegreiflich, wie man mich als Opfer bezeichnen kann. Was habe ich denn wirklich geopfert? Dass ich mein Leben riskiert habe, ist mein Kaffee! Die Juden, ja! Die waren

Opfer, auch die Zigeuner oder die Homosexuellen, die ins KZ gekommen sind!

Ich habe auch nichts gegen diejenigen, die damals wilde Nazis gewesen sind, solange sie keine Kriegsverbrecher waren. Nach Ende des Krieges, als viele Verbrechen offenkundig wurden, durfte man dann rein moralisch kein Nazi mehr sein. Ich habe das Ganze ja auch in diesen Dimensionen erst erfahren, als ich aus dem Krieg zurückgekommen bin."

Er hatte diese „Dimensionen" nicht gebraucht, um gegen Hitler und die Nazis zu sein.

Am 10. Mai 1944 stirbt der Augustiner-Chorherr und Widerstandskämpfer gegen das NS-Regime, Roman Karl Scholz, unter dem Fallbeil.

Da ist Herbert Crammer gerade 22 Jahre alt, an der Front und versucht das Beste daraus zu machen. Bis heute dauert der Prozess der Aufarbeitung dieser Jahre. Er ist ein nach außen hin gelassener Mann, wenn er, mit einem seltsam bestimmten Ton in der Stimme, fast ein bisschen trotzig sagt:

„Man hat mir nicht die Jugend geraubt, man hat mir die Jugend bereichert und Erfahrungen zukommen lassen, die andere das ganze Leben nicht bekommen, auch wenn es nicht angenehm war."

Die Front

Das Kriegserlebnis prägte eine ganze Generation nachhaltiger als jede sonst vorstellbare Kette von Ereignissen.

„Die furchtbarste Erfahrung war eigentlich die", sagt Johann Heissig, geboren 1922, in einem Interview für die „Österreichische Mediathek": „Ich war Kompanieführer und hatte eine Kampfstärke von 100 Mann, das war in Königsberg. Nach ungefähr drei, vier Tagen waren wir nur mehr 17. Das war etwas Furchtbares. Und nicht nur das, ich musste die ganzen Frauen und Eltern vom Tod des Ehegatten oder des Sohnes verständigen. Damals war ich 23."

Wenn man Wehrmacht, Arbeitsdienst, Truppenhelferinnen und den Volkssturm, also das letzte Aufgebot von Alten, Frauen, Jugendlichen und Kindern zusammenrechnet, standen nahezu eineinhalb Millionen Österreicher im Kriegseinsatz. Von ihnen starben 247.000. 114.000 kehrten als Schwerverletzte, sogenannte Kriegsversehrte zurück.

Einer, der überlebte, war der einfache Soldat Erich Hustoles aus Wien, Sohn eines Handwerkers und einer Krankenschwester. Der 1922 Geborene hat in seinen bisher unveröffentlichten Memoiren den ganzen Bogen vom Leben an der West- und der Ostfront sowie in der Kriegsgefangenschaft beschrieben.

Der Krieg des Erich Hustoles – Tagebuch eines einfachen Soldaten

„Bereits im Frühjahr 1941 wurde ich zur Musterung vor eine in einer Schule in Wien 16, Panikengasse 31, etablierte Militärkommission befohlen. Militärärzte nahmen die Untersuchungen vor. Sie klopften den Rücken und Brustkorb ab und hörten das Herz ab. Ein Sehtest war zu absolvieren und Harn war in einem ausgefolgten Glas abzugeben. Die Körpergröße wurde gemessen und von einem Soldaten (...) auf entsprechenden Formularen aktenmäßig festgehalten. Auch die Füße wurden untersucht, ob nicht etwa Plattfüße vorhanden waren. Schließlich sagte der vorsitzende Stabsarzt (Offizier im Range eines Hauptmanns) fast jedem Mann, der da vor ihm stand: ‚KV' (kriegsverwendungstauglich). Ein älterer (...) Oberleutnant fragte jeden Einzelnen von uns: ‚Zu welcher Waffengattung wollen Sie?' Ich sagte: ‚Zur Flak' (Flieger-Abwehrkanonen), weil mich das wirklich interessierte, da ich ja beruflich bisher in einer Firma tätig war, in der unter anderem auch Elektroaggregate für Flak-Scheinwerfer erzeugt wurden. Der Offizier sagte daraufhin zu mir: ‚In Ordnung, Infäntrie.' Ich wandte ein, dass ich ‚Flak' gesagt hätte, worauf er sagte: ‚... ick sagte ja Infäntrie ...'. Er war ein Zyniker. Weiterer Einwand war also zwecklos, wie ich erkannte. Später wurde mir klar, warum meinem Wunsch nicht stattgegeben werden konnte. Die Infanterie hatte nämlich in dem bereits nun schon fast zweieinhalb Jahre dauernden Krieg die meisten Ausfälle an Verwundeten und Toten und war demnach dringendst mit Rekruten aufzufüllen. Vermutlich wurde diese Frage nur aus formellen Gründen gestellt, eben um nur einer Vorschrift, die irgendwann einmal, aus welchen Gründen immer, erlassen wurde, Genüge zu tun.

*

Ich wurde am 10.10.1942 zur Deutschen Wehrmacht einberufen. Das hieß, ich musste mich mit dem am Postweg erhaltenen Einberufungsbefehl am Westbahnhof in Wien einfinden beziehungsweise melden. Ich nahm Abschied von meinen Eltern und betrachtete das nun auf mich Zukommende ohne Angst als Abenteuer, obwohl ich aus meiner Wohnumgebung und auch an meinem Arbeitsplatz schon von im Polen-, Frankreich- und bisherigen Russlandfeldzug Gefallenen gehört hatte. Es war üblich, dass Verwandte die Einrückenden zum Bahnhof begleiteten. Ich aber wollte das nicht, um nicht den seelischen Schmerz meiner Mutter noch zu vertiefen. Meine Mutter hatte ja den Ersten Weltkrieg (...) als Operationsoberschwester des Deutschen Roten Kreuzes an der russischen Front kennengelernt. Ebenfalls (...) wurde mein Vater 1917 an der russischen Front schwer verwundet. Die Eltern wussten daher, was Krieg bedeutet. Ich sagte also meiner Mutter in der Unbekümmertheit meiner Jugend: ‚Jede Kugel trifft nicht', sie machte mir, gemäß ihrer katholischgläubigen Art, mit dem Daumen ein Kreuzzeichen an die Stirn und umarmte mich. Ich verließ die Wohnung und verschwand um die nächste Straßenecke auf dem kürzesten Weg in Richtung Westbahnhof. Mein Vater war wohl auch sehr besorgt, aber als Mann eben härter oder zumindest zeigte er mir seinen seelischen Kummer nicht.

Am Westbahnhof eingefunden, traf ich einige ehemalige Schulkollegen, die ebenfalls Einberufungsbefehle erhalten hatten. Unter anderen auch meinen Freund F. H., der mit in Tränen aufgelöster Mutter, Schwester und Tante erschienen war. Aber auch viele andere junge Männer fanden sich so mit ihren Verwandten, Ehefrauen und Freundinnen ein. Eine Szene, die ich ahnte, absolut nicht wollte und mir bestätigte, richtig gehandelt zu haben, indem ich diesen Weg eben ganz alleine beschritt. Ein Offizier mit mehreren Unteroffizieren übernahmen die Meldungen, verglichen diese in vorliegenden Listen und wiesen uns in einen bereitstehenden, nur für uns reservierten Personenzug. Wir waren nun zwar dem Alter nach eine gemischte, aber durchaus keine deprimierte Männer-Reisegesellschaft. Einige hatten Spielkarten mit und sogleich wurden diese gedroschen, dass es damit gehörigen Spaß gab. Ein Koffer, am Schoß gehalten, ersetzte improvisiert den Tisch. Gruppen fanden sich, die über unsere Zukunft diskutierten, und so manche Angst und Besorgnis wurde mit Witzeerzählen erstickt. Freilich, die Verheirateten und Familienväter waren schon sehr ernst gestimmt, wurden jedoch von uns Jüngeren sofort und immer wieder aufgerichtet. Fotos wurden herumgereicht. Der Gedanke, dass einige von uns fallen und ihre Heimat und Familien nie mehr wiedersehen werden, wurde unterdrückt, verdrängt und mit Galgenhumor bekämpft.

Die Fahrt ging nach Amstetten, damals im ‚Gau Niederdonau' (ein Bundesland ‚Niederösterreich' gab es ja nach dem Anschluss Österreichs an das Deutsche Reich nicht mehr), wo wir in ein Barackenlager marschierten. Dort verlor ich meinen Freund F. H. aus den Augen. Er wurde einer anderen Kompanie zugeteilt und wir sollten uns fast zwei Jahre lang nicht mehr sehen. Er kam später zwar auch am Mittelabschnitt in Russland, wie ich, zum Einsatz, aber Russland ist groß, weit, und die Front war lang, sehr lang …

*

In den nächsten Tagen wurden wir nach und nach eingekleidet. Die Uniformen wurden von älteren Soldaten ausgegeben und etwaige Einwände unsererseits, wie zu groß oder zu klein, mit der Bemerkung ‚passt' abgetan. Wir fassten in der Bekleidungskammer einen sogenannten Drillichanzug (Naturleinen-Rock und Hose) aus, die meisten davon bereits ziemlich abgetragen. Nur wenige von uns hatten das Glück, einen neuwertigen zu erhalten.

Ich hatte (…) keine Kopfbedeckung erhalten und meldete dies dem inspizierenden Leutnant: ‚… noch keine Kappen erhalten …'. Der, ein junger Reichsdeutscher, hatte offenbar das im leichten wienerischen Akzent ausgesprochene Wort ‚Kappen' noch nie gehört und bog sich vor Lachen, indem er versuchte, es im Wienerischen nachzusprechen, was ihm natürlich nicht gelang. Schließlich belehrte er mich, dass dieses Uniformstück nicht als ‚Kappen' zu bezeichnen ist, sondern ‚Mütze' heißt.

*

Bereits am dritten Tag hieß es antreten zur Vereidigung. (…) Der Kompaniechef, ein Hauptmann, erschien, hielt eine kurze Ansprache, die, obwohl lautstark vorgetragen, von den hinteren und links und rechts außen stehenden Soldaten niemand gut hören und verstehen konnte. Irgendein Soldat da vorne sprach die Schwurklausel, die ich inzwischen längst vergessen habe, der Name Adolf Hitler wurde genannt und irgendetwas von Heimat und Großdeutschland und Vaterland. Da, wie gesagt, nur die ganz vorne Stehenden sie hören konnten, sprachen auch nur diese, so laut sie konnten, die Eidesformel nach. Alle anderen sprachen die Wortfetzen nach dem nach, was sie glaubten, gehört zu haben. Einige murmelten halt irgendetwas, andere bewegten nur die Lippen lautlos, andere wieder blieben stumm und sagten überhaupt nichts. Es kümmerte sich auch niemand darum, ob die Zeremonie ordnungsgemäß, von jedem Einzelnen beachtet, ablief. Die ganze Vereidigung war samt Sammeln, An- und Abtreten nach ungefähr einer halben Stunde vorbei. Freizeit oder gar bessere Verpflegung gab es auch an diesem Tag nicht und der Dienstbetrieb ging sofort nahtlos weiter. Es war eben Krieg, es gab schon zu viele Gefallene und zu Krüppeln Geschossene, da waren weder Zeit noch Sinn für Feierlichkeiten vorhanden.

*

Der Zug rollte an, ohne dass uns mitgeteilt wurde, wo die Reise eigentlich hinging. Sofort kamen unter uns die tollsten Gerüchte auf, aufgebracht von verdrossenen Miesmachern oder Witzbolden. Die Pessimisten sagten Russland, die Optimisten sagten in einen österreichischen oder in einen Gau im ‚Altreich' zur weiteren Ausbildung. Einige wieder wussten es ganz genau aus zuverlässiger Quelle, die Fahrt ginge nach Polen, andere freuten sich schon auf die Mädchen in Frankreich. (...) Tatsächlich wussten es nicht einmal die im ersten ‚Personenwagen' mitreisenden Führungsoffiziere. Sie hatten Befehl, sich etappenweise weitere Weisungen in bestimmten Bahnhöfen von dort eingerichteten Heeresleitstellen zu holen.

(...) Fast bei jeder Stadt wurden einige Waggons mit Mannschaften angekuppelt; es wurde umgruppiert und umgestiegen und der Zug wurde immer länger und länger. Der Transport, der bisher ausschließlich aus ‚Ostmärkern' bestand, war aufgeteilt und zerrissen. Ich war jetzt nur mehr umgeben von reichsdeutschen Kameraden, ebenfalls gemischt aus allen Gauen von Nord bis Süd und von Ost bis West, Berliner, Männer aus Bayern, Westfalen, Schlesier und so weiter. Auch dies war von der Heeresführung eine gut durchdachte ethnische Maßnahme. Durch solche Mischung wurde etwa aufkeimender Lokalpatriotismus a priori ausgeschaltet. Man schrieb ja bereits Ende 1942, und es waren Männer dabei, die schon gefallene oder schwer verwundete Verwandte hatten und sich für den Krieg nicht mehr begeistern konnten. Es waren Männer darunter, die schon von Haus aus das NS-Regime politisch ablehnten, also absolut keine Nationalsozialisten waren, und wie im Laufe der nächsten Tage in Gesprächen mit ihnen herauszuhören war, entweder eine kommunistische Vergangenheit oder überhaupt keine politische Meinung hatten. Sie alle waren keine begeisterten oder gar so etwas, wie man auch zu sagen pflegt, sogenannte ‚gute Soldaten'. Der Großteil der Elitejahrgänge war entweder längst den Heldentod gestorben und der Rest davon in Russland eingesetzt. Da waren nun schon nicht mehr so ganz junge Männer dabei, wie wir Ostmärker es fast durchwegs waren, sondern 30- und 40-Jährige. Sie waren bisher vom Militärdienst als sogenannte UK-Gestellte befreit. Das heißt ‚unabkömmlich', da sie entweder Staatsbeamte waren oder in Rüstungsbetrieben gearbeitet hatten. Auch ich war ein ganzes Jahr lang ‚UK' gestellt, da ich, wie bereits erwähnt, in einem Rüstungsbetrieb gearbeitet hatte. So musste ich auch keinen Reichsarbeitsdienst (RAD) leisten und wurde mit 19 Jahren eben sofort zum Militär eingezogen.

Also auf einen östlichen Kriegsschauplatz ging die Fahrt auf keinen Fall. Die meisten atmeten auf. Die nächste Nacht war inzwischen hereingebrochen. Es wurde empfindlich kalt. Die Glieder schmerzten nicht nur durch das unbequeme und gedrängte Sitzen auf den harten Bänken, sondern auch durch Mangel an Bewegung. Müdigkeit und Schlaf zogen auf.

*

Der dritte Tag unserer Fahrt brach an und wir sahen uns bereits tief im von deutschen Truppen besetzten Frankreich. Diese Fahrt war nun schon nicht mehr so ungefährlich wie bisher, denn wie wir sehen konnten, lagen hin und wieder entlang des Bahndamms zertrümmerte Lokomotiven und Waggons von Zügen, die durch von französischen Partisanen auf den Gleisen verlegten Minen in die Luft gesprengt wurden.

Tote oder verwundete Soldaten sahen wir keine, da diese selbstverständlich sofort nach dem Unglück von der deutschen Heeressanitätstruppe versorgt beziehungsweise weggeräumt wurden. Die Geleise wurden raschest wieder instand gesetzt. Das waren Meisterleistungen der Eisenbahnpioniere! Trotzdem, ein unsicheres Gefühl beschlich uns zugegeben schon ... Aber unser Zug hatte Glück und wir kamen unbehelligt in Boulogne an. Dort wurde so rasch wie möglich auswaggoniert und ein mehrere stunden- und kilometerlanger Fußmarsch in das Sperrgebiet, direkt an der französischen Kanalküste, südlich von Boulogne war anzutreten. Dort angekommen, sahen wir zum ersten Mal das Meer. Ein für uns Binnenländer überwältigender Eindruck!

*

Mehrere Wochen war ich nun schon von zu Hause weg, ohne dass ich meinen Eltern nur irgendeine Nachricht hätte zukommen lassen können, wohin es mich eigentlich verschlagen hatte. Endlich wurde uns eine sogenannte Feldpostnummer bekannt gegeben, unter der wir nach Hause schreiben durften und auch Post aus der Heimat erhalten konnten. Sogleich es die Zeit außerhalb des Dienstes zuließ, hingesetzt, Papier und Bleistift zur Hand genommen, sofern man dergleichen hatte, und nach Hause geschrieben. (...) Ab nun wurde anlässlich des Morgenappells auch Antwortpost aus der Heimat verteilt. Der Hauptfeldwebel stand vor angetretener Mannschaft und rief die Namen jener auf, für die er Briefe abzugeben hatte. Jeder wartete gespannt und sehnsüchtig, besonders und verständlicherweise die Familienväter. Viele waren täglich enttäuscht, wenn der Appell zu Ende war und ihr Name nicht aufgerufen wurde. Manche bekamen gute Nachrichten, manche schlechte. Schwierig wurde die seelische Situation für jene, die etwa Nachricht von Krankheit oder Tod eines nahen Verwandten bekamen, oder dass einen Ehefrau oder Freundin in Untreue verlassen hatte, oder ein Bruder in Russland gefallen war. Viel war da von den Männern zu verkraften. (...)

Und war eine Einheit im Feindesland (...), konnten (...) Briefe nicht auf dem normalen Landweg, sondern nur mit Flugzeugen befördert werden. Diese Briefe wurden befördert, solange es die militärische Lage nur zuließ. Die Laufzeit solcher Briefe und Päckchen betrug allerdings schon 14 Tage, ja sogar bis zu drei Wochen. Es war also nicht ratsam, leicht verderbliche Lebensmittel zu versenden. Mit so einem Päckchen bekam ich unter anderem den von Mutter gestrickten Pullover sowie auch Schokolade von meinen Tanten oder einen von meinem Kameraden W. D. sehnlichst gewünschten Rosenkranz an die russische Front.

*

Inzwischen war es Mitte Dezember 1942 geworden. Die Division wurde von einer ‚Reservedivision‘ in eine ‚Kampfdivision‘ umgewandelt. Wir waren jetzt infanteristisch mehr schlecht als recht ausgebildet, da kam der Befehl, für nächsten Tag feldmarschmäßig um drei Uhr früh abmarschbereit anzutreten. Unsere Tragtaschen und Tornister wurden in bereitstehende pferdebespannte Gefechtswagen verladen und wir marschierten mit Sturmgepäck und Gewehr in Reih und Glied, wie inzwischen gut eingedrillt, los. Der Stahlhelm war an den Patronentaschen aufzuhängen beziehungsweise darüberzustülpen. Als Kopfbedeckung war Schiffchen- oder Feldmütze befohlen. Der Hauptfeldwebel, genannt ‚Die Mutter der Kompanie‘, und der Adjutant des Kompaniechefs, der (...) Leutnant, hatten vorher noch jeden einzelnen Mann genauestens inspiziert.

Um fünf Uhr morgens ging es ab zu Fuß ins Hinterland. Der Kompaniechef ritt an der Spitze der Kompanie auf einem schönen Pferd. Ich hatte sogleich das zweifelhafte Glück, zu meinem Gewehr noch ein LMG 34, ein schweres Maschinengewehr, tragen zu dürfen. Das Maschinengewehr durfte abwechselnd einmal auf der rechten, dann wieder eine Zeit lang auf der linken Schulter getragen werden. Da waren so alles in allem an die 18 bis 20 Kilo zu schleppen. Das ging gut so die ersten ein bis zwei Kilometer, dann aber schwanden die Kräfte. Ich konnte nicht mehr. Ich hatte mich inzwischen mit einem Kameraden etwas näher angefreundet. Er war jetzt wirklich ein guter Kamerad. Als er sah, dass ich am Rande des Zusammenbrechens war, bot er mir an, das Maschinengewehr abzunehmen und die nächsten Kilometer zu tragen. Diesen reichsdeutschen Kameraden W. D. werde ich stets in guter Erinnerung behalten und möchte ihm auch hier einige Zeilen widmen. Wie es sich im Laufe verschiedener Gespräche zwischen uns herausstellte, war er ein ehemaliger katholischer Ordensmann, dessen Kloster unter dem NS-Regime aufgelöst wurde und die Mönche zum Militär eingezogen wurden, soweit sie im wehrfähigen Alter waren. Ich habe ihn nie danach gefragt, er hat auch nie darüber gesprochen, welchem Orden er angehörte und in welchem Kloster er zu Hause war. Es war aus den Gesprächen herauszuhören, dass ihm diesbezüglich strengstes Stillschweigen auferlegt war. Ich (...) muss (...) hier vorwegnehmen, dass der arme Kerl vor meinen Augen mit Rosenkranz in den gefalteten Händen im Gebet gefallen ist. Er wurde von einer russischen

Granate zerrissen, und zwar so, dass wir nur mehr Stücke seines Körpers zur Beerdigung fanden. Ein Erlebnis, das mich, der ich von meinen Eltern katholisch erzogen war, erstmals über Gott, Glauben, Gerechtigkeit und göttliche Allmacht tiefer nachdenken ließ und in Zweifel brachte.

*

Auf dem Weg zur Ostfront

Das Bild entlang der Strecke war immer das gleiche: Zertrümmerte Waggons und Schnee in Massen, so weit das Auge reichte. Der Zug hielt nun wieder einmal, offenbar in der Nähe eines russischen Dorfes. Es war am Horizont mehr zu ahnen als zu sehen. Ein einzelner junger Russe tauchte auf und wagte sich an unseren Waggon heran und versuchte uns klarzumachen, dass er Hunger habe. Einer von uns zeigte ihm einen Wecken Kommissbrot (ein Mischbrot, das speziell für das Militär gebacken wurde) und bedeutete ihm, er könne ihn haben, aber er müsse eine Antwort auf eine Frage geben. Das Hin und Her, mit Händen und Füßen gedeutet, sollte nur Unterhaltung und Spaß für uns aus Langeweile sein. ‚Wer karascho (gut), Hitler oder Stalin?‘ Prompt antwortete er: ‚Stalin.‘ Ich weiß nicht, ob er uns überhaupt verstanden hatte. Jedenfalls, diese Antwort ärgerte uns zwar nicht, löste jedoch sarkastisches Gelächter aus. Der Kamerad warf den harten Brotwecken dem jungen, zirka 17- bis 18-jährigen Russen dermaßen an den Kopf, dass er umfiel. Jedoch blitzschnell war er wieder auf den Beinen und rannte, so schnell er nur konnte, mit dem Brotwecken davon. Das waren halt so die Späße von sich auf dem Weg der Verrohung befindenden Soldaten.

Wieder gab es einen längeren Halt und wir erfuhren, dass der vor uns fahrende Zug, in dem sich die Granatwerferkompanie unseres Bataillons befand, in die Luft gesprengt worden war. Um ehrlich zu sein, da kam schon etwas Angst auf, zumal wir ja unser Ziel noch immer nicht erreicht hatten. Jedoch keiner von uns zeigte dem anderen, dass er Angst habe. Angstgefühl war zu unterdrücken! Ich versuchte mir das Glück einzureden, eben nicht in dem in die Luft gesprengten Zug gewesen zu sein und noch zu leben. Ich habe all die dreieinhalb Jahre grundsätzlich nur als Abenteuer aufgefasst und empfunden, das ich zwar nicht freiwillig gesucht hatte, sondern das mir das Schicksal eben bescherte. Dieses Abenteuer galt es so gut wie möglich zu bestehen.

*

(...) Wir wurden wieder in verschiedene, uns nun bereits bekannte Panjehäuser aufgeteilt. In diesen Katen hausten nun keine Russen mehr, sie waren leer und gehörten nur uns alleine und den Wanzen! Auf den Pfählen der Pritschen wanderten Kolonnen von Wanzen und auf den Brettern der Waxidverschalungen schürften wir mit unseren Spaten ganze Kränze von Wanzen, dass die Blutsoße nur so rann. Wanzenmaische stinkt fürchterlich ...

Eine Feldküche fuhr vor und die Furiere gaben qualitativ guten heißen Eintopf aus. Wie schon gewohnt, Wachen wurden eingeteilt und zogen sogleich auf. Unsere Ausrüstung wurde von den Chargen kontrolliert, der Wind pfiff um die Ohren und in der Ferne, gar nicht allzu weit, war Maschinengewehrfeuer zu hören. Waren es Partisanen, die da irgendwo in der Nähe einen Überfall machten, oder waren wir schon so nahe der HKL (Hauptkampflinie), also der Front? Niemand von den Vorgesetzten informierte uns ...

Wir stapften nun (...) zirka eine gute Stunde lang durch einen tief verschneiten Tannenwald, in dem es weder Straße noch Weg gab. (...) Strengstes Stillschweigen wurde befohlen, und darüber hinaus war darauf zu achten, dass sich die Gruppe möglichst lautlos dahinbewegte. Kein Gasmaskenbehälter etwa durfte klappern, was nur sehr schwer möglich war, da man mit dem geschulterten Gewehr oder mit dem unmittelbar am Koppel über dem Brotbeutel hängenden Blechbehälter oder den nun noch zusätzlich zu schleppenden Munitionskästen – pro Mann zwei Stück, versteht sich – immer wieder doch anstieß. (...) So zogen wir also, gekleidet in weiße Tarnanzüge, mehr schleichend als marschierend dahin. Trotzdem kamen wir unter der zu schleppenden Last gehörig ins Schwitzen, trugen wir doch unter den Tarnanzügen auch noch unsere Felduniformen.

Plötzlich standen wir vor einem Schützengraben, in den es galt, so lautlos wie nur möglich hineinzuspringen und in gebückter Haltung weiterzugehen. Man kam an einen Wachtposten heran, der in einer Ausnehmung des Grabens vor einem schussbereiten Maschinengewehr stand und sofort, mit allerdings gedämpfter Stimme, nach dem inzwischen auch uns bekannten Losungswort fragte. Er war ein Kamerad von ungefähr 30 Jahren und seinem Gesicht war eine gewisse Erleichterung anzusehen, als er uns sah. Er wusste, jetzt kam er weg von hier, jetzt wurde er abgelöst. Noch einige Meter, noch einige Schritte, und wir standen vor dem Eingang eines gut getarnten Erdbunkers. Wir traten ein und wurden von den anwesenden Kameraden freudig begrüßt, die alle schon ihre Klamotten abmarschbereit gepackt hatten. (...) Unsere erste Frage an die abzulösende Mannschaft war: ‚Wo steht der Iwan, wo sind wir hier eigentlich?' Die russische Front verlief nur wenige 100 Meter vor unserem Grabensystem und mündete in ein Wäldchen rechts vor uns. (...) Die Kameraden sagten uns, wir stünden hier in einem Ring vor der Stadt Kirow. Dies war eine nur zum Teil richtige Information. Wie ich viele Jahre später im Zuge von Nachforschungen anhand von dokumentarischen Aufzeichnungen und Gefechtskarten feststellen konnte, wurde die Stadt Kirow im Herbst 1941 von der Deutschen Wehrmacht wohl eingenommen, konnte aber nicht gehalten werden. Die Stadt musste aufgegeben werden und die Truppe musste sich auf eine davorliegende Linie zurückziehen, eben jene Linie, in der wir uns nun befanden. Von einem Ring, einer Einkesselung der Stadt, konnte im Dezember 1942 also keine Rede sein.

War diese Fehlinformation von den vorgesetzten Dienststellen mit Absicht der Truppe gegeben worden? Wenn ja, mit welcher? War die Aufgabe der Stadt aus strategischen Gründen vom OKW (Oberkommando der Wehrmacht) befohlen worden? War der Druck der Russen hier bereits so stark, dass die Linie von den deutschen Streitkräften einfach nicht mehr gehalten werden konnte, da die Verluste an Verwundeten und Toten schon zu groß waren und die hier kämpfende Division mangels Menschen und Material die Linie nicht mehr halten konnte? Machte es die im Herbst bereits hereinkriechende Regen- und Schlammperiode oder der hereinbrechende verheerende Winter 1941/42 nicht mehr möglich, die Stadt gesichert zu halten? Fragen über Fragen, die, wie so viele andere Fragen zu dieser Zeit, wohl für immer unbeantwortet bleiben werden.

*

(...) So stand eines Nachts plötzlich ein alter bärtiger Russe mit erhobenen Händen vor mir. Woher der Kerl so plötzlich kam? Ich konnte es mir nicht erklären. Der hätte mich glatt umbringen können, denn er hatte mich sehr wohl entdeckt. Da fuhr mir natürlich der Schreck gehörig in die Glieder. Was also sollte ich mit dem Mann jetzt machen? Ihn erschießen? Das hätte ich nicht zusammengebracht. Er stand ja mit erhobenen Armen vor mir und murmelte etwas, das ich freilich nicht verstand. Soldat war er keiner, so viel sah ich mit einem Blick. Er war in Lumpen gekleidet und unbewaffnet. Also zog ich am (...) Seil, das im Bunker Alarm auslösen sollte. Jedoch wie erfahrungsgemäß nicht anders erwartet, es kam niemand. Die werten Kameraden schliefen alle wie die Murmeltiere. Ich ließ also den Mann vor mir stehen und hielt das Gewehr entsichert schussbereit. Falls ihm etwa eingefallen wäre, mich doch anzugreifen, wäre ich in diesem Fall der Schnellere gewesen. Es hätte ja auch ein Partisane sein können, ein auskundschaftender Lockvogel, dessen Kameraden irgendwo im Wald lauerten (...). Endlich kam die Grabeninspektion, der (...) Oberfähnrich. Der schaute nun auch äußerst überrascht drein und nahm den Mann sofort mit, indem er ihn mit ebenfalls entsicherter Maschinenpistole vor sich her trieb. Vorher aber pfiff er mich noch kurz an, ob ich nicht wisse, dass keine Gefangenen zu machen seien. In solchen Situationen war es klug, keine Antwort zu geben. Diese Erfahrung hatte ich schon gemacht.

Dass Herr Oberfähnrich diesen Mann sogleich vor meinen Augen erschossen hätte, das geschah jedoch auch nicht. Er also erwartete von mir sehr wohl die Ausführung eines zweifelhaften Befehls, der ich alleine dastand und keinerlei Zeugen gehabt hätte. Ich wartete darauf, nun, nach dem Abgang der beiden, sogleich einen Schuss zu hören. Ich wartete vergebens, der Schuss fiel nicht. Sicherlich brachte auch er es nicht fertig, einen Menschen, der ihn nicht angegriffen hatte, zu töten. Bereits am nächsten Tag brachte ein Melder den Befehl, der Grenadier H., also ich, hat sich umgehend im Bataillonsgefechtsstand zu melden. Ich nahm nicht an, dass ich nun wegen Gefangennahme eines Russen gar vielleicht belobigt werden würde, sondern ahnte nichts Gutes, das da auf mich zukommen würde. (...) Aber ich stand da plötzlich nicht alleine, sondern fand mich mit zirka noch zehn Kameraden, angetreten zum Appell. Ein Oberleutnant erschien und erläuterte uns, dass wir für einen Panzerabwehr-Spezialkurs ausersehen seien. Wie sich aus Gesprächen mit meinen Kameraden herausstellte, hatten wir alle mehr oder weniger kleinere Vergehen am Kerbholz. Wohlgemerkt nur kleinere Verstöße gegen die Dienstvorschriften, denn für größere gab es ja Kriegsgericht. Mein Vergehen war es offenbar, den alten Russen nicht erschossen zu haben. Mich für so einen Spezialkurs mit Aussicht auf ein Himmelfahrtskommando zu melden, war sicherlich die nun längst fällige Rache des Herrn Oberfähnrichs, der nicht nur mir, sondern auch ich ihm schon vom Äußeren her und Anfang unserer Begegnung offenbar unsympathisch war. In den nächsten drei Tagen lernten wir also zum Beispiel das Werfen von Tellerminen. Eine äußerst schwere Arbeit, da so eine Tellermine immerhin ein Gewicht von ungefähr acht bis zehn Kilo hatte und demnach kaum sehr weit geworfen werden konnte. Sie sollten im Falle des Angriffs von feindlichen Panzern vom Schützengraben aus vor diese geworfen werden und deren Ketten sprengen. Ich habe nie gehört, dass so eine Aktion gelungen wäre. Das endete sicherlich immer tödlich für den Infanteristen.

*

Verwundung und Genesungsurlaub daheim

Das Kapitel ‚Russland' war (...) für mich abgeschlossen, was ich damals allerdings noch nicht mit Gewissheit wusste. Eines jedoch wusste ich, weiß es bis heute und ganz sicherlich bis zu meinem Tod: Ich hasse den Winter, ich hasse Kälte, Schnee und Eis. (...)

Groß war die Freude, wieder zu Hause zu sein. Ich schlüpfte sofort in Zivilkleidung und stattete der Firma, in der ich bis zum Einrücken gearbeitet hatte, beziehungsweise meinen ehemaligen Kolleginnen und Kollegen sowie meinem Chef einen Besuch ab, schon deshalb, weil ich wusste, dass jeder auf Besuch kommende Soldat von der Firma 50 Reichsmark erhielt. Geld konnte ich ja immer brauchen. Die Firmenleitung legte Wert darauf, mit ihren ehemaligen und nun beim Militär befindlichen Mitarbeitern Kontakt zu halten, was übrigens auch eine der Weisungen der parteipolitischen Dienststellen war. Doch diesen Besuch hätte ich besser unterlassen sollen. Als ich nun da vor meinem ehemaligen Abteilungsleiter stand, von dem ich wusste, dass er ein hundertprozentiger Nationalsozialist war, ihn vorsichtshalber mit ‚Heil Hitler' begrüßte und ein freundliches, beiderseits berichtendes Gespräch erwartete, verlief dieses Wiedersehen in ganz konträrer Atmosphäre. Erst sah er mich messend von oben bis unten und wieder von unten nach oben mit bösem Blick an. Dann sprang er plötzlich von seinem Sessel auf, bekam ein rotes Gesicht und schrie mich an: ‚Sie wagen es, in Zivil vor mir zu erscheinen?! Wenn Sie das nächste Mal kommen, will ich Sie nur in Uniform und mit Auszeichnung sehen! Verschwinden Sie!' Er war ein Choleriker, das wusste ich, aber dass er mich nun hinauswarf, damit hatte ich nicht gerechnet. Betroffen stammelte ich noch ein ‚Heil Hitler' und war draußen bei der Tür. Obwohl ich später im Laufe meiner weiteren Militärdienstzeit noch einige Male nach Wien kam, verzichtete ich lieber auf die 50 Reichsmark, ehe ich diesen Herrn wieder treffen wollte. Übrigens, dieser werte Herr Prokurist flüchtete zeitgerecht, bevor die Russen Wien besetzten, nach Oberösterreich in die amerikanische Besatzungszone. Er kam dort bei einer Firma wieder in leitender Position unter und tauchte nach einigen Jahren wieder in Wien in der ursprünglichen Firma auf, die er seinerzeit fluchtartig verlassen hatte. Jetzt aber nicht als Abteilungsleiter und Prokurist, sondern als ‚Vorstandsdirektor'! Wir begegneten uns auch dann noch manchmal – er aber konnte und konnte sich nicht mehr an mich erinnern ...

*

Hameln, Genesungskompanie, Einsatz in der Schreibstube

Eines Tages in der dritten Woche erschien Herr Oberleutnant (...) und fragte erstaunt, wieso ich eigentlich noch immer hier sei; ich müsste doch längst schon wieder bei einer Feldeinheit sein (...). Der Fernschreiber spuckte Anforderungen um Anforderungen aus und auch (...) ein Oberwachtmeister (...) musste seinen Tornister packen. Ehe sie aber abrückten, sichteten sie noch sorgfältigst die Anforderungen, von denen fast alle auf Osten lauteten. ‚Hustoles, das nehmen Sie nicht, das auch nicht und das auch nicht ...'. Aber das: eine Anforderung für einen Schreiber zum IVb des LXVII. Korps-Generalkommandos, das in Brüssel stationiert war. ‚Hustoles, das ist Ihre Chance, ab nach Brüssel!' Den Marschbefehl stellte ich mir gleich selber aus, den Fahrausweis dazu, und am selben Tag noch saß ich im Zug von Hameln nach Brüssel.

*

Brüssel, Schreibstube

Zufällige fernmündliche Kontaktaufnahme mit einer Telefonistin aus Wien-Floridsdorf – endlich wieder Wiener Dialekt! Zum Gaudium der umstehenden deutschen Kollegen …

Sie war wieder in der Leitung: ‚Na, Annerl, wia hammas denn heit? I muaß allerweu an di denken, weulst so a habe Stimm hast. Waßt eh', gern det i di persönlich amol sehn.'

Jetzt fiel ich meinen Herren zuliebe besonders in den Dialekt: ‚A Randi (Rendezvous) det mi scho sehr gfrein. Bist sicha a liabs Madl, tschuldigen, wollt sagen Fräuln.' Herr Oberstarzt sprach nach: ‚Liabs Madl, Randi, Fräuln …' mit preußischem Akzent. Jetzt aber wurde die Verbindung abrupt unterbrochen, ohne dass sich etwa eine Stimme meldete. Sicher hat irgendeine dazwischengeschaltete Dienststelle unser Gespräch ab- und mitgehört. Solche Gespräche waren selbstverständlich verboten. Aber meine um mich stehenden Herren Vorgesetzten ließen nicht locker. ‚Versuchen Sie es nochmals.' Ich versuchte und versuchte es noch mehrere Male, bis ich endlich Anni wieder am Draht hatte. Na, wenn da wieder mitgehört wurde, dann Gnade mir! Aber der Gefahr dieses Dienstvergehens war ich mir eigentlich gar nicht bewusst. Meine Herren hätten mir da sicherlich auch nicht helfen können. Die Herren schüttelten sich wieder vor Lachen. Noch einige Male, an Tagen, an denen die Stimmung der Herren besonders trübe war, musste ich Anni anrufen. Doch eines Tages war Anni tatsächlich nicht mehr zu erreichen. Ich konnte und konnte nicht herausbekommen, in welcher Telefonzentrale sie saß. Das heißt, sie saß nicht mehr; Anni war versetzt worden, und kein Mensch wusste, wohin. Niemand kannte ihren Namen …

*

August 1943 – Heimaturlaub

Eines Tages wurde ich überraschend ins Büro des ‚Spieß', also des Hauptfeldwebels, befohlen. Nanu, was will denn der von mir? Ich war mir nicht bewusst, vielleicht gar etwas ausgefressen zu haben. Man war sich jedoch nie sicher, was den Vorgesetzten vielleicht an einem nicht gefiel und Anlass zur Rüge gab. Der Spieß fragte mich, wann ich zuletzt auf Heimaturlaub war. Nun, das war mein Genesungsurlaub nach Verwundung im April 1943, also schon fast vier Monate her. Er drückte mir einen Sonderausweis in die Hand, verlangte mein Soldbuch zwecks entsprechender Eintragung und wünschte mir schönen Urlaub. War das wieder eine Freude! (...)

Auch diese Urlaubsfahrten durften nur bewaffnet angetreten werden, fuhren wir doch ein gutes Stück durch das zwar vor dem Krieg neutral gewesene Belgien, das aber dann, nach Besetzung durch die Deutsche Wehrmacht, doch als Feindesland gewertet werden musste und in dem sich tatsächlich einige Partisanengruppen mit Anschlägen jetzt bemerkbar machten.

Und so reiste ich (...) nach Wien. Als ich jedoch zu Hause vor der Tür stand, musste ich feststellen, dass meine Eltern nicht anwesend waren. Vom Hauswart erfuhr ich, dass sie sich in Urlaub in die Steiermark begeben hatten. Da stand ich nun (...) vor verschlossener Wohnungstür. Ich wusste die Adresse vom Ort in der Steiermark, da wir dort mehrmals in den Schulferien waren. Also schnellstens aufs Postamt und ein Telegramm aufgegeben. Da ich nicht damit rechnen konnte, dass meine Eltern vor dem Abend des nächsten Tages kommen würden, erhob sich für mich die Frage, wo verpflegen, wo übernachten? (...) Ich marschierte wieder zum Westbahnhof, wo ich eine Soldatenbetreuungsstelle, die in den dort gebauten Luftschutzbunker integriert war, wusste. Meine Geschichte, warum ich nicht nach Hause konnte, interessierte dort niemand. Sie wollen essen und hier übernachten? In Ordnung. Ich bekam sogleich einen Bon, mit dem ich in der Kantine ein kräftiges Eintopfgericht in gewohnter Qualität bezog, ging dann satt und zufrieden in der Stadt spazieren und fand mich abends wieder in der Soldatenunterkunft zwecks Übernachtung ein. Tornister und Gewehr hatte ich beim Hauswart meines privaten Zuhauses deponiert. Das Hauswartehepaar waren alte Leute. Die hatten vor dem Gewehr fürchterliche Angst und ich musste ihnen erst klarmachen, dass es nicht geladen sei und daher gar nichts passieren könne. Trotz aller Eindringlichkeit war ihnen großes Misstrauen nicht zu nehmen. Sie wollten keine Waffe in ihrer Wohnung haben.

Am nächsten Tag fuhr ich zum Südbahnhof, um meine Eltern abzuholen. Der Zug aus der Steiermark kam und kam nicht. Schließlich war einer Durchsage zu entnehmen, dass der Zug mehrere Stunden Verspätung haben würde. Das war kurz und bündig. Weitere Informationen gab es nicht. Gleich mehrere Stunden? Was war die Ursache? Als meine Eltern endlich doch nach zwei Stunden Verspätung angekommen waren, erzählten sie mir, dass Wiener Neustadt bombardiert worden sei und auch die Bahnanlagen schwerstbeschädigt wurden. Der Zug wurde bereits vor Wiener Neustadt auf freier Strecke angehalten und konnte den Bahnhof der Stadt nicht mehr passieren. Weiters erzählten sie, dass, als der Zug dann endlich doch weiterfahren durfte beziehungsweise konnte, dort hunderte russische gefangene Soldaten arbeiteten, die die Bombentrichter zuschütten und die Gleisanlagen instand setzen mussten.

Zu Hause angekommen, sogleich drei Kilo Butter ausgepackt, die ich aus Brüssel mitgebracht hatte, und die allerdings nach der langen Fahrt in der Sommerhitze jetzt nur mehr zu Butterschmalz verarbeitet werden konnten. Trotzdem, die Freude meiner Mutter war groß, war es doch eine beachtliche und unerwartete Sonderration, mit der sie in der nächsten Zeit einige Essen der sonst so schmalen Kost gut verbessern konnte. Zwei Paar schöne Seidenstrümpfe hatte ich auch noch mitgebracht – damals ebenfalls eine Rarität! Auch Vater ging nicht leer aus. Er bekam meine zusammengesparten Rationen Zigaretten und Pfeifentabak bester Sorte.

Schon am dritten Tag dieses meines Heimaturlaubes gab es gegen Mittag Fliegeralarm. Meine Eltern kannten das schon und gingen in den Keller. Ich bezog in Uniform und mit Gewehr Beobachtungsposten beim Haustor. Im Falle, dass Bomben fallen würden, wollte ich trachten, so schnell wie möglich auch den Keller zu erreichen. Ob mir das dann auch gelungen wäre? Noch immer unterschätzte ich die Gefahr mangels Erfahrung. Ich überlegte mein Verhalten im Falle, dass da nun plötzlich Piloten von abgeschossenen Feindflugzeugen vom Himmel an ihren Fallschirmen herunterschweben würden. Sollte ich auf sie schießen? Das hätte ich sicherlich nicht zusammengebracht. Sie waren in diesem Zustand ja wehrlos. So viel Ritterlichkeit, trotz allen Hasses, war schon in mir. Ich beschloss für den Fall des Falles, sie gefangen zu nehmen und in die nahe gelegene Polizeiwachstube zu bringen. Es war mir klar, dass alles Weitere nicht mehr meine Angelegenheit gewesen wäre und ich auf ihr weiteres Schicksal auch keinen Einfluss mehr gehabt hätte. Das waren eben auch Gedanken und Gewissensfragen, die uns zu dieser Zeit beschäftigten, Kopfzerbrechen machten und bedrückten. Jedoch Wien wurde diesmal noch nicht angegriffen, und so kam auch ich wieder einmal nicht in so eine prekäre Situation.

*

24. Dezember 1943 – Weihnachtsfeier in Brüssel

Der Dienst endete auch heute wie immer um 17 Uhr. Aber bereits für 18 Uhr lud der General zur Weihnachtsfeier. Pünktlich, versteht sich, fanden wir uns in einem festlich adaptierten Saal des Stabsgebäudes, sonst Konferenz- und Kartensaal, ein. Da waren wir aber überrascht! Eine riesige Tafel, bespannt mit blütenweißem Tischtuch, war hergerichtet und der Saal festlich mit Girlanden aus Tannenreisig geschmückt. In der Ecke stand ein reichlich geschmückter Christbaum. Auf den Tischen stand für jeden Mann, wie wir sogleich mit einem Blick erfasst hatten, je eine Flasche köstlichen Beaujolais. Einigen Flaschen waren Kerzen aufgesteckt, die wir anzündeten, wodurch die Tafel gleich noch einen feierlicheren Eindruck bekam. Berge von köstlichster Bäckerei türmten sich, ja sogar auch einige Tafeln Schokolade waren dabei, wenn auch nur einige wenige.

(...) Als dann Herr General mit seinen Offizieren eintrat und die Herren an der Stirnseite der Tafel unter dem Bild des Führers Platz nahmen, standen wir alle auf Kommando auf, nahmen stramme Haltung an, schlugen die Hacken zusammen und ein donnerndes ‚Frohe Weihnachten, Herr General!' ertönte, dass die Wände bebten. Das gefiel dem Herrn General. Gut gelaunt hielt er nun eine Ansprache, deren Inhalt nichts zu wünschen übrig ließ. Den Angehörigen in der Heimat wurde gedacht und den an der Ostfront in aller Härte kämpfenden Kameraden. Den Sinn des Weihnachtsfestes so wie den Glauben an Gott hatte Herr General in seiner Rede rhetorisch gut verpackt. Es war absolut keine politische Rede und auch etwa ein Toast auf den Führer Adolf Hitler kam darin nicht vor. Es war eine Weihnachtsansprache, wie ich sie eigentlich nicht erwartet hatte.

*

Schließlich, im April des Jahres 1944, kam hektische Bewegung im Stabe auf. Der Befehl zum Abrücken aus Brüssel kam. Wohin? Nur wenige Offiziere wussten es, schwiegen aber befehlsgemäß eisern. Ich hatte meine Schreibmaschine in eine Holzkiste zu verpacken, in eine zweite, größere das vorhandene, relativ wenige Aktenmaterial. (...) Wir packten unsere Tornister und Tragtaschen. Wie immer, so hatte fast jeder von uns zu viel Gepäck in den Monaten hier angesammelt. Auch ich hatte das Gepäcklimit nicht nur erreicht, sondern weit überschritten. Und so musste ich unter anderem meine schönen privaten Halbschuhe zurücklassen. Das alles ging ruck zuck, und schon am nächsten Tag fuhren Heeres-Lastkraftwagen vor, auf denen alle Kisten und Schreibtische aufgeladen wurden. Wir bekamen Plätze in Heeresautobussen zugewiesen, und ab ging die Fahrt. Tränen flossen bei den Mädchen ...

*

Amiens 1944

Nach nicht allzu langer Fahrt hatten wir das Ziel erreicht. Wir waren nun nicht mehr in Belgien, sondern in Frankreich, in der Stadt Amiens. (...)

Endlich hatte ich die Kompanie gefunden, der ich also ab nun angehören sollte. Es waren wieder ausschließlich reichsdeutsche Kameraden aller Altersjahrgänge von 1895 bis 1925. Ich war der einzige Ostmärker unter ihnen. Sie waren durchwegs alle sehr in Ordnung und nahmen mich sofort sehr kameradschaftlich und freundlich auf. (...) Beim Eingang des Bunkers hatte ein Funker seinen Platz mit Funkgerät. Das Antennenkabel ragte über eine bei der Tür befestigte elastische Stange einige Meter hoch hinaus. (...) Der Funker hatte auch einen Radioapparat zur Verfügung, mit dem er nicht nur die Heimatsender empfangen konnte, sondern verbotenerweise auch die feindlichen Auslandssender. Er kümmerte sich um das Empfangsverbot nicht. Die Offiziere der Kompanie wussten das. Trotzdem ließen sie ihn unbehelligt. Man hatte den Eindruck, auch sie waren interessiert, etwas von dem Stand des Kriegsgeschehens von der anderen Seite zu erfahren. Durch ihn erfuhren wir, wie schlecht es an der Ost- und Südfront stand. Wir glaubten es jedoch nicht und betrachteten alle diese Nachrichten als schmutzige Feindpropaganda.

*

6. Juni 1944 – D-Day = Decision-Day (Entscheidungs-Tag)

Deckname Operation Overlord

Ab 4. August an der Front.

Der 6. Juni 1944 war längst vorbei, die Invasion nur wenige Kilometer südlich unserer Stützpunkte war längst im Gange. Nur – Information darüber gab es keine. Da bekam ich den Befehl, mich mit einigen anderen Kameraden bei einem etwas zurückgelegenen Gefechtsstand feldmarschmäßig, also mit all meinem Hab und Gut, zu melden. Wir hatten uns in der Stärke von ungefähr 20 Mann zu sammeln. Der Hauptfeldwebel erschien, verteilte jedem von uns zwei Stangen Zigaretten und zwei Päckchen Tabak. Dieser Einheitstabak konnte sowohl zum Drehen von Zigaretten als auch zum Rauchen in der Pfeife verwendet werden. Es war gute Qualität. Der Hauptfeldwebel fragte noch, ob wir darüber hinausgehend irgendwelche Forderungen an Marketenderwaren hätten. Natürlich hatten wir keine. Wir hatten doch nicht einmal eine Ahnung, was uns überhaupt zustand davon. Hinterher war uns bewusst, dass das eigentlich eine sehr verdächtige Frage war. War uns da etwas unterschlagen worden? Oder war es nur eine Frage, um einer Form zu genügen?

Egal, was soll's, es war uns dergleichen im Moment auch gar nicht wichtig. Viel mehr war die Mitteilung für uns von Bedeutung, dass wir nun einem anderen Truppenteil zugeordnet und dorthin in Marsch gesetzt werden. So marschierten wir also unter Führung eines Unteroffiziers zum nächsten rückwärtigen Gefechtsstand. Dort stieß wieder eine Gruppe von 20 bis 30 Mann zu uns. Und weiter ging es zum nächsten Gefechtsstand. Wir wurden immer mehr und mehr. Jetzt waren wir schon schätzungsweise eine kriegsstarke Kompanie, rund 200 Mann, die da in südwestlicher Richtung (...) unter Führung mehrerer Offiziere, vom Leutnant bis zum Hauptmann, marschierte. Marschieren bei Tag war hier jetzt nicht mehr möglich. Die angloamerikanische Luftwaffe beherrschte den Luftraum. Ununterbrochen patrouillierten feindliche Jagdflugzeuge und schossen auf alles, was sich hier unten bewegte.

*

Gefangennahme

(...) Jetzt krachte die nächste Artilleriefeuerwalze auf uns nieder. Einschlag auf Einschlag. Wir rannten um unser Leben, warfen uns zu Boden, rannten wieder einige Meter hinein in den nächsten Hohlweg und Heckengraben. Schwarze und weiße Pulverdampfwolken zogen über Wiesen und Wald wie giftige Nebel, stanken bestialisch nach Schwefel, der Wind wehte sie auf uns zu und machte Atmen erstickend schwer. Wir mussten husten, und unsere Gesichter schwärzten sich. Da rannten zwei Mann in panischer Angst, gejagt wie die Hasen, aufeinander zu, erkannten sich im Augenblick und warfen sich umarmend zu Boden. Es waren ich und mein Schulkamerad F. H.! Wir hatten uns seit dem Einrücken in Wien-Westbahnhof jahrelang nicht mehr gesehen. Wir meinten, da kommen wir jetzt nicht mehr lebend raus. Kameraden um uns blieben verwundet oder tot liegen, ohne dass sich wer um sie kümmern konnte. (...)

Jetzt ebbte das Artilleriefeuer etwas ab, am nächstgelegenen Waldrand tauchte feindliche Infanterie auf, die die Gegend mit Maschinengewehrfeuer wahllos bestrich. Na, die müssen ja Munition im Überfluss haben, zum Unterschied von uns, dachten wir. Mein Schulfreund und ich sahen uns völlig alleine. Wir beschlossen, hier den Krieg zu beenden und uns in Gefangenschaft zu begeben. Da sahen wir einen deutschen Sanitäter, der bei einem Verwundeten kniete. Der dürfte einen Brustschuss abbekommen haben. Der Sanitäter hatte ihn halb aufgesetzt, stützte ihn kniend an seinem Oberschenkel ab und versuchte ihm einen Verband anzulegen. Da kam ein Soldat des Gegners an die beiden heran und stach mit seinem auf dem Gewehr aufgepflanzten Bajonett beide nieder. Wie gesagt, beide (!), obwohl der Sanitäter deutlich an der weißen Armbinde mit rotem Kreuz zu erkennen war. Die feindlichen Soldaten waren Kanadier, wie wir an ihren Stahlhelmen erkennen konnten. Mein Freund und ich beschlossen, in Anbetracht solchen Geschehens, sich nun nicht zu ergeben und in Gefangenschaft zu gehen. (...)

Kaum robbend auf der Wiese angekommen, wurde ich mit MG-Feuer aufs Korn genommen. Der Gegner hatte mich entdeckt?! Oder waren es die eigenen Kameraden, die mich nicht erkannten und einen Gegner vermuteten? Ich konnte das Feuer nicht verifizieren und ließ mich schleunigst in den nächsten Heckengraben abrollen. Es ist schon ein merkwürdiges Gefühl, wenn man so unmittelbar die Einschüsse von Maschinengewehrsalven erlebt, so nah, dass man fast die Grashalme wogen sieht und die Einschläge in die Erde zischen hört. Angst steigt da schon auf und das Herz klopft bis zum Hals, auch schon allein durch das Gehetztsein. Wie ein Wild. Wie nun weiter?

Einige Minuten suchte ich noch die nächsten Heckengräben ab, ohne jedoch jemanden meiner Einheit zu finden. Ich musste annehmen, dass sie sich inzwischen weiter zurückgezogen hatten. Orientierung hatte ich so gut wie keine mehr. Also beschloss ich, nun wieder meine

Zwei- beziehungsweise (mit mir) Dreimanngruppe zu erreichen, was mir tatsächlich, jedoch nur mit großer Mühe und weiterer Anstrengung, schließlich auch gelang. Der Leutnant beschloss, hier liegen zu bleiben, den Feind herankommen zu lassen und sich zu ergeben, da wir ja so gut wie abgeschnitten und isoliert waren und tatsächlich keinerlei Verbindung zu unserer Truppe mehr finden konnten. Wir nahmen volle Deckung in nur seicht ausgehobenen, plötzlich vorgefundenen Schützenlöchern, als auch schon ein Panzer des Typs Sherman die vor uns verlaufende Hecke durchstieß. Wann jetzt aufspringen und die Arme hoch nehmen? Wir hatten ja keine Erfahrung im Panzer-Nahkampf und kannten den sogenannten ‚toten Winkel' des Panzers nicht. Das war jener Winkel, in dem das Maschinengewehr des Panzers vor ihm am Boden liegende Schützen nicht mehr erreichen konnte, da es so eng eben nicht mehr schwenkbar war. Ich ließ also den Panzer auf mich zurollen, ohne mich auch nur im Geringsten zu bewegen. Noch zirka fünf Meter entfernt, drei Meter, zwei Meter ... Ehrlich, das kostete mich den Rest meiner bereits total verbrauchten und zerrütteten Nerven. Die Erde vor mir vibrierte unter dem Gewicht des Panzers und geriet bereits ins Rutschen. Jetzt sah ich den Moment gekommen, aufzuspringen und die Arme hoch zu nehmen. Mein Freund F. H. neben mir, ebenfalls in einem nur seicht ausgehobenen, also keine volle Deckung bietenden Schützenloch liegend, machte es ebenso. Die Gewehre ließen wir liegen. Was sollten wir denn mit Karabinern K 98 gegen so ein stählernes Ungetüm? Ein einziger Schuss unsererseits wäre das Signal für Selbstmord gewesen.

Hinter mir tauchte plötzlich ein mir bis dato unbekannter und bisher nicht gesehener Sanitätsunteroffizier aus dem Gebüsch auf. Er war gekennzeichnet durch seine Rote-Kreuz-Binde am Arm. Er hatte seine Sanitäts-Feldtasche dabei. Unser Leutnant war plötzlich wie vom Erdboden verschluckt, verschwunden. Wohin der sich wohl verflüchtigt haben mag? Oder wurde der Gegner seiner schon vorher habhaft, ohne dass wir es beobachtet hatten? Wir hatten ja Kopf beziehungsweise Gesicht in bestmöglichster Deckung fest an die Erde gepresst. Selbstverständlich war der Panzer nicht ohne Infanteriebegleitung. In Sekundenschnelle sprangen die hinter dem Panzer in guter Deckung sich anpirschenden Infanteristen auf uns zu. Schnell stellte sich heraus, wem wir da eigentlich gegenüberstanden. Es waren Engländer. Einer nahm mir sofort die Armbanduhr und die gut mit französischen und belgischen Francs gefüllte

Brieftasche ab. (Ich war ja stets ein sparsamer Mensch.) Auf seinem linken Arm befanden sich bereits sechs bis acht Armbanduhren. Ich nehme an, dass es den Engländern nicht um die Uhren als solche ging, die hatten ja ohnedies welche, zum Unterschied der tatsächlich armen Russen. Die den deutschen Soldaten abgenommenen Armbanduhren sollten vermutlich nur ‚Siegestrophäen' sein, um damit zu zeigen, so und so viele Gefangene gemacht zu haben. Meine Brieftasche allerdings würde ich nicht als Siegestrophäe betrachten. Ein anderer stürzte sich auf die von uns liegen gelassenen Gewehre und machte sie blitzschnell unbrauchbar, indem er die Schlösser und Magazine herausriss und in weitem Bogen in die Gegend warf. Er sah dabei, dass wir keinen Schuss abgegeben hatten, was sich sofort zum Guten für uns auswirkte. Sie alle machten keine unfreundlichen Gesichter. Mir hing die Hose buchstäblich nur in Fetzen herunter. Ein Tommy mit Brille fragte mich: ‚Are you wounded?', ‚Bist du verwundet?' – ‚Woher kommst du?' Ich antwortete, ich sei Österreicher und aus Vienna. ‚I am from Austria', sagten wir also schon damals. Da machte der sogleich ein noch freundlicheres Gesicht. Es war mir in dieser Situation klar, dass es falsch gewesen wäre, sich womöglich als Deutscher zu bekennen. Er fragte noch: ‚Was bist du von Beruf?' Wahrheitsgemäß antwortete ich: ‚I am a clark', ich sei Büroangestellter. ‚I am a teacher', sagte er noch, ehe wir uns beide in volle Deckung auf die Erde schmissen, da eine deutsche Artilleriegranate gefährlich nahe krepierte …

*

Sogleich hieß es: ‚Antreten.' Ein englischer Offizier samt Adjutant kam heran, ausgestattet mit Schreibunterlage, Bleistift und Formularen. Er war der Aussprache und dem Aussehen nach ein deutscher Jude. Er befragte jeden Einzelnen von uns: ‚Welcher Truppeneinheit haben Sie angehört?'

(…) Besagter Offizier befahl uns nun, den Oberkörper frei zu machen. Unter uns Heeresinfanteristen waren auch einige Soldaten der Waffen-SS angetreten. Sie hatten ihre Ärmelstreifen und Kragenspiegel längst abgetrennt oder sich in die feldgrauen Uniformen des Heeres gekleidet, die sie gefallenen Soldaten ausgezogen hatten. Nur eines konnten sie nicht – die ihnen unter dem linken Oberarm eintätowierten Buchstaben ihrer Blutgruppe entfernen. Alles Arme hoch, der Offizier, dem Rangabzeichen nach ein Colonel (Oberst), schaute genau – und entdeckte. Da gab es die ersten Ohrfeigen, und nicht bloß mit der Faust ins Gesicht, sondern auch mit dem Kommandostab eines neben ihm stehenden Sergeanten (Feldwebels), den dieser bisher unter seinen linken Arm geklemmt hatte, auf den Kopf. Den Mann links neben mir hatte er so sehr gedroschen, dass dieser zu Boden fiel. Verständlich, dass der jüdische Offizier nicht nur hasserfüllt war aufgrund der Vorkommnisse in den Konzentrationslagern, von denen wir damals auf Ehre und Gewissen allerdings nichts wussten und erst mehrere Jahre nach dem Krieg erfahren hatten. Der Colonel und seine Begleiter waren nicht nur deshalb verärgert, weil der Kamerad einfach nur jene Infanterieeinheit daherlog, die der neben ihm stehende genannt hatte, sondern auch deshalb, weil er eben nicht gleich angegeben hatte, dass er Angehöriger der Waffen-SS war. So wurden drei oder vier Mann herausgefiltert und von uns sofort getrennt beziehungsweise abgeführt. Es ist anzunehmen, dass sie in ein Sonderlager kamen. (...)

Jeder Einzelne von uns musste sein Soldbuch vorlegen, sofern er es noch hatte. Viele hatten ihr Soldbuch in Panik bei der Gefangennahme weggeworfen und waren jetzt bar eines Ausweises, das war nun ein nicht unbeachtlicher Nachteil für sie. Sie wurden ausgesondert und mussten in ein von unserem jedoch unmittelbar nebenan installiertes Lager marschieren. Ich legte mein Soldbuch so einem Offizier vor – der Aussprache, dem Aussehen und Gehabe nach ein deutscher Jude. Er fragte: ‚Sind Sie Deutscher oder Österreicher?', obwohl er ja ohnedies ‚Wien' als die im Soldbuch vermerkte Heimatadresse gelesen hatte. Die meisten von uns Ostmärkern/Österreichern hatten inzwischen rasch begriffen, dass es nun nicht angebracht war, sich als ‚Reichsdeutsche' zu bekennen. Meine Antwort war daher blitzartig überlegt: ‚Österreicher!'

Der Offizier sagte mir daraufhin, ich solle mich in das Zelt nebenan zu den anderen meiner Landsleute begeben. Es gab auch Österreicher, die sich weiterhin als ‚Reichsdeutsche' bekannten. Sie hatten vielerlei Gründe dafür. Entweder weil sie sich nicht mit dem Soldbuch ausweisen konnten, wie schon gesagt, oder weil sie die Absicht hatten, nie mehr nach Österreich zurückzukehren und nur mehr nach Deutschland wollten. Einige auch deshalb, weil sie nach dem Anschluss Österreichs an das

Deutsche Reich im März 1938 beziehungsweise in den folgenden Kriegsjahren Frauen aus dem sogenannten ‚Altreich' geheiratet hatten. Aber es waren auch solche dabei, die gar nicht annahmen, dass es wieder ein Österreich geben sollte. Noch tobte der Krieg (August 1944) und von einer etwaigen Auferstehung Österreichs war kein Gedanke unter uns, zumal auch keinerlei entsprechende Informationen von den englischen Kommissionen an uns herangetragen wurden. Natürlich gab es auch Primitivlinge dabei, die mit dieser Frage, die eigentlich eine Fangfrage war, nichts anzufangen wussten, sie erst gar nicht erfassten und durchschauten. Weiters waren auch nach wie vor fanatisch eingestellte und politisch denkende Parteigenossen der NSDAP dabei, wie sich später herausstellen sollte, die sich eben nach wie vor als ‚Reichsdeutsche' fühlten und nicht bereit waren, ihre deutsche Staatsangehörigkeit in Zweifel zu stellen oder gar aufzugeben.

Ich wurde nun, so wie alle anderen Gefangenen, registriert und der Kriegsgefangene Nummer 1 996 201. Man blieb eine Nummer.

*

Das Österreicher-Lager

So bezogen wir also getrennt von den reichsdeutschen Kameraden das von den Engländern eingerichtete sogenannte Österreicher-Lager. Immerhin waren wir da ungefähr 300, vielleicht auch sogar 500 Mann zusammen. Es waren Männer aus allen Bundesländern beziehungsweise aus allen Waffengattungen mit Ausnahme der Luftwaffe und Marine. Flieger waren offenbar keine in Gefangenschaft geraten und Marinepersonal wurde in getrennten, anderen Lagern gehalten. Die Masse waren Infanteristen. (...)

*

Entlassung 1946

Kamerad H. St., ein Oberösterreicher, war ein stolzer Typ und ein sehr intelligenter und gebildeter Mensch, ein Sohn reicher Wirtsleute. Er tat mir sehr leid, als wir 1946 endlich vor einer englischen Entlassungskommission anzutreten hatten. Hier wurde jeder Einzelne von uns unter anderem gefragt, ob er Mitglied einer NS-Parteiorganisation war. Keiner von uns, bis auf ihn, gab dergleichen an, obgleich das schon ein gewisses Risiko war. Er gab zu, NS-Parteigenosse gewesen zu sein. Er hätte es nicht unbedingt angeben müssen, denn die Offiziere hatten zwar entsprechende Namenslisten vorliegen, diese waren aber äußerst unvollständig, wie zu merken war. Ich stand unmittelbar neben ihm und sah die Engländer die diversen Listen hinauf und hinunter nach seinem Namen suchen. Sie fanden ihn nicht. Aber nun hatte er sich ehrlicherweise schon mal als Parteigenosse zu erkennen gegeben, nun hatten sie ihn schon und gaben ihn nicht mehr her. Er durfte zwar zunächst noch im Österreicher-Lager verbleiben, musste aber in ein anderes Zelt umziehen, zusammen mit noch anderen herausgefilterten NS-Parteigenossen. Ich suchte ihn dort in den nächsten Tagen auf und stellte fest, dass man diesen Männern nicht einmal ein Bett zugestanden hatte. Sie mussten also am Erdboden ohne Decke liegen und schlafen. Er erzählte mir, dass er und seine nun neuen Kameraden wiederholt die englischen Offiziere der Lagerleitung um Holzbohlen und Pfosten gebeten hätten ... for building a bed ..., sie aber sogleich und jedes weitere Mal in barschem Ton abgewiesen wurden.

Wir anderen wurden bald in ein anderes Lager verlegt und Kamerad H. St. blieb zurück. Wir wurden getrennt und sahen uns leider nie wieder."

*

Der Krieg des Erich Hustoles war vorbei. Ein Schicksal wie das Millionen anderer. Er war weder ein Nazi noch sonderlich antisemitisch eingestellt. Er kehrte in ein Land zurück, das es sieben Jahre lang nicht gegeben hatte. Und er empfand es als sein Land. Ein zerbombtes, am Boden liegendes Land, aber seines. Immerhin.

Wie sollten indes diejenigen fühlen, die seit 1938 von ihren Nachbarn misshandelt und ausgetrieben und deren Verwandten in den Vernichtungslagern ermordet worden waren? Die wohl wussten, dass sie hier nicht erst von Hitler und den Nazis, sondern schon seit Jahrhunderten abgelehnt worden waren? Dass Misstrauen und Hass auf die Juden der Mentalität weiter Teile der Bevölkerung fast 1000 Jahre lang eingeschrieben waren?

Gemeinsames Tanzen und Springen von Christen und Juden ist verboten, hieß es in einer kirchlichen Bestimmung im Wien des 14. Jahrhunderts. Denn es war eingerissen, dass Christen an jüdischen Hochzeiten und Neumondfesten teilgenommen hatten und dabei allzu lustig geworden waren. Misstrauen war angesagt.

Dass Nichtchristen in einer christlichen Gesellschaft leben durften, war überhaupt dem Kirchenlehrer Augustinus und ihm folgend Papst Innozenz III. zu danken. Nämlich weil die Christenheit das Gesetz, also das Alte Testament, von den Juden hätte, das ein Zeugnis für Christus ablegt, weil die Juden noch vor dem Jüngsten Gericht alle bekehrt werden sollten und weil die Existenz der Juden die Christen immer an den Kreuzestod Jesu erinnerte. Deshalb dürfe man die Juden weder zwangsbekehren noch umbringen. Das war, ehe spätmittelalterliche Theologen und Kirchenfürsten den Judenhass entdeckten, was aber noch lange nicht heißen sollte, dass man den Juden gestattete, sich überall niederzulassen. Wien und das Herzogtum Österreich bildeten da keine Ausnahme. Da die Juden in der ständischen Ordnung des Mittelalters nirgendwo verortet waren, durften sie in Städte, wenn überhaupt, nur sehr beschränkt einwandern, keinen Grund und Boden besitzen, was bäuerliche, aber auch viele andere ortsgebundene Berufe für sie von vornherein unmöglich machte. Gestattet waren Wandergewerbe und Geldgeschäfte sowie freie Berufe, wie etwa Arzt. Jedes Privileg, das ihnen von den katholischen Landesfürsten gewährt wurde, gehorchte ausschließlich materiellen Kriterien. Von jenem des letzten Babenbergerherzogs Friedrich 1244 bis zum Privileg Maria Theresias 1764 mussten die Juden samt und sonders ihr Vermögen offenlegen, was sie am Ort zu investieren gedachten und was sie an Toleranzgeld zu zahlen bereit waren. Fiel der materielle Nutzen für Fürst und Land weg, war es mit der schützenden Hand vorbei. „In nervösen Zeiten, die durch wirtschaftliche und ideologische Umbrüche gekennzeichnet waren, wurden Juden verfolgt und auch ermordet", schreibt der Historiker Klaus Lohrmann in seinem Buch über „Die Wiener Juden im Mittelalter". Solange sie Nutzen brachten, waren sie wohlgelitten, vor allem bei den wohlhabenden Bürgern, die an einer prosperierenden Wirtschaft interessiert waren. Die Bürger konnten sie allerdings in Wien nicht eigenständig schützen, da hier der Landesfürst mehr zu reden hatte als etwa in freien deutschen Städten. Das Misstrauen gegen die Juden blieb, und zwar weniger bei den kleinen Leuten – da war noch nicht der proletarische „Mob“ im Spiel, der doch so gerne auf jüdischen Hochzeiten tanzte und sprang. „Mittelalterliche Judenfeindschaft scheint ebenso wie die moderne in den Köpfen von intellektuellen ‚Schreibtischtätern‘ entstanden zu sein“, befindet Klaus Lohrmann.

Als der Schutz der Babenbergerherzöge und der ersten Habsburgerherrscher Albrecht III. und Rudolf IV. noch vorhanden war, wuchs die Wiener Judengemeinde zur größten des Heiligen Römischen Reichs – 800 bis 900 Juden lebten hier. Da hatten sich die mittelalterlichen Anordnungen zur Bildung von eigenen Wohnbezirken, sogenannten Ghettos, und die Kennzeichnung der Juden durch eine einheitliche Tracht – wie dann später im Dritten Reich der sogenannte „Judenstern“ – noch nicht durchgesetzt. Trotzdem sind erste Verfolgungen schon für das Ende des 13. Jahrhunderts überliefert. Sie erreichten ihren Höhepunkt nach der großen Pestepidemie von 1348, für deren Urheber man die Juden hielt.

Danach ging es bergab, da die Herzöge unter dem Eindruck der Hussitenkriege (Johannes Hus hatte eine frühe Variante der Reformation in Gang gebracht, die von den böhmischen Ländern auf andere Reichsteile überzugreifen drohte, und die Juden waren verdächtig, mit den Hussiten gemeinsame Sache zu machen) die erste Vernichtungsaktion einleiteten: Albrecht V. ließ die Wiener Juden ausweisen oder bei lebendigem Leib verbrennen, die letzten 120 von ihnen 1421. Ritualmordlegenden an christlichen Kindern gingen um, und auch die Kirche hatte die Juden längst auf „Christusmörder“ reduziert, was die katholischen Priester auch mindestens so eifrig kundtaten wie etwas später der Reformator Martin Luther, der das Niederbrennen jüdischer Hütten nahelegte. 1475 wurden die Juden aus Tirol, ein Jahr darauf aus der Steiermark und Kärnten, 1498 aus Salzburg vertrieben. Erst 1625 gab es wieder ein jüdisches Ghetto in Wien, das 1669 durch Kaiser Leopold I. erneut aufgelöst wurde, der neuerlich alle Juden vertrieb, die sich nicht zwangstaufen ließen. Ein wirtschaftlicher Schaden ersten Ranges, den der Kaiser schnell erkannte und sogenannte „Hofjuden“ zuließ. Samuel Oppenheimer und Samson Wertheimer sollten als Hoflieferanten und Darlehensgeber wieder an Bedeutung gewinnen. Was Wunder, dass „die Juden“ ständig mit Geldgeschäften assoziiert wurden? 1704 schuldete

Leopold I. dem Samuel Oppenheimer zwei Millionen Gulden. Als die Juden sich seit den Reformen von Kaiser Joseph II. nach und nach emanzipieren konnten, blieb dieser angebliche Makel von Fremdheit, Christenhass und krummer Finanzwirtschaft als böses Amalgam bestehen, ehe der Furor des Rassismus die antijüdische Haltung in der Gesellschaft quasi einbetoniert hatte und den schroffen Kurs gegen die katholische Kirche mit Rassen-Antisemitismus verquickte.

Konrad Heiden, der früheste Biograf Hitlers und selbst jüdischer Abkunft, schrieb 1935 über die österreichischen Juden des 19. und beginnenden 20. Jahrhunderts:

„In den deutschen und tschechischen Landesteilen assimilieren sie sich schneller, und steigen z. B. in Prag zu einer hohen und feinen Kultur auf, geradezu Vorbild und Beispiel ihrer Umgebung; in Galizien bleiben sie der alte Ghetto-Typ. In Wien vereinigen sich diese verschiedenen Kulturgrade zu einem (...) Gemenge. In Handel und Gewerbe, vielleicht noch mehr in Presse und Literatur erlangt (...) ein bestimmter Bildungs-Typ zeitweise übermäßigen Einfluss, denn diese weit Herumgekommenen kennen die Bedürfnisse aller Schichten und Nationen des Reichs. In dem unruhigen Völkergemisch werden die Juden von keiner Nation endgültig angezogen, wechseln herüber und hinüber, erhalten aus den Ghetto-Siedlungen Galiziens immer wieder Nachschub mit ausgeprägten Nationalzügen und assimilieren sich aus all diesen Gründen als Ganzes langsamer als in anderen Ländern. So entsteht eine von allen Nationen Österreichs gehetzte Zwischenschicht, überwiegend proletarisch, mit wohlhabenden, beneideten und verlästerten Spitzen."

Der Antisemitismus wurde zum Volkssport, bemerkt der Historiker Albert Lichtblau und benennt zwei Zeitzeugen. Der 1872 in Wien geborene Richard Kola, später Bankier und Verleger, schildert eine Episode, die er im Alter von zwölf Jahren, also 1884, im kaiserlichen Wien erlebte:

„Wir zogen gemeinsam in den Wurstelprater, machten halt vor den Buden und Ringelspielen, hörten mit Entzücken den diversen Ausrufern zu, die die Attraktionen der einzelnen Buden priesen, und stellten uns schließlich zum Wurstel hin, um zu sehen, wie der Jud' erschlagen wird. Damals gab es noch keinen Wiener Antisemitismus, der ja erst viel später von Dr. Lueger erfunden wurde, und da löste der Umstand, dass im Marionettentheater der lustige Hanswurst zum Schluss jeder Vorstellung den Hammer ergriff, um den Juden totzuschlagen, nur unbedingte Heiterkeit aus, ohne dass die Zuseher deshalb zu weitergehenden Folgerungen veranlasst worden wären."

Fritz Roubicek, geboren 1913 in Wien, war ein begeisterter Wiener und Zionist. Ehe seine Eltern 1942 verschleppt und ermordet wurden und auch er selbst ins KZ kam, musste er als Neunjähriger erleben, wie die antijüdische Einstellung sich zu Beginn der 1920er Jahre im „Roten Wien" in einer typischen Wiener „Hetz" entlud, und zwar in der Ottakringer Kalvarienbergkirche:

„Dort musste ich dann zur Kenntnis nehmen, dass sich die Frömmigkeit der Kirchenbesucher in handfesteren Formen als dem stillen Gebet äußerte. Auf der Kreuzigungsgruppe mit dem Kruzifix war eine unidentifizierbare Figur zu sehen, so ganz nach dem Herzen der Wiener, die mit dem angeblich nur handelnden und Schacher treibenden Juden gleichgesetzt wurde und dementsprechend als ‚der Körberljud' bezeichnet wurde. Dieser ekelhafte Kerl, der dem Volksglauben nach unseren Herrgott gekreuzigt hatte, musste gedemütigt und bestraft werden. Eine ernstliche Beschädigung der Statue war natürlich ausgeschlossen und so ging man in Wiener Art dazu über, ihn anzuspucken! Väter, Mütter, Onkeln, Tanten, Firmgöden und Firmgodeln führten die Kinder zu diesem Behuf vor die Figur, gaben die nötigen Erläuterungen und forderten die Franzerln, Pepperln und Loiserln auf: ‚Spuckt's eam nur schön an, den Körberljuden, den grauslichen.' Die Kinder ließen sich das nicht zweimal sagen und beförderten das Produkt ihrer Speicheldrüsen ins Gesicht der Figur, die trotzdem ihr steinernes Grinsen nicht verlor."

Mit der „Hetz" war es bald vorbei.

Die Judenfeindschaft explodierte in der Massenvertreibung und -vernichtung durch eine NS-Bewegung, die Konrad Heiden in die Maxime gefasst hat:

„Marsch ohne Ziel, Taumel ohne Rausch, Glauben ohne Gott."

*

„Ich habe alles vorbereitet, ich habe meinen Pass hergerichtet gehabt, alles zusammengepackt."

Fritz Spielmann gibt sich keinen Illusionen hin. Der 32 Jahre alte erfolgreiche Musiker und Komponist jüdischer Herkunft weiß, dass er flüchten muss, wenn die Nazis die Macht ergreifen – unter den österreichischen Juden keine selbstverständliche Erkenntnis. Als die Deutschen einmarschieren, hält er sich gerade auf dem Semmering in der Nähe Wiens auf. „In derselben Nacht bin ich noch nach Wien gefahren. Im Zug vom Semmering nach Wien hatte jeder schon ein Hakenkreuz angesteckt. Es war eine große Enttäuschung eigentlich. Ich habe es zwar erwartet, aber es war trotzdem eine große Enttäuschung. (...) Wo sie die Hakenkreuze so schnell hergehabt haben? Entweder waren die alle schon Nazis oder sie haben sich das einfach angesteckt, damit ihnen nichts passiert. Vielleicht haben sie auch Angst gehabt. Das konnte ich damals nicht analysieren."

„Mein Vater hat gesagt: ‚Nein'", erinnert sich Wilhelm Stricker, Jahrgang 1912, an die Märztage 1938. Wilhelm Stricker ist Journalist bei der ständestaatsloyalen, in jüdischem Besitz befindlichen Wiener Tageszeitung „Telegraf" und engagierter Zionist. „Mein Vater war in der jüdischen Gemeinde Wiens, und er hat gesagt: ‚Ich kann nicht beim ersten Zeichen der Gefahr davonlaufen.' Und meine Mutter und ich haben ihn gedrängt: ‚Um Gottes Willen, fahr doch! Geh doch weg. Du kannst doch wieder zurückkommen.' – ‚Nein, ich laufe nicht davon. Das ist nicht würdig, und das kann ich nicht tun. Mir wird schon nichts passieren.'"

Kurz zuvor hat Wilhelm Stricker selbst noch darauf gebaut, dass Mussolini einen Einmarsch Hitlers in Österreich nie dulden würde. Und nun schreibt der „Völkische Beobachter" bereits, dass Wien bis 1944 „judenrein" gemacht werden müsste. Viele österreichische Juden fahren sogar so rasch sie können nach Berlin, in die Hauptstadt des nationalsozialistischen Reichs, um dem wild tobenden Antisemitismus in der Ostmark, und hier vor allem wieder in Wien, zu entkommen! Am 12. März wird der Vater, Robert Stricker, Vizepräsident der jüdischen Kultusgemeinde, verhaftet und ein Jahr lang in den KZ Dachau und Buchenwald festgehalten. Dann kommt er frei und muss gemeinsam mit seiner Frau halbjährlich ein Gesuch im Gestapo-Hauptquartier am Wiener Morzinplatz abgeben, um in Wien bleiben zu können. Sein Sohn Wilhelm ist bereits über Prag in die USA geflüchtet, arbeitet dort als Lagerarbeiter und Verkäufer und hat es geschafft, für seine Eltern Visa und eine Passage nach Palästina zu beschaffen, doch die Nazis lassen sie nicht ausreisen. Zusammen mit anderen hochrangigen Funktionären sollen sie als Geiseln dienen, falls das Dritte Reich mit der als Feind Nummer eins lokalisierten „Jüdischen Weltverschwörung" in Verhandlungen treten muss ... 1942 wird das Ehepaar Stricker nach Theresienstadt deportiert, im Oktober 1944 mit einem der letzten Transporte nach Auschwitz gebracht und ermordet. Wilhelm Stricker, der Sohn, arbeitet da schon wieder als Journalist in den USA. Er hat insgesamt 28 Verwandte in den Vernichtungslagern der Nazis verloren.

Diese und andere jüdische Schicksale hat der Journalist Gerhard Jelinek in seinem Buch „Nachrichten aus dem 4. Reich" festgehalten. So auch jenes von Fritz Kaufmann, einem Wiener des Jahrgangs 1896. Auch er ist Journalist und gibt 1938 aus wirtschaftlichen Gründen seinen „Weltwirtschaftsdienst" in Prag heraus.

„Als die Nazis nach Wien gekommen sind, habe ich einen Blick auf die Landkarte geworfen und gesehen, dass die Tschechoslowakei von drei Seiten eingeschlossen wird. Das wird sich nicht halten, nicht einmal einen Tag. Obwohl meine Prager Freunde gesagt haben: ‚Du bist ja verrückt, du bist ein Pessimist!'" Kaufmann flüchtet nach Paris, wird im Herbst 1939 als „feindlicher Ausländer" verhaftet und ein halbes Jahr lang eingesperrt. Danach wird er als Arbeitssoldat ohne Waffe zur französischen Armee zwangseingezogen. Als gefährdete Person kommt er 1942 in den Genuss eines speziellen Visums von US-Präsident Roosevelt. „Ich habe keine Heimat", sagt Fritz Kaufmann Jahrzehnte danach, „aber das Nächste, was ich als Heimat bezeichnen würde, wäre Österreich. (...) Die Österreicher sind Antisemiten, aber alle sind Antisemiten, also warum sollen gerade die Österreicher keine sein? Ich fühle keine Bitterkeit ...".

„Man wollte die alten Sozialisten aus der Emigration nicht mehr zurückhaben", erinnert sich Franz Leichter, Jahrgang 1930 und Sohn des sozialdemokratischen Politikerehepaars Otto und Käthe Leichter. Seine Mutter wurde 1942 bei Ravensbrück zusammen mit 1500 anderen Menschen durch Giftgas ermordet. Sein Vater, dem mit seinen beiden Söhnen die Flucht gelungen war, kehrte 1947 nach Wien zurück. „Aber in Wien war man nicht besonders glücklich darüber", sagt Franz Leichter. „Wahrscheinlich hat man sich vor der Konkurrenz gefürchtet, und es gab auch die Stimmung in der Partei, dass man es mit neuen Leuten anders machen müsse als vor dem Krieg. (...) Viele andere prominente Sozialisten wurden ja von der Partei auch nicht zurückgerufen. Wir haben schon Jahre in Amerika gelebt, und man kann eben nicht einfach zurückgehen und sagen, es ist jetzt so, wie es früher war." Franz Leichter wurde hochrangiger Politiker in den USA. Er fühlt sich als Amerikaner.

Fritz Spielmann, dieser urwienerische Komponist (unter anderem des populärsten Schlagers des Jahres 1936 über die „Schinkenfleckerln", in denen das „Fleisch versteckerln" spielt), ist in die USA geflüchtet und hat dort im Gegensatz zu vielen Kollegen auch Fuß fassen können. Spielmann erinnert sich an ein Wort des österreichischen Anekdotensammlers Gottfried Heindl: „(…) Heindl hat einmal gesagt: ‚Du bist glücklich, du hast zwei Heimatländer, andere haben nicht einmal eines.' Die Geburtsstätte, die Gebäude, die Schule, die Straßen und Gassen sind ein Teil von mir, das kann ich nicht ausradieren. Das geht nicht. Ich werde verurteilt von ehemaligen Österreichern, ob das Christen sind oder jene jüdischen Glaubens:

‚Wie kannst du dorthin zurückgehen, wo man dich rausgeschmissen hat!'

Eine Frau, die den Mann betrügt, der in Liebe ist – ich bin in Liebe mit Österreich.

Ich kann es nicht vergessen. Ich kann es nicht."

Ein Volk wie jedes andere?

Martin Haidinger / Günther Steinbach

Nein, es ist nie vorbei …

… mit dem Herumwühlen in der Vergangenheit. Denn wir konstruieren unsere Gegenwart immer wieder aufs Neue, wenn wir Blicke in die Geschichte werfen. Appelle an das Vergessen gehen ins Leere. Darum stärken wir besser unser Wahrnehmungsvermögen …

„Der hört sich ja an wie jeder zweite beliebige bayerische Politiker."

Unser US-amerikanischer Freund, der Übersetzer für die deutsche und englische Sprache, war erstaunt.

Wir hatten seinem geschulten Ohr den geheimen Mitschnitt eines privaten Gesprächs Adolf Hitlers mit dem Oberbefehlshaber der finnischen Streitkräfte, Carl Gustaf Emil Mannerheim, aus dem Jahr 1942 vorgespielt. Hitler monologisiert darin mehrere Minuten lang über die Bewaffnung der sowjetischen Armee, seine ursprüngliche Absicht, den Feldzug gegen Frankreich schon 1939 zu beginnen, und die Verhandlungen mit dem sowjetischen Außenminister Molotow. Inhaltlich nichts Neues, aber eine der raren Gelegenheiten, den Diktator fernab rhetorischen Gebrülls kolloquial sprechen zu hören.

Unser in Österreich lebender Übersetzerfreund kennt alle Facetten und Dialekte der deutschen Sprache. Neben der von Hannah Arendt so genannten „Banalität des Bösen" nahm er an Hitlers Monolog vor allem eine bayerische Note wahr.

Nun war Hitler so wenig Bayer wie Beethoven Österreicher.

Was ist schon „typisch österreichisch", „typisch bayerisch", „typisch deutsch" …? All das ist eine Frage subjektiven Empfindens. Die vielen möglichen Antworten auf diese Frage zur Grundlage einer gerechten Beurteilung oder gar einer Verurteilung von Menschen beziehungsweise eines ganzen Volkes zu machen, ist ein Unding. Umso genauer muss nachgefragt werden:

Welche Rolle spielte die Tatsache, dass Hitler aus Österreich stammte, für ihn, für seine Anhänger, für seine Gegner?

Daran, dass Adolf Hitler das alte Österreich abgrundtief gehasst hat, besteht kein Zweifel. Aber Hitler speiste sich auch aus dem, was er wütend bekämpfte. Er war, so wie jeder andere Mensch, zu einem guten Teil das Produkt seiner Umwelt. Stellt man mit Recht die Frage, was Hitler mit Österreich gemacht hat, so muss man auch vice versa fragen, was Österreich mit Hitler gemacht hat.

Österreich hat Hitler eine öde Kindheit und eine frustrierende Jugend beschert. Er war in Linz nicht erfolgreich und erst recht nicht in Wien. Mag er auch einen gewissen Teil seiner Prägung in der Hauptstadt des Habsburgerreichs erhalten haben, bleibt doch die Frage, ob das notwendigerweise auch eine Wien-spezifische, eine typisch wienerische Prägung gewesen ist.

Denn abgesehen davon, dass in seiner frühen Zeit in Österreich an Hitler noch keine antisemitische Note feststellbar ist, war das nationalistisch-rassistische bei Weitem nicht das einzige gesellschaftliche Milieu der Donaumetropole. In den ersten beiden Jahrzehnten des 20. Jahrhunderts hielten sich zeitweilig auch Stalin und Trotzki in Wien auf. Hier lebte nicht nur Georg Schönerer, sondern auch Theodor Herzl, nicht nur Karl Lueger, sondern auch Karl Kraus, nicht nur Lanz von Liebenfels, sondern auch Arthur Schnitzler, nicht nur Guido von List, sondern auch Sigmund Freud.

Ob sie auf Resonanz der breiten Mehrheit stießen oder nicht, so prägten doch vielfältige Geister die Ära der Wiener Moderne und einen Teil des Zeitgeistes. Wenn diese Intellektuellen, Künstler und Kulturschaffenden auch nicht alle Schichten des Volkes erreichten oder beeindruckten, konnten sie doch in einer Stadt wirken, in deren Mitte ein uninspirierter, aber der Kunst gewogener Kaiser thronte, und in der an den unkonventionellsten Ideen herumgebrütet wurde – ein Treffpunkt für Genies und Sonderlinge. Doch wer wollte ein Genie von einem harmlosen Kauz und diesen von einem künftigen Diktator unterscheiden?

Was von alledem ist nun effektiver Bestandteil einer typisch österreichischen Prägung jenseits von Klischeevorstellungen? Das diffuse Klima einer Stadt oder eines Landes ist selbst bei präzisester wissenschaftlicher Arbeit empirisch nicht lückenlos rekonstruierbar, schon gar nicht im Nachhinein und in guter Kenntnis der Entwicklungen, die aus diesem Klima resultierten.

Selbst wenn der junge Hitler nicht der Totalversager war, als der er gerne hingestellt wird, so ist doch festzustellen:

Wien ließ ihn kalt abrutschen.

Nicht geplant und nicht nur ihn allein, aber doch.

Man muss kein großer Psychologe sein, um zu erkennen, dass er alles, was mit den Demütigungen seiner Jugend zusammenhing, später ganz einfach loswerden wollte und es dann auch tat, als er die Macht dazu hatte.

In seinem Vaterkomplex befangen, hasste er auch das Vaterland, dem der tyrannische Alois Hitler als Beamter gedient hatte, und die Herrscher dieses Vaterlandes gleich mit – das Haus Österreich, die Habsburger. Was aber blieb in damaliger Sicht von Österreich, wenn man diese Komponenten abzog?

„Was ist schon Österreich? Fünf Habsburger und ein paar hundert Juden."

Dieser Satz stammt nicht von Adolf Hitler, sondern vom britischen Kriegsminister Anthony Eden. Die Bemerkung fiel während des Zweiten Weltkriegs in einem Gespräch mit Otto von Habsburg.

Noch einmal die Frage:

Was blieb damals von Österreich, wenn man die Staatsidee der Habsburger davon subtrahierte?

Auch wenn Eden es nicht glauben wollte:

Die Österreicher! Das österreichische Volk.

Und dass sie ein eigenes Volk waren, fanden sie so richtig erst in den Kriegsjahren heraus, als sie Bürger des Großdeutschen Reichs waren. Ob das mehr als ein preußenfeindliches partikularistisches Empfinden à la Bayern innerhalb des großdeutschen Gedankens war, ist für manche Historiker zweifelhaft, doch das ist eigentlich eine Nebenfrage. Man hatte „die Deutschen" in den Jahren 1938 bis 1945 österreichischerseits jedenfalls von Brüdern zu ungeliebten Cousins degradiert.

Es stimmt schon, dass das Krisenmanagement nach dem Kriegsende 1945, die ersten österreichischen Regierungen die Opferrolle überbetonten und die Moskauer Deklaration von 1943, die die Unabhängigkeit Österreichs postulierte, dankbar annahmen. Die Alliierten seien den Österreichern darin auf den Leim gegangen, meinen einige Historiker. Andere bestätigen, dass die Briten und Amerikaner schon recht früh Aufmunterungsbotschaften in die „Donau- und Alpengaue" sandten, um das

Österreich-Bewusstsein zu stärken; zu einer Zeit, da aus dem formal nicht existenten Österreich selbst kaum einschlägige Signale kommen konnten. Wer auch immer den Leim angerührt hatte – dieser Kitt war es, der das zerstörte Land über die erste Besatzungsphase und einen extrem harten Nachkriegswinter zusammenhielt und existenziell zu retten vermochte.

Was in den Jahrzehnten danach, im Wirtschaftswunder und später in Österreich an Aufarbeitung zu wenig, zu spät oder gar nicht geschehen sein mag, steht in einem anderen Kapitel der Geschichte, und an dem hatte Adolf Hitler begreiflicherweise keinen Anteil mehr, denn er war tot.

Ja, tot.

Man glaubt es kaum, denn heute scheint es, als ob er noch lebte. Millionenfach ist sein Bild reproduziert, wird er in Büchern und Filmen scheinbar wieder zum Leben erweckt. Aber das ist nicht mehr als eine böse Chimäre, ein grauenhafter Homunculus, eine Pop-Unfigur. Was uns zu interessieren hat, ist nicht diese Illusion, deren Wachsfigur man beliebig den Kopf abreißen kann (so geschehen in der deutschen Filiale des Wachsfigurenkabinetts Madame Tussauds), sondern der leibhaftige Hitler, jenseits von dummdreistem Voyeurismus und fataler Pseudo-Nostalgie.

Deshalb sollte dies auch keine klebrige Homestory aus dem Hause Hitler sein, keine verschwitzte Aufdeckerei, keine Hexenküche, in der mit aller Kraft letzte Details aus dem Themenbrei des Dritten Reiches herausgeknetet und aufgebacken werden. Wir wollten Adolf Hitler in jenen Zusammenhang setzen, in den er gehört, in jenen seiner Zeit und vor allem seiner Zeitgenossen. Natürlich ist dabei auch wieder nur eine Bildvariante entstanden, aber Geschichtsbilder sollen ja dazu dienen, die Vergangenheit wie die Gegenwart verständlicher zu machen.

Umso wichtiger ist es, Fragen, die von heutigen an vergangene Zeiten gerichtet werden, in einer Form zu beantworten, die sowohl den Frager ins Bild setzt als auch den damals lebenden Menschen in ihrem Umfeld gerecht wird.

„Der Alte verliert eins der größten Menschenrechte: Er wird nicht mehr von seinesgleichen beurteilt", sagt Johann Wolfgang von Goethe in seinen „Maximen und Reflexionen".

Wir meinen, dass schon mehr als genug Bücher über Hitler und seine Zeit geschrieben worden sind, deren Autoren sich auf Kosten der Schicksale von Menschen profilieren wollten. Theatralische Opfer- oder Tätergeschichten mögen Romane und Spielfilme füllen.

Uns hingegen lagen Auf- und Abrechnungen fern.

Wir wollten weder entschuldigen noch verurteilen, weder rechten noch richten, sondern Erklärungen für das liefern, was tatsächlich geschehen ist.

Dazu ist es entscheidend zu erkennen, dass auch in den Tagen des Dritten Reiches die meisten Menschen weder zu den Helden noch zu den Halunken zählten.

Der Widerstand in Österreich hatte nach 1938 keine ernsthafte Chance, Hitler und sein System aus eigener Kraft zu stürzen. Er ist in seiner moralischen Größe nicht gering zu schätzen, aber er war letztlich nicht groß genug. Andererseits waren auch die lupenreinen, fanatischen Nationalsozialisten eine – wenn auch bedeutend größere und präsentere – Minderheit.

Der oft geäußerte Eindruck, die österreichischen Nazis wären radikaler gewesen als jene im „Altreich“, wurzelt vor allem in den zahlreichen Superlativen, die den Nationalsozialismus in Österreich ausmachten:

- bedeutend höhere Erwartungen der österreichischen Anhänger an die NS-Idee angesichts des von außen wahrgenommenen machtpolitischen und wirtschaftlichen Aufschwungs in Deutschland seit 1933
- eine jahrelange Verbotszeit im österreichischen Ständestaat und nach der Zerschlagung der Sozialdemokratie 1934 keine wesentlichen politischen Alternativen zum Dollfuß-Schuschnigg-Regierungskurs, wollte man nicht – ebenfalls in der Illegalität – Kommunist werden, was spezielle Mentalitäten schuf und den Nazis allerlei untergründige Elemente zuführte – denn Aktivitäten in der Illegalität sind nicht jedermanns Sache.
- die ungeheure eruptive und brutale Entladung lange geschürter Aggressionen gegen Juden und „Büttel des Systems“, „Pfaffen“, Linke und andere Missliebige und das Begleichen persönlicher Rechnungen im März 1938
- die damit verbundene gierige und eilige, teils wilde „Arisierung“ von Gütern und Gebäuden

- die trotzige Abreaktion der entstandenen Frustration, da noch im Lauf des Jahres 1938 ruchbar wurde, dass der Kuchen nicht nur unter den österreichischen Nazis verteilt würde, sondern Reichsdeutsche ins Ruder griffen oder es gleich selbst übernahmen.

Es waren also im Wesentlichen Verteilungskämpfe, die hier in wenigen Monaten der Jahre 1938 und 1939 stattfanden, unterfüttert von vielen Facetten menschlicher Niedertracht und Unmoral. Den coolen Typen aus dem Reich, die nach und nach in ihren Zügen, Flugzeugen und Dienstfahrzeugen angereist waren, um die Verwaltung der Ostmark zu übernehmen, musste das wie der Ausbruch eines nationalsozialistischen Furors erscheinen. Woher der Hass, fragten sich viele von ihnen, da sie mit den oben genannten Faktoren kaum bis gar nicht vertraut waren. Was ihnen vom frenetischen Jubel beim Anschluss und den kreischenden Hysterien nachhaltig in Erinnerung blieb, war der Eindruck eines verhetzten Volkes. Sie nahmen etwas als österreichische Besonderheit wahr, das die Österreicher selbst mehrheitlich nicht erkannten. Wenn auch viele jubelten, war es wiederum nur eine Minderheit, die hier stahl, raubte, plünderte, schlug, misshandelte.

„Für den Triumph des Bösen reicht es aus, wenn die Guten nichts tun", sagt Edmund Burke, und das stimmt auch. Aber Burke war Humanist und Brite des 18. Jahrhunderts und schon lange tot, und das alles waren die Österreicher des Jahres 1938 nicht. Sie waren mitten im Geschehen, und wenn – vor allem in den Städten – auch nur fünf Prozent ihrer Landsleute draußen randalierten, Juden und politische Gegner quälten und Geschäfte „arisierten", reichte das aus, um die Straßen zu füllen, und da blieben die anderen entweder lieber zu Hause oder schlängelten sich mehr oder weniger elegant an öffentlich sichtbaren Untaten vorbei. Ihnen mangelte es an dem, was liberale Denker heute bei politischen Salons in Ohrensesseln sitzend als „Zivilcourage" einfordern. Auch für sie gibt es Beispiele in jenen Tagen, aber die blieben in ihrer Zahl und Wirkmächtigkeit wie zu fast allen Zeiten hinter dem Ausmaß der Niedertracht am anderen Ende der Skala zurück. Nicht nur 1938. Nicht nur in Österreich. Wenn man Heldentaten erfolgreich einfordern könnte, wären sie keine mehr.

Und die vielen, die nicht plünderten oder marodierten, wohl aber marschierten?

Die Nazis hatten das Marschieren nicht erfunden, und man hüte sich davor, auf ihre Propagandabilder von marschierenden Ameisen hereinzufallen, von einem Volk, das im Gleichschritt hinter seinem Führer einhergeht. Wenn tausende uniforme Gestalten eine Parade abhalten, mag das einen gewaltigen Eindruck machen, und dennoch ist es nur ein Bruchteil der Bevölkerung, der da paradiert.

Allerdings ist die These von der schweigenden Mehrheit, die mit geballter Faust grimmig daheim saß, ebenso eine Mär.

Es ist wohl eine ernüchternde Erkenntnis, dass auch im Dritten Reich die Mehrheit der Menschen ausschließlich am eigenen Überleben interessiert war. Über Politik wurde nicht in dem Ausmaß und in der Art und Weise gesprochen wie heute – schon gar nicht vor Zeugen, die man nicht genau kannte.

Wo aber keine öffentliche politische Diskussion stattfindet, alle Medien gleichgeschaltet sind und getuschelte Informationen von Gerüchten und Flüsterwitzen nicht zu unterscheiden sind, kann sich nichts von dem entwickeln, was man differenzierte Meinungsbildung nennt. Die meisten Österreicher hatten keine „Meinung" zu Hitler. Viele waren für ihn, weil sie Nazis waren, andere waren gegen ihn, weil sie Anti-Nazis waren oder wurden. Etliche waren gegen ihn, da sie genug moralischen Verstand oder zumindest Instinkt besaßen, um ohne den Vorschub einer Ideologie die Unmoral seiner Ideen zu erkennen.

Die meisten aber, die für ihn waren, waren es, weil er der Stärkere war! Als der angeblich so schwache Schuschnigg noch formal die Macht im Lande hatte, wäre sogar die von ihm angesetzte Volksabstimmung mit einiger Wahrscheinlichkeit zugunsten des unabhängigen Österreich ausgegangen. So ist das mit den Mehrheiten.

„Wenn der Hitler den Krieg nicht verloren hätte, wär' er heute noch mein Führer. Ich kann's ihm nicht verzeihen. Das war sein einziger Fehler", lässt Fritz Hochwälder in seinem Theaterstück „Der Himbeerpflücker" den ehemaligen NSDAP-Ortsgruppenleiter Konrad Steißhäuptl (im Film vom genialen Helmut Qualtinger verkörpert) sagen, der nach dem Krieg zum weißgewaschenen Bürgermeister der Gemeinde Bad Brauning mutiert ist. Gewiss, der Satz ist erfunden, ist Literatur, aber er bringt die Einstellung vieler Hitler-Anhänger auf einen beklemmend simplen Punkt.

Die Mehrheit der Menschen hatte, als die Zahl ihrer an der Front gefallenen Verwandten rapide anstieg und die Luftangriffe deutsches beziehungsweise österreichisches Gebiet erreichten, die Nase voll von Hitler und seinem Krieg. Davon geben die geheimen Lageberichte des SS-Sicherheitsdienstes, der penibel und ungefiltert bis zur letzten Minute die Stimmung im Volk erschnüffelte, beredtes Zeugnis. Das ist ebenso unbestreitbar wie die Tatsache, die Historiker wie Evan Burr-Bukey und Ernst Hanisch besonders hervorheben, dass eine Mehrheit der Bevölkerung die „deutschen Kriegsanstrengungen bis zum Schluss" unterstützte.

Wie viele dabei an Hitler dachten oder doch eher an die eigene Haut, ist nicht rekonstruierbar. Aus den SD-Berichten geht auch hervor, dass das Stauffenberg-Attentat auf Hitler vom 20. Juli 1944 auf den Straßen und öffentlichen Plätzen einhellig verurteilt wurde. Mit dem Ende des Führers ginge der Krieg endgültig verloren, und nur ihm, dieser systematisch aufgebauten messianischen Figur, maßen es viele zu, das Ruder doch noch einmal herumzureißen und den Krieg zumindest erträglich ausgehen zu lassen – ob sie Hitler mochten oder nicht.

Treffend resümiert der US-amerikanische Historiker Burr-Bukey: „Mit über 1 Million Österreichern, die in einem erbitterten Entscheidungskampf eingebunden waren, spürte der überwältigende Teil der Bevölkerung eine emotionale Verpflichtung zu einem erfolgreichen Ende der Feindseligkeiten."

Und auch das in der Literatur herumgeisternde Ergebnis einer Erhebung der Westalliierten 1947, die erweist, dass noch zu diesem Zeitpunkt 40 Prozent der befragten Österreicher im Nationalsozialismus eine im Prinzip gute Idee sahen, deren Umsetzung jedoch mangelhaft gewesen sei, verwundert nicht.

Eine andere Befragung aus dem darauffolgenden Jahr kennt gar eine prinzipielle Zustimmung zur NS-Idee von 55 Prozent, bei gleichzeitiger Anschlusssehnsucht an Deutschland von nur mehr 2 (!) Prozent.

Umfragen wie diese mögen uns heute schockieren, sagen allerdings nicht viel aus, da man sie an Menschen richtete, deren Einweisung in die Grundregeln der Demokratie westlicher Prägung 1947 oder 1948 nicht eben weit fortgeschritten sein konnte. Wie hätte denn in so wenigen Jahren demokratische Bildung erfolgreich und umfassend in die Hirne und Herzen der Menschen transportiert werden sollen? Und von wem?

Dass in Sachen Demokratieerziehung selbst heute noch weithin Verwirrung herrscht, zeigt, dass 2008 tausende Russen in einer Umfrage Josef Stalin zur drittwichtigsten Person in der russischen Geschichte wählten. Es kommt dabei offenbar darauf an, wie man die Fragen stellt. Wäre wohl auch auf die Frage „Sind Sie für die Ermordung von Millionen Menschen in Gulags und Gefängnissen?“ so viel Zustimmung gekommen?

Freilich gab es manche Österreicher wie Deutsche, die nach dem Ende des Dritten Reiches der Meinung waren, dass die „Sache selbst“ ja gar nicht so schlecht gewesen wäre, wenn Hitler nur „das mit den Juden weggelassen“ hätte. Welcher Unsinn das war, musste man ihnen erst erklären, und das ging nicht von heute auf morgen. Den wenigsten Menschen war in den späten 1940er Jahren die Gesamtschau auf das NS-System oder gar die Sicht von außen möglich. Die letzten Jahre hatte man mehr oder weniger folgsam diktatorischen Meinungsmonopolisten gelauscht, deren Wege allesamt in den Sand geführt hatten. Mochte man sich auch davon befreit fühlen, war man doch ebenso der alliierten Informationspolitik gegenüber misstrauisch. Dass die Gräuel und der Massenmord in den Konzentrationslagern Realität waren, musste die Bevölkerung erst einmal richtig zur Kenntnis nehmen. Das unvorstellbare Ausmaß der Verbrechen war bis zur Befreiung der Konzentrationslager selbst manchen Nachrichtendienstlern der Alliierten unglaubwürdig erschienen, ja einige hatten sie zu Beginn erst einmal für Produkte der eigenen Propaganda gehalten.

So relativieren sich die 40 Prozent Zustimmung zur „guten Idee“ im Jahr 1947. Darüber hinaus konnte man den Österreichern nicht vorwerfen, bei dieser Umfrage geheuchelt zu haben. Was sie einem gerne verbreiteten Klischee gemäß angeblich so gerne tun …

Paradox mag anmuten, dass nicht alle Hitler-Verehrer Nazis waren und nicht alle Nazis Hitler-Verehrer. Es gab vor allem vor 1933 Österreicher, die Hitler gar nicht brauchten, um Nationalsozialisten zu werden, etwa die Anhänger Riehls, Schulz' und Suchenwirths. Und da waren auch solche, vor allem dann wiederum nach 1938, die zu Hitler als Führer aufsahen, ihn als Modernisierer, als absolute Autorität und Entscheidungsinstanz akzeptierten, ohne Bindungen an die NSDAP oder tiefere Einsichten in deren Ideologie zu haben oder zu wollen, darunter jene, die sich vor allem mit Fortschreiten des Krieges an die Hoffnung klammerten, dass der Führer mit der ominösen Wunderwaffe letztendlich den Sieg doch noch herbeiführen würde. Letztere ergaben zusammengerechnet mit den Illusionslosen (die sich mitunter sogar getrauten, unter der Hand über Hitler und seine Bande zu spötteln) und den vollkommen Desinteressierten jene Masse von Menschen, denen Politik jenseits der Perspektive ihres eigenen Röhrenblicks egal war, und die auch teilnahmslos blieben, wenn sie ringsum Dinge wahrnahmen, die wache Zeitgenossen abstoßen oder beunruhigen mussten – wenn sie nicht selbst an Verfolgung und Verbrechen beteiligt waren. Sie sahen nicht weg, weil sie Nazis gewesen wären, sondern sie sahen erst gar nicht hin, weil sie noch nie irgendwo hingesehen hatten.

Gleichgültigkeit ist ganz generell eine schlechte Eigenschaft, die böse Folgen zeitigen kann. Sie ist keine Entschuldigung für Raub- und Brandschatzung, für Morde und Massenvernichtung. Und sie soll schon gar kein Schlupfloch öffnen, um sich aus der Verantwortung vieler Österreicher für Verbrechen davonzustehlen.

Was allerdings für die Mehrheit aller Deutschen im Dritten Reich gilt, ist die Tatsache, dass sie einer vorher nie gekannten flächendeckenden Beschallung mit systemkonformen Informationen ausgesetzt wurde. Mag Hitler an sich selbst kein Freund geregelter Arbeit gewesen sein, so widmeten er und sein Propagandaminister Goebbels persönlich Stunden um Stunden der täglichen Ausrichtung der Propagandafilme in den Kino-Wochenschauen und deren Betextung. Mögen manche Führerbefehle, für deren Formulierung Hitler schlicht zu faul war, aus der Feder von Reichsleiter Martin Bormann oder anderen Systembütteln gestammt haben – in die minutiöse Produktion von Propaganda investierte der Diktator, solange er es konnte, liebend gern Zeit und Energie. Den Nazis stand vor allem eine gigantische medientechnische Orgel zur Verfügung, die den Deutschen im wahrsten Sinn Hören und Sehen vergehen ließ: Die Macht des Radios, das in Form des Volksempfängers und des Deutschen Kleinempfängers erstmals in jedem Winkel des Reiches und der besetzten Gebiete plärrte und dudelte. „Wichtiger noch als der Terror ist die systematische Umwandlung der Begriffswelt und der Empfindungsschemata der Masse“, soll Hitler einmal zu Rauschning gesagt haben. „Man muss sich auch noch die Gedanken und Gefühle der Menschen unterwerfen. Das wird uns heute in der Zeit des Radios unvergleichlich nachhaltiger glücken, als das in früheren Zeiten möglich war.“

Auch ohne die Überhöhung durch das Buch „Psychologie der Massen“ von Gustave Le Bon, der schon 1895, also lange vor Hitler und seinem ruchlosen Radio, die These aufgestellt hatte, dass der Kulturmensch in der Masse die Kritikfähigkeit verliert, wenn nur ausreichend bildhafte Botschaften suggeriert werden, leuchtet ein, dass Hitler medial die Nase vorne hatte und warum auf das Abhören von sogenannten Feindsendern schwere Strafen standen, mitunter sogar der Tod! Hitler widmete der nach innen gerichteten lückenlosen (Des-)Informationspolitik auch deshalb so viel Aufmerksamkeit, da er von der Angst vor einem „Dolchstoß“ besessen war, vor einer Meuterei oder gar Aufständen im Inneren des Reiches, die der Front in den Rücken fallen könnten; eine Idee, die ihm wie vielen anderen Teilnehmern des Ersten Weltkriegs fest im Nacken saß, und die besagte, dass das kaiserliche Deutschland und Österreich-Ungarn im Krieg militärisch siegreich geblieben wären, hätten nicht die roten Revolutionäre im Inneren gemeutert. Nicht zuletzt der dann von den Männern des 20. Juli 1944 gegen Hitler genützte „Walküre“-Einsatzplan war ursprünglich für die Bekämpfung solcher befürchteter Aufstände vorgesehen.

Was die Massensuggestion betrifft, so zeigte sich, dass sie zum Selbstläufer wurde, je weiter der Krieg fortschritt. Joseph Goebbels besuchte am sechsten Jahrestag des Anschlusses, am 13. März 1944, Salzburg, einen „Mustergau“, wie er ihn nannte. Tatsächlich hatte die Stadt Salzburg da noch keine Bombenangriffe erlebt, und der Propagandaminister konnte nach seiner Rede vor tausenden jubelnden Menschen im Festspielhaus mit seinem rhetorischen Erfolg zufrieden sein: „Ich bin rednerisch in einer hervorragenden Stimmung, vor allem auch durch die außerordentliche Sympathie, die mir von der Versammlung entgegengetragen wird. Ich gebe den Versammelten in meiner Rede einen zusammenfassenden Überblick über die politische und militärische Lage und werde oft von den Stürmen des Beifalls unterbrochen. Man fühlt sich in die Zeiten des Anschlusses, um den 13. März 1938 zurückversetzt. Hier ist eine Kriegsmoral festzustellen, die über jeden Zweifel erhaben ist. Die Versammlung stellt einen Riesenerfolg dar.“ Der Historiker Ernst Hanisch analysiert in seinem Buch „Gau der guten Nerven“ über die NS-Herrschaft in Salzburg diese Passage aus Goebbels' Tagebuch als Phänomen der letzten Kriegsphase: „Die Droge der Rhetorik wirkte noch. (...) Das Publikum begeisterte sich an der Zuversicht des Redners, der Redner gewann an Zuversicht durch die Begeisterung des Publikums. Beide jedoch erhoben sich über die Kriegsrealität und entschwebten in das Reich des Imaginären.“

Jenseits esoterischer Ticks und psychologischer Tricks muss ganz bodenständig festgestellt werden:

Hitler war kein Magus, kein Hexer, der mit satanischer Zauberkunst Unschuldslämmer in reißende Wölfe verwandelt hätte. Er hatte lediglich die Eigenfrequenz seiner Zeit zielgenau getroffen. Seine rednerischen Suggestionskräfte, Krieg und andere prekäre Zeitumstände mögen für manches herhalten – für Pogrome, Kriegsverbrechen an und hinter den Fronten und den Massenmord in den Konzentrationslagern zählt die Ausrede von wider Willen dämonisch verführten Tätern nicht. Verbrecher begehen ihre Taten immer persönlich, ob vom Schreibtisch aus oder ob sie selbst Hand an ihre Opfer legen.

Dass unter den Mannschaften in den Konzentrationslagern so viele Österreicher waren, liegt unter anderem an der, wie Simon Wiesenthal bemerkte, Stationierungspraxis von Heeresleitung und SS, die meinten, dass die Österreicher wegen ihrer Vielvölker-Erfahrungen aus der Monarchie am Balkan und in Osteuropa wohl am besten aufgehoben wären. Dazu kamen noch die Karrierepläne der nach dem Anschluss kurz gehaltenen Angehörigen der Österreichischen Legion, also der hundertprozentig nationalsozialistisch gesinnten alten Kämpfer, aber auch anderer illegaler Nazis, die nach dem Beginn des Ostfeldzugs von der Leine gelassen wurden und deren einige wie der berüchtigte Lagerkommandant Amon Göth zu sadistischen Schlächtern wurden.

Die beklemmendste aller Erkenntnisse ist wohl, dass es, wie der deutsche Sozialpsychologe Harald Welzer formuliert, nur wenige Wochen braucht, um aus normalen Menschen Massenmörder zu machen, für die Töten zur Arbeit wird. Bei aller Singularität der NS-Verbrechen gilt das nicht nur für österreichische Täter, nicht nur für das Dritte Reich, nicht nur für Europa und nicht nur für das 20. Jahrhundert.

Es rechtfertigt keine kollektive Anklage der Österreicher als besonders beißwütige Kettenhunde Hitlers oder pfötchengebende Köter. Sie waren und sind wohl ein Volk wie viele andere.

Der Gerichtspsychologe Reinhard Haller schätzt für die Gegenwart, dass um die zehn Prozent der europäischen Bevölkerung neurologisch so disponiert sind, dass ihre Aggressionen jedes Mitgefühl und Einfühlungsvermögen hemmen, wenn nicht gar ausschalten. Mögen auch nicht alle von ihnen zu Verbrechern werden, so wären diese zehn Prozent dennoch ein enormes „Potenzial“ für triebweckende kriminelle Kräfte.

Der Historiker Oliver Rathkolb beschreibt in seinem Buch „Die paradoxe Republik" das Spannungsverhältnis zwischen österreichischem Opfermythos und Alleintätermythos. Letzterer hätte seit den 1980er Jahren Ersteren abgelöst.

Wir geben gerne zu, dass Mythen etwas Reizvolles sind, ja dass ohne sie in der Antike erst gar keine Geschichtsschreibung hätte entstehen können. Wer allerdings erwartet hat, in diesem Buch die Fortschreibung von Mythen zu finden, in denen sich Hitler und die Österreicher als Schattenwesen und Dämonen tummeln, wird enttäuscht worden sein.

Es sollte hier auch keine große Hitler-Biografie entstehen. Den geneigten Leserinnen und Lesern mag auffallen, dass Adolf Hitler nur einen Teilaspekt des Themas darstellt, in vielen Zusammenhängen zur Nebenfigur wird.

Der „Traum vom Reich" kam jahrhundertelang ohne Hitler aus. Deshalb unternahmen wir nach einem Einblick in die verquere Hitler'sche Psyche eine langsame Weitwinkel-Kamerafahrt, hin auf die Ereignisse des Dritten Reichs; von der Entdeckung des Volkes über die gravierenden Veränderungen in der napoleonischen Ära, die Revolution von 1848 bis zur Ausbildung der deutsch-völkischen Idee und des aggressiven Rassismus jenseits des allgemein üblichen Bekenntnisses zur deutschen Identität Österreichs.

Wir wollten Hintergründe erhellen, die im Dunkel bis Halbdunkel des kollektiven österreichischen Gedächtnisses liegen. Ganz bewusst beschäftigten wir uns dabei nicht mit den Kontroversen der Nachwelt rund um Vergangenheitsbewältigung, Vertreibung der Deutschen des Ostens ab 1945, Entnazifizierung, Verfolgung von Kriegsverbrechern, Restitution geraubten Gutes, Holocaust-Leugnung, mit der Affäre Waldheim, dem Phänomen Jörg Haider oder den EU-Sanktionen gegen die ÖVP/FPÖ-Regierung des Jahres 2000.

Stattdessen widmeten wir der Vorgeschichte des Dramas breiteren Raum, da sie uns zu wichtig erschien, als dass sie im Zusammenhang mit dem Dritten Reich als bloßes Vorwort abgehandelt werden sollte.

Von der großen Perspektive wechselten die Kameraeinstellungen bisweilen zu Detailaufnahmen, zu Froschperspektiven:

Erstmals spricht ein ehemaliger Hitlerjunge offen über seine Beteiligung an terroristischen Sprengstoffanschlägen in den 1930er Jahren und die von ihm wahrgenommenen neuen Aspekte des Sturms der HJ auf das Wiener Erzbischöfliche Palais 1938.

Erstmals bekommen wir Einblicke in die politischen Wandlungen eines österreichischen Nationalsozialisten des linken NSDAP-Flügels um Gregor und Otto Strasser, der noch dazu ein Schulfreund des sozialistischen Dichters Jura Soyfer war.

Erstmals schildert ein BDM-Mädchen seinen Weg vom katholischen Elternhaus in die Hitler'sche Staatsjugend – zwischen Überzeugung und Naivität.

Erstmals erklärt ein Widerstandskämpfer der Gruppe des Roman Karl Scholz, warum er sich nicht als Opfer, sondern als Täter sieht.

Ratlos lassen uns die Schilderungen des SS-Agenten Wilhelm Höttl zurück, der Adolf Eichmann die Zahl von sechs Millionen ermordeten Juden entlockt haben will und im Auftrag Kaltenbrunners zu Beginn des Jahres 1945 den Amerikanern angeblich einen Sonderfriedensschluss angeboten hat.

Eindringlich erleben wir den Kriegsalltag eines österreichischen Gefreiten an der Ost- und Westfront und in der Kriegsgefangenschaft.

Darin stecken selten bis nie gehörte Aspekte manchmal schier unglaublicher Geschichten.

Sie mögen das zu ergänzen helfen, was eine reichhaltige Historiografie über Jahr und Tag zum Thema abliefert.

Sollte uns diese Skizze gelungen sein, werden wir unser Werk gerne als bescheidene Radierung neben die monumentalen Ölgemälde in die Galerie der Geschichtsschreibung hängen.

Danksagung

Für Auskünfte, Einsichten und andere wertvolle Hilfeleistungen danken die Autoren folgenden Personen (in alphabetischer Reihenfolge):

Univ.-Doz. Dr. Brigitte Bailer-Galanda
Mag. Peter Fritz
Mag. Richard Fuchsbichler
Dr. Christian Gastgeber
Univ.-Prof. Dr. Lothar Höbelt
Univ.-Prof. Dr. Gerhard Jagschitz
Univ.-Prof. Dr. Stefan Karner
Mag. Harald Knoll
Dr. Johannes Kopf
Dr. M. Christian Ortner
Sekt.-Chef Dr. Stefan Potmesil
Univ.-Prof. DDr. Oliver Rathkolb
Mag. Georg Wacks

Literaturverzeichnis

Karl-Heinz Abshagen, Canaris. Patriot und Weltbürger, Stuttgart 1949

Klaus Amann et al. (Hg.), Österreichische Literatur der 30er Jahre, Wien 1985

Hellmut Andics, Der Staat, den keiner wollte – Österreich 1918–1938, Wien 1962

Hellmut Andics, Gründerzeit – Das Schwarzgelbe Wien bis 1867, Wien-München 1981

Hellmut Andics, Ringstraßenwelt – Wien 1867 bis 1887, Wien-München 1983

Hellmut Andics, Luegerzeit – Das Schwarze Wien bis 1918, Wien-München 1984

Hannah Arendt, Eichmann in Jerusalem. Ein Bericht von der Banalität des Bösen, München 1986

Brigitte Bailer et al. (Hg.), Wahrheit und „Auschwitzlüge". Zur Bekämpfung „revisionistischer" Propaganda, Wien 1995

Kurt Bauer, Elementar-Ereignis. Die österreichischen Nationalsozialisten und der Juli-Putsch 1934, Wien 2003

Peter Black, Ernst Kaltenbrunner: Ideological Soldier of the Third Reich, Princeton 1984

Paul Blau, Das Erbe verschleudert, die Zukunft verspielt. Ein Jahrhundert Arbeiterbewegung, Wien 1999

Heinz Boberach (Hg.), Meldungen aus dem Reich. Die geheimen Lageberichte des Sicherheitsdienstes der SS 1938–1945, Herrsching 1984

Joachim Bornschein, Gestapochef Heinrich Müller. Technokrat des Terrors, Leipzig 2004

Gerhard Botz, Die Eingliederung Österreichs in das Deutsche Reich – Planung und Verwirklichung des politisch-administrativen Anschlusses 1938–1940, Wien 1988

Gerhard Botz, Nationalsozialismus in Wien: Machtübernahme, Herrschaftssicherung, Radikalisierung 1938/39, Wien 2008

Joel Brand, Adolf Eichmann. Fakten gegen Fabeln, München 1961

Wilhelm Brauneder, Deutsch-Österreich 1918, Wien-München 2000
André Brissaud, Die SD-Story. Hitlers Geheimarmee: Mord auf Bestellung, Zürich 1975
André Brissaud, Canaris, Stuttgart-Hamburg-München 1977
Gordon Brook-Shepherd, Österreich. Eine tausendjährige Geschichte, Wien 1996
Peter Broucek, Ein General im Zwielicht – Die Erinnerungen Edmund Glaises von Horstenau, 3 Bde., Wien-Köln-Graz 1980–88
Peter Broucek, Der österreichische Widerstand in Beispielen und Dokumenten, in: Manfried Rauchensteiner (Hg.), Tyrannenmord. Der 20. Juli 1944 und Österreich, Wien 2004, S. 35 ff.
Gert Buchheit, Der Deutsche Geheimdienst, München 1966/67
Evan Burr-Bukey, Hitlers Österreich. Eine Bewegung und ihr Volk, Hamburg 2001
Felix Czeike, Historisches Lexikon Wien, 2 Bde., Wien 1993
Alfred Diamant, Die österreichischen Katholiken und die Erste Republik, Princeton 1960 u. Wien 1965
Alfred Este, Dirk Hänisch, Auf dem Weg zur Macht – Beiträge zur Geschichte der NSDAP in Kärnten von 1918 bis 1938, in: Anton Pelinka und Helmut Reinalter (Hg.), Vergleichende Gesellschaftsgeschichte und politische Ideengeschichte der Neuzeit, Wien 1997
Hubert Feichtlbauer (Hg.), Zwangsarbeit in Österreich, Wien 2005
Joachim C. Fest, Hitler. Eine Biographie, Berlin 1997
Norbert Frei, Johannes Schmitz, Journalismus im Dritten Reich, München 1999
Walter Fritz, Im Kino erlebe ich die Welt. 100 Jahre Kino und Film in Österreich, Wien 1996
G. E. R. Gedye, Die Bastionen fielen. Wie der Faschismus Wien und Prag überrannte, Wien o. J. [1947]
Hermann Giesecke, Vom Wandervogel bis zur Hitlerjugend. Jugendarbeit zwischen Politik und Pädagogik, München 1981
Roland Girtler, Friederike Okladek, Eine Wiener Jüdin im Chor der Deutschen Wehrmacht. Die Geschichte einer Rebellin, Wien 1994
Joseph Goebbels, Tagebücher 1924–1945, 5 Bde., München 1999
Walter Goldinger, Der geschichtliche Ablauf der Ereignisse in Österreich von 1918 bis 1945, in: Heinrich Benedikt (Hg.), Geschichte der Republik Österreich, Wien 1977

Nicholas Goodrick-Clarke, Die okkulten Wurzeln des Nationalsozialismus, Graz 1997
Franz Graf-Stuhlhofer, Die Akademie der Wissenschaften in Wien im Dritten Reich, in: Christoph J. Scriba (Hg.), Die Elite der Nation im Dritten Reich. Das Verhältnis von Akademien und ihrem wissenschaftlichen Umfeld zum Nationalsozialismus (= Acta historica Leopoldina 22), Halle a. d. Saale 1995
Martin Haidinger, Klaus Koch, Siebenbürgen. Sagenhaftes Land im Karpatenbogen, Wien 1996
Martin Haidinger et al., Mächtig, Männlich, Mysteriös. Geheimbünde in Österreich, Salzburg 2005
Martin Haidinger, Von der Guillotine zur Giftspritze. Die Geschichte der Todesstrafe. Fakten, Fälle, Fehlurteile, Salzburg 2007
Martin Haidinger, Probebühnen der Politik – Stationen politischer Zeitungsgeschichte in der Ersten und Zweiten Republik, in: Stefan Karner, Lorenz Mikoletzky (Hg.), Österreich. 90 Jahre Republik, Innsbruck 2008
Brigitte Hamann, Hitlers Wien. Lehrjahre eines Diktators, München 1998
Dirk Hänisch, Die österreichischen NSDAP-Wähler, Wien et al. 1998
Ernst Hanisch, Der lange Schatten des Staates – Österreichische Gesellschaftsgeschichte im 20. Jahrhundert, in: Herwig Wolfram (Hg.), Österreichische Geschichte 1890–1990, Wien 1994
Ernst Hanisch, Gau der guten Nerven. Die nationalsozialistische Herrschaft in Salzburg 1938–1945, Salzburg 1997
Gideon Hausner, Gerechtigkeit in Jerusalem, München 1967
Friedrich Heer, Der Glaube des Adolf Hitler, Wien 1998 (1968)
Beatrice und Helmut Heiber (Hg.), Die Rückseite des Hakenkreuzes. Absonderliches aus den Akten des Dritten Reiches, München 1993
Konrad Heiden, Adolf Hitler. Das Zeitalter der Verantwortungslosigkeit, Zürich 1936
Adolf Hitler, Mein Kampf, 419.–423. Aufl., München 1939
Lothar Höbelt, 1848 – Österreich und die deutsche Revolution, Wien-München 1998
Heinz Höhne, Der Orden unter dem Totenkopf. Die Geschichte der SS, Hamburg 1969 (1966)
Wilhelm Höttl, Einsatz für das Reich – Im Auslandsgeheimdienst des Dritten Reiches, Koblenz 1997

Nikolaus Howorka (Hg.), Der Bundespräsident spricht. Von Österreichs Wesensart und Sendung, Wien 1934
Gerhard Jagschitz, Der Putsch, Wien et al. 1976
Gerhard Jagschitz, Von der ‚Bewegung' zum Apparat. Zur Phänomenologie der NSDAP 1938 bis 1945, in: Emmerich Talos/Ernst Hanisch/Wolfgang Neugebauer/Reinhard Sieder (Hgg.), NS-Herrschaft in Österreich. Ein Handbuch. Wien 2002, S. 88–122
Ludwig Jedlicka, Vom alten zum neuen Österreich, St. Pölten 1977
Werner Jochmann (Hg.), Adolf Hitler. Monologe im Führerhauptquartier 1941–1944. Die Aufzeichnungen Heinrich Heims, Bindlach 1988
Kammer für Arbeiter und Angestellte für Salzburg (Hg.), Geschichte der Arbeitsmarktverwaltung Österreichs von Anfang an, Salzburg o. J.
Stefan Karner, Barbara Stelzl-Marx, Alexander Tschubarjan (Hg.), Die Rote Armee in Österreich. Sowjetische Besatzung 1945–1955. Dokumente, Graz-Wien-München 2005
Ian Kershaw, Jürgen Peter Krause, Hitler, 3 Bde., München 2002
Gottfried Karl Kindermann, Österreich gegen Hitler. Europas erste Abwehrfront, München 2003
Friedrich G. Kleinwaechter, Von Schönbrunn bis St. Germain, Graz-Wien-Köln 1964
Reinhold Knoll, Martin Haidinger, Spione, Spitzel und Agenten – Analyse einer Schattenwelt, St. Pölten 2001
Robert Körber, Rassesieg in Wien, der Grenzfeste des Reiches, Wien-Leipzig 1939
Peter Krause, „O alte Burschenherrlichkeit". Die Studenten und ihr Brauchtum, Graz et al. 1997
August Kubizek, Adolf Hitler, mein Jugendfreund, Graz 2002
Avner Less (Hg.), Schuldig. Das Urteil gegen Adolf Eichmann, Frankfurt am Main 1987
Ella Lingens, Gefangene der Angst. Ein Leben im Zeichen des Widerstandes, Wien 2003
Klaus Lohrmann, Die Wiener Juden im Mittelalter, Wien 2000
Wolfgang Maderthaner (Hg.), „Der Führer bin ich selbst" – Engelbert Dollfuß/Benito Mussolini Briefwechsel, Wien 2004
Thomas Mang, „Gestapo-Leitstelle Wien – Mein Name ist Huber". Wer trug die lokale Verantwortung für den Mord an den Juden Wiens?, Münster 2004

Werner Maser, Adolf Hitler. Das Ende der Führer-Legende, Rastatt 1982
Werner Maser, Fälschung, Dichtung und Wahrheit über Hitler und Stalin, München 2004
Albert Massiczek, „Zweimal illegal". Bericht eines Zeitzeugen, in: Sebastian Meissl et al. (Hg.), Verdrängte Schuld, verfehlte Sühne. Entnazifizierung in Österreich 1945–1955, Wien 1986, S. 307
Albert Massiczek, Ich war Nazi. Faszination, Ernüchterung, Bruch – Ein Lebensbericht: Erster Teil (1916–1938), Wien 1988
Georg Mautner-Markhof, Major Emil Fey. Heimwehrführer zwischen Bürgerkrieg, Dollfuß-Mord und Anschluss, Graz-Stuttgart 2004
Helmut Neuberger, Winkelmaß und Hakenkreuz. Die Freimaurer und das Dritte Reich, München 2001
Wolfgang Neugebauer, Der österreichische Widerstand 1938 bis 1945, Wien 2008
H. J. Neumann, Arthur Seyß-Inquart, Graz-Wien-Köln 1970
Anton Neumayr, Diktatoren im Spiegel der Medizin. Napoleon, Hitler, Stalin, Wien 1995
Bruce F. Pauley, Hahnenschwanz und Hakenkreuz – Der Steirische Heimatschutz und der österreichische Nationalsozialismus 1918–1934, Wien-München-Zürich 1973
Bruce F. Pauley, Der Weg in den Nationalsozialismus. Ursprünge und Entwicklung in Österreich, Wien 1988
Bruce Pauley, Eine Geschichte des österreichischen Antisemitismus, o. J.
Moshe Pearlman, Die Festnahme des Adolf Eichmann, Frankfurt am Main 1961
Neal H. Petersen (Hg.), From Hitlers Doorstep: The Wartime Reports of Allen Dulles 1942–1945, Pennsylvania 1996
Hans Petschar, Anschluss. „Ich hole Euch heim", Wien 2008
Richard G. Plaschka, Avantgarde des Widerstandes – Modellfälle militärischer Auflehnung im 19. und 20. Jahrhundert, 2 Bde., Wien 2000
Hugo Portisch, Sepp Riff (Hg.), Österreich II. Die Wiedergeburt unseres Staates, Bd. 1, Wien 1985
Oliver Rathkolb, Die paradoxe Republik. Österreich 1945 bis 2005, Wien 2005
Manfried Rauchensteiner, Der Krieg in Österreich 1945, Wien 1984
Walter Rauscher, Karl Renner – ein österreichischer Mythos, Wien 1995

Fritz M. Rebhann, Anno Neun – Vom Bergisel zum Schönbrunner Frieden, Wien-München 1984

Ralf Roland Ringler, Illusion einer Jugend. Hitler-Jugend in Österreich, St. Pölten 1977

Wolfgang Rosar, Deutsche Gemeinschaft. Seyss-Inquart und der Anschluß, Wien 1971

Fritz Roubicek, Als ob's gestern g'wesen wär! Keine Autobiographie. Kein Nostalgiebuch, Wien o. J. [unveröffentlichtes Typoskript], S. 78 f. (Archiv der Dokumentationsstelle lebensgeschichtlicher Aufzeichnungen am Wiener Institut für Wirtschafts- und Sozialgeschichte, Sammlung jüdische Lebensgeschichten)

Helmut Rumpler, Eine Chance für Mitteleuropa, in: Herwig Wolfram (Hg.), Österreichische Geschichte 1804–1914, Wien 1997

Johannes Sachslehner, Der Tod ist ein Meister aus Wien. Leben und Taten des Amon Leopold Göth, Wien et al. 2008

Hans Safrian, Hans Witek, Und keiner war dabei: Dokumente des alltäglichen Antisemitismus in Wien 1938, Wien 2008

Roman Sandgruber, Ökonomie und Politik. Österreichische Wirtschaftsgeschichte vom Mittelalter bis zur Gegenwart, Wien 1995

Norbert Schausberger, Der Griff nach Österreich, Wien-München 1978

Karl Roman Scholz, Ich werde immer bei Euch sein, Klosterneuburg o. J.

Kurt Schuschnigg, Im Kampf gegen Hitler. Die Überwindung der Anschlußidee, Wien 1998

Dusty Sklar, The Nazis and the Occult, New York 1977

Otto Skorzeny, Lebe gefährlich, Siegburg-Niederpleis 1962

Otto Skorzeny, Wir kämpften – wir verloren, Siegburg-Niederpleis 1962

Otto Skorzeny, Meine Kommandounternehmen, Wiesbaden-München 1976

Reinhard Spitzy, So haben wir das Reich verspielt – Bekenntnisse eines Illegalen, München 2000

Peter Stachel, Mythos Heldenplatz, Wien 2002

Friedrich Stadler, Vertriebene Vernunft. Emigration und Exil österreichischer Wissenschaft, 2 Bde., Wien 2004

Ernst Rüdiger Starhemberg, Die Erinnerungen, Wien-München 1991

Marcel Stein, Österreichs Generale im Deutschen Heer 1938–1945, Bissendorf 2002

Günther Steinbach, Engelbert Pernerstorfer, in: Norbert Leser (Hg.), Werk und Widerhall – Große Gestalten des österreichischen Sozialismus, Wien 1964
Günther Steinbach, Schicksalstage Europas – 10 Ereignisse, die den Kontinent prägten, Wien 2002
Günther Steinbach, Europas unruhiges Herz – Die 10 wichtigsten Stationen der deutschen Geschichte, Wien 2003
Günther Steinbach, Kanzler, Krisen, Katastrophen – Die Erste Republik, Wien 2006
Szabolcs Szita, Verschleppt. Verhungert. Vernichtet. Die Deportation von ungarischen Juden auf das Gebiet des annektierten Österreich 1944–1945, Wien 1999
Emmerich Talos et al. (Hg.), NS-Herrschaft in Österreich. Ein Handbuch, Wien 2002
Hans-Otto Thomashoff, Versuchung des Bösen. So entkommen wir der Aggressionsspirale, München 2009
Gerd R. Ueberschär (Hg.), Hitlers militärische Elite, Bd. 1, Darmstadt 1998
Gudula Walterskirchen, Blaues Blut für Österreich, Wien 2000
Gudula Walterskirchen, Starhemberg, Wien 2002
Gudula Walterskirchen, Engelbert Dollfuß, Wien 2004
Tina Walzer, Stephan Templ, Unser Wien. „Arisierung“ auf Österreichisch, Berlin 2001
August Walzl, „Als erster Gau …“. Entwicklungen und Strukturen des Nationalsozialismus in Kärnten, Klagenfurt 1992
Adam Wandruszka, Österreichs politische Struktur, in: Heinrich Benedikt (Hg.), Geschichte der Republik Österreich, Wien 1977
Erika Weinzierl, Zu wenig Gerechte. Österreicher und Judenverfolgung 1938–1945, Graz 1969
Simon Wiesenthal, Ich jagte Adolf Eichmann, Gütersloh 1961
Michael Wildt, Generation der Unbedingten. Das Führungskorps des Reichssicherheitshauptamtes, Hamburg 2002
Georg Franz Willing, Bin ich schuldig? Leben und Wirken des Reichsstudentenführers und Gauleiters Dr. Gustav Adolf Scheel 1907–1979, Leoni am Starnberger See 1987
Franz Winkler, Die Diktatur in Österreich, Zürich 1935
Robert Wistrich, Wer war wer im Dritten Reich, München 1983

Raimund Zimpernik, Der rote Strähn. Dokumentation über den antifaschistischen Widerstand im Salzkammergut, Aigen-Voglhub 1995
Alan S. Zuckermann, Wechselwirkungen zwischen Ethnizität, Klasse und Partei, in: Sozialwissenschaftliche Rundschau, 32. Jahrgang, Heft 4/1992
Ronald W. Zweig, The Gold Train: The Destruction of the Jews and the Looting of Hungary, New York 2001

Links (Auswahl)

www.aeiou.at
http://www.doew.at/
www.klahrgesellschaft.at
http://www.parlinkom.gv.at

Abbildungsnachweis

S. 1 „Hitler in Wien, 1938“ SZ Photo/ullstein bild/picturedesk.com
S. 2 „Schlacht bei Aspern“ Österreichische Nationalbibliothek Wien, Bildarchiv
S. 3 „Graf Stadion“ Österreichische Nationalbibliothek Wien, Bildarchiv; „Fürst Metternich“ histopics/ullstein bild/picturedesk.com
S. 4 „Wiener Kongress“ INTERFOTO/picturedesk.com; „Friedrich Schlegel“ ullstein bild/picturedesk.com
S. 5 „Wartburgfest“ ullstein bild/picturedesk.com; „Friedrich Gentz“ Anonym/Imagnopicturedesk.com
S. 6 „Bauernfeld“ und „Grün“: Österreichische Nationalbibliothek Wien, Bildarchiv; „Paulskirche“ INTERFOTO/picturedesk.com
S. 7 „Erzherzog Johann“ INTERFOTO/picturedesk.com
S. 8 „Windischgrätz“ Imagno/picturedesk.com
S. 9 „Thronjubiläum“ IMAGNO/Austrian Archives
S. 10 „Schönerer“ ullstein bild/picturedesk.com
S. 11 „Parteitag Reichenberg“ ONB Bildarchiv/picturedesk.com; „Graf Badeni“ ONB Bildarchiv/picturedesk.com
S. 12 „Hitlers Vater“ ullstein bild/picturedesk.com
S. 13 „Hitlers Mutter“ INTERFOTO/picturedesk.com; „Hitler als Kleinkind“ ullstein bild/picturedesk.com
S. 14 „Hitler als Volksschüler“ Stuart Clarke/Rex Features/picturedesk.com; „Hitlers Geburtshaus“ KIRSCHNER, JÜRGEN/Action Press/picturedesk.com
S. 15 „William Patrick Hitler“ Hulton-Deutsch Collection/CORBIS
S. 16 „Liebenfels“ Lombard/ullstein bild/picturedesk.com
S. 17 „Karl Lueger“ ONB Bildarchiv/picturedesk.com; „St. Germain“ ONB Bildarchiv/picturedesk.com
S. 18 „Salzburg 1921“ ullstein bild/picturedesk.com
S. 19 „Arbeitsloser“ Hilscher, Albert/ONB Bildarchiv/picturedesk.com

S. 20 „Karl Renner“ Imagno/picturedesk.com; „Otto Bauer“ Hilscher, Albert/ONB Bildarchiv/picturedesk.com

S. 21 „Walter Pfrimer“ Hilscher, Albert/ONB Bildarchiv/picturedesk.com; „Anton Rintelen“ Imagno/picturedesk.com

S. 22 „Nationalsozialistische Gemeinderäte“ Foto: S. Wagner, Wien. Leider konnten wir den Rechtsinhaber dieses Bildes nicht ermitteln. Wir bitten Sie, sich bei berechtigten Ansprüchen direkt an den Verlag zu wenden.

S. 22 „Regierung Dollfuß“ ullstein bild/picturedesk.com

S. 23 „Türkenbefreiungsfeier“ Hilscher, Albert/ONB Bildarchiv/picturedesk.com; „Dollfuß“ Anonym/Imagno/picturedesk.com

S. 24 „Kabinett Schuschnigg“ Anonym/Imagno/picturedesk.com; „Festbankett 1937“ ullstein bild/picturedesk.com

S. 25 „Reichsbrücke“ ONB/picturedesk.com; „NS-Regierung 1938“ Hilscher, Albert/ONB Bildarchiv/picturedesk.com

S. 26 „Rede Schuschniggs“ Hilscher, Albert/ONB Bildarchiv/picturedesk.com

S. 27 „Hitler in Graz“ ONB Bildarchiv/picturedesk.com; „Hitler vor Melk“ Bayerische Staatsbibliothek München/Fotoarchiv Hoffmann

S. 28 „Hitler über Modell von Linz“ Stuart Clarke/Rex Features/picturedesk.com; „Hitler auf dem Rathausbalkon“ ullstein bild/picturedesk.com

S. 29 „Seyß-Inquart und Hitler“ INTERFOTO/picturedesk.com; „Seyß-Inquart“ Imagno/picturedesk.com

S. 30 „Baldur von Schirach mit Hitlerjugend“ ONB Bildarchiv/picturedesk.com; „Heldenplatz“ ONB Bildarchiv/picturedesk.com

S. 31 „Marsch durchs Heldentor“ Hilscher, Albert/ONB Bildarchiv/picturedesk.com; „Nächtliche Freudenkundgebung“ ONB Bildarchiv/picturedesk.com

S. 32 „Antisemitismus“ und „Kennzeichnung jüdischer Geschäfte“ Hilscher, Albert/ONB Bildarchiv/picturedesk.com

S. 33 „Massenversammlung in Fabrikhalle“ Österreichische Nationalbibliothek Wien, Bildarchiv

S. 34 „Hitler-Studie“ Österreichische Nationalbibliothek Wien, Bildarchiv

S. 35 „Der Führer spricht“ INTERFOTO/picturedesk.com
S. 36 „Walter Riehl“ ONB Bildarchiv/picturedesk.com; „Josef Leopold“ ONB Bildarchiv/picturedesk.com; „Bürckel im Konzerthaus“ ONB Bildarchiv/picturedesk.com
S. 37 „Wessely und Hörbiger“ ullstein bild/picturedesk.com; „Moser und Hörbiger“ ullstein bild/picturedesk.com
S. 38 „Gauleiter der ‚Ostmark‘“ ullstein bild/picturedesk.com
S. 39 „Eichmann“ ullstein bild/picturedesk.com; „Eichmann in Uniform“ Dpa Archiv/dpa/picturedesk.com; „Himmler in Mauthausen“ ullstein bild/picturedesk.com
S. 40–43 „Dokumente Herbert Crammer“ privat
S. 44 „Robert Bernardis“ Gedenkstätte Deutscher Widerstand; „Franz Jägerstätter“ Repro/Brandstätter Rudolf Pressebildagentur/picturedesk.com; „Schütte-Lihotzky“ Dokumentationsarchiv des Österreichischen Widerstands
S. 45 „Major Karl Biedermann“ INTERFOTO/picturedesk.com; „Befreiung Mauthausens“ Anonym/Imagno/picturedesk.com
S. 46–47 „Trauerparten“ privat
S. 48 Martin Hobek

Textabbildungen aus: Robert Körber, Rassesieg in Wien, der Grenzfeste des Reiches, Wien-Leipzig 1939; „Flugblatt Busch“ privat
Coverbild „Hitler mit Schäferhund“: ullstein bild/picturedesk.com
Autorenporträts Martin Haidinger, Günther Steinbach: Marco Zimprich